戦略と意思決定を支える

組織の経営学

リチャード L. ダフト
Richard L. Daft
著
高木晴夫
訳

Essentials of
Organization
THEORY & DESIGN

ダイヤモンド社

ESSENTIALS OF ORGANIZATION THEORY & DESIGN, 2nd Edition
by Richard L. Daft

Original English language edition published
by South Western College.
Japanese Translation rights arranged
with Thomson Learning in London
through The English Agency, Inc. in Tokyo.

訳者まえがき

組織でビジネスをする人々すべてに向けて、この本は必修である。一人でするビジネスももちろんあるが、大きなビジネスをするには組織が必要だ。その組織をマネジメントするための必須知識を本書が提供する。

原題は *Organization Theory and Design*、すなわち組織の理論と設計である。ビジネスをするための組織はどのような原理で動くのか（組織の理論）、自分のビジネスにふさわしい組織をいかにつくるのか（組織の設計）、を本書が教えてくれる。

訳者は、慶應義塾大学ビジネススクールの博士課程で組織論を教えるために、数年前から本書を原著のまま使ってきた。教科書として持つ内容の充実度と高度さが大きな魅力であった。さらに、この価値を修士課程、つまりMBAの教室にも効率的に持ち込むべく、今回の訳出となった。これにより、組織でビジネスを「することになる」すべての人々、つまり経営を学ぶすべての学生に向けても必修本とすることができた。

原著はアメリカの多くのビジネススクールで使われているベストセラー教科書である。その強みは、実践で裏打ちされた組織理論の最先端を盛り込んでいることに尽きる。アメリカは日本の一〇年先を行くといわれている。一九九〇年代の一〇年間で、アメリカ企業は急激に進行する環境変化に直面し、それに適応できる組織をつくり出さねばならなかった。このアメリカ企業の経験と成果について実に多くの組織研究がなされ、そのエッセンスが本書に盛られている。これは、急激な環境変化に直面し、さまざまな組織変革を進行させている現在の日本の企業にとって、多くの部分で価値あるものである。

その価値こそが、訳者をして本書を博士課程の教科書として採用させ、MBA課程の教科書とするために訳出する決意をさせた。つまり訳者が原著を初めて読んだ時に、次の二点にまず注目した。それが今日の日本企業で進行する組織変革にとって重要な視点を与えてくれると考えたからである。

第一に、急激に進行する環境変化に適応するには、組織はそれぞれの環境に対して密着度を上げねばならない。たとえば顧客のニーズ変化に迅速に対応するには、顧客の種類ごとに活動を集中できる各々の組織が必要になる。これは組織理論で「分化」と呼ばれる組織対応である。しかし企業経営として、これだけだと部分最適にしかならないのであり、同時に全体最適が達成される必要がある。そのために組織としてどのような工夫と仕組みがあればよいか。これが「統合」と呼ばれる組織対応である。この一〇年間において、激変する環境に適応する組織の分化と統合をいかに同時達成するかが、アメリカ企業にとっての課題であった。

分化と統合は、訳者のハーバード・ビジネススクール留学時代の恩師たち、ポール・ローレンス教授とジェイ・ローシュ教授が一九六〇年代後半に打ち立てたコンティンジェンシー理論（組織の条件適応理論）の中心概念である。これが一九九〇年代のアメリカ企業の組織変革できわめて重要な役割を果たした。

第二に、変化の速い環境で勝ち残る経営をするには絶えず革新を生み出す柔軟な組織が必要となる。しかし同時に、生み出した革新を安定的なビジネス活動として進行させる定常的な組織も持たねばならない。一〇年先を行くアメリカ企業が経験したこの組織両立問題は、一九六〇年代のコンティンジェンシー研究で発見された組織の「有機的構造」と「機械的構造」の理論を、今日の状況において新たに展開したことで、解決された。

さて、現代の日本企業で進行する組織変革を一言で言うと、組織の分散化（分社化）であり、フラット化（低階層化）である。分社化、あるいはカンパニー化、あるいは持株会社化は、重要な環境セグメントごとに、組織の活動をいっそう密着させるものであり、まさしく「分化」である。では、「統合」の同時必要性について、日本企業の経営者はどのように意識しているのか。訳者には、不十分なままではいないかという懸念がある。一方、フラット化についてはどうか。階層を減らすことで現場の自律性が高まり、意思決定が迅速化し、革新的な業務が期待できる。これは組織の「有機的構造」の活用である。それでは、日本企業は「機械的構造」を同時にきちんと活用しているのであろうか。そうでなければ、せっかくの革新性を安定的な業務活動に転換していくことはできず、コスト効率が実現しない。

本書は、日本企業でこのような問題意識を持っている多くの経営実務家に役立つはずであり、その問題を教室で考えるための重要な教科書となるはずである。

もちろん本書に対して、日本企業の経営という視点に立った時に、若干の不満を感じる。それは、アメリカ企業の組織ではトップダウンが当然であり、それが暗黙の前提になって書かれていることである。もちろんアメリカ企業でもミドル層が大きな力を持っていることは否定しないが、やはり程度の問題である。日本企業ではアメリカ企業ほどのトップダウンはない。あるのはミドルアップダウンと呼ばれるものである。ミドル層のなかの少なからぬ優秀者たちがトップを動かしている度合いが非常に大きい。しかも彼らのなかから次のトップが昇格してくる。このようなミドルアップダウンの実態を意識しつつ本書を読み進むとき、ここそこで微妙な違和感を覚えるのは訳者だけではないと思う。

この違いの部分をきちんとさせる日本企業のしっかりした組織研究をせねば、と自覚しつつ本書の訳出にあたったことで、今回の出版をご容赦願いたい。

本書の出版にあたり翻訳のご協力いただいた平野和子さん、飯岡美紀さんに心よりお礼を申し上げる。また、訳語のチェックを担当した慶應義塾大学ビジネススクール博士課程の北垣武文、黒岩健一郎、駒田純久の3君に感謝する。また最後に、手間のかかる翻訳出版での編集を担当してくださったダイヤモンド社の小暮晶子さんに謝意を表する。

二〇〇二年一一月

髙木晴夫

組織の経営学…目次

III

第III部…オープン・システムとしての組織の設計状態 85

第4章…外部環境と組織の関係 86

Ⅳ

V

第10章…コンフリクト、力、そして政治　290

組織の経営学

I

[第Ⅰ部]

組織論への招待

Introduction to Organizations

第1章 組織と組織理論

二〇年ほど前、ＩＢＭの株を持っていることは金鉱を持っているようなものだった。ＩＢＭのパソコンの圧倒的な成功は、同社のすでに高かった収益をさらに伸ばし、ＩＢＭは株式市場価値の点で世界最大の会社にランクされた。ビッグ・ブルーの名でその名を広め、世界中で雇用を創出し、その労働力はついには四〇万七〇〇〇人に膨らんだ。

一〇年後、決して失敗することはないと見なした会社に投資した人々は、長年抱きつづけてきた夢が水泡に帰していくのを見た。六〇億ドルの収益を上げていた会社は、二年後に損失額五〇億ドルという途方もない数字を報告した。ＩＢＭの株の価値は七五〇億ドル以上も下がってしまった。スウェーデンの国内総生産にも匹敵する額である。かつての偉大な企業に関係していたすべての人が被害を受けたのだった。

だが、今日、ＩＢＭは再び成長モードに移り、新製品の売れ行きは好調で、情報サービスは先端を行き、収益は伸びている。ＩＢＭの運命の変転は組織の衰退と再生の古典的な物語を代表するものである。

一九六〇年代半ばのシステム／３６０シリーズのメインフレーム・コンピュータは、コンピュータ業界におけるＩＢＭのリーダーシップを確実にした。だが、これがＩＢＭの衰退の始まりだと思った人も多かった。ＩＢＭ

の元経営幹部、マルコム・ロビンソンはＩＢＭヨーロッパの上級ポストにまで上りつめた人だが、次のように述べている。「（システム／３６０シリーズ・プロジェクトの）規模はビジネスを手に余るほど複雑なものにした。しばらくは混沌状態だった。そこで組織の構造を見直し、整理統合して、あのような混乱が二度と起きないようにしなければならなかった。それが官僚主義を芽ぶかせたのかもしれない」(1)

統計からすると、ロビンソンの言うとおりだったことがわかる。ＩＢＭの人件費は一九六三年から六六年までにほぼ一三〇％も上昇したが、一方、売上高の伸びはおよそ九七％でしかなかった。

人間が多すぎ、会議が多すぎたのが災いして、ＩＢＭの経営幹部は過ちを犯した。コンピュータ市場の変化に迅速に反応すべき意思決定が、すべてを「ＩＢＭ流に行うべき」ことを求める煩雑なマネジメント・システムのために、遅れ、見逃された。一九九〇年代の初めにジョン・エイカーズのあとを引き継いだ新会長は、このトラブルに陥った会社について「官僚主義が狂ったように蔓延していた」と評した。

ＩＢＭは業界の変化に適応するのに必要なビジョンと柔軟性を失っていたのだ。パソコン市場への進出が遅れ、経営陣が安全なコースと見なす方向へ、つまりメインフレーム・コンピュータの収益を保持するように、舵をとっていた。

パソコン市場に本気で進出する決意をした頃には、すでに死の前兆がメインフレームからの収益に現れはじめていた。しかも、ＩＢＭのパソコンは、一時の成功を収めたものの、パソコン戦争ですでに敗北していた。ＩＢＭは、新しい技術とチャンスを利用してマイクロソフトのような新興企業と協力することに失敗していたのだ。加えて、経営陣は過去の価値観や政策――用心深さ、従業員の訓練に拘泥すること、顧客のニーズを予想するより、その後追いに焦点を絞ること、そして終身雇用の保証――が、急激に変化する環境ではもはや有効でないことに気づかなかった。

一九九三年、ルイス・Ｖ・ガースナーがＩＢＭの新しい会長兼ＣＥＯ（最高経営責任者）として就任し、同社のイメージを一新する決意をした。従業員がチャンスをとらえられるようにして、官僚主義を最小限に抑え、個々の部門より会社全体の利益を優先させる文化を築くというのである。

就任して最初の年に、ガースナーはＩＢＭの財務を改革し、外部の人間を重要な部門の長として招き入れ、トップ・マネジメントに対する経済的報酬のインセンティブを劇的に変えて、彼らの報酬のおよそ七五％を会社全体のパフォーマンスに合わせて変動させることにした。

今日、ＩＢＭの多くのオフィスではワイシャツに紺のスーツ姿の代わりにセーターにチノパン、ローファーをはく姿が見られ、硬直で官僚的な文化が、くだけた適応しやすい文化に道を譲ったことを示す象徴となっている。時に電光石火の決断を下すことで知られるガースナーは、しばしば行動を鈍らせていたトップ・マネジメントの会合を廃止して、従業員や顧客とeメールで直接話をするようになった。

今日、ＩＢＭは情報技術市場の最も成長の速いセグメント――電子的なビジネス活動に関する需要――を求めて、種々のサービス、ハードウエア、ソフトウエア、さらにはほとんどすべての情報技術問題に取り組めるノウハウの売り込みをはかっている。最近、ガースナーが、ＩＢＭはインターネット・ビジネスによって、インターネット関連上位二五社の収益合計よりも多くの収益を得ていることを発表すると、同社の株価は急上昇した。

ガースナーはＩＢＭの将来ビジョンとして、大手企業にとってその仕事に必要なコンピュータがどこに置かれているかに気づかず、関わりもしないままに、その計算の威力と応用ソフトを買う時代が来ることを思い描いていた。そのビジョンが現実となってきたとき、ＩＢＭは利益を刈り取る最先端にいることとなった。ガースナーの戦略は、ＩＢＭという名前と、小粋な宣伝活動と、情報サービス業界で最も幅広い製品やサービス、そしてその道の専門家を組み合わせて、アメリカ企業のなかで最も顕著な転換をもたらしたのである。(2)

さて、組織理論の現実の世界をご紹介しよう。ＩＢＭのマネジャーは仕事をする日々のなかで組織理論に深くかかわっていた――が、そのことを気づいていたわけではなかった。会社のマネジャーは組織が環境とどのように関係しているのか、また内部ではどのように機能しているのか、十分に理解していたわけではなかった。したがって組織理論に精通しておけば、ガースナーのようなマネジャーが状況を分析し、会社の競争力の維持に必要な変革について診断する助けになる。組織理論はＩＢＭの衰退と復活を説明するツールを与えてくれる。過去に何が起こり、将来、どのようなことが起こるかを理解し、説明するのに役立つことで、自分の組織をより効果的に運営管理していくことができるのである。

組織理論の活用

▼ここでの論題

本書で扱われる各論題をＩＢＭの事例で説明しよう。ここで、ＩＢＭが急激に移り変わる外部環境の顧客、サプライヤー、競争相手といった要素に応えることもできず、それをコントロールすることもできなかった場面を考えてみよう。

各事業部門の調整をして、効率を促すコントロール・システムを設計できなかったこと、新しい技術の可能性を探る対策に遅れるなど速やかな意思決定ができなかったこと、強力なトップ・マネジメント・チームが不在で、ＩＢＭを混沌へとますます追いやったこと、イノベーションや変革を沈滞させる時代遅れの企業文化がはびこっていたこと、こうしたことが組織理論にかかわる論題である。組織理論は、また、ガースナーや彼の配下のトップ・マネジャーたちが、この巨大企業の再活性化に役立つ正しい構造や戦略をどのようにして見出したかを説明してくれる。

もちろん、組織理論はＩＢＭだけに限られるものではない。どんな組織も、どんな組織のどんなマネジャーも、組織理論にかかわっている。ジョンソンビル・フーズ（ウィスコンシン州、シボイガン）というソーセージ・メーカーは、経営に四苦八苦していた家族経営ビジネスを自主的なチームに再編して、力強い企業に変身させ、急成長を遂げた。

ヒューレット・パッカードは、一九八〇年代にＩＢＭと同じ問題に苦しんでいたが、組織理論に基づくコンセプトを活用して、組織再編に大きな成功を収めた。今日、ヒューレット・パッカードはコンピュータ業界で一、二を争うほどの急成長を遂げている企業である。

ゼロックスも同じような変身を遂げた。ゼロックスの業績挽回計画には、コスト切り下げ、金融サービス部門の売却、サプライチェーンの簡素化、製品開発期間の短縮などが含まれていた。また、ゼロックスは変化する競争状態に対応するために、いまなおリストラを続けている。最近になって、労働力を一〇％削減し、いくつかの工場を閉鎖するほか、在庫と流通の管理をアウトソーシングすることを発表した。さらに、同社は節約した経費を活用して、装置の保守サービス、コンピュータ・ネットワークの創設などの、高利潤ビジネスを立ち上げた。また同時にヒューレット・パッカードと競争していくために、低コストの事務機器のマーケティング努力を進める計画を立てている。(3)

組織理論はこうした実際の組織から教訓を引き出し、それらの教訓を学生やマネジャーが生かせる道を教えてくれる。ＩＢＭの衰退の物語が重要なのは、成功している大企業であってももろいものであること、教訓は自動的に学べるものではないこと、組織は、その意思決定をする人間も同じように強力になってこそはじめて強くなれることを示しているからである。

ジョンソンビル・フーズ、ヒューレット・パッカード、ゼロックス、ＩＢＭの物語は、組織が静的なものでないことを例証している。組織はたえず外部環境の変化に適応していくものなのである。今日、多くの企業は環境の新たなチャレンジを前に、劇的に異なる組織へと自らを変身させる必要性に直面している。

▼本章の目的

本章の目的は、組織とは、また今日の組織理論とは、いかなるものであるかを探ることである。組織理論は学者たちが組織を系統的に研究してきた結果から発展してきた。さまざまなコンセプトが生きた動きをする組織から得られている。組織理論は、IBMの例で明らかなように、実際的なものである。さまざまに生じてくる組織のニーズや問題を人々が理解し、診断を下し、対応するのに役立つものである。

次の節では、組織というものの公式の定義から始めて、次いで、組織を描き、分析するためのコンセプトを紹介する。次に、組織理論の範囲と本質をさらに十分に考察する。そのあとの節では、組織理論と組織設計の歴史を検証し、組織理論が今日の変化の激しい世界で複雑な組織を管理するうえで、いかに役立つかを考察する。

組織とは何か

組織は目でとらえにくいものである。高いビルやコンピュータ・ワークステーション、あるいは親切な従業員など、外に露出しているものは見ることができる。しかし、組織全体となると、漠然とした抽象的なもので、いくつかの地域に分散している場合もある。組織がそこにあるとわかるのは、毎日、我々がそれに触れているからである。実際、しごくありふれたものなので、当然なものと見なしてしまうのだ。

我々は病院で生まれ、出生の記録を役所に登録し、学校で教育を受け、共同農場で生産された食物で育てられ、総合病院で治療を受ける。建設会社が建てて不動産会社が販売する家を買い、銀行から金を借り、トラブルが発生したとき、警察や消防署に駆け込み、引っ越しをするときは運送会社を利用し、官庁から一連の給付金を受け、一週間に四〇時間を組織内で過ごし、葬儀会社の手で葬られるのであるが、それらの組織に気づいてさえいないことがある。[4]

▼組織の定義

教会や病院、あるいはＩＢＭなど、さまざまな組織があるが、みな共通の特徴を持っている。本書で組織のことを述べるのに用いる定義は次のようなものである。組織とは①社会的な存在で、②目標によって駆動され、③意図的に構成され、調整される活動システムであり、かつ④外部の環境と結びついている。

組織のカギを握る要素は、建物や一連の方針や手続きではない。組織は人々と、人々の相互の関係とで成り立っている。人が相互作用により、目標の達成につながる基本的な機能を果たすとき、組織が存在する。

最近のマネジメントの傾向は、人的資源の重要性を認識して、従業員が共通の目標に向けて共に働きながら、学習し、貢献できるより多くの機会を与えることを目指した新しい手法を取り入れている。マネジャーは組織の目的を達成するために組織の経営資源を意図的に構成し、調整している。

しかし、仕事は別々の部門や活動に組み入れられる構造になっていても、今日の多くの組織は作業活動を横断的に調整することを目指し、異なる機能領域の従業員によるチームを活用してプロジェクトに共同で取り組ませる場合が多い。部門間の境界のみならず、組織間の境界も従来よりも柔軟性を持ち、融合し合いながら、外的環境の変化に迅速に対応することが必要となっている。組織は顧客やサプライヤー、競争相手、そのほかの外部環境の要素と相互作用することなしには、存在できない。今日では、競争相手と協力さえして、相互の利益のために情報や技術を共有し合う企業もある。

図表1−1　組織の重要性

1. 資源を結集して望みの目標と成果を達成する
2. 商品とサービスを能率的に生産する
3. イノベーションを促す
4. 近代的な製造技術とコンピュータ・ベースの技術を活用する
5. 変化する環境に適応し、環境に影響を与える
6. オーナー、顧客、従業員のために価値を生み出す
7. 多様性、倫理、従業員の意欲と統制にかかわる挑戦課題に取り組む

▼組織の重要性

今日では信じがたいかもしれないが、我々が知っているような「組織」が存在するようになったのは人類の歴史上それほど古いわけではない。一九世紀後半においてさえ、規模や重要性を備えた組織はほとんどなかった――労働組合もなく、貿易協会もなく、大企業や非営利組織、あるいは政府官庁さえほとんどなかった。それ以来、何という大きな変化が起きたのだろう。産業革命と大規模組織の発展が社会全体をすっかり変えてしまったのだ。次第に、組織は人々の生活の中心となり、いまや我々の社会に途方もない影響力を行使している。[5]

さまざまな組織が我々の周囲を取り巻き、さまざまな方法で我々の生活を形づくっている。しかし、いったい組織はどのような貢献をしているのだろうか。なぜ組織は重要なのだろうか。**図表1―1**に、組織が人々や社会にとって重要だという理由を七つ挙げてある。

第一に、組織は資源を結集して特定の目標を達成する。イリット・ハーレルが創立したママメディア（www.mamamedia.com）の例を考えてみよう。マサチューセッツ工科大学メディアラボの教育研究をもとにして、子ども向けの楽しいウェブサイトを提供するという目標を達成するために、ハーレルはママメディアという組織をつくることで一一〇〇万ドルあまりを調達した。スコラスティック、ネットスケープ・コミュニケーション（以下ネットスケープ）、アメリカ・オンライン（以下ＡＯＬ）、ゼネラル・

ミルズなどといったパートナーとの提携を交渉した。さらに相互作用が学習を促すという理論を信じる優れた従業員を登用し、建設的な創造性を促す活動を開発して、ウェブサイト用にアドバイザーやスポンサーを揃えたのである。(6)

組織はまた、顧客が望む商品やサービスを競争可能な価格で生産する。各社は、商品やサービスを能率的に生産し、流通させるための、斬新な方法を探し求める。その一つの方法がeコマースや先端的なITによるもの、あるいはコンピュータをベースとする製造技術を利用したものである。組織の構造と経営慣行を再設計することも能率の向上につながる。組織は標準的な製品や時代遅れのやり方に頼るのではなく、むしろイノベーションの原動力を生み出している。

組織は急速に変化する環境に適応し、かつ環境に影響を与える。大手企業のなかには、すべての部門に外部環境を監視し、そうした環境に適応し、あるいは影響を与える方法を見出す責務を負わせている例もある。今日、外部環境として最も重要な変化の一つはグローバル化である。コカ・コーラやAESコーポレーション、ハイネケン・ブリュワリー、ゼロックスは世界中の企業との戦略的な提携やパートナーシップにかかわって、環境に影響を与え、グローバル規模で競争していこうとしている。

こうしたあらゆる活動を通じて、組織はそのオーナーや顧客、従業員にとっての価値を生み出す。マネジャーは操業のどの部分が価値を生み、どの部分が価値を生み出していないかを理解する必要がある。生み出す価値が資源のコストよりも大きい場合のみ、企業は利益を計上できるからである。

マクドナルドは、そのコア・コンピタンスをいかに活用して顧客に対する価値を生み出せるか、徹底的な研究をした。その結果、「エクストラ・バリュー・ミールズ」(高付加価値メニュー)が導入され、ウォルマートやシアーズ・ローバック(以下シアーズ)の店舗内など、さまざまな地域にレストランを開くことを決定した。(7)

また組織は、労働力の多様化や倫理的、社会的責務についての高まる関心という、今日の挑戦課題に取り組まなければならず、同時に従業員の意欲をかきたてて組織目標の達成に協力させなければならない。

組織は我々の生活を左右する。そして十分に情報を取り込んだマネジャーは、組織のあり方を定めることができる。また組織理論を理解することによって、マネジャーはより有効に機能する組織を設計することができるのである。

システムとしての組織

▼オープン・システム

組織の研究における重要な発展の一つとして、クローズド・システムとオープン・システムとの区別がなされたことが挙げられる[8]。

クローズド・システムはその環境に左右されない。自己完結的で、閉鎖され、外部の世界から遮蔽されている。真のクローズド・システムは存在できないが、初期の組織研究は内部のシステムに焦点を置いていたため組織をクローズド・システムとして考えた。科学的管理法、リーダーシップ・スタイル理論、インダストリアル・エンジニアリングなどの、初期のマネジメント・コンセプトは、クローズド・システムの考え方だった。組織は、環境を所与のものと見なし、内部の設計を工夫することによって、より効果的なものにできると想定していたからである。クローズド・システムのマネジメントはきわめて容易であろう。環境は安定して予測が可能であり、かく乱が生じて問題を引き起こすことがないからである。その場合、マネジメントの主な問題は、能率的に物事を運営することだろう。

一方、オープン・システムは生き残りをかけて、環境と相互作用をしていかなければならない。資源を取り入れて消費もするし、資源を環境に提供もする。閉じこもってしまうことはできない。たえず変化しながら、環境に適応していかなければならない。オープン・システムは途方もなく複雑になる場合もある。組織内部の効率性は単なる一つの問題であり――そして時には小さな問題である場合もありうる。より大きな問題として組織は必要な資源を見つけて、手に入れなければならない。環境の変化を読み取って、それに基づく行動をとらなければならない。アウトプットを処理し、環境のかく乱や不安定に直面して、内部の活動をコントロールし、調整しなければならない。

生き残るために環境と相互作用しなければならないシステムは、すべてオープン・システムである。人間はオープン・システムである。地球もしかり。ニューヨーク市も、ＩＢＭもしかり。実際、ＩＢＭにおける問題の一つは、トップ・マネジャーが自分たちはオープン・システムの一部であることを忘れてしまったことではないかと思われる。彼らはＩＢＭの文化のなかに孤立し、顧客やサプライヤー、競争相手に何が起こっているのか、綿密な関心を向けるのを怠っていた。しかし、グローバル化や競争の激化、インターネットやｅビジネスの急激な広がり、人口や労働力の高まる多様化といった、過去数十年間にわたる急速な変化は、多くのマネジャーをオープン・システム向けの思考に転換させてしまった。自分たちのビジネスを複雑で、相互に関係する全体の一部であると認識せずにはいられなくしたのである。

組織全体を理解するためには、これをシステムと見なすべきである。システムとは、相互に作用する要素のセットが環境からインプットを得て、それを変換し、アウトプットを外部環境に放出するものである。インプットとアウトプットを必要とすることは、環境に依存することの反映である。要素を相互作用させることは、人々や部門が相互に依存し合い、協力し合わなければならない、ということである。

図表1―2はオープン・システムの例を示している。組織システムへのインプットには従業員、原材料をはじ

図表1−2　オープン・システムとそのサブシステム

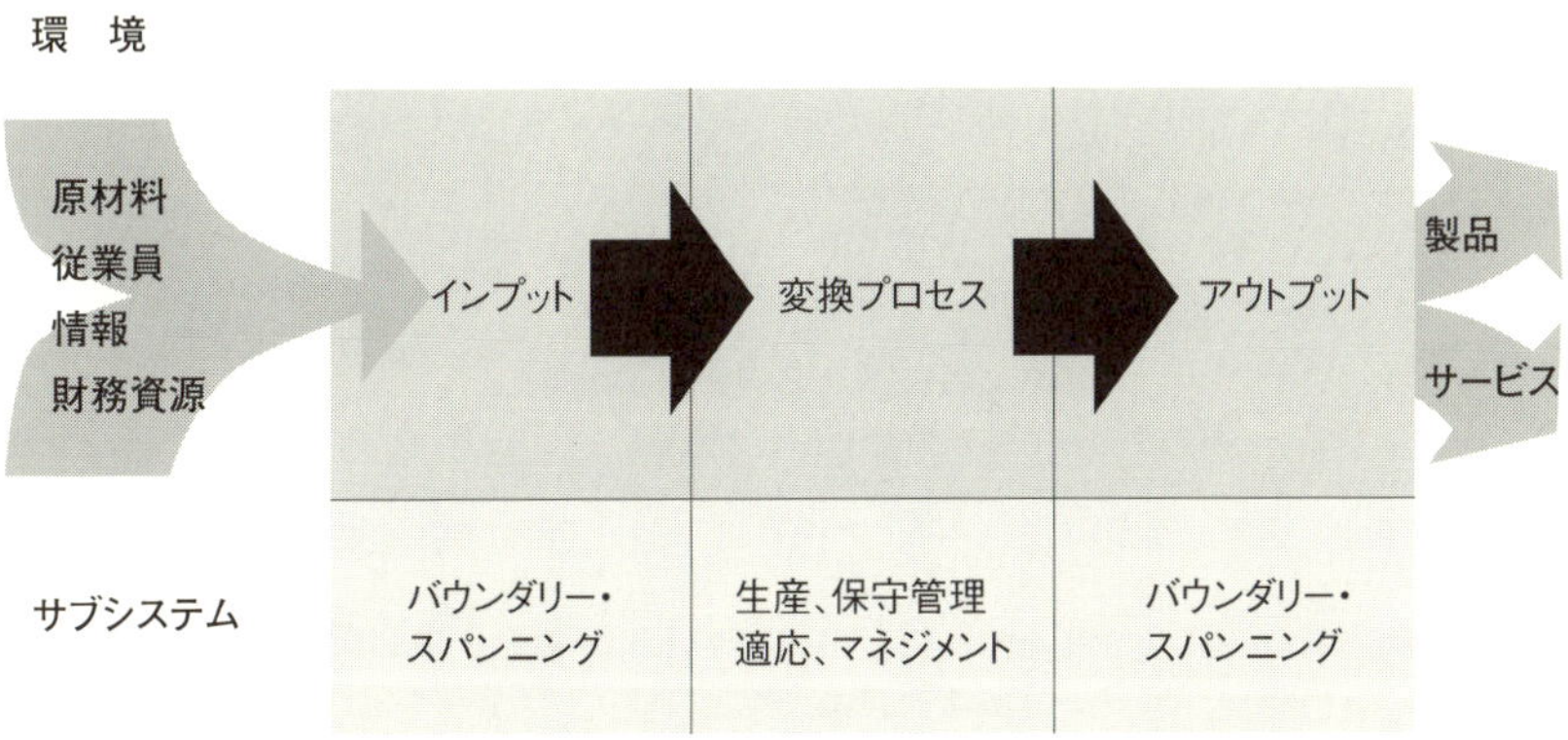

めとする物理的資源、情報、財務資源が含まれる。変換プロセスによって、こうしたインプットは何らかの価値を持ち、環境に戻されるものに変えられる。アウトプットには、顧客やクライアントに向ける特定の製品やサービスが含まれる。また、アウトプットには従業員の満足、汚染やそのほかの変換プロセスの副産物も含まれる。

システムは、図表1―2の最下部に示したいくつかのサブシステムから成っている。これらのサブシステムは組織の生存に必要な特定の機能を果たす。たとえば、生産、バウンダリー・スパンニング（環境との橋渡し的な連結業務）、保守管理、適応、マネジメントなどである。

生産サブシステムは、その組織の製品とサービスのアウトプットを産出する。バウンダリー・サブシステムは外部環境とのやりとりを受け持つ。そのなかには、供給品の購入や製品のマーケティングなどの活動が含まれる。保守管理サブシステムは、円滑な操業と組織の物理的ならびに人的要素の維持を受け持つ。適応のサブシステムは組織の変革と適応を担当する。マネジメントは明白なサブシステムであり、組織のほかのサブシステムを連絡調整し、指示を与える役割をする。

図表1―3　組織の5つの基本的パーツ

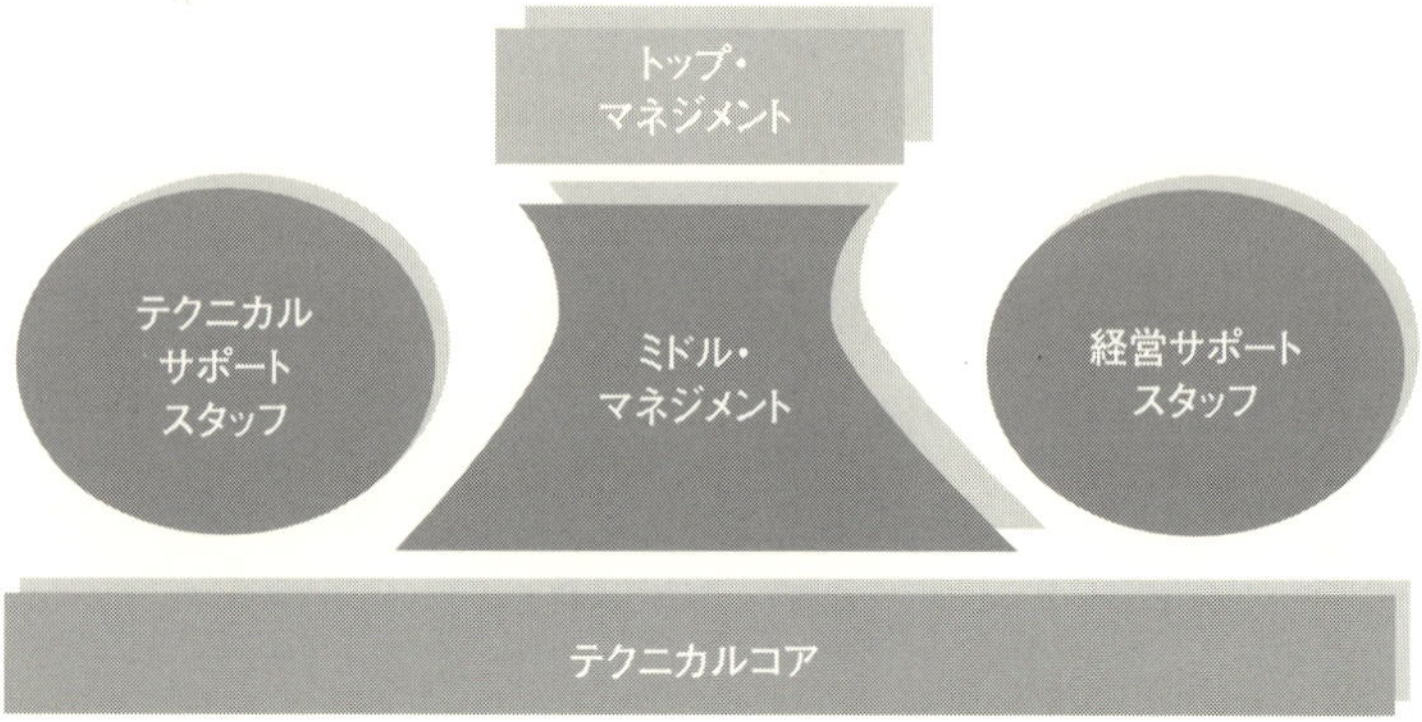

出典：Henry Mintzberg, *The Structuring of Organizations*（Englewood Cliffs, N.J.; Prentice Hall, 1979）215-297；Henry Mintzberg, "Organization Design, Fashion or Fit?," *Harvard Business Review* 59（January-February 1981）103-116（邦訳「組織設計　流行を追うか　適合性を選ぶか」ダイヤモンド・ハーバード・ビジネス1981年6月号）に基づく。

組織の形態

組織のさまざまなパーツは、図表1―2に例示された重要なサブシステム機能を果たすために設計される。ヘンリー・ミンツバーグが提案したフレームワークは、どの組織にも五つのパーツがあることを示唆している。[9] それらのパーツは、**図表1―3**に示すように、テクニカルコア、トップ・マネジメント、ミドル・マネジメント、テクニカルサポート、経営サポートスタッフである。これら五つのパーツは、組織の環境、技術、その他の要素によって、規模も重要性もさまざまに異なる。

テクニカルコア　テクニカルコアに含まれるのは、組織の基礎的な作業を行う人々である。生産サブシステム機能を果たして、実際に組織の製品とサービスを産出する。このテクニカルコアこそがインプットからアウトプットへの主要な変換が行われる場である。テクニカルコアには、製造会社の生産部門、大学の教師とクラス、病院の医療活動などが含まれる。IBMのテクニカルコアは、ハードウエア、ソフトウエア、クライアントのeビジネス・サービスを産出している。

テクニカルサポート　テクニカルサポートの機能は組織が環境に適応するのを手助けすることだ。テクニカルサポートの技術者や研究者といった従業員は、外部環境に目を配り、問題やチャンスや技術開発がないかどうかを探る。テクニカルサポートはテクニカルコアでイノベーションを生み出す責務を負い、組織が変革と適応を進められるようにする。IBMのテクニカルサポートは、技術、研究開発、マーケティング・リサーチなどの部門で行われる。

経営サポート　経営サポートの機能は円滑な操業と物理的ならびに人的要素を含む組織の維持を担当する。ここには、人材登用や雇用、報酬や手当ての決定、従業員の教育訓練と開発などの人事の活動のほか、ビルの清掃や機械の修理などの保守管理活動も含まれる。IBMのような企業の経営サポート機能には人事部、組織開発部、従業員のカフェテリア、保守管理スタッフなどが含まれる。

マネジメント　マネジメントは明白なサブシステムとして、組織のほかのパーツに指示を与え、調整する責務を負う。トップ・マネジメントは、組織全体あるいはほかの主要な部門に方向、戦略、目標、方針を与える。ミドル・マネジメントは事業部門レベルでの実行と調整の責任を負う。伝統的な組織では、ミドル・マネジャーがトップ・マネジメントとテクニカルコアの橋渡し役として、規則の実施、階層の上下への情報伝達について責任を負う。

現実の組織では、五つのパーツが相互に関連し、しばしば一つ以上のサブシステム機能を果たす。たとえば、マネジャーはシステムのほかのパーツの調整をしたり、指示を与えたりするが、経営サポートやテクニカルサポートにかかわることもある。

加えて、いくつかのパーツは前項で述べたバウンダリー・スパンニングの役目もする。たとえば、経営サポートの領域では、人事部門が外部環境に働きかけて、優秀な従業員を見つける責務を負う。購買部門は必要な原材料や供給品を購入する。

テクニカルサポート領域では、研究開発部門が外部環境と直接作用して、新しい技術開発を学び取る。マネジャーもバウンダリー・スパンニングを果たす。ＩＢＭのガースナーが重要な顧客に直接働きかけるのはその例である。重要なバウンダリー・スパンニングのサブシステムは、組織の一つのパーツに限られるというよりも、いくつかの領域で取り組まれる。

組織設計の次元

組織をシステムとして見ることは、組織内のダイナミックな、常に進行している活動に関係している。組織を理解する次のステップは、組織の設計的な特徴としての次元に目を向けることである。これらの次元によって、どのような組織であるかが描き出される。それは、ちょうど個性や身体的な特徴によって、個人がどんな人間であるかが描き出されるのと同じである。

組織の次元は二つのタイプに分かれる。構造的なものと、文脈的なものである。構造的な次元から組織内部の特徴がわかる。それをもとに組織の業績を測り、比較の基準とすることができる。文脈的な次元は、組織の規模、技術、環境、目標など、組織全体の特徴を表す。それらは組織の構造的な次元に影響を与え、それを形づくる文脈的背景となるものである。文脈的な次元は、組織と環境の両方を表すので、混同される場合がある。またこの次元は、組織の構造と作業プロセスの基礎をなす、重複し合う要素と考えることもできる。組織を理解し評価するためには、構造的な次元と文脈的な次元の両方を検討しなければならない[10]。組織設計のこれらの二つの次元は相互に作用し、先に図表1―1に挙げた目的を達成するために調整することができる。

▼構造的な次元

1. **公式化された手順（公式化）**は、組織内で文書化されたものの量に関係する。文書には、手順、職務記述書、規則、政策マニュアルなどが含まれる。これらの文書は行動や活動について記述する。文書化された手順は単に組織内の文書のページ数を数えるだけで測れる場合が多い。たとえば、大規模な州立大学は、登録、講座の廃止や追加、学生協会、学生寮の統治、財務支援などの事柄について書面に書かれた規則がかなりあるので、文書化された手順が多くなる傾向が強い。対照的に、家族経営の小規模なビジネスには書面に書かれた規則はほとんどなく、非公式的なものと見なされるだろう。

2. **専門特化**は、組織のタスクがどれだけ別個の専門タスクに分割されているかという程度のことである。専門特化の度合いが強ければ、各従業員はごく狭い範囲のタスクだけをこなす。専門特化の度合いが低ければ、従業員は自分の職務のなかで幅広いタスクをこなす。専門特化は〝分業〟と呼ばれる場合もある。

3. **権威の階層構造**は、だれがだれに直属するか、また各マネジャーの統制範囲（スパン・オブ・コントロール）はどの程度であるかを示す。スパン・オブ・コントロールはまた、上司に直属する部下の数も示すことになるから、階層構造はこれと関連する。スパン・オブ・コントロールが狭いとき、階層構造は高くなる。スパン・オブ・コントロールの幅が広いとき、階層構造は低くなる。

4．**中央集権化**は、意思決定する権限を最上位階層が持っていることをいう。意思決定がトップ・レベルだけでなされているとき、組織は中央集権化されている。意思決定が組織の下位レベルに委譲されているとき、その組織は分権化されている。組織によって、中央集権化され、あるいは分権化されている意思決定の内容としては、装置の購入、目標の設定、サプライヤーの選定、価格の設定、従業員の雇用、マーケティング領域の決定などが含まれる。

5．**プロフェッショナリズム（専門性）**は、従業員の公式教育と訓練の度合いのことである。従業員が組織の職務に就くのに長期の教育訓練を必要とするとき、プロフェッショナリズムが高いと考えられる。プロフェッショナリズムは、一般には、従業員の教育訓練の平均年数で測定され、開業医の場合は二〇年にもなり、建設会社では一〇年以下である。

6．**人員比率**はさまざまな職能や部門に配置される人々のことをいう。人員比率には、経営者の比率、事務員の比率、プロフェッショナル・スタッフの比率、間接労働者対直接労働者の比率などが含まれる。人員比率を計算するには、ある分類の従業員数を組織の総従業員数で割ればよい。

▼文脈的な次元

1．**規模**は組織の人数として表されるその組織の大きさである。組織全体として測ることも、工場や部門など、特定の構成要素について測ることもできる。組織は社会的なシステムなので、規模は従業員の数で測定されるのが通例である。そのほかに、総売上高や総資産といった尺度も大きさを反映するが、社会的システムの人的部分の規模を示すものではない。

2．**組織の技術**は、インプットをアウトプットに変換するために使われるツール、技術、活動のことをいう。それは組織が顧客に提供する製品やサービスをどのように生産するかということにかかわり、CAM、先端的情報システム、インターネットなども含まれる。自動車の組立ライン、大学の教室、翌日配達システムは、互いに異なるものだが、いずれも技術の一つである。

3．**環境**には、組織の境界の外にあるすべての要素が含まれる。カギを握る要素としては、業界、政府、顧客、サプライヤー、財界などが含まれる。組織に最も影響を与える環境要素は、ほかの組織である場合が多い。

4．**組織の目標（ゴール）と戦略**は、他の組織と区別する目的や競争技術を明確にする。目標は会社の意図を永続的な言葉として書きとめられる場合が多い。戦略は資源の割り当て、環境と取り組む活動、組織の目標に到達するための活動を描く行動計画である。目標と戦略は操業の範囲や、従業員、顧客、競争相手との関係を明らかにする。

5．**組織の文化**は、従業員が共有する重要な価値観、信念、了解事項、規範である。こうした基礎をなす価値観は倫理行動、従業員へのコミットメント、能率、顧客サービスにかかわるものであり、組織の成員を結びつける糊の役目をする。組織の文化は文書に書かれてはいないが、その組織についての物語、スローガン、儀式、服装、オフィスのレイアウトからうかがい知ることができる。

以上一一の構造的、文脈的な次元は相互に依存し合う関係にある。たとえば、大きな組織規模、ルーチン化された技術、安定した環境はいずれも公式化、専門特化、中央集権化の度合いの高い組織をつくる傾向にある。各次元間の詳しい関係については、このあとの章で探っていく。

これらの次元は何気ない観察だけでは見えない特徴を測定し分析する基礎となり、組織の重要な情報を明らかにする。

組織の理論と設計に関する歴史的発展

組織理論は事実を集めたものではない。組織について考える方法であり、組織をより正確に、より深く見つめて、分析する方法である。組織を見つめて考える方法は組織の設計と行動のパターンや規則性に基づいている。組織について研究する学者はこうした規則性を探り、定義し、測定したうえで、我々が利用できるようにする。研究から判明する事実そのものよりは組織の機能についての一般的なパターンや洞察のほうが重要である。

▼歴史

組織の設計とマネジメントの実務は、時を経て、より大きな社会の変化に対応するうちに、変化を遂げてきた。初期のマネジメント活動の歴史を思い起こしていただきたいが、一九世紀末から二〇世紀初めにかけて古典的なマネジメントの見方とともに、近代マネジメント理論の時代が始まったのである。産業革命のさなかに工場システムが出現して、それまでの組織が遭遇したことのない問題が出てきた。大勢の労働者が、以前よりははるかに大規模な仕事をするようになるにつれて、生産性を増大させ、組織が最大限の効率を達成するように、どのように仕事を設計し、管理していくべきかを、人々は考えはじめた。

組織を効率よく滑らかに回転する機械のように動かすことを求めた古典的な見方は、階層構造と官僚主義の組織の発展と関連するものであり、近代のマネジメントの理論と実践の基礎となっている。古典的な見方をさらに細かく分けた二つの分野が**科学的管理法**と**経営原則**である。

科学的管理法 フレデリック・ウインスロウ・テイラーを先駆けとする科学的管理法は、組織についての意思決定と職務デザインは個々の状況を正確かつ科学的に研究したものを基礎とすべきだという原則を打ち立てた[11]。このアプローチをとるために、マネジャーはそれぞれの職務の正確かつ標準的な手順を考え、適正な能力を備えた労働者を選び、標準的な手順で労働者を訓練し、慎重に仕事を計画して、アウトプットを高めるために能力給制度を備えた。

テイラーのアプローチは、一八九八年にベツレヘム・スチール工場向けに、鉄道車両から鉄塊を降ろし、そして完成された鋼鉄を再び車両に積み込むまでの工程で説明できる。テイラーは正しい動きとツール、連続作業をもってすれば、労働者一人が、当時の典型とされた一日に一二・五トンではなく、四七・五トンを積み込めると計算した。また、テイラーはこの新しい基準を満たした労働者に一日一・八五ドルという、それまでの一・一五ドルを上回る額を支給するという報奨制度を考えた。ベツレヘム・スチール工場の生産性は一夜ではねあがった。こうした洞察から、マネジメントの役割は安定性と効率を維持することであり、マネジャーは思考を凝らし、労働者は言われたとおりのことをすべきだとする、組織についての仮定が確立した。

経営原則 科学的管理法が主としてテクニカルコア——工場で行われる作業——に焦点を絞っていたのに対して、経営原則は組織全体の設計と機能に目を向けた。たとえば、アンリ・ファヨールは「それぞれの部下は一人の上司からのみ命令を受けること」(命令の統一)とか、「組織内の類似する活動は一人のマネジャーの指揮下にまとめられること」(指揮の統一)といった一四項目の経営原則を打ち出した。

これらの原則は近代のマネジメント実務や組織設計の基礎となった。ファヨールはこれらの原則はどんな組織の状況にも適用できると信じていた。科学的管理法と経営原則のアプローチは大変強い力を持っており、組織に高い生産性を確立し、繁栄を高めるための新たな考え方を与えた。とりわけ、経営原則は官僚主義的な組織の発達に貢献した。

官僚主義的な組織は、明確に定義された権威と責務、公式の帳簿、標準的な規則の統一した適用といった要素を通じて、非人間的、合理的な基準で組織を設計しマネジメントすることを強調した。官僚主義という言葉は今日の組織ではマイナスの意味合いを持っているが、官僚主義的な特徴は工業化時代のニーズに合わせてきわめてうまく作用していた。その後、古典的なマネジメント理論に次いで、ほかの学問的なアプローチが出現して、社会的な背景や労働者の欲求といった問題に取り組んだ。

ホーソン実験　産業心理学や人間関係に関する初期の研究は、科学的管理法が際立っていたためにあまり関心を惹くことがなかった。しかし、後にホーソン実験の名で知られるようになるシカゴの電気会社における一連の研究によって、大きな突破口が開かれた。この実験により、職場で前向きに扱われた従業員は動機づけと生産性を高める、という結論が得られた。この研究結果が公表されると、労働者の扱いに革命がもたらされ、その後、労働者の扱い方やリーダーシップ、人事管理を調査する研究の基礎が築かれた。こうした人間関係や人間の行動についての取り組みは、マネジメントや組織についての研究に新たな重要な貢献をした。

産業革命の際に発展した階層構造システムや官僚主義的なアプローチは、組織の設計や機能についての考え方の主流として、一九七〇年代から八〇年代まで続いていた。全体的にいって、このアプローチはつい数十年前まで多くの組織でうまく機能していた。しかし、一九八〇年代に問題が起きてきた。競争の激化がとりわけ世界的規模で進み、競争の場を一変させてしまったからである。北アメリカの多くの企業は、管理部門や専門スタッフの比率の膨張に悩まされた。ヨーロッパや日本からの国際的な競争が衝撃的に目を覚まさせた。

たとえば、ゼロックスは、直接労働者一人に一・三人の間接労働者を使っていたのに対して、日本の系列会社では〇・六人しか必要としていないことに気づいた。一九八〇年代になると、北アメリカの企業はより良い方法を見つけなければならなくなっていた。AT&Tでは、一九八〇年代に三万人のマネジャーを切り捨てた。シェブロンとガルフの合併では、一万八〇〇〇人の従業員が解雇され、その多くはマネジャーだった。ゼネラル・エレクトリック（以下GE）は、正規の有給従業員五万人がレイオフを言い渡された。[12]

一九八〇年代を通して、能率的なスタッフ、融通性、顧客への即応性、やる気のある従業員、顧客への配慮、高品質の製品を重視する新しい企業文化が生まれた。多くは国際的な企業による合併の波と国際競争の激化によって企業の境界が変わったために、世界は急速に変貌を遂げていた。

今日、世界は――したがって、ビジネスの世界も――近代の夜明けと科学革命以来、経験したことのないほどの底深い、そして広範な変化を遂げている。農耕時代から工業化時代への移行期に文明が後戻りできないほどの変貌を遂げたように、さまざまに発生してきた出来事が、我々の個人生活や職業生活の両面における相互の関わり方を変えている。古い組織形態やマネジメントの方法は、出現してきた近代後の世界の新たな問題と取り組むには不十分なのである。[13]

現在のビジネス環境の展開と組織理論研究の新たな展開の一つの結果は、コンティンジェンシー理論を用いて組織のコンセプトを描き出し、伝えようとすることである。

▼コンティンジェンシー理論

組織はすべてが同じようなものだというわけではない。すべての組織が同じように扱われるとき、多くの問題が生じてくる。すべての組織を同じように設計しようとする科学的管理法や経営原則の手法がそうであった。しかし、コングロマリットの小売部門ではうまく働く構造やシステムは、製造部門にはうまく働かないのである。ママメディアのような新しい起業性に富むインターネット会社には申し分のない組織図や財務手順も、大規模な食品加工会社にはうまく作用しないのだ。

Contingency とは何か

コンティンジェンシーとは、一つのことがほかのことに左右されるという意味であり、有効的な組織となるためには、その構造と外部環境の状態とが「うまく適合して」いなければならない[14]。ある環境の場ではうまくいくことが別の状況の下ではうまくいかないのだ。唯一にして最善の方法はないのである。コンティンジェンシー理論は「ほかのものに左右される」ということである。

たとえば、ある組織は確実性の高い環境の下にあって、ルーチン化された技術を使用し、効率の良さを願う。この状態では、官僚主義的な統制手順、機能別構造、公式のコミュニケーションを利用するマネジメント・アプローチが適切であろう。同じ伝で、ルーチン化されていない技術を利用する不確かな環境では、自由な流れのマネジメント・プロセスがうまくいくだろう。正しいマネジメントのアプローチは組織の置かれた状況しだいで決まるのである。

組織理論と組織設計の役割

組織理論と組織設計にはどのようなテーマが関連するのだろうか。「マネジメント」や「組織行動」の講座は「組織理論」の講座とどのように異なるのだろうか。これらの問いに答えるために、組織理論を学習し、分析レベルという概念を知ることで役立ててみよう。

▼組織理論の価値

組織理論の研究は、今日の複雑化と変化の激しい時代に役に立つ。現在マネジャーの任にある人やこれからマネジャーになる人にとって、組織理論は急速に変化する世界のなかでより良いマネジャーになるために役立つ重要な洞察を与え、理解を深めてくれる。

たとえば、今日の組織にとって最大の脅威の一つはマネジメントが技術変化のスピードと混沌に適応できないことである。企業は技術に巨額の投資をしているとはいえ、技術やインターネットを競争のための武器にするのに必要な組織やマネジメントの変革に乗り出したばかりである。組織理論と組織設計を理解することは、技術が組織やその環境にあるほかの要素といかに相互作用をしているかを理解する助けとなり、マネジャーが必要な変革を起こすのに役立つのである。

ＩＢＭのケースのように、多くのマネジャーは組織理論を試行錯誤しながら学び取っている。ＩＢＭでは、当初、マネジャーが自分たちの置かれた状況や自分たちが対応すべき出来事を理解していなかった。

きわめて実際的な意味で、組織理論はマネジャーに組織がいかに作用するかを理解させることによって、より高い能力を身につけさせる。そのようになったマネジャーは、他の人には見えないことが見え、理解できるようになる。組織理論はアイデアやコンセプト、考え、理解する方法を教えてくれるので、マネジャーは自分たちの組織を有効に導いていくことができる。古い手法がもはや機能しなくなったとき、組織理論はマネジャーがその理由を理解して、変わりゆく状況に合わせた新しい手法を開発するのに役立つのである。

▼分析のレベル

システム理論においては、各システムがサブシステムから成り立つとされている。システムはシステムのなかに宿り、中心的な焦点として分析のレベルを一つ選ばなければならない。**図表1―4**に示されるように、四つの分析レベルが組織の特徴となっている。まず、個々の人間が組織を築く基本的なブロックのレベルである。人間と組織との関係は、細胞と生物システムとの関係のようなものである。その次に高いシステム・レベルはグルー

図表1−4　組織の分析レベル

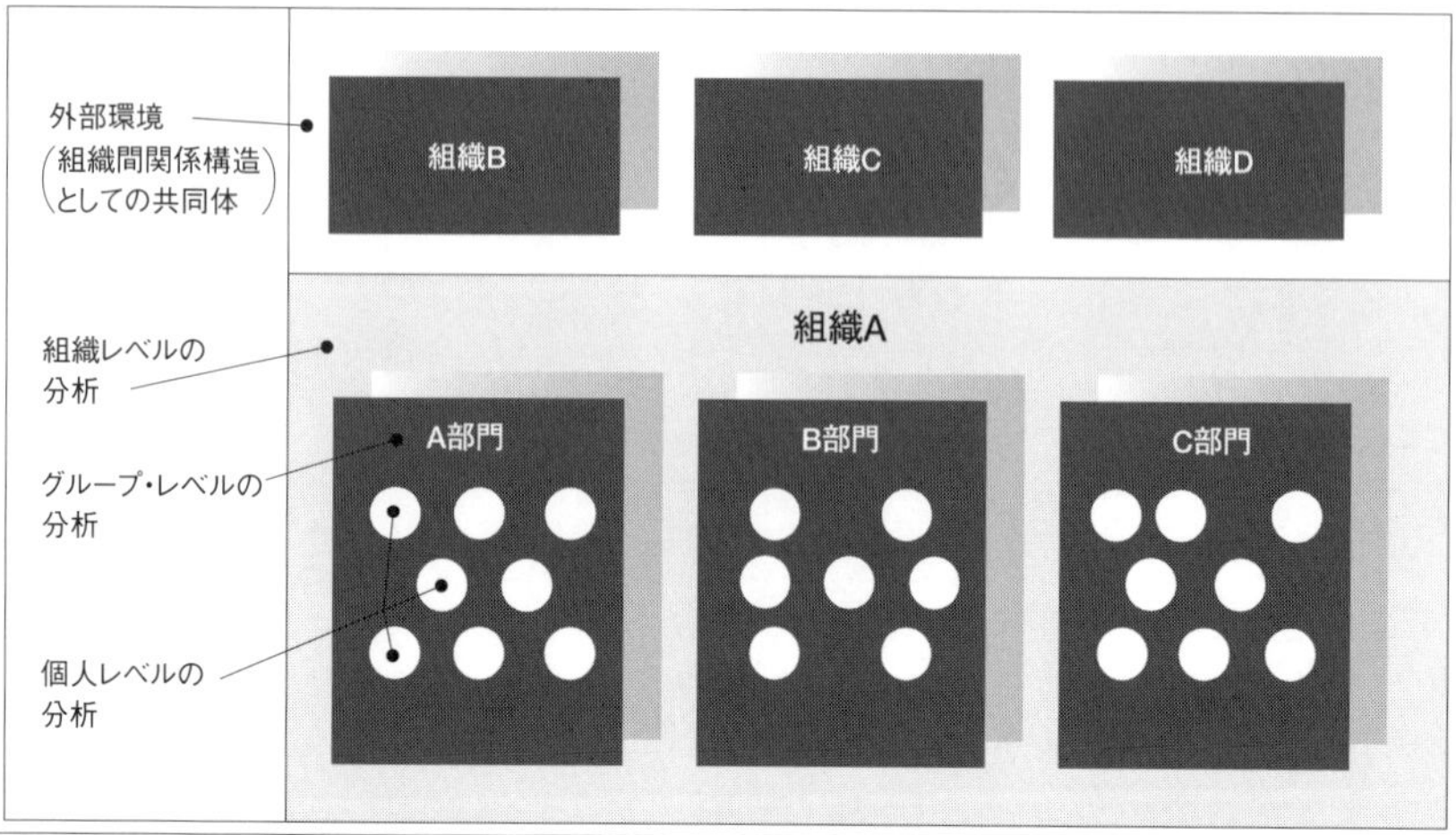

出典：Andrew H. Van de Van, Diane L. Ferry, *Measuring and Accessing Performance*（New York: Wiley, 1980）8, およびRichard L. Daft and Richard M. Steers, *Organizations: A Micro/Macro Approach*（Glenview Ill.: Scott, Foresman, 1986）8に基づく。

プまたは部門である。グループや部門は個人の集団であり、一緒に仕事をしてグループのタスクを遂行する。その上の分析レベルは組織そのものである。組織はグループや部門が集まって全体の組織を組み上げているものである。組織自体をグループにまとめてさらに高い分析レベルとすることもでき、それが組織間関係としてのある種の共同体である。組織間関係は単一の組織同士が相互作用する組織のグループである。その共同体内にあるほかの組織も相互に環境の重要な一部となる。

組織理論は組織レベルの分析に焦点を置くが、グループや部門のレベルにも関心を向ける。組織を説明するためには、その特徴に目を向けるだけでなく、環境やその組織を構成する部門やグループの特徴にも目を向けるべきである。本書の焦点は、組織の特性や組織を構成するグループや部門間の性質や関係、環境をつくり上げている組織の集合を検証して、読者の組織に対する理解を助けることである。

個人は組織理論に含まれているのだろうか。組織理論は、個人の行動を考えることはするが、集合体として考えるのである。人々は重要であるが、分析の重要な焦点ではない。「組織理論」は「組織行動」とは明らかに区別される。

組織行動は組織内の個人のレベルに分析の焦点を置くので、組織に対するミクロ的なアプローチである。組織行動はモチベーションとか、リーダーシップ・スタイル、性格といった概念を研究するのであり、組織内の人間同士の認知や感情的な違いにかかわるものである。一方、組織理論は組織全体を一つの単位として分析するので、マクロ的な組織の研究である。組織理論は部門や組織にまとめられた人々や、そのレベルでの構造や行動の違いに関心を向ける。組織理論は組織の社会学であり、組織行動は組織の心理学である。

しかし組織の研究に取り組む新しいアプローチが現れている。それはメゾ理論と呼ばれるものである。多くの組織の研究やマネジメントの授業科目は組織行動か組織理論のどちらかを専門に扱う。しかしメゾ理論（メゾとは「～の中間」という意味）はミクロ・レベルとマクロ・レベルの分析を統合したものにかかわる。個人やグループは組織に影響を与え、逆に、組織は個人とグループに影響を与える。組織で成功するためには、マネジャーも従業員も複数のレベルのことを同時に理解しておく必要がある。

たとえば、研究の結果として、従業員の多様性はイノベーションを高めることがわかったとしよう。そうするとイノベーションを促すためには、マネジャーは組織の構造や文脈的状況（組織理論）がさまざまな従業員の間で交わされる相互作用（組織行動）とどのように関係しているかを理解している必要が出てくる。マクロとミクロの両方の変数がイノベーションの説明になるからである。[15]

また組織理論は、それ自体が、トップとミドルのマネジメントの関心事項と直接に関係し、もっと下位のマネジメントとも一部分かかわる。トップ・マネジャーは組織全体に責任を負い、目標を決め、戦略を立案し、外部環境を読み取って、組織構造と設計を決めなければならない。ミドル・マネジメントは、マーケティングや研究などの重要な部門に関わりを持ち、その部門が組織のほかの部分とどのような関係になるべきかを決めなければならない。ミドル・マネジャーは自分たちの部門が作業単位の技術にかなうように設計し、パワーと政治の問題こういう課題の提示は教科書に大事.

やグループ間の対立、情報と統制のシステムを処理する。これらの問題のそれぞれが組織理論の一部である。組織理論が下位のマネジメントと部分的にしかかかわらないのは、その監督レベルで対象とするのが機械を運転したり、手紙をタイプライターで打ったり、商品を販売する従業員だからである。組織理論は組織とその重要な部門という大きな姿とかかわっているのである。

▼討論課題

1. 組織とは何かを定義しなさい。その定義の各部分を簡単に説明しなさい。
2. オープン・システムとクローズド・システムの違いは何か。クローズド・システムの例を一つ挙げなさい。
3. ミンツバーグの言う組織の基本的な五つのパーツは、図表1—2の底部に示すサブシステムの機能をどのように果たすか、説明しなさい。組織がこれら五つのパーツのどれかを排除しなければならないとしたら、どれが欠けた場合であれば他の場合よりも組織はより長く生き残れるか、討論しなさい。
4. 公式化と専門特化とはどのように違うか。一方の次元について高い位置にある組織は、もう一つの次元においても高い位置にあるだろうか、考えなさい。
5. コンティンジェンシーとはどういう意味か。マネジャーにとってコンティンジェンシー理論はどのような意味を持つか。
6. 組織理論においては、どのようなレベルの分析が一般に研究されるか。そのレベルを心理学の講座で研究される分析のレベルと比較するとどうなるか。社会学の場合や政治科学との比較はどうなるか。
7. 人間で構成される組織は機械のようなシステムより複雑だと考えられるのはなぜか。こうした複雑性は、マネジャーにとってどのような意味を持つか。

II

[第Ⅱ部]

組織の目標と組織の設計

Organizational Purpose and Structural Design

第2章 戦略、組織設計、有効性

組織の目標とは組織が到達しようと望むものの状態である。[1] それは、組織の努力が向けられる成果あるいは到達点である。たとえば、フランスのダノン・ヨーグルトのメーカー、ダノン・グループにとっての目標は、ヨーロッパ以外での売上高の増加、アジアやラテンアメリカの新興市場への参入、中核製品の見直し、収益性の伸びである。[2] 目標の設定と戦略の選択が組織設計に影響を与えることは、本章で考察するとおりである。

▼本章の目的

トップ・マネジャーは組織に方向を示して、目標を設定し、自分たちの組織がその目標を達成するための戦略を立てる。本章の目的は組織が追求する目標のタイプと、それらの目標に到達するためにマネジャーが立てる戦略について理解することである。加えて戦略的な行動を決める二つの重要なフレームワークを検討し、戦略がいかに組織設計に影響を与えるかということに目を向ける。さらに、本章では組織活動の有効性を測定する最も一般的なアプローチについても述べる。組織をうまく管理運営するために、マネジャーは有効性を測定する方法をはっきりとつかんでおく必要がある。

組織の目標

組織は何かを成し遂げるためにつくられ、継続されていく。シアーズ、米国赤十字、IBM、メソジスト教会、米国農務省、ビデオ・レンタルショップなど、どんな組織も、ある目的のために存在する。この目的は全体目標あるいは使命（ミッション）と呼ばれる場合もある。組織の異なる部分がそれぞれ独自の目標や目的を決めて、全体の目標、ミッション、すなわち組織の目標達成に貢献する。一つの組織内には数多くのタイプの目標が存在し、それぞれが異なる機能を果たす。一例として、公式に述べられた組織の目標、つまりミッションと、組織が実際に追求するオペレーション上の目標との間に、大きな違いがあることが挙げられる。

▼ミッション

組織の全体的な目標はしばしばミッションと呼ばれる――すなわち、それは組織の存在理由である。ミッションは組織のビジョンや共有の価値観、信念や存在理由を描くものだ。ミッションは組織に強力な影響を与える。[3]

ミッションは、公式目標と呼ばれる場合もあり、組織が達成しようと努めているビジネスの範囲と成果を公式に述べた定義である。公式目標を記述することでビジネスを定義し、その組織を差別化できる価値観、市場、顧客に焦点を置く場合もある。ミッションと呼ばれるか、公式目標と呼ばれるかにかかわらず、組織が一般的に述べる目標や哲学は社是や年次報告に書き記される場合が多い。

▼オペレーション上の目標

オペレーション上の目標　オペレーション上の目標（ゴール）は、組織の実際のオペレーション手順によって求められる目標を指定し、組織が実際に何をしようとしているかを説明する。[4] オペレーション上のゴールは特定の測定可能な成果を述べ、短期的なことにかかわる場合が多い。オペレーション上のゴールと公式目標との対比は、実際の目標と記述された目標との対比である。

オペレーション上のゴールは組織が達成しなければならない主要なタスクにかかわるのが典型で、第1章で明らかにしたサブシステムの活動に似通っている。[5] これらの目標は、組織の全体的なパフォーマンス、バウンダリー・スパンニング、保守管理、適応、生産活動にかかわる。主要なタスクのそれぞれに定められた目標は、部門内における日常の意思決定や活動の方向を定める。

組織全体のパフォーマンス目標　収益性は営利組織の全体的なパフォーマンスを反映する。収益性は、純所得、ＥＰＳ（一株当たり収益）、ＲＯＩ（投資収益率）という形で表される。そのほかの全体目標は成長とアウトプットである。

成長は時の経過に伴う売上高や収益の増加に関係する。数量は総売上高や生み出された製品やサービスの量と関係する。プロクター・アンド・ギャンブル（以下Ｐ＆Ｇ）の経営幹部は、消費財の売上高を二〇〇六年までに七〇〇億ドルへと二倍に増やすという成長目標を立てている。[6] 労働組合などの非営利組織に収益性の目標はないが、組合員へのサービスを特定の予算支出レベル内に収めるという目標を持っている。成長目標と数量目標も、非営利組織の全体的なパフォーマンスを示すものとなるだろう。

経営資源上の目標　経営資源上の目標は必要とされる原材料と財務的資源を環境から獲得することに関するも

のである。これには新しいプラント建設のために融資を得ることや、より安価な原料資源を見出すこと、あるいは優秀な大学卒業生を雇用することなどもかかわるだろう。

多くのハイテク企業は、今日の厳しい労働市場のために、高学歴でコンピュータ知識のある労働者を雇用しようと苦労している。サン・マイクロシステムズのような企業はオンラインによる新人登用プログラムに多額の投資をして、この分野における資源目標の達成を進めている。

市場目標　市場目標は組織が望むシェアや市場での地位と関係する。市場目標はマーケティング、販売、宣伝部門の責務である。市場目標の一例を挙げると、シスコ・システムズ（以下シスコ）がインターネットの運用に必要なスイッチやギアのメーカーとして市場をリードしていきたいという希望である。シスコはインターネット用高価格ルーターの市場で八〇％のシェアを得ている。セメントス・メキシカノス（セメックス）はメキシコでセメント市場の六〇％のシェアを持っていて、いくつかの新興市場のサプライヤーの先頭に立っている。[7] 両社とも、特定市場で最高の市場シェアを得たいというオペレーション上のゴールを掲げている。

人材開発における目標　人材開発は従業員の研修、昇進、安全、成長に関するものである。そこにはマネジャーと一般従業員が含まれる。フェッチャー・ビンヤード（以下フェッチャー）における第一の目標は、従業員の引き続く成長と開発に貢献することである。この目標には、総合的な教育プログラムを提供し、第二外国語としての英語、意思決定、コミュニケーションなどのクラスを設けることなどがある。フェッチャーの人事部長であるバーバラ・ウォーレスは言う。「……うちの会社では、従業員の能力開発が組織を強化すると信じており、それは忠誠心を培う手段でもある[8]」

イノベーションと変革における目標　イノベーション目標は内部の柔軟性と環境の予期しない変化への即応性とかかわる。イノベーション目標は特定の新しいサービスや製品、生産工程の開発に関するものである。たとえば、３Ｍでは過去四年以内に導入された製品から売上高の三〇％を得られるように、新製品の開発をはかるという目標を持っている。[9]

生産性の目標　生産性の目標は利用できる資源で達成されるアウトプットの量にかかわる。典型的には、望ましい産出高に達するのに必要とされる資源投入量でもって記述される。したがって「単位生産量当たりのコスト」「従業員一人当たりが生産する単位個数」あるいは「従業員一人当たりの資源コスト」という記述の仕方になる。

たとえば、ラバーメイドでは、一日当たりの各労働者の生産個数を増やすという生産性目標を立てている。一九五二年には、一日当たりの労働者一人のアウトプット数が三〇〇個だったのが八〇年には五〇〇個に、八八年には七五〇個に増えた。もう一つの生産性目標は、販売員の数を減らして、労働力の伸びを五〇％に抑える反面、売上高を二倍にするということだった。その結果、生産性が向上して、ラバーメイドにとって新たな収益をもたらすことになった。[10]

ラバーメイドや3Ｍのような成功を収めている企業は、慎重にバランスをとったオペレーション上のゴールを活用している。たとえば収益性も重要ではあるが、今日優れた業績を上げている企業は、最終的な収益だけに注目することは好業績を上げる最善の方法ではないと気づいている。

急速に変化する環境にあって、イノベーションと変革の目標がますます重要になっており、たとえそれによって当初は収益の減少を招いたとしても、である。人材開発の目標は厳しい労働市場からやる気のある、熱心な人材を獲得し維持していくうえで重要なものである。

組織戦略と組織設計

戦略とは、組織目標を達成するために、競争環境と相互作用をしていくための計画である。マネジャーのなかには、目標と戦略は同じもので、置き換えられると考える者もいるが、我々は、目標は組織がどこに行きたいかを明確にするものであり、戦略はどのようにして目標に到達するかを明確にするものと考える。

たとえば、一五％の年間成長率を達成するという目標があるとしよう。その目標に到達するための戦略には、新しい顧客を惹きつけること、販売員の意欲をかきたてて顧客の平均購買量を増やすこと、類似製品を製造するほかの会社を買収すること、などが含まれるだろう。戦略には目標を達成するためのさまざまな技術が含まれる。戦略を策定する基本は、自分たちは競争相手と異なる活動をするのか、それとも同じ活動を競争相手よりも効率的に行うのかを選択することである。[11]

戦略を策定するモデルの一つが、マイケル・E・ポーターの競争戦略モデルである。これは競争活動を行うためのフレームワークを示すものである。このモデルについて説明してから、戦略の選択がどのように組織設計に影響を与えるかを考察しよう。

▼ポーターの競争戦略

ポーターは数多くのビジネスを研究し、三つの競争戦略を描くフレームワークを紹介した。すなわち、コスト・リーダーシップ、差別化、焦点集中化の戦略である。[12] 焦点集中化戦略は、組織が特定の市場または買い手グループに焦点を絞るものだが、これをさらに低コストに焦点を絞る戦略と差別化に焦点を絞る戦略に分けている。

図表2―1　ポーターの競争戦略

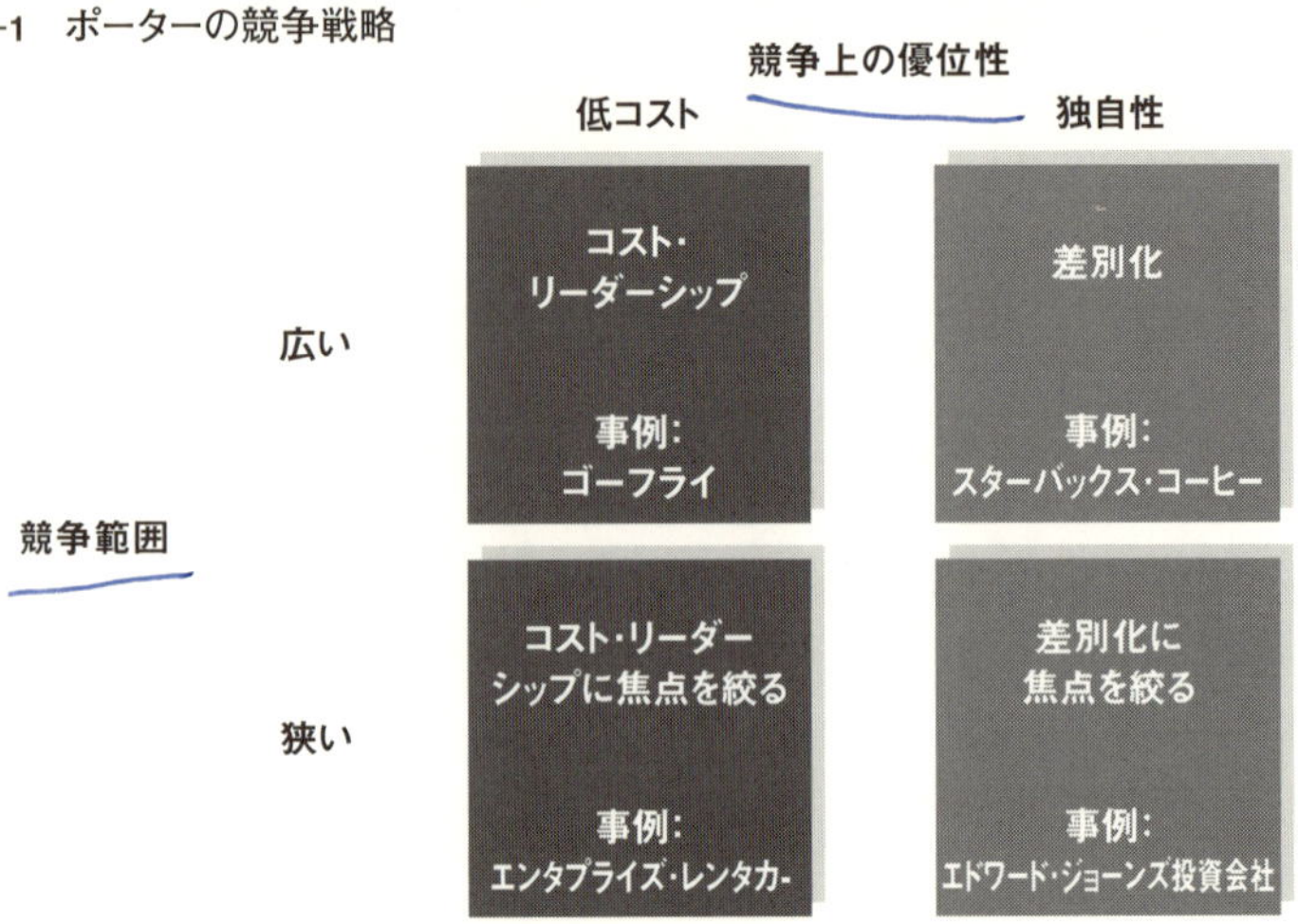

出典：Adapted and translated into Japanese language with the Permission of The Free Press, an imprint of Simon & Schuster Adult Publishing Group, from *COMPETITIVE ADVANTAGE: Creating and Sustaining Superior Performance* by Michael E. Porter. Copyright©1985, 1998 by Michael Porter.

この結果、**図表2―1**に示すように四つの基本的な戦略ができる。このモデルを活用するのに、マネジャーは競争上の優位性と競争範囲という二つの要素を評価する。優位性に関しては、低コストで競争するか、それともプレミアム価格で臨める独特の際立った製品やサービスで競争するか、どちらかを決める。それから、幅広い範囲で競争するか（多くの顧客セグメントで競争する）、それとも狭い範囲で競争するか（選ばれた顧客セグメントやセグメント・グループで競争する）を決める。こうした選択をすることによって、図表2―1に示すような、戦略が選定される。

差別化戦略　差別化戦略では、組織は自分たちの製品やサービスを、業界の他組織のものと別物であることをはっきりさせようとする。宣伝を利用して、製品の差別化した特徴や例外的なサービスであることや革新的技術であることを際立たせ、製品を独自のものと認識してもらうように努める。この戦略は通常、価格にこだわらない顧客をターゲットにするので、きわめて収益性が高くなりうる。メイタグの家電製品、トミー・ヒルフィガーのアパレル商品、スターバックスのコーヒーは差別化戦略をとっている企業の製品例である。

差別化戦略をとることによって、競争相手との争いを減らし、代替製品の脅威を減じることができる。顧客が企業のブランドに忠実だからである。しかし、差別化戦略を成功させるには、製品の研究やデザイン、強力な宣伝など、コストのかかる種々の活動が必要であることを忘れてはならない。差別化戦略をとる企業は強力なマーケティング力と、イノベーションを追求する時間と資源が与えられる創造的な従業員が必要である。

コスト・リーダーシップ戦略 コスト・リーダーシップ戦略は、競争相手と比べて低コストであることを強調して、市場のシェアを伸ばそうとするものである。コスト・リーダーシップ戦略をとることで、企業は効率的な設備を積極的に追求し、コスト削減をはかり、競争相手よりも効率的な製品の生産を目指して、厳しいコントロールをする。この戦略は、リスクを冒すこと、あるいはイノベーションや成長の新しいチャンスを求めることよりも、安定に力を注ぐ。低コストでリーダーシップがとれるということは、その企業が競争相手よりも価格を低く抑え、しかも競争力のある品質を提供し、かつそれなりの利益を上げられる、ということである。

ロンドンを本拠地として新たに立ち上げられた航空会社、ゴーフライは、低コスト戦略をとって、ブリティッシュ・エアウェイズなどの大手航空会社との競争にまずまずの成功を収めている。CEOのバーバラ・カッサーニはコストを綿密に監視しながら、ゴーフライが価格を低く維持できるように努めている。たとえば、同社は旅行代理店を利用せず、顧客に電話やウェブサイトを使って直接に飛行便の予約をしてもらっている。また、食物やドリンクの無料サービスをするよりも、旅行者が公正な料金で質のよい軽食を選べるようにしている。[13]

このような低コスト戦略は、顧客がそれ以下の価格を他で見つけられないことから、企業が現行の競争相手から身を守るのに役立つ。さらに、代替製品や新たな競争相手が参入してきても、低コストで生産できる企業は市場のシェア損失を防ぐのに有利な立場に位置する。

焦点集中化戦略　ポーターの唱える第三の戦略、焦点集中化戦略をとる企業は、特定地域の市場や買い手グループに焦点を絞る。ごく限られた市場内で、低コストの優位か差別化の優位のどちらかを達成しようとするわけである。焦点集中化戦略の一例がエンタプライズ・レンタカー（以下エンタプライズ）である。

同社は、ハーツやエイビスのような大手企業でさえ参入しようとしない市場――低予算で代車を提供する市場に焦点を絞ることで、名を上げた企業である。車が壊れたり、盗まれたりしたとき、エンタプライズがレンタカーを持ってきて貸してくれるので、顧客の心配事が一つ減るという仕組みだ。エンタプライズは、低コスト戦略に集中することで急成長を遂げることができた。

また、セントルイスを本拠地とする仲買業のエドワード・ジョーンズは、アメリカの農村部や小さな町で事業を興し、投資家にリスク回避的で長期的な投資をさせることで成功した。ピーター・ドラッカー（マネジメントの師として、エドワード・ジョーンズのコンサルタントを務めていた）は、同社の安全第一主義は、同社の提供する商品が「だれもいままで販売したことのないもの」であることを意味すると指摘する。同社は「ウォールストリートのウォルマート」になることを目指し、この差別化に焦点を絞った戦略によって、急速に伸びている。[14]

▼戦略が組織設計に与える影響

戦略の選択は組織内部の形状に影響を与える。組織をどのように設計するかが企業の競争への取り組みを支援するものでなければならない。たとえば、成長と新製品の開発を望む会社は、安定した業界内で長年確立してきた市場シェアの維持に焦点を集中する企業と異なる見方や感覚を持っている。

コスト・リーダーシップ戦略をとるマネジャーは組織設計に効率性を追求するアプローチをとり、一方、差別化戦略には柔軟な学習のアプローチが必要である。コスト・リーダーシップ戦略は、強力な、集中した権限と厳しい統制、標準的なオペレーション手順、さらには効率的な調達と流通システム重視と結びつく。従業員は一般に綿密な監視と統制を受けながら、ルーチン化された業務を行い、意思決定や自身で行動する権限は付与されていない。

これに対して、差別化戦略をとる場合には、従業員が常に経験を積み重ねて、学習することが必要である。組織の構造は変更が容易で、柔軟性があり、強力な水平方向の調整がなされる。権限を委譲された従業員は顧客とじかに向き合う仕事をし、独創性とリスクを冒すことで報酬を受ける。組織は効率や標準化された手続きよりも、研究と創造性とイノベーションを重視する。

▼組織設計に影響を与えるそのほかの要素

戦略は組織設計に影響を与える重要な要素の一つである。しかし、結局のところ、組織設計は数々のコンティンジェンシーの結果であり、その点については本書全体を通じて考察していくことになる。効率と統制を強調するか、学習と柔軟性を強調するかは、戦略、環境、規模、ライフサイクル、技術、組織文化というコンティンジェンシーによって決められる。組織は、**図表2―2**に示すように、コンティンジェンシーの要素に「適合」するように設計されるのである。

たとえば、安定した環境においては、組織は垂直方向の統制、効率、専門特化、標準化された手続き、中央での意思決定を重視する伝統的な構造になるだろう。しかし、急速に変化する環境にはより柔軟性のある構造が必要とされ、強力な水平方向の調整とチームなどのメカニズムによる協力体制が求められる。環境については第4章で詳しく考察する。

規模とライフサイクルの点では、まだ若くて規模の小さい組織は一般的に非公式的要素が強く、労働分割の程度も少なく、規則や規制はほとんどなく、臨時の予算化やパフォーマンス・システムがとられる。

図表2−2　組織設計に影響を与えるコンティンジェンシー要素

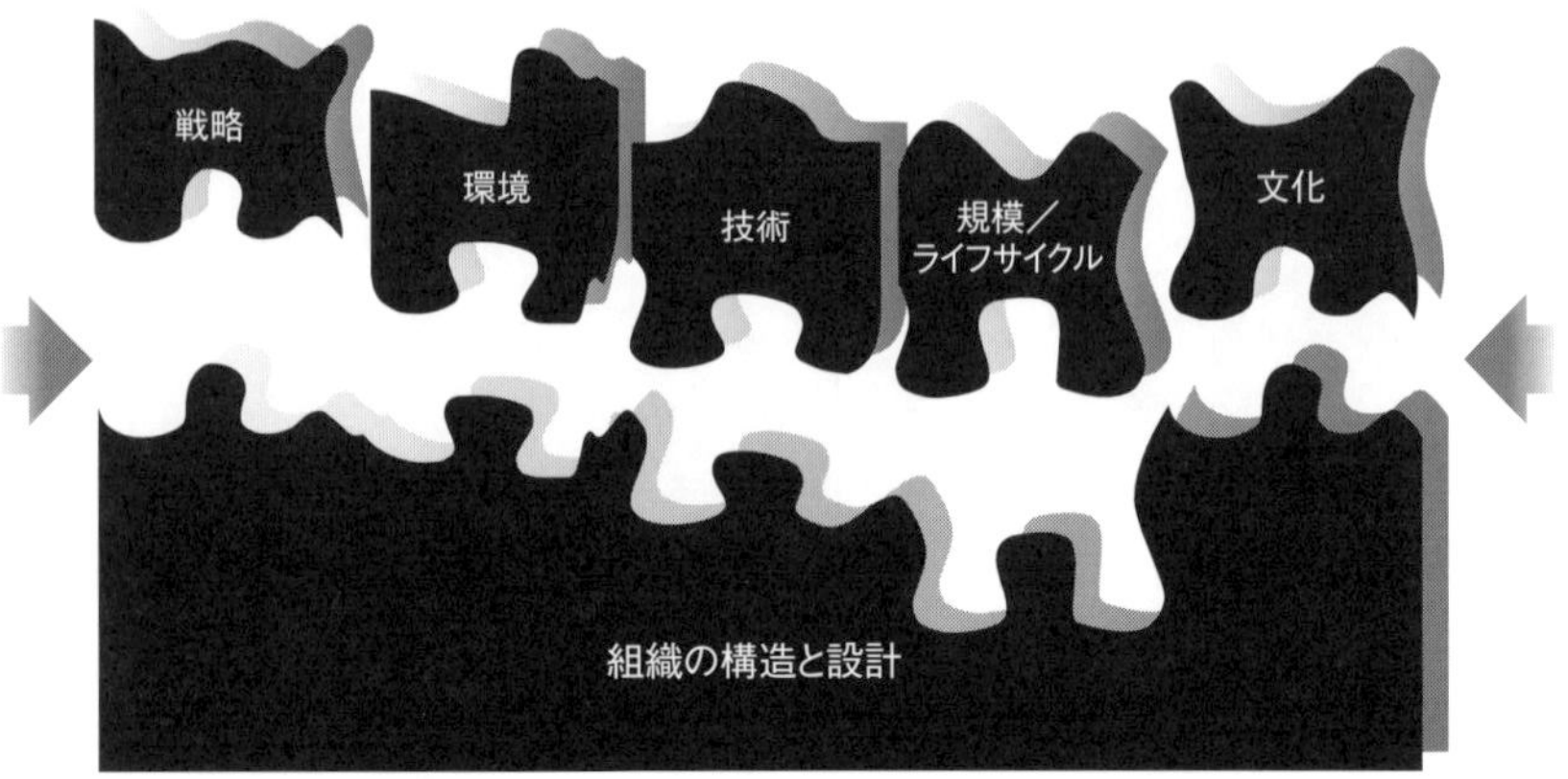

正しい構造と設計がコンティンジェンシー要素に適合する

これに対して、ＩＢＭやシアーズのような大規模な組織は、広範囲な労働分割、数多くの規則や規制があり、予算化や統制、報酬、イノベーションについて標準化された手続きとシステムが定められている。規模とライフサイクルの段階については第6章で考察する。

組織設計は、そのワークフロー（業務活動の流列）にかかわる技術にも適合していなければならない。たとえば、伝統的な自動車組立ラインのような大量生産技術を備えた組織は、効率と公式化、専門特化、中央集権的な意思決定、厳しい統制を重視することによって、最善の機能を発揮する。対照的に、eビジネスには非公式で、柔軟性が高いことが必要である。技術が設計に及ぼす影響については、第5章で詳しく考察する。

組織の設計に影響を与える最後のコンティンジェンシーは企業文化である。チームワーク、協力、独創性、全従業員とマネジャーとのオープン・コミュニケーションを重視する組織文化は、硬直な垂直構造や厳しい規則とうまくかみ合わないだろう。文化の役割については第7章で考察する。

マネジャーの責任の一つは、戦略、環境、規模、ライフサイクル、技術、文化というコンティンジェンシー要素と適合する組織を設計することである。正しい「適合性」を見出すことが組織の有効性につながり、またうまく適合しなければ、組織の衰退または消滅さえ招きかねない。

組織の有効性

組織の目標と戦略を理解することは、組織の構造的な設計を行うに際して、さまざまなコンティンジェンシーでの適合という考え方を理解することであり、組織の有効性を理解する第一歩でもある。組織の目標は組織の存在理由と組織が達成したいと願う成果を表す。本章の以後の項目では有効性と、それがいかにして測られるのかというテーマを探っていく。

目標とは、組織が望む未来の状態であると先に定義した。組織の**有効性**（イフェクティブネス）とは、組織がその目標をどれだけ実現するかという程度を指す[15]。有効性は幅の広い概念である。組織全体のレベルと事業部門レベルの双方における変数を考慮に入れるという意味が込められている。有効性は複数の目標――公式のものであれ、オペレーション上のものであれ――が達成される程度を評価するのである。

効率（エフィシェンシー）は、もっと限定された概念として、組織の内部的な作用と関係するものである。組織の効率とは、単位当たりのアウトプットを生産するのに使用された資源の量である[16]。これはインプットとアウトプットの比率として計算される。ある組織が別の組織よりも少ない資源で、同一量の生産レベルを達成すれば、その組織のほうが能率的だということになる[17]。

時に、効率が有効性につながる場合がある。一方、有効性と効率が関連していない組織もある。ある組織は非常に効率的だが、目標を達成できないという場合、需要のない製品をつくっているからである。同様に、組織が収益目標を達成しても、効率的でないという場合もある。

組織の全体的な有効性を測定するのは難しい。組織は規模が大きく、多様で、ばらばらに分かれている。そしてさまざまな活動を同時に行い、複数の目標を目指す。しかも、多くの結果が生み出されるが、意図していたとおりの結果もあれば、意図に反する結果もある。[18] マネジャーは自分の組織の効率を測るために、どのような指標を測定すべきかを決定する。ある研究によると、多くのマネジャーは数量的な尺度で測れない特徴に基づく効率を評価する困難を感じている、という。[19]

しかし、今日業界をリードする企業の経営幹部は、「顧客の喜び」や従業員の満足度といった指標を使って有効性を測るという新しい方法を見出している。有効性を測定する方法は、実際のところマネジャーがどの測定尺度を追跡するかということに目を向けるものである。次節で述べるコンティンジェンシー・イフェクティブネス・アプローチは、組織のどの部分をマネジャーが測定すべき最も重要なものと考えているかということに目を向けることがベースになっている。

コンティンジェンシー・イフェクティブネス・アプローチ

有効性を測定するコンティンジェンシー・アプローチは、組織のさまざまな異なる部分に焦点を向けている。そのうち伝統的アプローチと呼ばれるものは、**図表2—3**に示すような、**ゴール・アプローチ**、**資源依存アプロ**

図表2—3　組織の有効性を求めるコンティンジェンシー・アプローチ

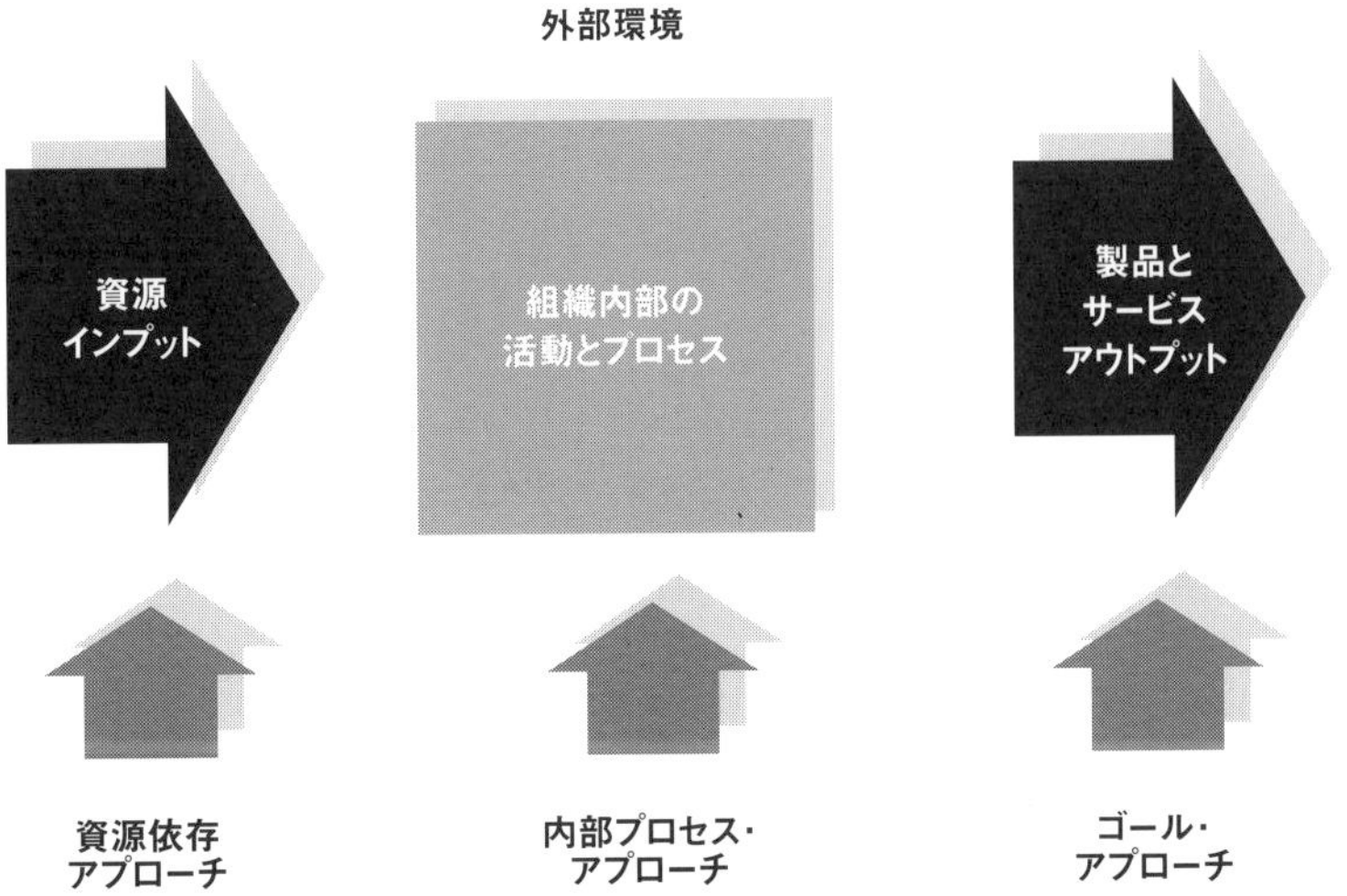

ーチ、**内部プロセス・アプローチ**である。組織は環境から経営資源を持ち込み、それらの資源はアウトプットに変えられて、環境に戻されることが、図表を見ればわかるだろう。組織の有効性に対するゴール・アプローチは、ゴールとしてのアウトプットの側に関心を向け、組織が望ましいレベルのアウトプットに達したかどうかを見る[20]。

資源依存アプローチは、プロセスの始まりを観察し、組織が好業績に必要な経営資源を有効に入手したかどうかを評価する。内部プロセス・アプローチは内部の活動に目を向け、内部の健全性や効率の指標によって有効性を測定する。

これらの伝統的なアプローチは、いずれも重要な指摘をしているが、ある一部について語るだけである。もっと最近の**ステークホルダー・アプローチ**は、各組織にはその成果を左右する多くの利害関係者がいることを認めるものである。ステークホルダー・アプローチは組織の業績の指標としてステークホルダーの満足度に焦点を絞っている[21]。

▼ゴール・アプローチ

有効性に関するゴール・アプローチは組織のゴールとしてのアウトプットを特定し、組織がどれだけそのゴールに達したかを評価する。[22] これは組織がある定められたレベルのアウトプットや収益、顧客満足度を達成しようと努力するのであり、論理的なアプローチである。このゴール・アプローチはそうしたゴールへの達成度を測定する。たとえば、全米女子バスケットボール協会の場合、重要な尺度は一試合に売れるチケット数である。バスケットボール・リーグの最初のシーズンに、バル・アッカーマン会長は一試合当たり四〇〇〇枚から五〇〇〇枚のチケットを販売するという目標を立てた。実際は一試合につき平均九七〇〇枚近いチケットが売れたので、全米女子バスケットボール協会という組織は、観客動員数についての目標を達成したという点で非常に有効であったことになる。[23]

指標　考慮すべき重要な指標はオペレーション上のゴールである。有効性を測定しようとする努力は、公式目標よりもオペレーション上のゴールを用いるほうが生産的である。[24] 公式目標は抽象的になりがちで測定が難しいからである。オペレーション上のゴールはその組織が実際に行っている活動を反映する。

複数のゴールの一例として、アメリカ企業に対する調査を挙げる。[25] それらのゴールは**図表2―4**に示してある。一二のゴールが企業にとって重要だとしてリストアップされている。これら一二のゴールは成果を表すものだが、すべて同時には達成できない。組織が達成しようとする一連の成果である。

有用性　ゴール・アプローチがビジネス組織で利用されるのは、ゴールとしてのアウトプットが即座に測定できるからである。事業会社は通常、収益性、成長性、市場シェア、ＲＯＩなどで業績を評価する。しかし、オペレーション上のゴールを特定して、組織の業績を測定することは、必ずしも簡単なことではない。まず解決しな

図表2−4　アメリカ企業がゴールとして挙げたもの

ゴール	企業の割合（%）
収益性	89
成長	82
市場シェア	66
社会的責任	65
従業員の福祉	62
製品の品質とサービス	60
研究開発	54
多角化	51
効率	50
財務の安定	49
資源保護	39
マネジメント開発	35

出典：Y. K. Shetty, "New Look at Corporate Goals," *California Management Review* 22. no. 2（1979）71-79より抜粋。

ければならない二つの問題がある。複数のゴールがあることと、ゴール達成についての客観的な指標は何かという問題である。

組織には複数の、相反するゴールがあるので、有効性を一つの指標で測定するわけにはいかない場合がしばしばある。一つのゴールではよい成果を上げても、別のゴールでは芳しくない成果になることもある。しかも、部門ごとのゴールと全体のゴールとがある。有効性を全面的に評価するにはいくつかのゴールを同時に考慮に入れるべきである。

ゴール・アプローチについてもう一つ解決すべき問題がある。それはある組織のオペレーション上のゴールをどのように特定し、ゴールの達成度をどのように測定するか、ということだ。ビジネス組織の場合、収益とか成長といった、ある種のゴールを示す客観的な指標がたいていある。しかし、従業員の福祉とか社会的な責務といった主観的な査定の必要なゴールもある。だれかが組織に入って、トップ・マネジメントと話をし、実際のゴールが何であるか情報を入手しなければならない。ゴールが特定されたとしても、数量的な指標が使えない場合、ゴールの達成度を主観的に認知する方法をとらなければならない。マネジャーは顧客、競争相手、サプライヤー、従業員から得る情報を頼りに、また自身の直感を頼りに、こうしたゴールを考える。

世界最大のコンピュータ関連製品の卸売業者、イングラム・マイクロの会長兼CEOのジェリ・ステッドは、毎週数百人の顧客と直接話をして、同社の「顧客に喜んでもらうこと」というゴールを測定している。「こうした直接の話し合いでは確かな数字は出てこないが、多くのことが学べることは間違いない」[26]とステッドは言う。

ゴール・アプローチは組織の有効性を査定する最も論理的な方法だと思われるが、マネジャーも、評価をする者も、有効性を実際に測定することは難しいプロセスであることを頭に入れておくべきである。

▼資源依存アプローチ

資源依存アプローチは、図表2―3に示したインプットからアウトプットへの変換プロセスのインプットの側に目を向けるものである。組織が有効的であるためには、有益な経営資源を入手して管理できなければならないという前提に立っている。資源依存という観点からすると、組織の有効性とは、組織が、絶対的にも、相対的にも、価値ある希少な資源を入手して、それをうまく統合し、管理する能力と定義される[27]。

指標　資源を入手してうまく管理することは、組織の有効性を判断する基準となる。幅広い意味で、資源依存アプローチによる有効性の指標には次のような要素が含まれる。

・獲得のための強い地位――組織がその環境から、財務資源、原材料、人的資源、知識、技術などの、価値ある希少な資源を入手できる能力
・組織の意思決定者が外部環境の資質を察知して、正しく読み取る能力

・マネジャーが有形の資源（たとえば、供給品、人）や無形の資源（たとえば、知識、企業文化）を日常の組織活動に活用して、優れた成果を達成する能力
・組織が環境の変化に対応できる能力

有用性　資源依存アプローチは、業績に関するほかの指標が入手できないとき、特に有用となる。たとえば、多くの非営利組織や社会福祉組織の場合、アウトプットのゴールや内部の効率を測定することは難しい。営利組織のなかにも、資源依存アプローチを用いる組織がある。

たとえばマスソフトは、企業や学界向けに幅広い計算や分析のソフトウエアを提供する企業であり、優秀な成績の博士課程修了者を何人登用できたかという点にも一部目を向けて、自社の有効性を評価している。CEOのチャールズ・ディゲイトは、マスソフトにはほかのどんなソフトウエア会社よりも高い比率で博士課程修了者が在籍していて、それが品質のよさと会社のイメージに影響を与えていると見ている(28)。

資源依存アプローチは有効性を測定するほかの手段が利用できないときは価値のあるものだが、たしかに欠点もある。一つは、このアプローチは組織と顧客のニーズとのつながりを漠然としか考えていないことである。経営資源を獲得して活用できる優れた能力が重要なのは、その経営資源と能力が環境内のニーズに応えられるように活用された場合に限られる。資源依存アプローチはゴール達成の尺度が即座に入手できない場合に、最も価値のある方法である。

▼内部プロセス・アプローチ

内部プロセス・アプローチでは、有効性は内部組織の健全さと効率として測定される。有効な組織は円滑な潤滑油のある内部プロセスを持っている。従業員は喜びを感じて、満足している。部門の活動は相互にかみ合って、

高い生産性を確実にしている。このアプローチでは外部環境のことは考慮に入れていない。有効性の重要な要素は、組織が所有する資源を用いてどんなことをしているか、またそれが内部の健全性と効率に反映されているかどうかである。

指標　内部プロセス・アプローチによる有効性を示す指標の一つは、組織の経済的な効率である。しかし、内部プロセスの最もよく知られた要素は、組織における人間関係の研究から得られている。クリス・アージリス、ウォレン・G・ベニス、レンシス・リッカート、リチャード・ベックハードなどの研究者はいずれも組織の人的資源について研究して、人的資源と有効性との関連を強調した[29]。企業文化や組織の卓越性について記した研究者は内部プロセスの重要性を強調した。二〇〇校近い中等学校についてのある研究結果から、人的資源と従業員重視のプロセスのいずれもが、これら学校組織の有効性を促進するうえで重要であることがわかった[30]。内部プロセス・アプローチから見て有効な組織とされる指標は以下のとおりである。

・強力な企業文化と明るい職場の風土
・チームやグループ作業を重視し、チームワークがとれている
・労働者とマネジメントの間に信頼感があり、意思疎通がはかられている
・情報源が組織図のどこにあるかにかかわらず、その近くで意思決定がなされる
・組織の上下の垂直方向と横方向のコミュニケーションが円滑に行われ、関連のある事実や感情が共有される
・マネジャーのパフォーマンス、成長、部下の開発に対し、また有効なワーキング・グループに対して報酬が与えられる
・組織とその部門間に相互作用があり、プロジェクトをめぐって生じた軋轢は組織の利益を基準として解決される[31]

有用性　内部プロセス・アプローチが重要なのは、資源の有効利用や円滑な内部の機能といったものが有効性を測定する指標だからである。今日、多くのマネジャーは、喜びを感じながら熱心にかつ積極的に仕事に専念する従業員と明るい企業文化が有効性の重要な尺度であると信じている。たとえば、ジンボリーのＣＥＯ、ゲリー・ホワイトは、従業員にいつも喜んでいてもらえることが自社の長年の成功につながるカギであると見ている。彼の会社は親子の遊戯プログラムを運営し、五〇〇カ所以上のアパレル小売店を経営している。

内部プロセス・アプローチにも欠点がある。トータル・アウトプットや組織と外部環境との関係が評価されないことである。また、内部の健全性や機能性はしばしば主観的になりがちである。インプットや内部プロセスの多くの側面が数量で表せないからである。マネジャーはこのアプローチだけでは組織の有効性の限られた見方しかできないことをわきまえておくべきである。

▼ステークホルダー・アプローチ

ステークホルダー・アプローチは、組織のステークホルダーに焦点を向けることによって、組織のさまざまな活動の有効性を総合的に判断しようとする。ステークホルダーとは、組織の内外で組織の業績に利害関係を持つすべてのグループを指す。債権者、サプライヤー、従業員、オーナーなどは、いずれもステークホルダーである。それぞれのステークホルダーが組織に対して持つ利害関係が異なるので、有効性を判断する基準も異なる。各ステークホルダーを調査することで組織がその観点から見て成果を上げているかどうかを確認すべきである[32]。

指標　ステークホルダーをもとにする組織の有効性に関する最初の研究は、テキサス州の九七の小企業について行われた。これらの会社のビジネスに関係を持つ七つのステークホルダー・グループが調査され、それぞれの視点にとって組織の効率がどのように認識されているかが検証された。各ステークホルダーと有効性についてのそれぞれの判断基準は次のとおりである。

ステークホルダー	有効性の判断基準
1．オーナー	財務効率
2．従業員	従業員の満足度、給与、監督方法
3．顧客	製品とサービスの品質
4．債権者	借入資金効率
5．地域社会	地域社会への貢献度
6．サプライヤー	満足のいく取引か否か
7．政府	法律や規制を遵守しているか否か

調査の結果、小規模ビジネスではすべてのステークホルダーの要求を同時に満たすことは難しいと見ていることがわかった。従業員というステークホルダーの満足度は高くても、ほかのステークホルダーの満足度は低い、という場合もあった。それにもかかわらず、七つのステークホルダーすべてを測定評価すると、どれか一つの尺度で見るよりも正確に有効性を評価することができた。組織が各ステークホルダーにわたってどれだけの成果を上げているかを評価することは有効性の全体的な評価になる。

有用性　ステークホルダー・アプローチの強みは、有効性を幅広い観点で眺め、組織内のみならず環境の要素をも調査することである。このアプローチには、地域社会の社会的責務という考え方も含まれ、これはゴール・アプローチ、資源依存アプローチ、内部プロセス・アプローチのいずれでも公式には測定されないものである。

ステークホルダー・アプローチは、また、複数の判断基準を同時に――インプット、内部プロセッシング、アウトプット――処理し、有効性を一つだけで測れる尺度はないことを認めている。従業員の福利も、オーナーの財務目標を達成するのと同じように重要なのである。

ステークホルダー・アプローチは、有効性が複雑で多次元にわたる概念であり、一つの尺度だけでは測れないという考え方をもとに、人気を集めてきている[33]。最近の調査によると、複数のステークホルダーの査定をすることが、特に組織の適応性という観点から、有効性を正確に表すことがわかった[34]。

さらに、企業は自分たちの評判を気にして、ステークホルダーたちによる評価を意図的に形成しようとしていることも、調査の結果から示された[35]。複数の利害関係グループの見方から、組織の業績が芳しくないとされれば、おそらく有効性のゴールには達しないことになる。

▼討論課題

1. 人材開発についての企業の目標はイノベーションや変革の目標とどれだけ関係するだろうか。また生産性についてはどうかこれらのタイプの目標が組織内でどのように対立するか考えてみよう。
2. 本書で定義されている目標と戦略とはどのように異なるだろうか。あなたがかかわっているキャンパスや地域社会の組織では、どのような目標と戦略が考えられるか。
3. ポーターの競争戦略モデルに述べられたコスト・リーダーシップ戦略と差別化戦略との違いについて討論しなさい。あなたがよく知っている会社について、それぞれの戦略を例示し、理由を説明しなさい。
4. 中規模の地域社会における警察署の有効性を評価してほしいと依頼された場合、あなたはどこから評価を始めて、どのように進めていくか。どのアプローチで有効性を調べるか。
5. 資源依存アプローチとゴール・アプローチを比較して、組織の有効性を測定するのに、どのような利点と欠点があるか考えなさい。
6．ある著名な組織理論を唱える学者がかつて「組織の有効性はトップ・マネジメントが定義したことでよい」と言った。この点について討論しなさい。

第3章 組織構造の基本

どんな組織も、どのような組織構造にするかという問題と取り組み、どんな企業もある時点で組織の再編成を経験する。新しい戦略を反映させ、あるいは第2章で紹介したようなほかのコンティンジェンシー要素、つまり、環境、技術、規模、ライフサイクル、文化の変化に対応するために、組織構造の変革は必要になる。たとえば、ゼロックスが横方向（水平方向）に組織が整合するよういくつかの部門に組織を再編したのは、その差別化戦略を促し、イノベーションに富んだ新しい製品を市場に速やかに出すためだった。

▼本章の目的

本章では、組織構造の基本概念を紹介し、組織図に示されるような構造をどのように設計するか、その方法を示す。まず、組織構造とは何かという定義をして、組織設計を概観する。次に、情報処理の観点から、必要な情報の流れをつくるために、縦（垂直）と横（水平）の関係をどのように設計するかを説明する。その次に、基本的な設計の選択肢を紹介して、組織活動を機能別、事業別、あるいはマトリックス構造にグループ化する戦略を示す。最後の項では、どのような基本構造にするかがいかに組織の状況に左右されるかを検証して、構造上の欠陥がどのような症状として現れるかを概括する。

組織構造

組織構造を規定する三つの重要な構成要素がある。

1. 組織構造は、階層構造の階層数やマネジャーおよび監督者のスパン・オブ・コントロールなど、公式の職制関係を決める。
2. 組織構造は、人々を事業部門としてくくり、事業部門を全体の組織へとまとめる。
3. 組織構造には、各事業部門間の有効なコミュニケーションをはかり、調整し、活力を確実に統合するためのシステムの設計も含まれる。[1]

これらの構造の三要素は組織の垂直方向と水平方向の関係の双方にかかわることになる。たとえば、最初の二つの要素は構造上の骨組みであり、これが垂直の階層構造である。[2]三番目の要素は従業員による相互作用のパターンに関係する。理想的な構造は、従業員に必要な場と必要な時に水平方向の情報提供と調整を促す形になっている。

組織構造は組織図に反映される。組織の内部構造を、製造器具やオフィスや製品を見るように、「目で見る」ことは不可能である。従業員がそれぞれの職務を行い、互いに異なるタスクをこなし、いろいろな場所で仕事をしているのを見ることはできるが、こうしたあらゆる活動の基礎となる構造を見ようとするなら、組織図でしか

図表3−1　組織図の例

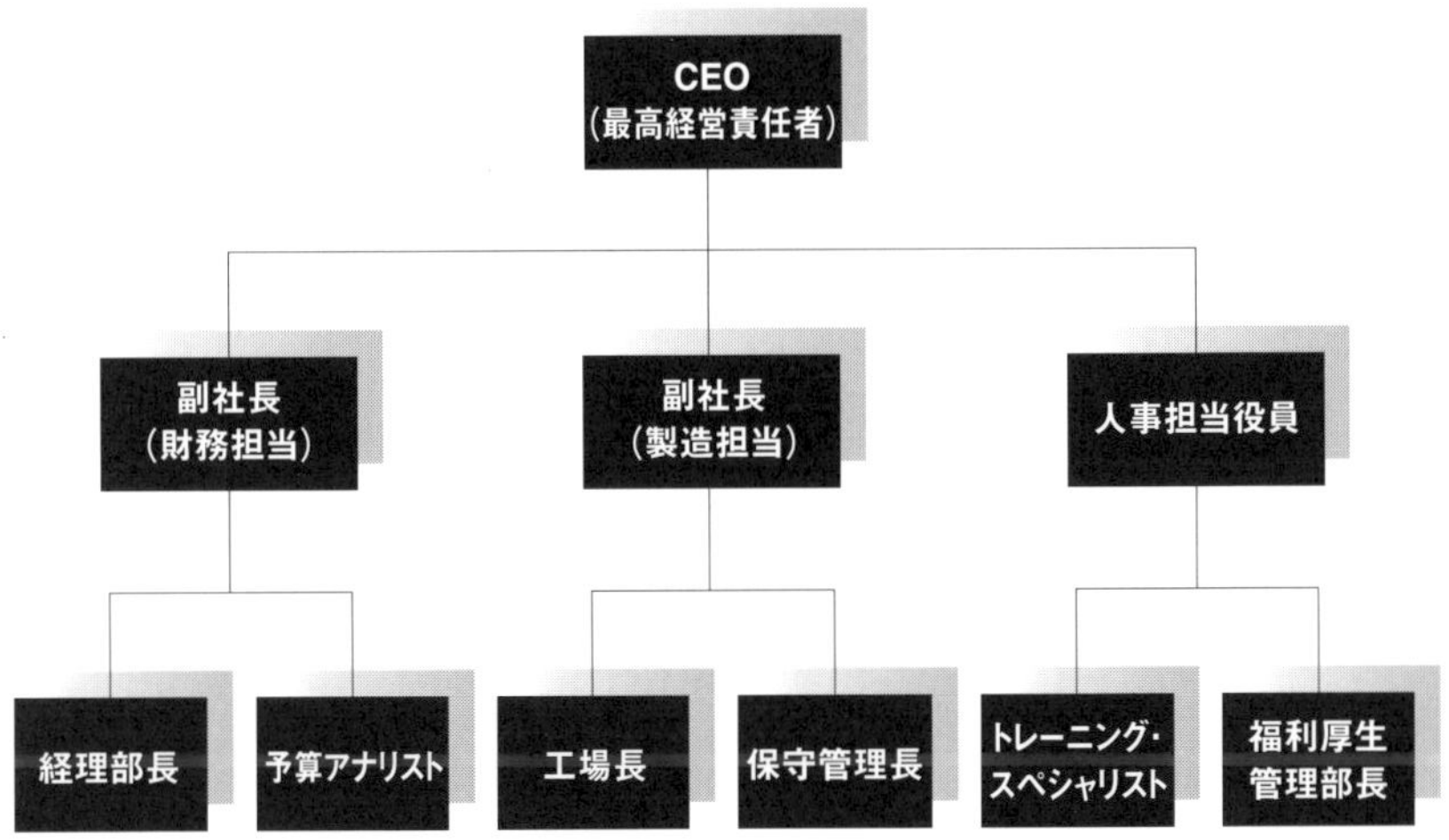

見ることができない。[3] 組織図は組織の基礎となる活動やプロセスの全体像を目に見える形に表したものである。

図表3—1は、組織図の例である。組織図はある企業がどのような機能で仕事をしているかを理解するのにきわめて便利なものである。組織のさまざまな部分を示し、それらの部分がどのように相互に関係しているか、各職位や事業部が全体のなかにどのようにはめ込まれているか、を示す。

どのような職位が存在し、それらがどのようなグループにまとめられ、だれがだれに直属するかを示す組織図というコンセプトは、何百年も前からあった。たとえば、教会の階層構造を示す図は、中世のスペインの教会にもあった。しかし、組織図をビジネスに活用するようになったのは、主として産業革命のときからである。

第1章で考察したように、仕事が複雑化し、ますます多くの労働者が従事するようになるにつれて、組織を管理し、統制する方法を考える必要に迫られてきた。鉄道の発展はその一例である。一八四一年にマサチューセッツ州で客車が衝突する事故があってから、民衆は列車の運行の管理を改善するよう求めた。その結果、ウエスタン鉄道の役員会は、「会社のビジネスの各段階について自分たちの責任を明確にして、鉄道の経営、保守管理、運行についての権限と指揮系統をはっきりと示す線を描くことに乗り出した」[4]。

一九世紀末から二〇世紀初頭にかけてのこうした努力から生まれた組織構造は、CEOがトップに置かれ、他の全員がそれより下位の層に配置されるという図表3—1のようなタイプのものだった。物事を考えて意思決定するのはトップにいる人間で、肉体労働をする労働者は、明白な機能別部門に配置された。この構造はきわめて有効なものとして二〇世紀の大半にわたってビジネス世界に定着していた。

しかし、この垂直構造は常に有効だというわけではなく、特に急激に変化する環境にあっては、うまくいかない面がある。年を経るうちに、組織はほかの構造を開発し、その多くは水平方向の調整やコミュニケーションを充実させ、外部の変化への対応を促すことを目指した。本章では四つの基本的な構造形態を検証し、それらが組織図にどのように反映されているかを示す。

組織構造の情報処理モデル

組織は、その全体的な目標を達成するのに必要な、垂直方向と水平方向に情報の流れが進むように設計されていなければならない。組織の構造が情報に関する必要条件に適合していなければ、人々は情報を入手できないか、あるいは自分の仕事に必要でない情報の処理に無駄な時間を費やすか、どちらかとなり、効率を損なうことになる。[5]しかし、組織の垂直方向と水平方向のメカニズムの間には本来的な対立がある。垂直方向の関係は主として統制のために設計され、水平方向の関係は調整や協力という、通常は統制を減らすことを意味する目的で設計さ

図表3—2　効率重視型と学習重視型の組織構造の比較

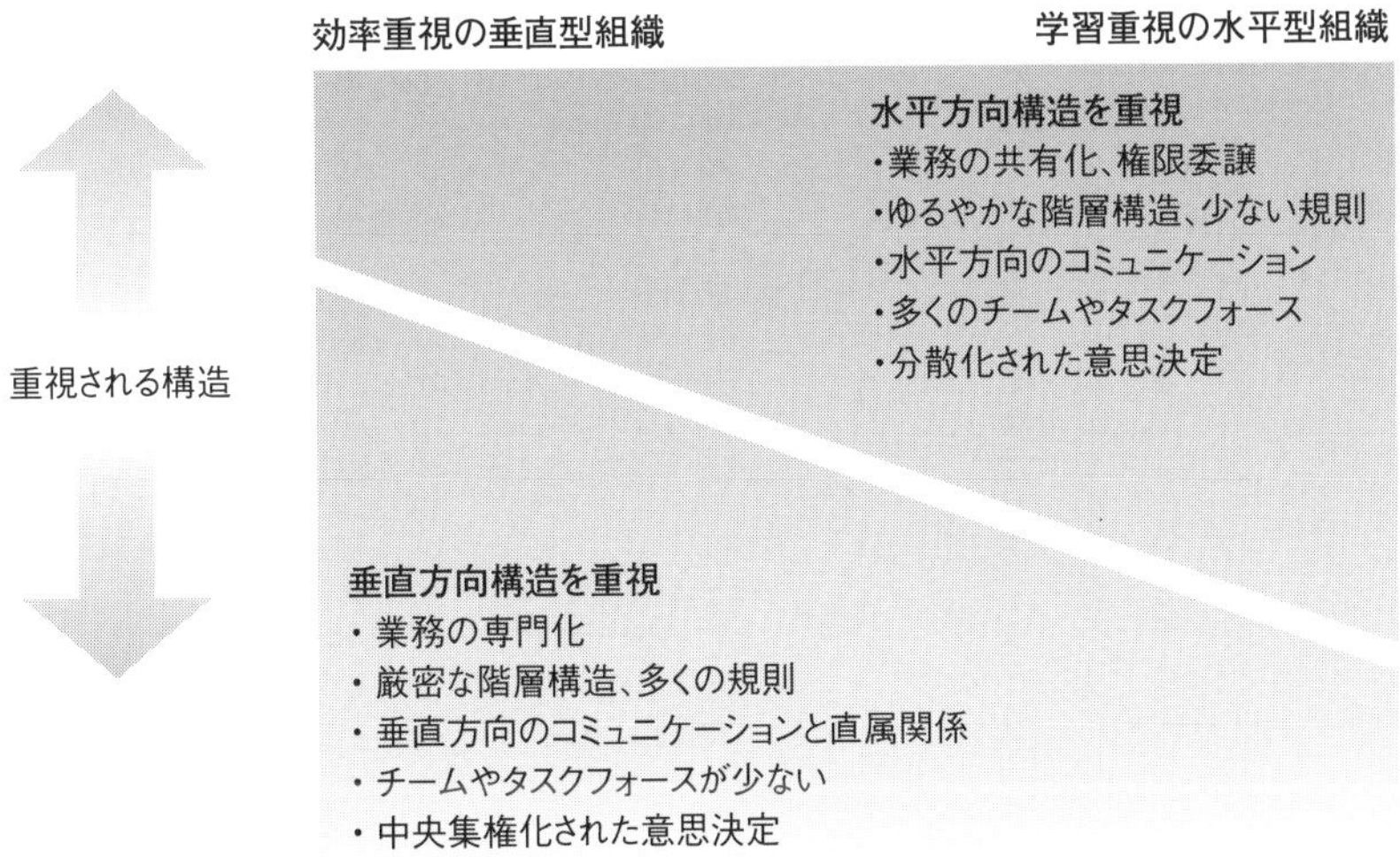

れるからである。

各組織は、能率を目指し、つまりは垂直方向のコミュニケーションや統制を重視する伝統的な組織に向かうか、あるいは水平方向のコミュニケーションや調整を重視する当世風の学習する組織に向かうか、どちらかを選択することができる。

図表3—2は効率を目指して設計された組織と、学習を目指して設計された組織とを比較したものである。効率と統制を重視することは専門化された業務、権限の階層構造、規則や規制、公式の直属システムを重視し、チームやタスクフォースはほとんどつくらずに中央集権化された意思決定と関係する。

これに対して、学習を重視することは、業務の共有化、ゆるやかな階層構造、対面のコミュニケーション、規則が少なく、チームやタスクフォースの多いこと、非公式の、分権化された意思決定と関係する。どんな組織も、垂直方向と水平方向の関係を混在させることが必要である。マネジャーは組織のニーズに合わせてバランスをとる方法を見つけなければならない。

▼垂直方向の連結関係

組織を適切に設計することで、組織全体の業務を達成するのに必要な、従業員間および事業部門間のコミュニケーションを促すようにしなければならない。ここで組織の要素間のコミュニケーションと調整の程度を連結性と呼ぶことにする。垂直方向の連結性を維持する仕組みは、組織のトップとボトム間で活動を調整するために利用され、主として組織の統制を目指して設計される。下位層の従業員はトップ・レベルの目標と一貫する活動を遂行し、下位層でなされた活動や業績がトップ・エグゼクティブに伝えられなければならない。組織はさまざまな構造上の工夫をすることで、階層による通達、規則、計画、公式の経営情報システムなど、垂直方向に連結することができる。(6)

階層による通達　まず考えられる垂直方向の手段は階層構造、すなわち図表3―1に縦の線で示した指揮系統である。従業員には解決できない問題が生じたとき、階層構造のすぐ上のレベルに照会することができる。その問題が上で解決されたなら、答えが下位のレベルへ通達される。組織図に描かれる線は指揮系統のルートの役目をする。

規則と計画　その次の組織の連結手段は規則や計画を利用することである。同じ問題や意思決定が繰り返されるとき、それを解決する規則や手順を決めておけば、従業員がマネジャーに直接問い合わせなくても解決する方法がわかるようになる。規則は標準的な共通情報となり、従業員同士が一つひとつの仕事について逐一連絡し合わなくても、調整された状態を維持できる。計画も従業員にとっての常設の共通情報となる。最も広範囲に利用される計画は予算である。慎重に定められた予算案があれば、下位レベルの従業員にそれぞれ割り当てられた資源の範囲内で活動するように任せることができる。

垂直方向の情報システム　垂直方向の情報システムも階層の上下に情報を伝達する能力を高める方法である。垂直方向の情報システムには、定期的な報告書、書面による情報、コンピュータを活用するコミュニケーションとしてマネジャーに配布されるものがある。情報システムは、階層構造の上下で交わされるコミュニケーションをさらに効率的なものにする。シスコは、事実上、オペレーションのほとんどすべての面でインターネットを利用することで、垂直的情報システムを一つの競争優位に仕立て上げた。

シスコのＣＦＯ（最高財務責任者）、ラリー・カーターはパソコンのマウスを数回クリックするだけで、自分の会社の前日の収入、利潤、発注情報を呼び出すことができる。かつては何週間もかかって集めていた財務データが、いまでは自動的に集計され、整理されるようになった。[7]

マネジャーは、こうしたさまざまな方法を利用して、垂直方向の連結や統制をすることができる。組織化の面でもう一つの重要な問題は調整や協力のための、水平方向の関係である。

▼水平方向の連結関係

水平方向のコミュニケーションは、事業部門間の障壁を乗り越え、従業員同士で調整する機会をつくり、活動や組織目的を一体化させる。水平方向の連結関係とは、組織の事業部門間で横断的に行われるコミュニケーションや調整のことをいう。その重要性を発見したのは、クライスラー（現ダイムラー・クライスラー）を引き継いだリー・アイアコッカである。

私がクライスラーに来て気づいたのは、三五人もの副社長がいて、それぞれ自分の縄張りを持っていることだった……たとえば、エンジニアリング部門の担当者は製造部の担当副社長とたえず連絡をとることをしていないというので、信じられなかった。だが、実際にそういう状態だったのだ。だれもが勝手に動いていた。そういうやり方を見て、私は放り出したいような気持ちになった。そのとき自分が本当に厄介な事態に巻き込まれたと実感した。……クライスラーでは、社内の異なる機能間の相互作用が絶対に重要だということをだれも理解していないようだった。エンジニアリングと製造の人間は恋人同士のような関係でなければならない。だが、彼らは付き合うことさえしていなかった。(8)

クライスラーに在任中、アイアコッカは水平方向の調整を高いレベルに押し上げた。その結果、特定の車のプロジェクトで働いている全員が――設計者も、製造担当者も、またマーケティングや財務や購買の担当者も、さらには外部のサプライヤーまでも――同じフロアで一緒に仕事をして、たえずコミュニケーションがとれるようになった。フォード・モーター（以下フォード）やゼネラル・モーターズ（以下GM）も、チームやタスクフォース、あるいは情報システムといったメカニズムによって、水平方向のコミュニケーションと調整の能力を高めたのである。

水平方向の連結をはかるメカニズムは組織図に描かれない場合が多いが、それでも組織構造の重要な部分である。以下に述べる方法は、水平方向の調整と情報の流れを改善できる構造的な選択肢である。(9) それぞれの方法が人々の情報交換を可能にする。

情報システム　今日の組織で水平方向の連結手段となる重要な方法は、機能間を結ぶ情報システムを利用することである。コンピュータ化された情報システムによって、組織全体のマネジャーや第一線の従業員は、さまざまな問題やチャンス、活動、あるいは意思決定についての情報交換を日常的に行うことができる。たとえば、フォードでは、すべての乗用車やトラック・モデルにそれぞれ独自の社内ウェブ・サイトがあって、設計や生産、品質管理、出荷のプロセスの履歴を見ることができる。フォードの製品開発システムは時間単位で最新のものに更新され、技術者、設計者、サプライヤーをはじめ、世界中の従業員が同じデータをもとに仕事を進め、開発のプロセスを先へ進めながら、時間と費用の節約をはかれるようになっている。[10]

直接のコンタクト　さらに高いレベルの水平方向の連結は、何らかの問題の影響を受けたマネジャーや従業員の間で直接的にコンタクトをはかる方法である。直接のコンタクトを促す方法の一つは特別のリエゾン的役割（連絡役）を設けることである。連絡役は一つの部門内に置かれるが、別の事業部門とのコミュニケーションや調整を行う責務を負っている。リエゾン的役割はエンジニアリングと製造部門との間に置かれる場合が多い。エンジニアリング部門は製品を開発して、製造設備の制約に合わせるために製品のテストをしなければならないからである。

モンサントは、直接のコンタクトを利用する別の方法を見出した。研究開発と商業化のスタッフを協力させるために、科学者とマーケティングあるいは財務の専門家を共同マネジャーとしてペアを組ませるのである。たとえば、有名な遺伝学者のフレデリック・パーレクとマーケティングや人事資源の分野に強いケビン・ホロウエイが、共同部長として、グローバルな綿花チームの指揮をとっている。彼らは隣同士の部屋で仕事をし、秘書は共用で、二人で話す時間を持ち、モンサントのグローバルな綿花事業についての重要な決定はすべて二人で行っている。モンサント社内では「組織図の一つの箱の中の二人」と呼ばれるこのユニークなメカニズムが、化学の複合企業をライフサイエンスの強力な発信組織に変身させるものと期待されている。[11]

タスクフォース　直接のコンタクトやリエゾン的役割は、通常、二つの事業部門だけをつなぐ。連結関係がいくつかの事業部門にかかわるとき、タスクフォースのような、さらに複雑な方法が必要となる。[12] タスクフォースは、ある問題の影響を受ける複数の事業部からの代表たちで構成される一時的グループである。各メンバーはそれぞれの事業部門の利害を代表し、会合で得た情報をその部門に持ち帰る。

タスクフォースは一時的な問題を水平的に解決するには効果的な方法である。直接に横の調整をすることで問題を解決し、垂直方向の階層に流す情報の量を減らすことになる。タスクフォースの任務が完了した時点で解散されるのが通例である。カリフォルニア州フレモントにある、年商一〇〇〇万ドルの木工と家具の会社、コマーシャル・ケースワークはタスクフォースを活用して、自社のボーナスについて研究し、ボーナスプランを立てた。

また、米国国防総省は、省内の面倒な出張システムを練り直すためにタスクフォースを活用し、より安価で、効率的、しかも利用しやすいシステムにした。タスクフォースは出張前の手続きのプロセスを一三段階から四段階に減らした。また別のタスクフォースはさまざまな機能別部門から従業員を集めて、国防総省の出張規定をいかに簡素化するかという問題に取り組んだ。およそ三カ月後、二三〇ページもあった規定は一六ページの薄い冊子に改訂された(13)。

専任の統合担当者 さらに強力な水平方向の連結方法は、もっぱら調整だけを目的とする専任のポストや部門を設けることである。専任の統合担当者は、プロジェクト・マネジャーとか、プログラム・マネジャーあるいはブランド・マネジャーといった肩書きを持つ場合が多い。すでに述べたリエゾン的役割と違って、統合担当者は調整の対象となる機能部門には直属せずに、事業部門の外にいて、いくつかの事業部門の調整を行う責務を負う。たとえば、プランターズ・ピーナッツのブランド・マネジャーは、その製品の販売、流通、宣伝の調整を行う。GMは自社の新しい車のモデルのそれぞれについてマーケティングと販売の戦略を担当するブランド・マネジャーを設置した(14)。
統合担当者は新製品のデザイン、財務、マーケティングの開発といった、イノベーションや変革プロジェクトを担当する場合もある。新製品開発を担当するプロジェクト・マネジャーの位置を示す組織図の例が**図表3―3**

図表3—3　組織構造におけるプロジェクト・マネジャーの位置

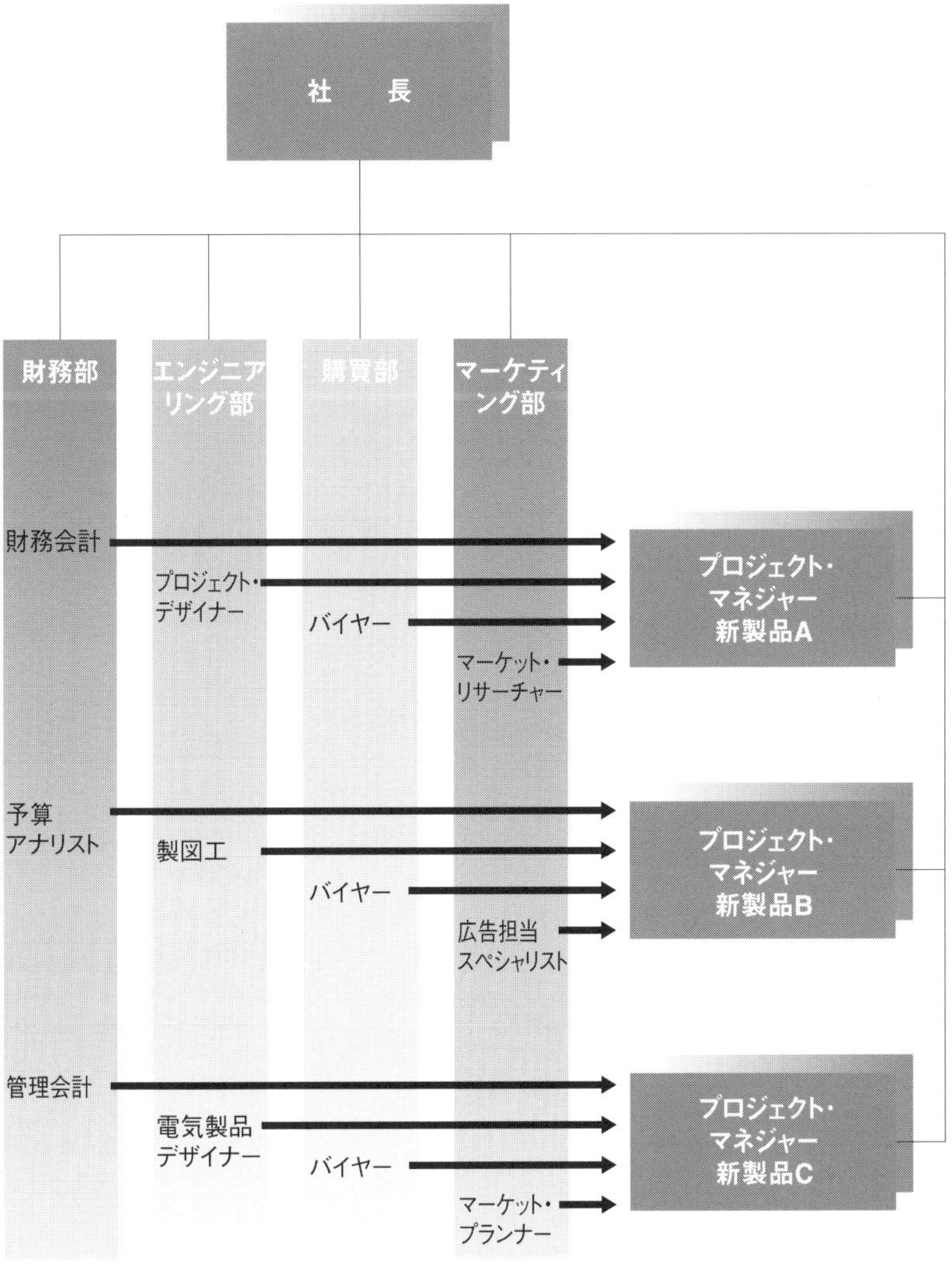

である。プロジェクト・マネジャーはほかの事業部門から切り離されていることを示すために、横に描かれている。矢印は新製品開発の任務を割り当てられたプロジェクト・メンバーを示している。

たとえば、新製品Aには、コストと予算のあとをたどる任務を割り当てられた財務会計士がつく。エンジニアリング担当のメンバーは設計上のアドバイスをし、購買と製造担当のメンバーはそれぞれの領域を代表する。プロジェクト・マネジャーはプロジェクト全体について責任を負う。その新製品が時間どおりに完成し、市場に導入され、さらに別のプロジェクト・ゴールが達せられるように見守るのである。

図表3―3に横の線を引いたことで、プロジェクト・マネジャーが、給与の引き上げや雇用、あるいは解雇に関して、チームのメンバーに対する公式の権限を持たないことを示している。公式の権限は各機能部門のマネジャーにあって、彼らは部下に対して公式の権限を持っている。

統合担当者には優れた人間としてのスキルが必要である。企業の統合者はたいてい、多くの責任を持っているが、権限はあまり持たない。統合担当者は専門知識と説得力を発揮して調整を果たさなければならない。統合担当者は部門間の境界を埋めて、人々を協力させ、信頼を維持して問題に取り組み、組織の利益のために葛藤や紛争を解決しなければならないのだ[15]。

チーム　プロジェクト・チームは水平方向の連結のメカニズムとして最も強力なものになりつつある。チームは常設のタスクフォースであり、専任の統合担当者と一緒に活用される。事業部門間の活動が長期にわたる強力な調整を必要とするとき、機能間にわたるチームがその解決策として起用される場合が多い。組織が大規模なプロジェクトや重要なイノベーション、あるいは新しい製品ラインを抱えているとき、特別のプロジェクト・チームが利用されることもある。

ボーイングは二五〇〇前後のチームを使って七七七型機の設計と製造にあたらせた。飛行機の翼、コックピット、エンジンといった区分に分けてつくられたチームもあれば、ユナイテッド航空、ブリティッシュ・エアウェイズといった特定の顧客用につくられたチームもあった。これらのチームは、この巨大なプロジェクトを完成するために、緊密な統合を進め、調整していかなければならなかった。アメリカの海軍省さえも、水平方向の調整を改善し、生産性を高めるのに、機能間にわたるチームに威力があることを発見したのである。[16]

ロドニー・ハントは重工業機器を開発、製造、販売している会社だが、各製品ラインを製造、エンジニアリング、マーケティングの各部門間にわたって調整するのにチームを利用している。各チームのメンバーは毎日、真っ先に会合を開いて、顧客のニーズ、受注残高、エンジニアリングの変更、スケジュールの対立など、製品ラインにまつわる問題の解決にあたっている。

どんな組織も、調整の向上をはかるためにここに挙げた方法のなかから選ぶことができる。専任の統合担当者やチームなどの高いレベルの方法は水平方向の情報能力を高めるが、時間と人的資源という面で組織にかかるコストは高くなる。水平方向のコミュニケーションが不十分な場合、部門間の整合がうまくいかなくなり、組織の全体的な目標を達するのが難しくなる。多くの水平方向の調整が必要とされるとき、マネジャーは高レベルのメカニズムを選択すべきである。

組織設計の選択肢

組織構造の全体的な設計から、三つのことが示唆される——必要な職務活動の範囲、直属関係、事業部門としてのくくり方である。

▼範囲明確化された職務

企業にとって戦略的に重要と考えられるタスクを遂行するために、事業部門がつくられる。たとえば、ペルシャ湾で膨大な量の物質を運ぶとき、アメリカ軍の兵站部司令官はゴーストバスターと呼ばれる一五人の兵から成る部隊をつくった。彼らには、軍隊の外で、兵站の問題を特定し、その問題が解決されたことを見届ける任務が課せられた。

エレクトロニック・データ・システムズ（以下ＥＤＳ）のＣＥＯ、リチャード・Ｈ・ブラウンは、種々の企業によるｅコマースの立ち上げを手助けすることで、成長を再び呼び起こすことを最優先課題としている。こうして、ブラウンは新しいビジネスに焦点を絞るために、ｅビジネス・ソリューション部門を創設した[17]。特定の事業部門を明確にすることも、組織がその目標を達成するのに価値あると見なすタスクを遂行する方法である。

▼直属関係

直属関係は、命令系統とも呼ばれ、組織図の縦の線で表される。命令系統は組織内のすべての人間を結びつけ、だれがだれに直属するかを示す、断ち切れない権限の線である。ＥＤＳやフォードのような大規模な組織では、数千人にのぼる従業員の直属関係を明らかにするには、一〇〇枚以上の組織図が必要である。事業部門を明確にして、直属関係を描くことで、従業員がどのように各部門にグループ分けされるかが明らかになる。

▼事業部門としてのくくり方

事業部門としてくくる方法は、機能別基準、事業別基準、マルチフォーカス基準（マトリックスともいう）による方法があり、それを示したのが**図表3―4**である。事業部門としてくくることは従業員に大きな影響を与える。それによって彼らが共通の上司と共通の資源を共有し、業績について共同で責任を負い、互いの存在を認め

図表3−4　従業員を各部門にグループ分けするための構造設計選択肢

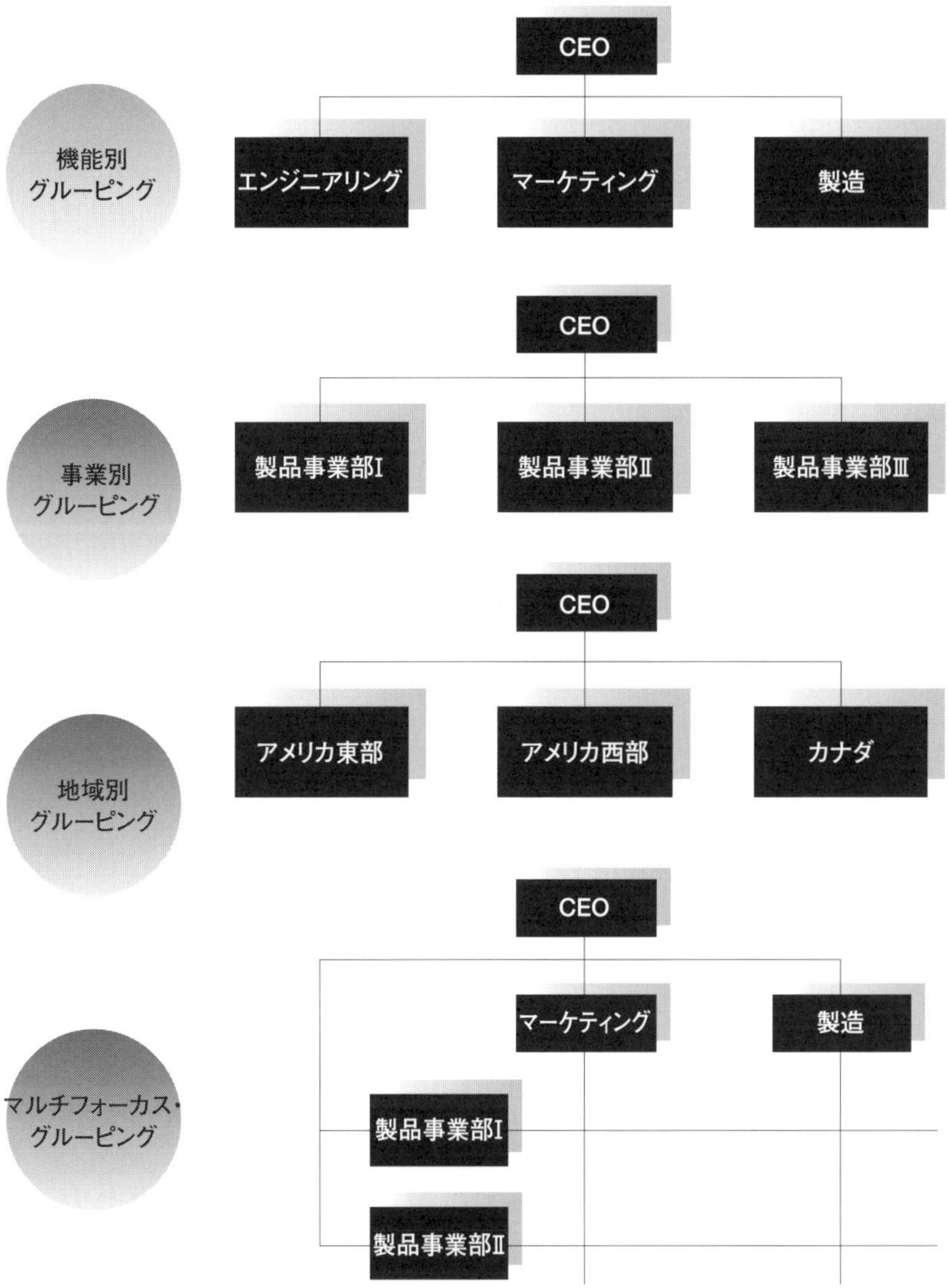

出典:David Nadler and Michael Tushman, *Strategic Organization Design*(Glenview, Ill., Scott Foresman, 1988), 68より抜粋。

て、協力し合うことになるからである。[18] たとえば、オルバニー・ラダーでは、クレジット担当マネジャーを財務部からマーケティング部門に異動させた。マーケティング部門に入ったことで、クレジット担当マネジャーは売上げを伸ばすために販売担当員と一緒に仕事をすることになり、したがって、財務部門にいたときよりも、クレジットについて自由な考え方をするようになった。

機能別による部門編成　同じような機能や作業工程を行う従業員あるいは同類の知識や技能を持つ従業員を一緒にまとめて配置する方法である。たとえば、マーケティング担当者全員が同じ上司の下で仕事をしたり、製造やエンジニアリング担当の従業員がそれぞれ同じ上司の下で仕事したりする。

事業別による部門編成　その組織が生産するものに従って事業部門が編成される。歯ブラシなら歯ブラシの生産に必要なすべての人々——マーケティング、製造、販売員など——が一人のエグゼクティブの下にまとめられる。EDSのような巨大企業では、ある製品やサービス部門が独立した事業法人としての組織、たとえばA・T・カーニー（マネジメント・コンサルティング）、セントローブ（総合的なカスタマーケア・サービス）、ウエンドバー・ファイナンシャル・サービスのような組織になる場合もある。

地域別による部門編成　経営資源を特定の地域の顧客やクライアント向けに組織することである。たとえば、カナダやラテンアメリカ、あるいはアメリカ東部向けに必要とされるすべての活動がまとめられることになる。

マルチフォーカスによる部門編成　組織が二つの編成基準によって構成されている、ということである。この組織編成の形態はしばしばマトリックス構造と呼ばれる。マトリックス構造については、本章のあとのほうでさらに詳しく考察するが、組織は機能別と事業別の二つで同時に構成されるか、あるいは事業別と地域別の二つで同時に構成される。

図表3—4に描かれた組織形態は、組織の構造を設計するための選択肢である。各構造形態にはそれぞれ重要な長所と短所があるので、ここでその点に目を向けてみよう。

機能別、事業別、地域別の設計

機能別と事業別の編成基準は組織を設計するアプローチとして、最も一般的な二つの方法である。

▼機能別の組織構造

機能別構造においては、組織のボトムからトップまで共通の機能別に活動がまとめられる。技術者は全員がエンジニアリング部門に配置され、エンジニアリング担当の副社長がすべてのエンジニアリング活動の責任を負う。機能別の組織構造の例はすでに本章の初めの図表3—1に示されている。

機能別構造では、特定の活動に関するあらゆる人間の知識や技能が統合されて、組織のために価値ある深い知識を提供する。この構造が最も有効であるのは、組織の目標を達成するため深い専門知識が欠かせないとき、組織のニーズを垂直方向の階層構造を通じて統制し調整する必要があるとき、また、効率がきわめて重要視されるときである。また、水平方向の調整がほとんど必要とされないときも、この構造は有効である。**図表3—5**に、機能別構造の長所と短所をまとめて示している。

図表3−5　機能別構造の長所と短所

長所
1. 各機能部門内で規模の経済性をはかれる
2. 知識や技能の開発を深く進められる
3. 組織が機能別の目標を達成できる
4. 単一ないしは少数の製品数の場合に最も効果がある

短所
1. 環境変化への対応が遅れがちになる
2. 意思決定がトップの階層に滞留し、トップへの依存度が高まりがちになる
3. 部門間の調整が不備になる
4. イノベーションが起こりにくい
5. 組織目標の全体像がつかみにくい

出典：Robert Duncan, "What is Right Organization Structure? Decision Tree Analysis Provides the Answer" *Organizational Dynamics*（Winter 1979）: 429より抜粋。

機能別構造の長所の一つは、各機能内で規模の経済性が高められることである。規模の経済性とは、すべての従業員が同じ場に配置されていて、設備を共有できる、ということである。

たとえば、単一の工場ですべての製品を生産すれば、その工場に最新の機械を設置することができる。製品ラインごとに別々の工場を建てるのでなく、一つの工場だけですめば、重複や無駄を省くことができる。機能別構造は、また、従業員の技能をさらに深めることができる。従業員は部門で必要とするすべての範囲の機能活動にさらされているからである[19]。

機能別構造の大きな弱点は、部門間の調整を必要とするような環境変化への対応が遅れがちになることである。垂直方向の階層構造に負担がかかりすぎ、意思決定をすべき事柄が滞るので、トップ・マネジャーは迅速な対応ができなくなる。機能別構造のそのほかの弱点は、部門間の調整の乏しさからイノベーションが生まれにくいことや、各従業員が組織の目標の全体像をつかみにくいことである。

▼水平方向に連結する機能別構造

今日、従来よりもフラット（低階層）で、水平方向重視の組織構造に向かう傾向がある。現在までにおいても厳密な機能別の構造を維持したまま成功している企業は、きわめて少ない。本章の初めで述べたような、水平方向の連結システムを設置して、垂直の階層構造の欠点を補っている例が多くなっている。マネジャーは情報システムや、部門間の直接の接触、専任のプロジェクト・マネジャー（図表3―3参照）、タスクフォース、チームを活用して、水平方向の調整を改善することができる。非営利組織もまた、横のつながりの重要性を認識している。

スウェーデンのストックホルムにあるカロリンスカ病院で水平方向の調整の改善に成功した興味深い例がある。この病院では、四七の部門があったのを一一部門に減らしたあとも、調整はまったくお粗末な状態だった。そのためトップ・エグゼクティブ・チームは患者の介護をめぐる作業の流れの再編成に乗り出した。患者を部門から部門へとまわすのでなく、いまでは病気から回復期までを、入院、X線検査、手術など、途中で区切りをつけていく一つのプロセスと見なしている。

この手法の最も興味深い点は、ナース・コーディネーターという新しいポストを設けたことである。ナース・コーディネーターは、いわば専任の統合担当者の役目を果たし、部門内あるいは部門間のバトンタッチがうまくいかない場所に目を光らせている。病院内の調整の改善によって、カロリンスカ病院の生産性と患者の介護は劇的に改善された[20]。この病院は水平方向の連結システムを効果的に活用して、機能別構造の欠点をいくらかでも克服しようとしているのである。

▼事業別構造

事業別構造は、製品別事業部構造とか戦略的事業単位とも呼ばれるもののことである。この構造では、個々の製品、サービス、製品グループ、重要なプロジェクトあるいはプログラム、事業分野、ビジネス、プロフィッ

図表3−6　インフォーテックにおける機能別構造から事業別構造への組織再設計

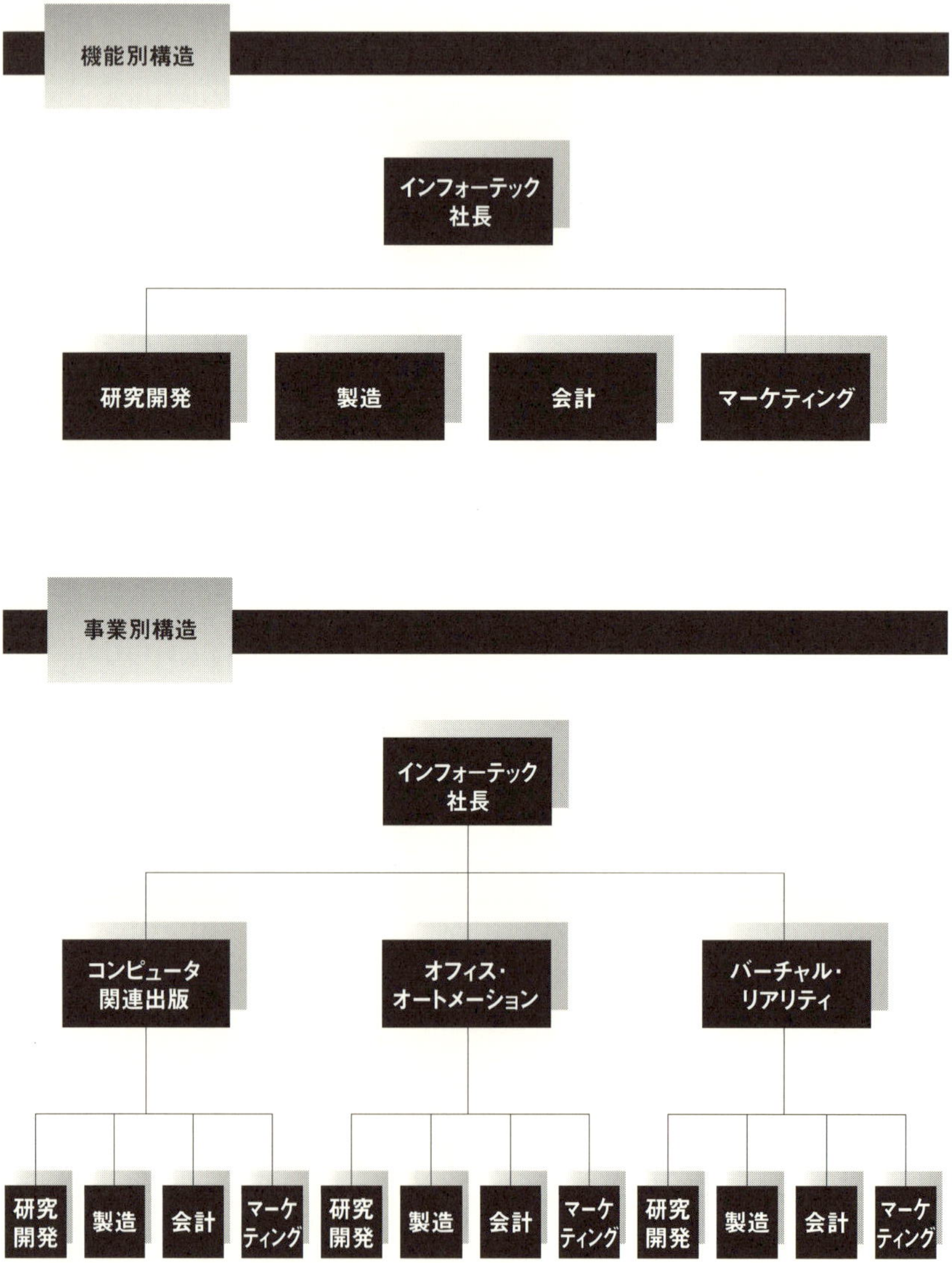

ト・センターに従って部門が編成される。事業別構造の際立った特徴は、組織のアウトプットをもとに編成されていることである。

事業別構造と機能別構造との違いは、**図表3―6**に示すとおりである。機能別構造は個々の製品グループ別（事業別構造）に再設計することができ、各グループには研究開発、製造、会計、マーケティングという機能別の部署を含ませられる。すなわち各製品グループ内の機能別部門間の調整が最大になる仕組みになっている。事業別構造が柔軟性や変革を促す理由は、各単位組織が小さくなるので、環境のニーズに適応しやすいからである。さらに、事業別構造は意思決定を分権化させる。権限のラインが階層構造の下位レベルで集約するからである。対照的に、機能別構造では、意思決定をトップにまで上げてからでなければ、いくつかの機能に影響する問題は解決されないことになる。

事業別構造の長所と短所をまとめたのが**図表3―7**である。事業別組織の構造形態は、機能別部門間の調整をするのに優れている。組織がもはや伝統的な垂直の階層構造では十分に統制されなくなったとき、あるいは適応や変革を志向するとき、この構造はうまく働く。GE、ネスレ、ジョンソン・エンド・ジョンソン（以下J&J）のような、巨大で複雑な組織は、統制と調整を改善するために、小規模の自己完結的な組織に細分されている。これらの規模の大きい会社では、単位組織が事業部門とか事業本部とか戦略的事業単位と呼ばれることがある。J&Jの構造には、タイレノールのメーカーであるマクニール・コンシューマー・プロダクツ、レチンAや避妊用ピルを製造するオルソ製薬、ジョンソン・ベビー・シャンプーやバンドエイドを製造するJ&Jコンシューマー・プロダクツなどを含む、一八〇の独立した事業単位組織がある。各組織は独立した株式会社であって、J&J本社のガイドラインに従って経営される自律的な会社となっている。[21]

事業別構造にはいくつかの長所がある。[22]この構造は不安定な環境のすばやい変化に対応するのに適している。つまり製品に関して外から見えやすいのである。各製品はそれぞれ事業部になっているので、顧客はすぐに適切

図表3−7　事業別構造の長所と短所

長所
1. 不安定な環境のすばやい変化に適応できる
2. 製品についての責任と連絡先が明確なので、顧客の満足につながる
3. 各機能間の調整がうまくいく
4. 各組織単位が製品、地域、顧客の違いに対応できる
5. 複数の製品を持つ大規模組織で最も有効に機能する
6. 意思決定が分散されている

短所
1. 機能別の規模の経済性を損なう
2. 製品ライン間の調整が不備になる
3. 深い技能や技術的な専門性を高めにくい
4. 製品間の統合や標準化が難しい

出典:Robert Duncan, "What is the Right Operation Structure? Decision Tree Analysis Provides the Answer." *Organization Dynamics*(Winter 1979): 431より抜粋。

な事業部と連絡がとれるため、満足感を得ることができる。機能別部門間の調整も優れている。各製品を個々の顧客や地域の必要条件に合わせることができる。

事業別構造は、複数の製品やサービスの領域があり、十分な人員が揃っていて、個々の機能部門にスタッフがいるような組織で、最も有効的に機能する。J&J、ペプシコ、マイクロソフトのような企業では、意思決定が最下位レベルまでおろされている。各部門は小規模なので、すばやい出足で、市場の変化に即応できる。

事業別構造を利用するうえでの弱点は、組織が規模の経済性を失うことである。一つの機能別構造の組織で五〇人の研究技術者が共通の設備を共有するのと違って、五つの製品事業部門のそれぞれに一〇人ずつの技術者が配置される。そのため徹底した研究に必要なクリティカル・マスが失われ、物理的な施設を各製品ライン用に重複させなければならない。もう一つの問題は、製品ラインが別々になって、製品ライン間の調整が難しくなることである。J&Jのあるエグゼクティブは、「私たちはみんな同じ企業のために働いているのだと、常に自分に言い聞かせていなければならない」と言っている。[23]

ヒューレット・パッカードやゼロックスのような企業には数多くの事業部門があって、横の調整の面でたしかに問題がある。ソフトウエア部門が生産するプログラムが別の事業部門で販売されるビジネス・コンピュータと互換性がない、という場合がある。ある部門の販売員が別の部門の商品開発に気づかなかったために顧客が不満を抱くこともある。このような場合には、タスクフォースをはじめとする、連結システムを再構築することが必要である。

事業別構造では、技術の専門性が欠けてしまうことも問題である。従業員は機能別構造での専門性よりも、製品ラインとの一体化をはかろうとする。たとえば、研究開発部門の人間は、組織全体に利益となる基礎研究よりも、製品ラインに利益となる応用研究に没頭しがちである。

▼地域別構造

事業部門として組織を編成するもう一つの基準は組織の利用者や顧客である。この分類で最も一般的な構造は地域別構造である。各国のそれぞれの地域には独自の異なる嗜好やニーズがある。そこで、各地域別組織には、その地域で製品を生産し、販売するのに必要な機能すべてが含まれている。多国籍企業の場合、世界の異なる国々や地域別に、自己完結的な組織単位がつくられる。

数年前、アップルコンピュータ（以下アップル）は、世界中の顧客に向けたコンピュータの製造と出荷を促すために、機能別構造から地域別構造に再編成した。**図表3—8**は地域別構造の推進力を例証する組織構造の一部を示している。アップルは、特定の地域の顧客と販売ターゲットにマネジャーと従業員の焦点を絞らせるために、この構造を活用した。

マクドナルドはアメリカの営業会社を五つの地域別部門に分けて、各部門に独自の社長と人事や法務といったスタッフ機能を置いた。[24] この地域別構造によって、アップルも、マクドナルドも、地域の顧客のニーズに焦点を

図表3−8　アップルコンピュータの地域別構造

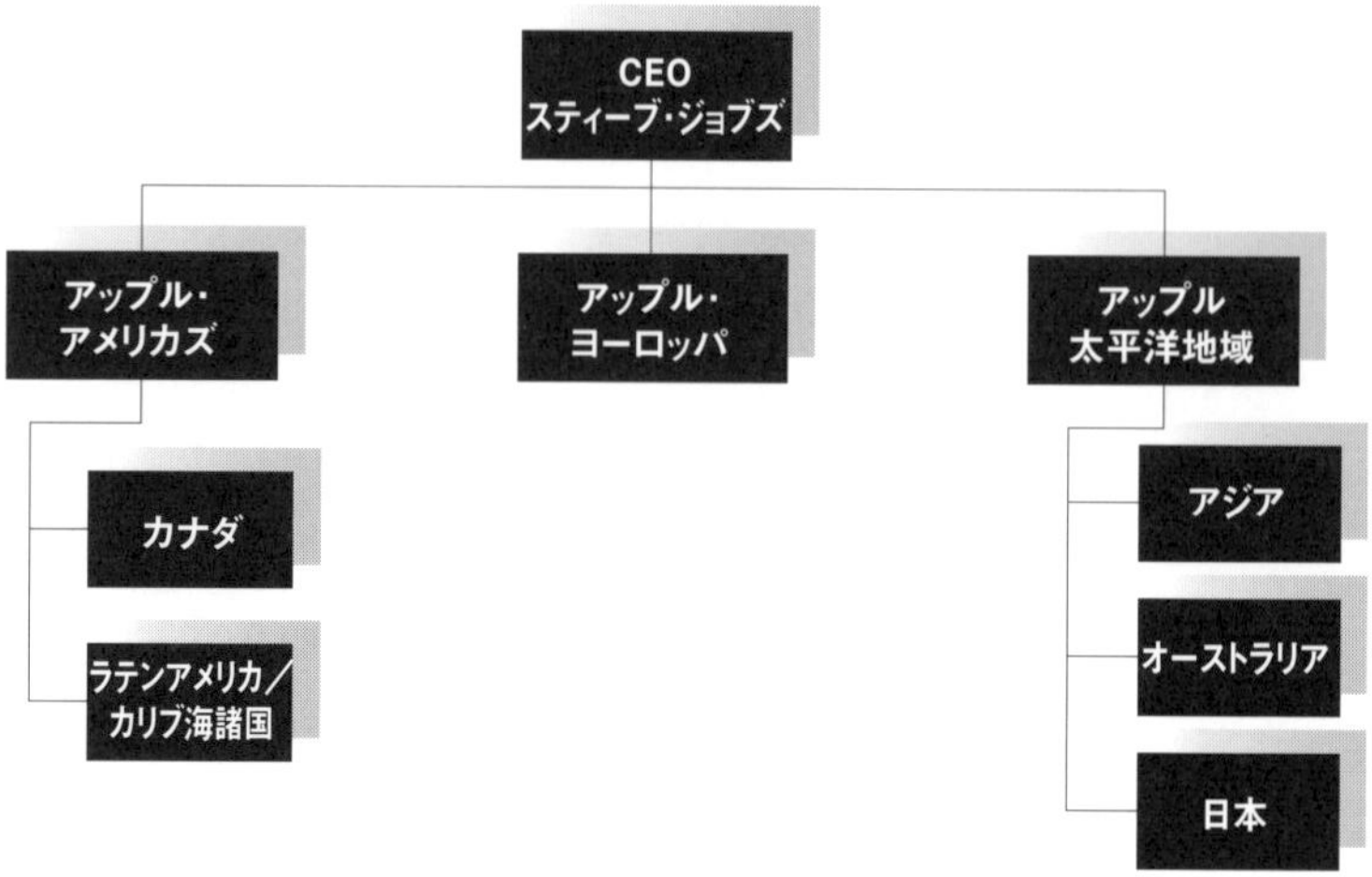

出典：アップルコンピュータ 世界の地域別組織。
ホームページhttp://www.apple.com/find/areas.html, 2000年4月18日現在。

絞ることができる。

地域別構造の長所と短所は、図表3—7に示した部門別構造の特徴と相通じる。組織はその地域の特定のニーズに適応でき、従業員は一国の目標よりも、地域の目標に一体化する。地域間あるいは本部との調整よりも、地域内の横の調整に重きが置かれる。

マトリックス構造

製品別と機能別あるいは製品別と地域別を同時に重視できるように、組織の構造を複数の焦点に合わせる必要が生じる場合がある。このような目的を達成する一つの方法がマトリックス構造である。マトリックス構造は、組織の目標を達成するのに、技術的な専門知識と製品のイノベーションや変革が重要であるときに、利用される。機能別、事業別あるいは地域別構造に水平方向の連結システムを組み合わせたどの構造でも、うまくいかないとき、一つの解決策となるのがマトリックス構造である。

図表3—9　マトリックス組織の二重権限構造

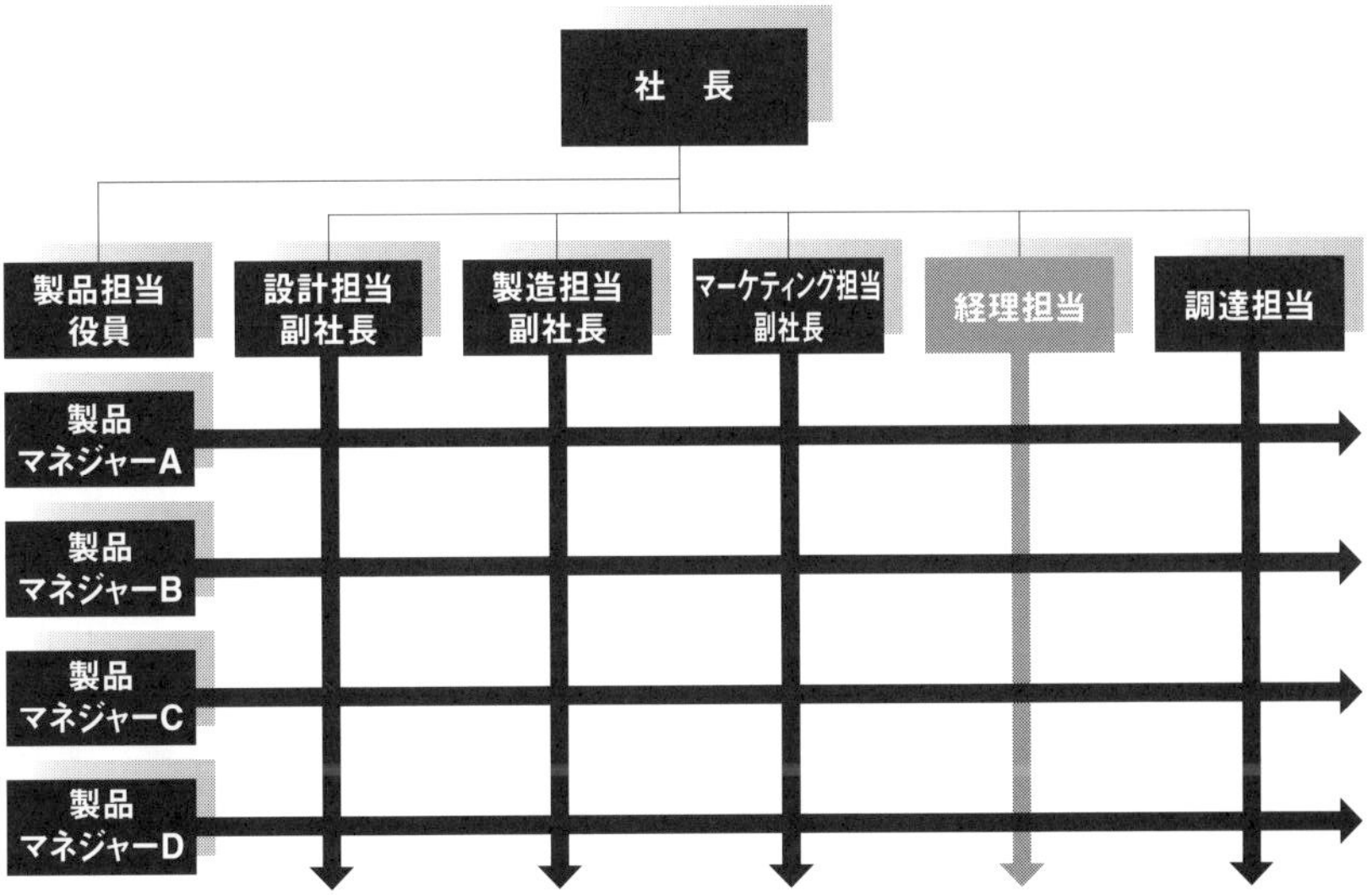

マトリックスは水平方向の連結性が強い形である。この構造の独特の特徴は、製品部門と機能別構造（横と縦の構造）の双方が、**図表3—9**に示すように、同時に設けられていることである。製品別マネジャーと機能別マネジャーが組織内で同等の権限を持ち、従業員はその両方に直属する。マトリックス構造は本章の初めに説明した専任の統合担当者あるいは製品マネジャー（図表3—3）を活用する場合と似通っているが、マトリックス構造では、製品マネジャー（横）に、機能別マネジャー（縦）と同等の公式の権限が与えられている。

▼マトリックス構造とするための条件

マトリックス構造は、組織を設計する例外的な方法であるように思われるが、以下の条件が満たされれば、適正な構造である[25]。

1．少ない資源を複数の製品ライン間で共有しなければならないような圧力がある。典型的には、組織の規模は中規模で、製品ライン数も多すぎもせず、少なすぎもしないが、人員と装置をそれらの製品ライン間で、融通し合って共有すべきだという圧力を感じている。たとえば、各製品ラインに専任の技術者を配置できるほど組織の規模が大きくなく、技術者は複数の製品やプロジェクトに兼任でかかわっている。

2. 環境的に見て、深い技術的知識（機能別構造）と頻繁な新製品開発（事業別構造）といった、二つ以上の重要なアウトプットを求める圧力がある。この二重の圧力は、機能別と製品別の両側面間でパワーバランスをとることを要求しているのであり、そのバランスを維持するために二重の権限構造が必要である。

3. 組織が置かれている環境でのドメインが複雑で、しかも不確実性が高い。頻繁な外的変化や部門間の高い相互依存性が、縦、横双方向の大量の調整や情報処理を必要とする。

これら三条件の下で、縦、横の権限ラインが同等に認められていなければならない。そうすることで二重の権限構造がつくられて、両者間のパワーバランスが同等になる。

図表3―9は、ある衣料品メーカーのマトリックス構造を想定したものである。製品Aは靴下、製品Bは上着、製品Cはパジャマなどである。各製品ラインは異なる市場や顧客向けになっている。中規模の組織として、同社は製造、デザイン、マーケティングの人々を効率的に活用して各製品ラインの業務にあたらせている。各製品ライン用に別個のデザイン部門を確実に配置するにはデザイナーの数が足りないので、デザイナーは製品ライン間で共有されている。さらに、製造、デザイン、マーケティングの機能をそのままにしておくことによって、従業員は深い専門知識を身につけて、すべての製品ラインに能率的に取り組める。

マトリックス構造は、伝統的な垂直の階層構造に加えて、水平方向の（横断的な）チームを公式化し、両者が同等になるようにバランスをとるものである。しかし、いずれかに重点が移行してしまうかもしれない。両者のバランスを維持するのが難しいと見ている企業が多いのは、一方の側の権限がとかく優勢になるからである。

このような傾向になることから、マトリックス構造の二つの変形版が生まれた――**機能別マトリックスと製品**

別マトリックスである。機能別マトリックスでは、機能別部門のボスが主要な権限を持ち、プロジェクト・マネジャーや製品マネジャーは製品活動の調整を行うだけである。対照的に、製品別マトリックスでは、プロジェクト・マネジャーまたは製品マネジャーが主たる権限を持ち、機能別のマネジャーはプロジェクトのために技術者を選任したり、必要に応じて専門知識によるアドバイスをしたりするだけである。これら二つの方法のほうが、二重の権限構造のバランスをとらねばならないマトリックス構造より、うまくいく組織が多い[26]。

病院、コンサルティング会社、銀行、保険会社、政府機関、さまざまなタイプの会社など、あらゆる種類の組織がマトリックス構造を実験的に使用している[27]。特に、ＩＢＭ、ユニリーバなどの組織での活用が成功し、これらの企業は独自の目標と文化に合わせるように、マトリックス構造を修整している。

▼マトリックス構造の長所と短所

マトリックス構造は、環境の変化が大きく、製品と機能面の目標といった二つの要求を反映させるとき、最善の形である。二重の権限構造によって、急速な環境の変化に対応するためのコミュニケーションと調整がとりやすくなり、製品と機能の担当マネジャー間で同等のバランスをとることができるからである。

また、マトリックスは思いがけない問題に対する検討を促し、対応しやすい。中規模の組織で、生産ライン数もそれほど多くない組織でうまくいく傾向がある。単一の製品ラインだけの場合、マトリックスの必要はない。またラインの数が多すぎても、同時に二方向の調整をするのが難しくなる。**図表3―10**にマトリックスを利用している組織について入手できた情報をもとに、その長所と短所をまとめた[28]。

マトリックスの強みは、これによって、環境となる顧客からの二とおりの要求に応えられることだ。経営資源（人と装置）を異なる製品間で融通し合うことができる。また、変化する外部の要求に組織が適応しやすい[29]。この構造では、従業員が自身の関心に応じて、機能別のスキルやマネジメントのスキルを習得するチャンスもある。

図表3－10　マトリックス組織構造の長所と短所

長所
1. 顧客からの二とおりの要求に応えるのに必要な調整ができる
2. 人的資源を複数の製品間で融通し合える
3. 複雑な意思決定や不安定な環境の頻繁な変化に対応できる
4. 機能面および製品面のスキル開発のチャンスを与えられる
5. 複数の製品をつくる中規模の組織に最も適している

短所
1. 従業員を二重の権限下に置くこととなり、フラストレーションや混乱を引き起こす
2. 優れた対人処理スキルや集中的なトレーニングが従業員に必要になる
3. 時間をとられる。頻繁な会合や葛藤処理のセッションにかかわらなければならない
4. 従業員がシステムをよく理解し、上下関係よりも、同僚との協力関係に適応しなければ、うまく作用しない
5. パワーバランスを維持するために、かなりの努力が必要である

出典："What is the Right Organization Structure? Decision Tree Analysis Provides the Answer." *Organizational Dynamics*（Winter 1979）: 429より抜粋。

マトリックスの弱点の一つは、二人の上司の権限下に同時に置かれるために、フラストレーションを感じ、混乱する従業員が出てくることである。こうした従業員には、対人関係や葛藤を処理するスキルが必要であり、そのために人間関係の特別なトレーニングが必要になる場合もある。

また、マトリックスでは、マネジャーが会合に多くの時間を費やさざるをえなくなる[30]。マネジャーがマトリックス構造に必要とされる情報や権限の共有に適応できなければ、このシステムはうまく作用しない。マネジャーは、上下関係の権限を頼りに意思決定にあたるというよりも、互いに協力し合うことが必要になる。

組織の構造形態の実際

それぞれのタイプの組織の構造は状況の違いに応じて活用され、異なるニーズに応えることができる。さまざまな組織の構造を説明するにあたって、環境の安定性や

図表3—11　組織構造に影響を与える文脈的変数

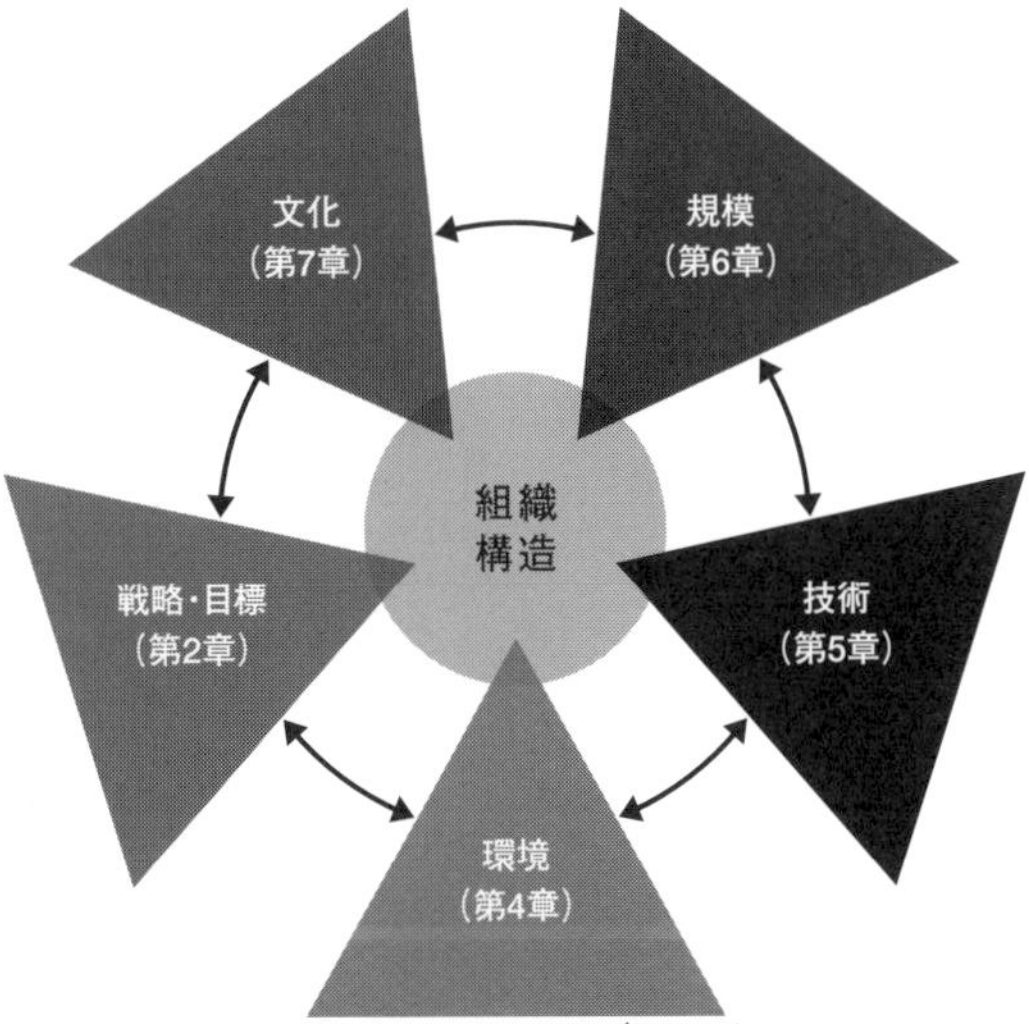

出典：Jay R. Galbraith, *Competing with Flexible Lateral Organizations,* 2nd ed.（Reading, Mass.: Addison-Wesley, 1994），第1章; Jay R. Galbraith, *Organization Design,*（Reading, Mass.: Addison-Wesley, 1977）第1章より抜粋。

変化の度合い、組織の規模といった、構造に関係する条件についても簡単に触れた。各構造形態——機能別、事業別、地域別、マトリックス——は、状況に応じて、組織をよりいっそう効果的なものにさせるのに役立つマネジャーにとってのツールである。

▼構造上の観点からのコンティンジェンシー

第2章で、マネジャーはコンティンジェンシーの要素に合わせて組織設計すべきだと述べたことを思い起こしていただきたい。**図表3—11**に示すように、組織構造は環境、戦略、目標、文化、技術、規模に影響される。これらの文脈を形成する変数のなかで、競争戦略と組織構造とのつながりがとりわけ関心をそそり、幅広い研究がなされてきた。組織構造は組織の戦略を反映するのであり、製品や市場に関する戦略が組織構造の変革を招く例がしばしば見られる[31]。

戦略と目標については第2章で詳しく考察した。ひとたび組織が市場で競争上の優位性を得るための戦略を策定したなら、リーダーはそれに必要な組織の構造を設計し、あるいは設計の見直しをして、その優位性を最もうまく達成するように組織の活動を調整する。

そのほかのコンティンジェンシーの要素――環境、文化、技術、規模――については、あとの章で逐次考察する。それぞれの変数は、適正構造の設計に影響を与える。しかも、環境や文化、技術、目標、そして規模は互いに影響し合うものであり、その点については図表3―11の変数間をつなぐ線で示すとおりである。

▼構造上の欠陥から生じる症状

トップ・エグゼクティブは定期的に組織の構造をチェックして、変化する組織ニーズに対して組織構造が適切であるかどうかを判断しなくてはならない。多くの場合、ある構造で試してみては、別の構造に再編成して、内部の管理報告関係と外部の環境のニーズとの整合性を見出そうとする。たとえば、コンパックはおよそ一年のうちに機能別構造から事業別構造に転換して新製品を開発し、それから、製品ライン間の競合を減らすために、またもとの構造に戻した。[32]

一般的な規則として、組織構造が組織のニーズと整合しなくなると、次に挙げるような構造上の欠陥による症状が出てくる。[33]

- 意思決定が遅れ、決定内容が悪くなる。階層構造に多くの問題が流れて意思決定の必要に迫られるために、意思決定者に負担がかかりすぎるのかもしれない。下位のレベルに権限を委譲しても実効性がない。意思決定のまずさを招くもう一つの原因は、情報を受け取るべき人間にそれが届いていないことである。縦、横双方向の情報のつながりが悪いと、適切な意思決定ができない。
- 組織が、変化する環境に対して、新しい対応ができない。イノベーションが不足する理由の一つは、事業部門間の横の連絡がとれていないことである。マーケティング部門が顧客のニーズを特定し、研究開発部門が技術開発を特定していく際に、両者で連絡を密にしなければならない。環境の監視やイノベーションを含む部門別の責務を定めた組織構造にしておかなければならない。

●葛藤の多さが目立ってくる。相反する部門の目標を組織全体の目標として組み合わせられるように、組織構造にある程度の余地を残しておかなければならない。各事業部門が交錯する目的で行動し、あるいは組織目標を犠牲にして部門の目標を達成しなければならないような状況に置かれるのは、組織構造に欠陥がある場合が多い。水平方向の連結システムが適正でないのが原因である。

▼討論課題

1. 組織構造とは何か、定義しなさい。組織構造は組織図に現れるか。
2. 規則や計画は組織が垂直方向の統合を果たすうえで、どのように役立つか。
3. 機能別構造のほうが事業別構造より好ましいのは、どのようなときか。
4. タスクフォースとチームの違いは何か。リエゾン的役割と統合の役割との違いは何か。これらのうちで、水平方向の調整を最大にできるのはどれか。
5. 組織がマトリックス構造を採用する前に、どのような条件が揃っていることが必要か。
6. ある消費財のメーカーのマネジャーが「我々は将来のエグゼクティブを養成するためにブランド・マネジャーというポストを活用している」と言った。ブランド・マネジャーのポストは良いトレーニングの場となるか。
7. マネジャーはどのようにして、構造が組織のニーズと整合していないと判断できるか。

III

[第Ⅲ部]

オープン・システムとしての組織の設計状態

Open System Design Elements

第4章 外部環境と組織の関係

外部環境の変化に不意をつかれる企業が多い。おそらく今日の企業にとって最大の社会変化はeコマースの急速な拡大によって引き起こされたものであろう。たとえば、アマゾン・ドット・コム（以下アマゾン）は、バーンズ・アンド・ノーブルのマネジャーがウェブサイトについて考えはじめるより一年以上も前からオンラインでの書籍販売を始めていた。バーンズ・アンド・ノーブルは本のスーパーストアというコンセプトで非常な成功を収めたが、eコマースへの初期の取り組みはコスト面の過ちとチャンスの見のがしが目立っていた。「アマゾンつぶし」の努力に一億ドルを注ぎ込んでも、バーンズ・アンド・ノーブルのサイトは、オンラインで販売される書籍の一五％を販売できたにすぎず、かたやアマゾンは七五％を占めていた。[1]

自動車メーカーから通信会社に至る、あらゆる産業の企業が同じような不確実性に直面している。外部環境の多くの要素が組織にとって変化と不確実性を引き起こしている。たとえば、アメリカ最大のビール会社、アンホイザー・ブッシュのCEOは、自分の会社が「小さな醸造会社があれだけ多くの市場シェアを占めるようになると認識するのに、五年間後れをとり、自分たちが彼らの仲間入りをするのだと認めるのにも、五年間の後れをとった」[2]ことを認めている。

小規模の小売店もウォルマートやホームデポといった大規模なディスカウント・ストアから長年脅威を受けている。いまやエレクトロニクス製品のディスカウント・スーパーストアであるベスト・バイは、従来のミュージック・ストアの半分の価格でCDを販売しており、レコード販売店のなかには倒産に追いやられた店もある。

西ヨーロッパでは、かつて国有だった企業が民営化されたために、スイス・コムやテレコム・イタリアなどの会社は甚だしい不確実性に直面し、スイス・コムは新しい環境のなかでどうにか繁栄を続けている一方、テレコム・イタリアは不振に陥っている。[3] また、アメリカで牧畜業が市況の下落に苦しんでいるのは、カナダ、メキシコ、アルゼンチンからの牛肉の輸入が増えているからである。このような例は枚挙にいとまがない。今日の組織にとって、グローバル競争をはじめとする外部環境が大きな脅威の源となっている。環境は、マネジャーが組織のために行う選択にしばしば重大な制約を与えるのである。

▼本章の目的

本章の目的は、環境を評価し、組織がそれに対応するためのフレームワークを考えることである。最初に、組織に影響を与える環境のドメインとセクターを明らかにする。次に、環境が組織に及ぼす二つの力——情報の必要性と資源の必要性——について探っていく。組織は構造上の設計を工夫し、計画立案システムを活用し、さらには環境の要素そのものに手を加えようとすることで、これら二つの力に対応する。

経営環境を形成するドメイン

広い意味で、環境は無限であり、組織の外にあるものすべてが含まれる。しかし、本章での考察では、環境のなかで特に組織が敏感に反応し、生き残るために反応しなければならない側面についてだけを考える。したがって組織にとっての環境とは、組織の境界の外に存在し、組織の全体または一部に影響を与えうる要素のみをいう。

組織にとっての環境を理解するには、環境の各領域（セクター）内のドメインを分析すればよい。組織のドメインとは、環境のなかから選択した自分の活動のための部分である。それは、組織が製品やサービスあるいは市場に関して、自身のためにいわば縄張りとしたテリトリーである。ドメインは組織のニッチを明確にするのであり、組織がその目標を達成するために相互作用をする外部セクターの特定部分である。バーンズ・アンド・ノーブルは書籍販売の環境が変わったとき、そのドメインの重要な部分に気づかなかった。eコマース向けの新しい技術の活用に後れをとって、競争相手に大きな優位性をとられてしまったのである。

経営環境はいくつかのセクターすなわち、同類の要素を含む外部環境の区分領域から成っている。どの組織についても一〇個のセクターの存在を示すことができる。業界、原材料、人的資源、財務資源、市場、技術、経済状態、政府、社会文化、国際面である。これらのセクターと、ある組織の持つドメインとの重複関係を示したのが**図表4―1**である。多くの企業の場合、図表4―1のセクターはさらに**タスク環境**と**一般環境**に細分される。

▼タスク環境

タスク環境とは、組織が直接に相互作用し、組織の目標を達成する能力にも直接影響を与えるセクターである。典型的にそこに含まれるのは業界、原材料、市場セクター、そしておそらく人的資源と国際セクターである。

次に示す例から、これらのセクターがそれぞれ組織にどのような影響を与えるかがわかるだろう。

●業界セクターでは、コーラで競合関係にあるコカ・コーラとペプシがしのぎを削っている。たとえば、ニューヨーク市は、ペプシ・コーラがコカ・コーラ・クラシックの販売を上回っている数少ない市場の一つである。しかし、ここではコカ・コーラのマーケティング各担当者が一二〇軒の小さな店を週に一度訪問して、人目を

図表4−1　組織の環境

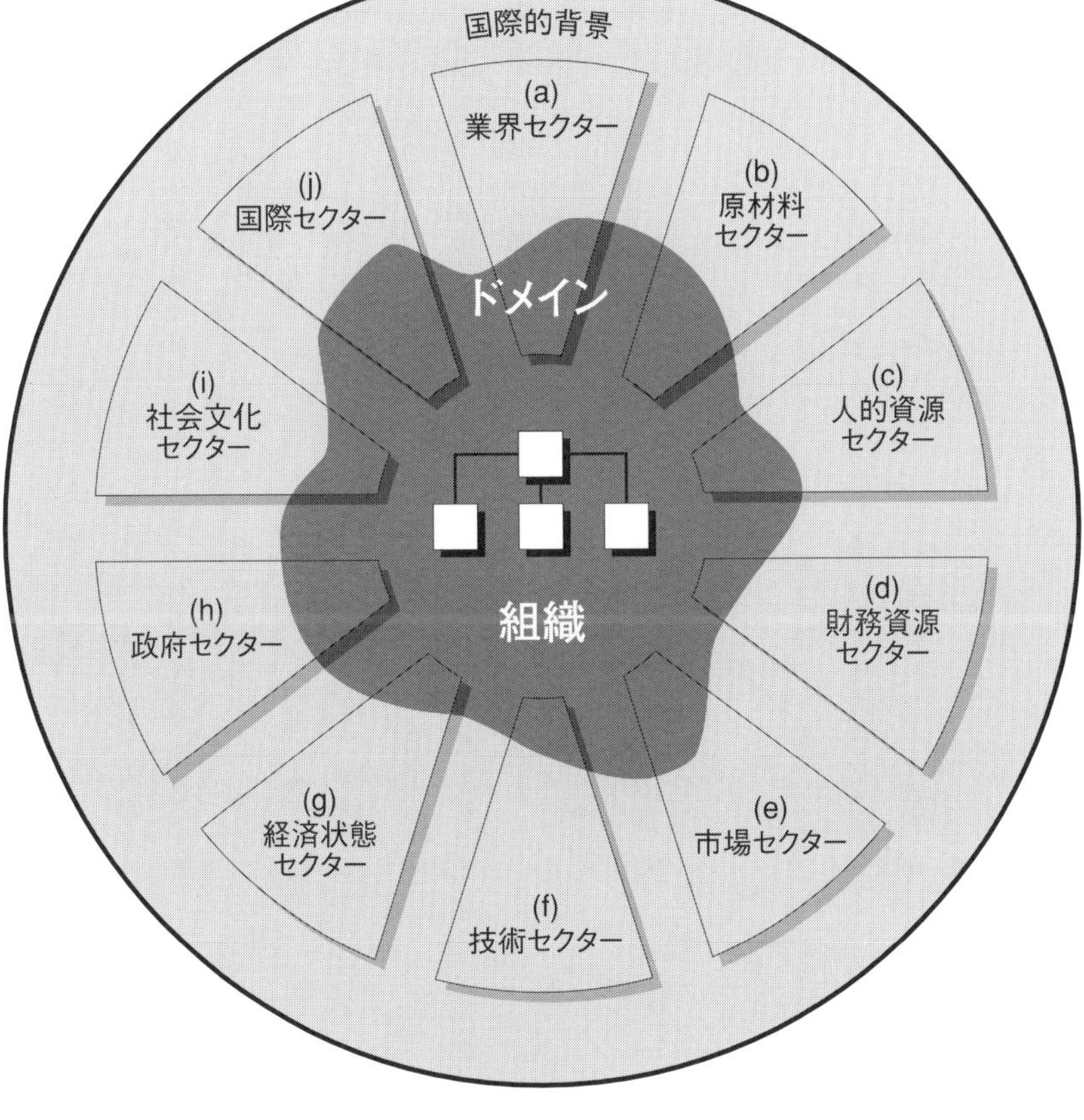

(a) 競争相手、業界の規模、競争、関連業界
(b) サプライヤー、製造会社、不動産、サービス業
(c) 労働市場、雇用斡旋業者、大学、トレーニング・スクール、他社の従業員、労働組合
(d) 株式市場、銀行、貯蓄・貸付、個人投資家
(e) 顧客、クライアント、製品・サービスの潜在的ユーザー
(f) 生産技術、科学、コンピュータ、情報技術、eコマース
(g) 景気後退、失業率、インフレ率、投資率、経済状況、成長
(h) 市、州、連邦の法律および規制、租税、サービス、裁判所システム、政治的プロセス
(i) 年齢、価値観、信条、学歴、宗教、労働倫理、消費者運動、環境保護運動
(j) 外国企業による競争および買収、海外市場への進出、外国の習慣、規制、為替レート

惹くように製品の陳列場所を変え、販売促進に努めている。ハーレムでは、五軒のコンビニエンスストアがコカ・コーラのおかげで赤と白の天幕を派手に掲げて、コーラの小売店舗の売上げを倍増させた。(4)

●原材料のセクターにおける興味深い事例は、清涼飲料缶の業界にかかわるものである。鉄鋼メーカーはかつて清涼飲料缶の市場を持っていたが、六〇年代半ばにレイノルズ・アルミニウムが大規模なアルミニウムのリサイクル運動を開始して、より安価な原料資源を獲得し、アルミニウム缶をスチール缶と価格競争できる状態にさせた。(5)

●市場セクターでは、玩具の購買パターンが変わって、親が教育玩具やコンピュータ製品を求めるようになったため、マテルやハズブロといったメーカーの伸び率が止まった。バービーやGIジョーさえも売上げの減少に苦しんでいる。かつて玩具の量販店として名を上げたトイザらスも、戦略とマーケティング計画の見直しをして顧客ニーズの変化に対応しようとしている。(6)

●人的資源セクターとしての労働市場は、ここ三〇年間で最も逼迫した状況となったために、ほとんどすべての企業にとって重大な関心事となっている。高学歴でコンピュータ知識の豊富な若い労働者――ゴールドカラー・ワーカーと呼ばれることもある――が高額の給料や手当てを要求するようになった。企業側が優秀な従業員を見つけるのに苦労しているからである。(7)

●アメリカの自動車メーカーにとって、国際セクターがタスク環境の重要な領域となっている。これらのメーカーにとって、アメリカ本土に建設される外国人所有の自動車工場がますます増えていることなど、外国の競争相手との競争が激化しているからである。国際セクターは一般環境としても重要な領域であり、本章のあとのほうでさらに詳しく考察する。

▼一般環境

一般環境としては、企業の日常の運営に直接の影響を及ぼさないものの、間接的な影響を及ぼすセクターが含まれる。それらはしばしば政府、社会文化、経済状態、技術、財務資源セクターである。これらのセクターは、最終的にすべての組織に影響を与える。次のような例を考えてみよう。

●心臓弁や乳房のインプラントといった医療手段にかかわる問題が広く明るみに出される事態に応えて、ＦＤＡ（アメリカ食品医薬品局）がより厳しい規制を導入したため、新製品の審査、承認までのプロセスに従来よりもかなり時間がかかるようになった。手術時にコンピュータの立体画像やロボット機器を使用する補助システムをつくる小さな会社、ＩＳＳは、かつては二～三年で新製品を市場に出すことができたのだが、いまでは、政府セクターにおけるこうした変化のために、六年で市場に出せれば幸運だといわれるほどになっている。[8]

●社会文化セクターでは、人口動態の変化が数多くの企業に影響を与えている。人口が大きく膨らんだベビーブーム世代が高齢化して、高額のブランド商品への関心が薄れている。一方、「Ｙ世代」とも呼ばれる、ベビーブーム世代の息子や娘たちは、ナイキやリーバイ・ストラウス（以下リーバイス）などの、かつて愛好されたブランドには見向きもしない。各企業はこの新しい世代にロイヤルティを築いてもらおうと必死になっている。この新世代はベビーブーム世代と規模の点で拮抗し、購買の勢力の点でも拮抗すると思われる。[9]

●一般的な経済状態も企業のビジネスのやり方に影響を与える。インフレ率の低い時代の競争に生き残るために、家具メーカーのイーセン・アレンは価格を低く抑えておく必要に迫られていた。値上げをしないで利益を得るために、同社は、よりシンプルなデザインの家具を製造して、技術的な効率性を高めるように方針を転換した。[10]

●技術セクターにおける最大の変化は、ビジネスを行う場としてインターネットが急速に拡大したことである。ＷＷＷ（ワールド・ワイド・ウェブ）のサイトをはじめとする情報技術の進歩はビジネス全体の様相を一変させた。たとえば、インターネットを通じて音楽をコンピュータに記憶させたり、送信したりする新しいフォーマットは、レコード業界全体をすっかり変えてしまう可能性がある。年商七億ドル以上を誇るアトランティック・グループの共同CEOのバル・アッゾーリは、ウェブサイトは主として東海岸のアーティスト向けのマーケティング・ツールだと見ているが、MP3ドットコムと呼ばれる個人所有のウェブサイトはすでにウェブサイトを通じてデジタル・ミュージックを送っている。[11]

●すべての企業が関心を向けなければならないのが財務資源セクターである。新しいビジネスに乗り出した起業家が真っ先に頭に浮かべるのがこのセクターである場合が多い。スコット・ブラムは、バイ・ドット・コムというウェブサイトを開いている。インターネットを通じて原価かそれ以下でコンピュータその他の製品を再販売するビジネスを、自分の貯金をはたいて始めた。一～二年後に、ブラムは日本のハイテク会社ソフトバンクに株式の二〇％を持ってもらう見返りに、同社から六〇〇〇万ドルを調達した。[12]

▼国際的な文脈

国際セクターは多くの企業に直接の影響を与え、ここ数年来きわめて重要なものになってきた。加えて、国内的なすべてのセクターが国際的な出来事の影響を受ける場合も出てきた。今日の組織にとって国際的な出来事が重要であるにもかかわらず、その重要性を認識せずに、国内だけを視野に入れた考え方をする学生が多い。もう一度よく考えてほしい。自分は故郷の町にとどまっているとしても、自分の会社が明日にも、イギリスやカナダや日本、あるいはドイツの企業に買収されるかもしれないのだ。

たとえば、テネシー州東部の小さな町に本社のあるゼネラル・シェール・ブリックは、最近、オーストリアのウィーンにある世界最大のレンガ・メーカー、ビーナーベルガーに買収された。また日本人だけで一〇〇〇社以上のアメリカ企業を持っている。そのなかには、鉄工所、ゴムとタイヤの工場、自動車の組立工場、自動車部品のサプライヤーなどがある。全米では、三五万人以上のアメリカ人が日本の企業で働いている。ピルスベリー、シェル石油、ファイヤストン、CBSレコードの従業員は外国人の上司の下で仕事をしている。[13]

国際セクターの影響は、技術とコミュニケーションの発達とともに急速に大きくなってきた。輸送とエレクトロニクス技術の発達によって距離や時間の影響が減り、政治や金融システム、嗜好、標準などの違いが薄れるにつれて、国内企業と外国企業との違いはほとんど問題にならなくなってきている。グローバルな取引件数は過去二五年間に三倍に増え、今日では規模の大小にかかわらず、どんな企業もグローバル規模で比較的簡単にビジネスを営めるようになっている。[14]

モンタギューという、小さな会社は、マサチューセッツ州ケンブリッジで独自の折りたたみ式マウンテンバイクを設計し、台湾で製造して、その大半をヨーロッパで販売している。設計の変更が三つの大陸間を、時には毎日のように、行き来している。また、アメリカを本拠地とするコカ・コーラ、カナダのノーザン・テレコム、スイスのネスレ、フランスでハイパーマーケットというコンセプトを編み出した小売業のカルフール、これらの企業はいずれもその売上高の大部分を本国外で得ている。[15] こうしたグローバルな環境においては、外国で生まれ、海外での経験を持つ人々が、フォード、ガーバー、NCR、ハインツといった企業の経営者として指名されたとしても、驚くにはあたらないのである。ここで次のような傾向について考えてみよう。[16]

●NAFTA（北米自由貿易協定）は中小企業も含む多くのアメリカ企業をカナダやメキシコへ進出させ、市場と人的市場セクターに影響を及ぼしている。

●EU（ヨーロッパ連合）やASEAN（東南アジア諸国連合）によって、アメリカ企業との競争に伍していける大規模かつ強力な企業が生まれるだろう。そして業界と市場セクターを再編するだろう。

●最近の経済的な困難にもかかわらず、二一世紀には世界の多くの経済活動がアジアや環太平洋地域で行われ、経済状態や財務資源セクターに強い影響を与えると見なすアナリストがいる。

●韓国、台湾、シンガポール、スペインなど、新興産業諸国は、低コスト、高品質の製品を大量に産出し、それらの製品は北アメリカの多くの産業、市場、原材料の競争力に影響を与えるだろう。

●東欧、ロシア、中国はいずれも市場経済に移行しており、これも市場や原材料、産業競争、世界の経済状態に影響を与えるだろう。

●北アメリカの企業と世界各地の企業との間で数多くのパートナーシップが築かれていて、技術や生産能力の交換を促進し、それによって技術、原材料、業界のセクターの定義の見直しが起こるだろう。

●アメリカの多くの企業は双子の工場を建設している――一つはテキサスに、一つはメキシコに。メキシコの工場は構成部品の組立作業を行い、それがメキシコの高失業率との戦いを助けている。マキラドーラと呼ばれるこれらの工場は人的資源と原材料のセクターを変革する。

●こうした国際的なつながりから、州レベルや連邦レベルでの新たな規制を生み、それが政府セクターに影響を与えている。信念や価値観も世界全体で共有されるようになり、社会文化セクターの形を変えている。

増えつづけるグローバルな相互関係は、組織にとってプラスの結果にもなり、マイナスの結果にもなっている。アジアや東欧における最近の経済的な混乱は多くの企業を先の見えない状態にさせ、それらの地域でビジネスを営む組織にとっての不確実性を増大させる。さらに、経済不況がラテンアメリカにも広がるにつれて、フロリダ州を本拠地とするアメリカ企業にさらに大きな影響を与えている。フロリダ州南部の経済はラテンアメリカの経済と密接につながっているからである。マイアミを本拠地としてラテンアメリカ諸国と広範な関係を持つCHSエレクトロニクスは、ラテン諸国の顧客が自国の通貨で支払いをする例がますます増えて、債権の回収が難しくなっているのに気づいている[17]。

グローバルな相互関係は、競争が新たなレベルに達したことを意味し、企業はかつてない幅広い規模で競争を強いられている。開発途上にある諸国は多くの産業で成熟した国々に挑戦している。たとえば、インドはソフトウエア開発で重要なプレーヤーとなった。また、ずっと以前にアメリカから日本に移ったコンシューマー・エレクトロニクス製品の製造は、いまや日本の手を離れてアジアの諸国に急速に広がっている。

だが、プラスの面もある。国内市場は多くの企業にとって飽和状態となっていて、成長の可能性は海外にあるからである。キンバリー・クラークやP&Gが長年競争を展開してきたアメリカの紙おむつ市場は、飽和状態にあり、今度は中国、インド、ブラジル、イスラエル、ロシアの新しい市場をターゲットにしている。また、中国、インド、ブラジルの鉄鋼需要は、今後数年間、年間一〇%の成長が期待されている――これはアメリカの三倍の成長率である。アメリカを本拠地とする鉄鋼会社、ニューコアは台湾に小型高炉を開設し、ブラジル北部で七億ドルの製鉄所の建設に向けて現地の会社とパートナーを組んだ。LTVやノース・スター・スチールなど、ほかの鉄鋼会社もアジアやヨーロッパやオーストラリアに進出している[18]。また、これらの地域における経済的な変動にもかかわらず、フォード、P&G、コカ・コーラなどの欧米の大手企業は、東南アジアを将来の大型市場と見なしている。企業がグローバルに考えるなら、世界全体が彼らの市場となるのである。

国際セクターの重要性が高まることは、あらゆる企業にとっての経営環境がきわめて複雑になり、しかも競争が激化することを意味する。しかし、すべての組織が国内的にも、グローバルな面でも、不確実性に直面している。以下、企業はいかにして経営環境の不確実性と不安定性に対処し、対応すべきかをさらに詳しく考察する。

経営環境の不確実性

経営環境は組織にどのような影響を与えるのだろうか。経営環境の各セクターにわたって起こっているパターンや出来事を、次のいくつかの次元に沿って描くことができる。すなわち、経営環境が安定しているか不安定であるか、均質的か異質的か、集中化しているか分散化しているか、単純か複雑か、変動の程度はどの程度か、組織を支えるために利用できる資源はどれだけあるか、である[19]。これらの次元は煎じ詰めれば、経営環境が組織に影響を与える基本的な二つの面に絞られる。①環境についての情報の必要性、②環境から得る資源の必要性である。経営環境が複雑化して変化しやすいとき、情報を集め、その情報をもとに対応していくことが著しく必要になる。組織は、また、材料や財務資源の稀少性に関心を向け、資源を確実に利用できるようにしておく必要がある。各セクターについて、こうした二つの分析カテゴリーを相対させながら考えることができる。本節では情報の観点から考察する。それは環境の複雑性や変化が組織に生み出す不確実性とかかわることである。本章のさらに後半の節では、組織が必要な経営資源を獲得するために環境をいかにコントロールすべきかを考察する。

組織は有効に機能するために、不確実性に対処して、これをマネジメントしていかなければならない。不確実性とは、意思決定者が環境的な要素について十分な情報を持っておらず、外部の変化をうまく予測できない状態にある、ということである[20]。不確実性は組織の対応を失敗させるリスクを高め、意思決定の選択肢に伴うコストや確率の計算を難しくさせる。不確実性を左右するのは、環境におけるドメインの次の二つの特性、すなわち、ドメインが単純であるか複雑であるか、また、出来事がどの程度安定し、あるいは不安定であるか、である[21]。

▼単純／複雑特性

単純／複雑特性は環境の複雑性にかかわり、つまりは組織の運営に関する外部要素の数や異質性のことをいう。複雑な環境においては、多様な外部の要素が組織と相互作用をし、組織に影響を与える。単純な環境では、せいぜい三つか四つの外部要素が組織に影響を与える程度である。

AT&Tやブリティッシュ・テレコムのような通信会社は複雑な環境に置かれている。大学の場合もそうである。大学は多くの技術にまたがって関係している存在であり、文化や価値観の変化の集中点となる。政府の規制や許認可を与える省庁は大学と相互作用をし、また、さまざまな専門的あるいは科学的な協会、同窓会、親、財団、立法者、地域住民、国際的な機関、寄付者、法人、体育チームも大学と相互作用をする。外部の数多くの要素がこのように組織のドメインを構成し、複雑な環境をつくり上げている。これに対して、郊外にある家族経営の金物店は単純な環境にある。この店にとって本当に重要な外部要素は、少数の競争相手とサプライヤー、顧客だけである。政府の規制も最小限で、文化的な変化はほとんど影響を及ぼさない。人的資源も、店を経営するのが家族やパートの手伝いなので、問題ない。

▼安定／不安定特性

安定／不安定特性とは、環境要素の動きが激しいかどうかということである。環境のドメインが月単位あるいは年単位にわたって同じであるとき、そのドメインは安定している。不安定な状態の下では、環境要素が不意に動く。競争相手の企業が宣伝や新しい製品に関して攻撃的な動きをし、あるいは対抗手段で反応すると、不安定な状態になる。たとえば、新製品を積極的に宣伝したり導入したりすると、企業に不安定をもたらす。コークがニューヨーク市で一〇代向けの市場を開拓するために、二〇〇万ドル相当のコカ・コーラ・カードを配ったり、「サージ」を導入してペプシの「マウンテン・デュー」に対抗したりしたのはその例である。

また、ペプシの缶に注射器が混入していたとか、ガーバーのベビーフードにガラス片が混入していたとか、タイレノールに毒物が入れられた問題、サイエントロジー教会が抗うつ薬プロザックをやり玉に挙げたという報告など、思いがけない出来事が不安定な状態を生む場合もある。今日、WWWに登場する、Ihatemcdonalds.comやWalmartsucks.comなどほかの多くの「中傷《ヘイト》サイト」も、オールステート保険やトイザらスに至る多くの企業にとって、不安定さの重要な源となっている。マイクロソフトの批判者は二〇カ所あまりの中傷《ヘイト》サイトに書き込みができる。[22]

今日、多くの組織にとって環境はますます不安定になってきているが、伝統的に安定した環境にあるのが公益事業である。[23]アメリカ中西部の農村では、公益事業に対する需給は安定している。需要は徐々に伸びるかもしれないが、これは経済的な予測が容易にできる。対照的に、玩具メーカーの経営環境は不安定である。話題を呼ぶ新しい玩具についての予測が難しく、しかも玩具の購買は流行を呼ぶという事実が複雑さを増幅させている。

かつては有名であったキャベージ・パッチ・キッズやワールド・オブ・ワンダーのメーカーで、テディ・ラックスピンの生みの親でもあったコレコ・インダストリーは、玩具の環境が不安定なために倒産し、彼らがかつて勝利を収めた製品は、バンダイのマイティ・モルフィン・パワー・レンジャーやプレイメイト・トーイのティーンエイジ・ミュータント・ニンジャ・タートルに取って代わられた。[24]そしてこれらの玩具は、今度は、ファービーやビーニー・ベビー、スター・ウォーズ人形、ポケモンなどの流行に取って代わられた。

▼フレームワーク

単純／複雑特性と安定／不安定特性を組み合わせることで、**図表4―2**に示すような、環境不確実性を評価するフレームワークとなる。単純で安定した環境では、不確実性の程度が低い。取り組むべき外部要素は少なく、しかもそれらは安定している。複雑ながら安定した環境は、いくらか不確実性の高まる様相を呈する。組織は、数多くの要素を監視、分析して、高業績を上げられるように、対策をとらなければならない。外部の要素が急速に、あるいは思いがけない変化をする可能性はない。

単純で不安定な環境では、さらに不確実性が強く感じられる。[25]急激な変化がマネジャーにとって不確実性を生み出す。組織の外部要素は少なくても、これらの要素についての予測が難しく、しかも組織の起こした行動に思いがけない反応をすることがある。組織にとって最大の不確実性は、複雑で不安定な環境で起こる。数多くの要

図表4−2　環境の不確実性を査定するフレームワーク

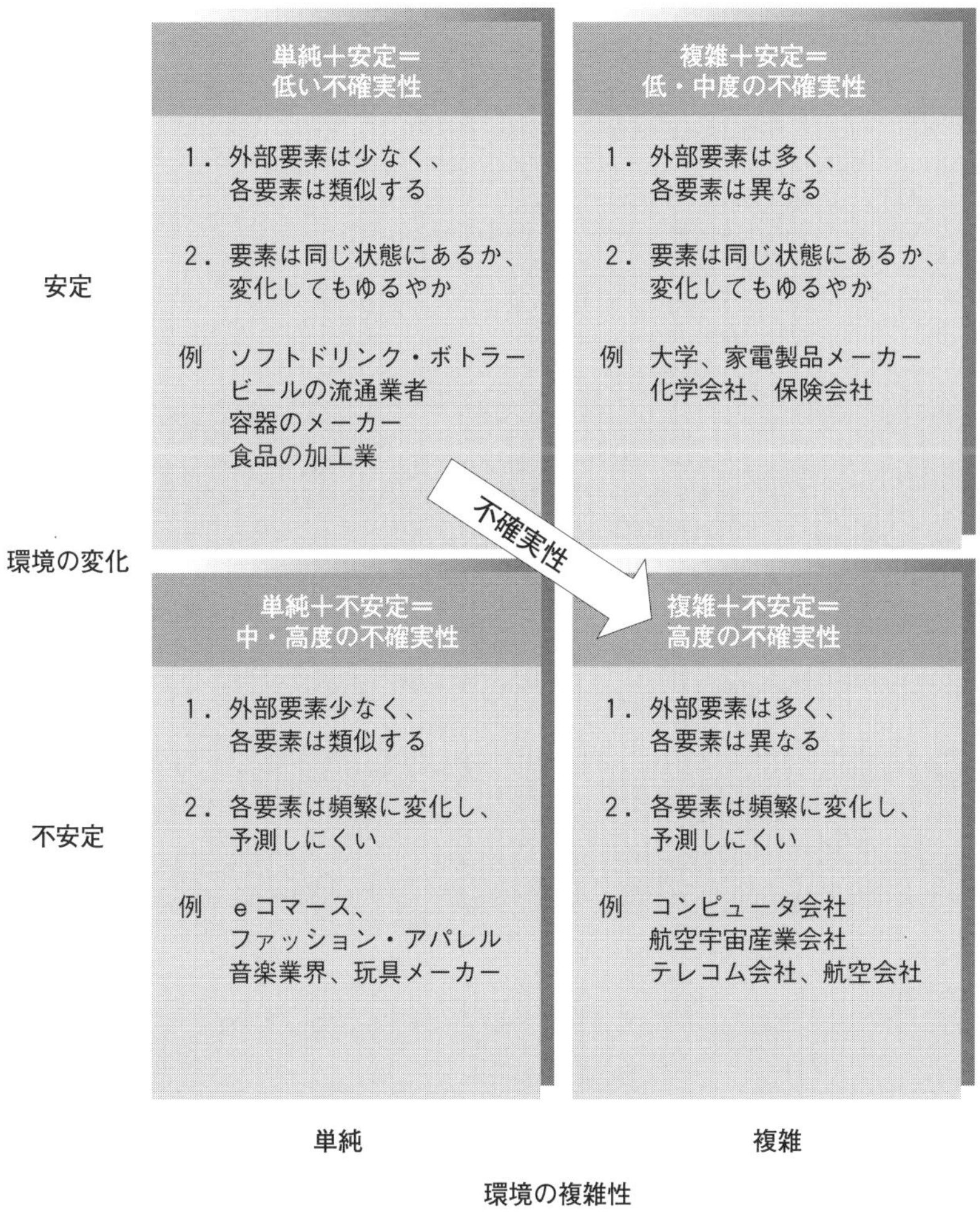

	単純	複雑
安定	**単純＋安定＝低い不確実性** 1．外部要素は少なく、各要素は類似する 2．要素は同じ状態にあるか、変化してもゆるやか 例　ソフトドリンク・ボトラー　ビールの流通業者　容器のメーカー　食品の加工業	**複雑＋安定＝低・中度の不確実性** 1．外部要素は多く、各要素は異なる 2．要素は同じ状態にあるか、変化してもゆるやか 例　大学、家電製品メーカー　化学会社、保険会社
不安定	**単純＋不安定＝中・高度の不確実性** 1．外部要素少なく、各要素は類似する 2．各要素は頻繁に変化し、予測しにくい 例　eコマース、ファッション・アパレル　音楽業界、玩具メーカー	**複雑＋不安定＝高度の不確実性** 1．外部要素は多く、各要素は異なる 2．各要素は頻繁に変化し、予測しにくい 例　コンピュータ会社　航空宇宙産業会社　テレコム会社、航空会社

（縦軸：環境の変化／横軸：環境の複雑性／矢印：不確実性）

出典：Adapted and reprinted from "Characteristics of Perceived Environments and Perceived Environmental Uncertainty" by Robert B. Duncan, published in *Administative Science Quarterly* 17（1972）: 313-27.
Copy right ©1972 by Cornell University. Approval of Request for Permission to Reprint.

素が組織に踏み込んできて、しばしば変化するうえに、組織の起こした行動に強い反応をしてくることがある。いくつかのセクターが同時に変化したとき、環境は大きく混乱する。[26]

ビールの卸売業者は単純で安定した環境にある。ビールの需要の変化はゆるやかである。またビールの卸売業者には確立した流通ルートがあって、ビールの供給は予定どおりに届く。州立大学、電化製品メーカー、保険会社はやや安定した複雑な環境にある。外部の要素は数多くあるが、それらは変化しても、その速度はゆるやかで予測可能である。

玩具メーカーは単純で不安定な環境にある。玩具をデザインして製造、販売する企業は、アパレルや音楽の業界にかかわる企業とともに、供給と需要の変化に直面している。多くのeコマース企業は特殊な競争的ニッチに焦点を絞っており、したがって単純ながら、不安定な環境にある。立ち向かうべき要素は少ないとはいえ——たとえば、技術や競争相手——、それらの要素は予測が難しく、突然、思いがけなく変化するおそれがある。

コンピュータ業界と航空業界は複雑で不安定な環境に直面している。多くの外部セクターが同時に変化しているからである。航空会社の場合、ほんの数年のうちに、規制撤廃、ローカル路線の伸び、燃料費の高騰、サウスウエスト航空のような競争相手からの値引き競争、顧客の需要の変化、航空管制官の不足、空港の混雑過剰、定期便の削減、に直面した。[27] 最近の一連の航空機事故によって、業界の複雑で不安定な環境はさらに増幅した。

不確実性への適応

環境が変化や複雑性に関してどのように異なるかということがわかったなら、次の問題は「組織は不確実性のレベルに応じどのように適応していくか」ということになる。環境の不確実性は、組織の構造と内部の行動にとって重要なコンティンジェンシーである。

第3章において、不確実性に直面する組織は、一般に機能間のコミュニケーションや協力を促して、環境変化への適応を進めていると述べたことを思い出していただきたい。本節では、環境がいかに組織に影響を与えるかということをさらに詳しく考察する。確実な環境にある組織は、職位、事業部門、組織の分化や統合、統制のプロセス、将来への計画や予測に関して、不確実な環境にある組織と異なる管理や統制をするであろう。組織は内部構造と外部環境との整合性をはかることが必要なのである。

▼職位と部門

外部環境の複雑性が増すにつれて、組織内の職位や事業部の数も増え、それが今度は内部の複雑性を増幅させる。この関係はオープン・システムの重要な要素である。外部環境の各セクターに対しては、それに対応する従業員ないし部門が必要である。人事部門は、その会社で働きたいと思っている未就業の人々を扱う。マーケティング部門は顧客を見出そうとする。財務グループは銀行との関係を扱う。法務部は裁判所や政府機関と協力して仕事をする。今日、多くの企業は、eコマースに対応するためにeビジネス部門を追加し、ますます複雑になるコンピュータ情報システムとナレッジマネジメント・システムに対応するよう情報システム部門を強化している。

▼緩衝部門とバウンダリー・スパンニング

環境の不確実性に対処する伝統的なアプローチは緩衝部門を設けることだった。緩衝部門の役割は環境から不確実性を吸収してしまうことである。[28] テクニカルコアが組織の主たる生産活動を行う。緩衝部門はテクニカルコアの周囲に配置され、環境と組織との間で原材料や資源、金銭のやりとりをする。テクニカルコアが効率的に機能できるように手助けするのである。購買部門は供給品や原材料を蓄えて、テクニカルコアの緩衝材となる。人事部門は生産にかかわる従業員を見出し、雇用して訓練することにかかわる不確実性を処理することで、テクニカルコアの緩衝材の役割をする。

現在、いくつかの組織が試みている新しいアプローチは、緩衝材を取り払って、テクニカルコアを不確実な環境にさらすというものである。これらの組織がもはや緩衝材を設けないのは、顧客やサプライヤーと結びつくことのほうが内部の効率性よりも重要だと考えているからである。たとえば、産業機械メーカーのジョン・ディアでは組立ラインの労働者を地元の農場に訪問させて、顧客の関心事が何であるかを判断し、対応できるようにしている。ワールプールは何百人もの顧客に金を出し、コンピュータでシミュレーションした製品や特徴のテストをさせてもらっている[29]。組織を環境に向けてオープンにすることは、組織を柔軟にして適応性を高めるのである。

バウンダリー・スパンニングの役目は、組織と外部環境の要素とを結びつけ、調整することである。バウンダリー・スパンニングは主として情報の交換にかかわるもので、①環境の変化についての情報を察知して、組織に取り入れること、②組織に有利に働く情報を環境に送り込むことである[30]。

組織は環境で起こっていることをたえず感じ取り、市場の変化をはじめとする環境の展開にマネジャーが対応できるようにしなければならない。ハイテク企業について調査した結果、競争に負けた企業の九七%は市場の変化に対する注意を怠ったか、重要な情報に反応しなかったことが原因であった[31]。重要な情報を探索して組織に取り込むために、バウンダリー・スパンニングの担当者が環境を監視しなければならない。

たとえば、マーケット・リサーチ部門は消費者の嗜好の変化を調べ、監視する。エンジニアリングや研究開発部門のバウンダリー・スパンニングの担当者は新しい技術の開発、イノベーション、原材料を入念に調べる。また、これらの担当者は、トップ・マネジャーに環境の変化についての情報をたえず知らせて、組織の停滞化を防ぐ。環境の不確実性が高まるにつれて、バウンダリー・スパンニング担当者の役割はますます重要になる[32]。

バウンダリー・スパンニングが最も活発化している領域は競争の諜報活動である。大きい会社も小さい会社も、競争状況を分析する情報部門を設けたり、外部の専門家を雇ったりして、競争相手に関する情報を収集している。競争の情報活動はライバルについての情報を公開ソースから収集、分析してトップ・エグゼクティブに提供し、より良い意思決定を促すための、系統的な方法となる。[33] インターネット・サーフィンから、ゴミ箱あさりに至るさまざまな方法を使って、情報活動の専門家は競争相手の新製品、製造コスト、トレーニング方法についての情報を収集し、トップ・リーダーに伝えている。

たとえば、モンサントのニュートラスイート甘味料担当の競争情報部は、ライバル社の甘味料がＦＤＡから承認を得るのに少なくとも五年かかることを知って、コストのかかる宣伝キャンペーンを遅らせることができた。[34] 今日の不確実な環境において、競争の情報活動は、今後増える可能性がある。加えて、コネティカット州ストラトフォードのユティリテクやアリゾナ州フェニックスのウエイブフォアは、大手企業に関するインターネットを定期的に監視して、ウェブサイトでどのようなことが書き込まれているかを見極めようとしている。これによって、トップ・エグゼクティブは、相手の会社が環境でどのように受け取られているかについて、重要な情報を得ることができる。

一方、組織を代表して環境に情報を送るという種類のバウンダリー活動は、自社に対する他の人々のとらえ方に影響を行使するために活用される。マーケティング部門では、宣伝と販売の担当者が顧客に対して組織を代表するわけである。購買担当者はサプライヤーに電話をして、購入のニーズを述べる。法務部はロビイストや選挙された役人に政治的な事柄についての組織のニーズや見方を伝える。

多くの会社が独自のホームページを開設して、組織を有利な形に描いてみせる。ナイキやユノカルは、第三世界の国々における自社の労働慣行を「中傷《ヘイト》サイト」で批判されることに対抗して、いずれも自社側の話を伝えるホームページを開設した。[35]

図表4−3　サブ環境のニーズに応える事業部門間の差別化

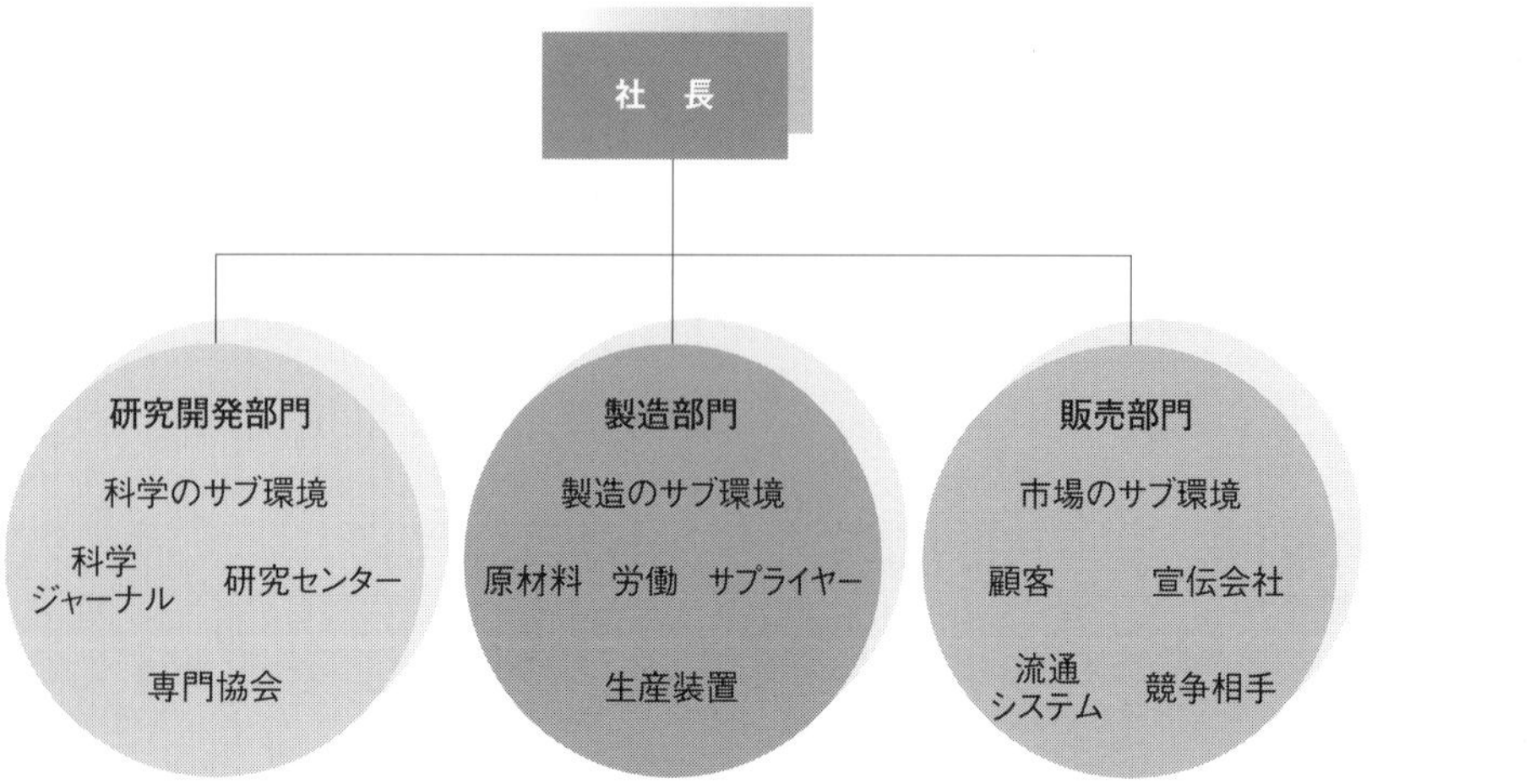

▼分化と統合

環境の不確実性に応えるもう一つの方法は、事業部門間の分化と統合をどれだけ進めるかである。組織の分化は「異なる機能部門のマネジャー間にある認識および感情の志向の違いであり、これら部門間の公式構造の違い」である[36]。外部環境が複雑で変化が激しいとき、組織の部門はその外部環境の不確実性に対処するために、高度に分化するようになる。各部門が成功するためには特別の専門知識と行動が必要となる。研究開発部門の従業員には、したがって、製造部門や販売部門の従業員とは区別される独特の態度や価値観、目標、教育が備わっている。

ポール・ローレンスとジェイ・ローシュは、企業一〇社の販売、研究、製造の三部門について調査を行った[37]。この調査から、各部門が異なる志向と構造に向けて適応を進め、外部環境のそれぞれの領域（サブ環境）の処理にあたっていたことがわかった。ローレンスとローシュが明らかにした、市場、科学、製造のサブ環境を**図表4—3**に示す。つまり各部門は異なる外部環境に対応しており、それによる部門間の相異が**図表4—4**に示されている。科学のサブ環境と有効に作用していくために、研

図表4—4　組織の事業部門間における目標と志向の違い

	研究開発部門	製造部門	販売部門
目標	新たな開発、品質	効率的な生産	顧客の満足度
時間	長い	短い	短い
対人間の志向	大半が業務的	業務的	社交的
構造の公式性	低い	高い	高い

出典：Paul R. Lawrence and Jay W. Lorsch, *Organization and Environment*（Homewood, Illinois, Irwin, 1969）, 23-29に基づく。

究開発部門は品質の高い仕事を目標にし、長い時間範囲（五年まで）、非公式の構造、および従業員は業務志向の対人関係能力を備えていた。販売部門はこれとは正反対だった。顧客の満足度を目標に掲げ、短い時間範囲（一週間程度）で、きわめて高い公式的な構造とし、社会性を重視する従業員を備えていた。

高度の分化をはかる結果、事業部門間の調整が難しくなる。態度や目標、仕事への志向が大きく異なるとき、調整のために多くの時間と資源をふりむけなければならない。そのための業務が統合であり、事業部門間でどれだけ良好な協力をはかるかということである。[38]公式の統合担当者は部門間の調整を求められる場合が多い。

環境の不確実性が高いとき、頻繁に変化が起こるために、より多くの情報を処理して水平方向の調整をはからねばならず、組織構造に統合担当者を加えることがどうしても必要になる。時に、統合担当者は連絡役とか、プロジェクト・マネジャー、ブランド・マネジャー、コーディネーターなどと呼ばれる場合がある。

図表4—5で示すように、環境の不確実性が高く、高度に分化された構造を持つ組織は、マネジメント担当者の二二％を統合活動にふりあて、委員会やタスクフォースの一員とさせたり、リエゾン的役割を務めさせたりする。[39]きわめて単純で安定した環境を特徴とする環境では、統合役をふりあてられるマネジャーはいない。図表4—5が示すように、環境の不確実

図表4−5　環境の不確実性と組織の統合者

	プラスチック	業務用食品	容器
環境の不確実性	高	中	低
事業部門間の分化	高	中	低
統合的役割にいるマネジャー比率（%）	22	17	0

出典：Jay W. Lorsch and Paul R. Lawrence, "Environmental Factors and Organization" *Organizational Planning: Cases and Concepts*（Homewood, Illinois；Irwin and Dorsey, 1972）, 45に基づく。

性が増すにつれて、部門間の分化も増大する。したがって、組織がマネジャーを統合役にふりあてる割合も増えるのである。

ローレンスとローシュの研究から、組織は分化と統合のレベルが環境の不確実性と合致しているとき、より良い成果を上げられる、という結論が出された。不確実な環境で好業績を上げた組織は高レベルの分化と統合をしていたのに対して、不確実性の低い環境で好業績を上げた組織の場合、分化と統合のレベルも低かった。

▼有機的マネジメント・プロセスと機械的マネジメント・プロセス

環境の不確実性に対するもう一つの対応は、組織構造の公式性の度合いと従業員に対する統制の程度を、加減することである。トム・バーンズとG・M・ストーカーはイギリス国内の二〇社を調査して、外部環境が内部のマネジメント構造と関連性を持つことを発見した[40]。外部環境が安定しているとき、内部の組織は多くの規則や手続きを備え、明白な階層構造を特徴としていた。組織には公式の手続きが整えられていた。また、高度に中央集権化され、大半の意思決定がトップでなされていた。バーンズとストーカーは「機械的」という言葉で、このようなタイプのマネジメント構造の特徴を表現した。

一方、急速に変化する環境においては、内部組織がもっとゆるやかで、自由に流れ、適応性が高かった。明文化された規則や決まりが少なく、あ

図表4−6　機械的な組織形態と有機的な組織形態

機械的	有機的
1. タスクが専門的に分かれている	1. 従業員は部門の共通のタスクに貢献する
2. タスクが厳密に規定されている	2. タスクは従業員のチームワークによって調整され、改めて定義される
3. 権限や統制の厳格な階層構造があり、規則が多い	3. 権限や統制の階層構造が少なく、規則はほとんどない
4. タスクに関する知識や統制は組織の中央に集中している	4. タスクの知識や統制は組織の至る所にある
5. 垂直方向のコミュニケーション	5. 水平方向のコミュニケーション

出典：Gerald Zaltman, Robert Duncan, and Johnny Holbek, *Innovations and Organizations*（New York, Wiley, 1973）, 131から抜粋。

っても無視されていた。従業員は組織を見直すことで何をすべきか考え出さねばならなかった。権限の階層構造は明確でなく、意思決定の権限は分散化されていた。バーンズとストーカーは、このタイプのマネジメント構造を特徴づけるのに、「有機的」という言葉を使った。

図表4−6は有機的システムと機械的システムの違いをまとめたものである。環境の不確実性が増すにつれて、組織は有機的になりがちで、つまりは、権限や責任を下位レベルに分散させ、従業員を互いに協力させて問題に取り組ませ、チームワークを奨励し、タスクや責務をふりあてるのに非公式の手法をとる。こうして、組織はより流動的となり、外部環境の変化に常に適応できるようになる[41]。

▼計画の立案と予測

不確実性に対する組織の対応として最後に挙げるのは、計画の立案と環境についての予測を増やすことである。環境が安定しているとき、組織は現行の運営上の問題や日常の効率向上に集中することができる。長期にわたる計画の立案や予測は必要ない。将来における環境面の要求は今日と同じだからである。

環境の不確実性が増すにつれて、計画の立案や予測が必要になる。[42] 計画の立案によって外部の変化のマイナスの影響を和らげることができる。不安定な環境にある組織は独立した企画部門を設ける場合が多い。予測のつかない環境のなかで、計画の立案者は環境の各要素を精査して、可能性のある動きやほかの組織の対抗的な動きを分析する。計画の立案には幅を持たせ、環境のコンティンジェンシーについてさまざまなシナリオを予測する。時の経過に応じて、計画を見直して新しいものに変えていく。

しかし、計画の立案は、ほかの活動、たとえばバウンダリー・スパンニングの代わりをするものではない。それどころか、特別に不確実性の高い環境の下では、将来の予測が難しすぎて、形式的な計画の立案は役に立たない場合もある。

資源依存

これまで本章では、情報の不足や環境の変化、すなわち複雑性によって生じる不確実性に対して、組織はどのように対処するかという方法をいくつか述べてきた。ここで、組織と環境の関係における三番目の特徴に目を転じることにする。それは、組織は物的資源と財務資源を必要とするということである。経営環境は組織の生き残りに欠くことのできない、稀少かつ貴重な資源を提供する。組織と環境をこの切り口から考えることは資源依存的な見方と呼ばれる。資源依存とは、組織は環境に依存しているが、その依存を最小限に抑えるために資源をコントロールする努力をしていることを意味する。[43]

組織に欠かせない資源がほかの組織にコントロールされていたなら、その組織は競争にもろくなるので、できるだけ依存から脱却しようとする。組織がほかの組織からの競争にもろくなるのを恐れるのは、パフォーマンスにマイナスの影響を及ぼすからである。

たとえば、数年前に、マットレス・ウエアハウスの在庫の半分以上を供給するあるメーカーが、同じ市場で工場直結の店を開くことを決定した。マットレス・ウエアハウスがそのサプライヤーとの関係終結を告げられたのはつい一週間前のことだったため、マットレスの別の供給メーカーを見つけるのに大変苦労する事態となった。マットレス・ウエアハウスのオーナーであるキンバリー・ブラウン・ノップフにとって、それは警鐘を鳴らす出来事だった。それ以後、彼女は、単一のサプライヤーを失って自社の事業が危険にさらされるのを防ぐために、サプライヤーとの関係を多角化したのである。(44)

しかし、コストやリスクが高いとき、複数の企業が連携することで、資源への依存度と破産の可能性を減らそうとする。今日のような危うい環境の下で、各企業はかつてないほどの協力体制を進めて、少ない資源を共有しつつ、グローバルな規模での競争力を強めようとしている。

だが、ほかの組織との公式の関係は、マネジャーにとってジレンマとなる。北アメリカの企業の場合、ほかの企業との関係を発展させて、資源に関する脆弱さを軽減しようとしているが、一方で、自分たちの自治と独立を最大限に得たいとも思っている。組織のつながりには調整が必要であり(45)、そのため、各組織がほかの組織のニーズや目標にかかわらず意思決定できる自由度が下がることになる。組織間の関係は、したがって、資源と独立性のどちらをとるかというジレンマを引き起こす。独立性を守るために、すでに資源を豊富に持つ組織は、新しい関係を確立しないという傾向になるだろう。資源を必要とする組織は独立をあきらめて、そうした資源を獲得しようとするだろう。

共有の経営資源に依存することは、ほかの組織にパワーを与えることである。ひとたび組織が貴重な資源のためにほかの組織に依存したならば、そうしたほかの組織はマネジメントに関する意思決定に対して影響を行使できる。

デュポン、モトローラ、ゼロックスなどの大手企業が部品のサプライヤーとのパートナーシップを築く場合、双方が利益を受けるが、双方とも独立性を若干失う。たとえば、こうした大手企業のなかには、現在、売り手にコストの引き下げを強く迫っている企業もあり、売り手はそれに従う以外に方法がほとんどないのである。[46]

同じように、共有の経営資源への依存が、印刷会社や電子メディア会社を広告業者に統制するパワーを与えている。たとえば、新聞は、ますます財務面で苦しい状態に直面するにつれて、広告主を批判する記事を載せたがらなくなっている。新聞社では、広告業者に特別な扱いをしていないと主張するが、なかには、アメリカでは「広告主にやさしい」新聞をつくる必要性があるとの噂があることを認めている編集者もいる。[47]

コンピュータ業界でいえば、マイクロソフトは非常に規模が大きく、パワーも強いので、パソコンのオペレーティング・システムについて事実上、独占状態にあり、このシステムに技術的な変更を加えるたびに、アプリケーション・ソフトのメーカーにマイナスの影響を与えている。マイクロソフトは、このパワーを乱用して、マイクロソフトとのリンクを望む中小の競争相手に圧力をかけていたとして告発されたことがある。[48]

外部の経営資源をコントロールする

資源の必要性に応えて、組織はほかの組織とのつながりと自社の独立についてバランスを維持しようと努める。ほかの組織に手を加え、あるいは操作し、あるいはコントロールして、このバランスを維持するのである。[49]生き

図表4−7　外部環境をコントロールするための組織戦略

組織間関係の構築	経営環境のドメインのコントロール
1. オーナーシップ	1. ドメインの変更
2. 契約、合弁事業	2. 政治活動、規制
3. 取締役の取り込みと相互派遣	3. 業界団体
4. 上級経営職者の採用	4. 非合法活動
5. 宣伝と広報活動	

残るために、中心となる組織が外部の経営環境に手を伸ばし、それを変え、あるいはコントロールしようとする場合が多い。

外部に存在する経営資源をコントロールするためにとられる二つの戦略がある。①経営環境内のカギとなる重要な組織と好ましい関係を確立すること、②経営環境のなかに自分のドメインを形成することである。[50] これらの戦略を遂行するための技法をまとめたのが**図表4―7**である。一般的な法則として、貴重な資源が稀少であると組織が知覚したとき、事態を放置せずに、図表4―7に示す戦略をとる。

▼組織間関係を構築する

オーナーシップ（所有権を持つ）　企業は別の会社の一部を買うとき、あるいはそれをコントロールする権益を買うとき、所有権が握れるような関係を構築する。これによって、その企業は技術や製品などの、自社が現在持っていない資源にアクセスできるようになる。コミュニケーションや情報技術産業はとりわけ複雑になって、多くの企業が世界的な規模で提携している。

オーナーシップやコントロールの程度をさらに高めるには、買収や合併という手段をとる。買収は、ある組織を別の組織が買い取って、買い取った組織がコントロールすることである。合併は、二つ以上の組織を一つにまとめることである。[51] eビジネスの世界では、USWebとCKSグループが合併してつくられた会社が、ほかの会社のインターネット部門立ち上げと運営を手助けすることによって、二億五〇〇〇万ドルあまりを稼いでいる。その顧客には、アップルやNBC、リーバイスのような会社のインターネット部門が含まれている。[52]

ミシガン州カラマズーにあるアップジョンとスウェーデンのファルマキアが合併してできたのが、ファルマキア・アンド・アップジョンである。ヒューレット・パッカードがベリフォンを買い取ったのも買収の例であり、AOLがネットスケープを買い取ったのもそうである。こうした形態のオーナーシップは、買収したほうの企業にとって重要な領域の不確実性を軽減することになる。

公式の戦略的提携　二つの企業間のビジネスライン、地理的位置、そしてスキルに高度の相補性があるとき、両社は合併や買収によるオーナーシップよりも、戦略的な提携の道をとる場合が多い。[53]そのような提携は契約や合弁事業によって形成される。

契約や合弁事業は、別の会社と法的で拘束力のある関係を結んで、不確実性を減らすものである。契約は、特定期間ある資産（たとえば新しい技術）を使用する権利を購入するといったライセンス協定や、一方の会社のアウトプットをもう一方の会社に販売することを契約する供給協定の形で行われる。契約は顧客とサプライヤーを特定の量や価格に結びつけることによって、長期の保証を与えることができる。

たとえば、マクドナルドはフライドポテトの供給を確保するために、特定品種のジャガイモの全収穫について契約している。また、マクドナルドはこうした契約によってサプライヤーに対する影響力を獲得し、農家のジャガイモの生育方法や彼らが得る利潤を変えたのだが、これは資源依存の見方と整合性を持つ。[54]

ウォルマートやKマート、トイザらス、ホームデポなどの大規模小売業はかなりの勢力を得ているので、メーカー側に対して何をどのようにつくり、どれだけ変更を加えるかなどを指示する契約を主導することができる。

たとえば、ＣＤ制作会社は「不愉快なもの」を削除する形で曲とカバーを編集し、ウォルマートの店頭に自社製品を置いてもらうようにする。ウォルマートは年間五〇〇〇万枚以上のＣＤを販売しているからである。あるメーカーの代表が言っているように、「たいていのサプライヤーはウォルマートに売り込むためならどんなことでもするだろう」[55]。

合弁事業は、親会社から公式に独立する新しい組織をつくる結果になるのだが、親会社はある程度コントロールする[56]。合弁事業では、両社が大型プロジェクトやイノベーションに伴うリスクとコストを共有する。たとえば、バーンズ・アンド・ノーブルのウェブサイトは、バーンズ・アンド・ノーブルとドイツのベルテルスマンとの合弁事業である。バーンズ・アンド・ノーブルとベルテルスマンは、それぞれ一億ドルずつを出資して、オンラインによる書籍販売の世界でアマゾンとの戦いをしていくという、この合弁事業のリスクを共有している。

取締役の取り込みと連結就任　取締役の取り込みは、経営環境内の重要なセクターのリーダーたちが、ある組織の重要な一員となったときに発生する。たとえば、影響力を持つ顧客やサプライヤーが取締会に加わるとか、ある銀行の上級役員がメーカー側の取締役として加わるという場合である。役員として、その銀行家はメーカーの利害に心理的に接近することになる。地域社会のリーダーが会社の役員やほかの組織の委員会、あるいはタスクフォースなどに任命される場合もある。こうした影響力を持つ人々は会社のニーズを目前にすることで、その会社の関心に沿って意思決定する可能性が高くなる。

取締役の連結就任は、ある会社の取締役が別の会社の取締役になるときに生じる公式の関係である。その個人が会社間のコミュニケーションの連結役となって、政策や意思決定に影響力を行使することができる。シアトルを本拠地とするテクウエーブ、アカウンティングネット、ホンクワーム・インターナショナルといった、インターネットのベンチャー企業はしばしばこの戦略を利用して、アドバイスや資源を共有し合う[57]。

一人の人間が二つの会社間の連結役になるとき、一般に直接的連結就任と呼ばれる。A社の取締役とB社の取締役が共にC社の取締役であるときに生じるのが、間接的連結就任である。彼らは互いにアクセスを持っているが、それぞれの会社に対する直接の影響力は持っていない[58]。

最近の研究によると、会社の財務資源が減少するにつれて、金融機関との直接的連結就任が増えているという。また業界が直面する財務上の不確実性は、競合する企業間の間接的連結就任の増加にもつながっている[59]。

上級経営職者の採用　上級経営職者の派遣や交流は、外部組織との好ましい関係を確立する方法となる場合が多い。たとえば、毎年、航空宇宙産業は退役した将官や国防総省の上級職を雇用している。これらの将官は国防総省内に個人的な友人を持っているので、航空宇宙会社は新しい武器システムの技術仕様、価格、期日などについてより良い情報を入手できる。また、国防総省のニーズを読み取って、防衛契約の事例をより効果的に提示することもできる。個人的な接触なしに国防上の契約を成功させることは不可能に近い。組織間に影響力とコミュニケーションのチャネルを持つことは、組織にとって財務上の不確実性や依存を減らすのに役立つ。

宣伝と広報　好ましい関係を確立するための伝統的な方法の一つは、宣伝を利用することである。組織は多額の金を使って消費者の好みに影響を与えようとする。競争の激しい消費財業界や需要の変化が進行している業界において宣伝はとりわけ重要である。ファッション業界では、かつては野暮ったいとされたJCペニーが、ロックミュージックやインターネット画像を売り物にする粋な宣伝で同社のアリゾナ・ジーンズを最高の売れ筋ブランドに変えた。最近の宣伝キャンペーンを見ると、一〇代の若者の言葉で挑発する宣伝は、「とにかくジーンズを見せてくれ」という言葉で終わっている[60]。

広報は宣伝と似通っているが、多くの場合、無料の情報提供であり、伝えられる内容が大衆の意見に狙いをつけている点だけが異なる。広報の担当者は、社外向けのスピーチ、新聞発表やテレビなどで、組織の好ましいイメージをつくる。会社のイメージを顧客やサプライヤー、政府役人の心に植えつけようとするのだ。たとえば、現代の禁煙時代に生き残りをかけて、タバコ会社は喫煙者の権利と選択の自由を伝える積極的な広報活動を始めている。

まとめ　組織はさまざまな手法を利用して少ない資源を確実に入手できる好ましい関係を確立することができる。連結関係は脆弱な環境上の要素をコントロールする力を与える。戦略的な提携、取締役の連結就任、完全なオーナーシップは経営環境についての資源依存を減らすメカニズムを提供する。ＩＢＭ、アップル、ＡＴ＆Ｔ、モトローラなどのアメリカ企業は、近年、いち早く競争関係をパートナーシップに転換させてきた。おそらく意外であろうが、日本のエレクトロニクス会社は合弁事業をはじめとする戦略的な提携への参加が遅れている。

▼経営環境のなかのドメインをコントロールする

資源を入手するために好ましい関係を確立することに加えて、組織はしばしば経営環境を変えようとする。企業が自社のドメインに影響を与え、あるいはそれを変えるために四種類の手法がある。

ドメインの変更　本章ですでに述べた一〇種類の経営環境セクターは固定的なものではない。自分たちがどのビジネスに入り、どの市場に参入するか、どのサプライヤーと銀行と従業員と場所を利用するかは、組織が決めるのであり、それがドメインとなる。このドメインは変えることができる。[61]組織は経営環境との新しい関係を求め、古い関係を捨てる。また、競争がほとんどなく、政府の規制がなく、豊富なサプライヤーや裕福な顧客がいて、競争相手を排除する障壁のあるドメインを探し求める。

事業の買収や売却も、ドメインを変える二つの技法である。カナダの「スキー・ドゥー」スノーモービルのメーカー、ボンバルディエは、七〇年代半ばのエネルギー危機によってスノーモービル業界が一掃されかねない状況になったとき、一連の買収をして自社のドメインを変えようとした。CEOのローラン・ボードインはカナダ航空やボーイングのデハビランド部門、ビジネス・ジェットのパイオニアであるリアジェット、北アイルランドのショート・ブラザースなどを買い取る交渉をして、徐々に航空宇宙産業にボンバルディエを進出させた。

ジョン・ディアは農業機械の顧客の減少に脅威を感じたため、会長でCEOを兼務するハンス・ベフラーが資源をヘルスケアや金融サービスなど、ほかのビジネスラインに振り分け直すことを始めた。こうした新しいドメインに参入したことは、ジョン・ディアが不確実な時代を切り抜けて、機械ビジネスから圧力を取り除くのに役立っている。[62] 事業を売却した例は、シアーズがコールドウエル・バンカー、オールステート、ディーン・ウィッターなどの金融サービス部門を売却してドメインの再定義をはかり、小売業に集中させた場合がそうである。

政治活動、規制　政治活動には政府の法制化や規制に影響を与える方法が含まれる。たとえば、GMは政治活動を利用して、自社のピックアップ・トラックの安全性をめぐる米国運輸省との戦いをうまく決着させた。この解決のために、GMは五年がかりの安全性プログラムに五一〇〇万ドルをかけなければならなかったが、一〇億ドルにのぼるリコールを避けることができた。[63]

組織がロビイストに金を払って連邦議員や州議会議員に意見を述べるという手法もある。テレコム業界では、新ベビー・ベルが強力なロビイストたちを雇って、ローカルの電話会社が新しい市場にアクセスできるような、新しい長距離通信法案に影響力を行使させた。[64] しかし、多くのCEOは自分たち自身でロビイ活動をすべきだと考えている。CEOはロビイストよりもたやすくアクセスできるうえに、彼らが政治活動をすれば特に効果を発揮できるからである。政治活動は非常に重要なので、「非公式のロビイスト業務」はCEOの職務記述書に書かれていない重要な役割なのである。[65]

政治戦略を活用して、新しい競争相手に対して規制の壁を築いたり、不利な法案をつぶしたりすることもできる。企業は、また、自分たちのニーズに同情的な人が省庁のポストに指名されるように働きかけようともする。

政治活動の価値を例証するのが、サン・マイクロシステムズとネットスケープが法務省を説得してマイクロソフトの分割を働きかけていた例である。マイクロソフトは独占企業としてソフトウエア業界をコントロールし、その力をインターネットへのアクセスにも拡大しようとしていたというのが彼らの主張であった。マイクロソフトが早めに政治的なロビイ活動に関心を払っていたなら、法務省の調査を受けずにすんだだろうという見方をする人たちもいる。

業界団体　外部環境に影響を及ぼす活動の多くは、同じような利害を持つほかの組織と共同でなされる。アメリカの大部分の製造会社は全米製造業者協会に所属し、それぞれの業界の連合組織にも所属している。資源をプールすることによって、これらの組織は人々に金を払って、議員へのロビイ活動や新しい規制案への働きかけ、あるいは広報活動やキャンペーンによる寄付などの活動をさせることができる。

たとえば、全米工作機器・機械業協会は、毎年ロビイ活動に二五万ドルを拠出して、課税、健康保険、政府の政令など、中小ビジネスに影響を及ぼす問題に取り組んでいる。また、同協会は加盟各社にグローバル市場での競争に役立つ統計資料や情報を提供している。[66]

非合法活動　非合法活動は、企業が自らの環境のドメインをコントロールするために、最後の手段として利用する場合もある活動である。低い収益、シニア・マネジャーからの圧力、少ない環境資源など、ある種の状況において、マネジャーがやむなく合法的と見なされない行動をとる場合もある。[67] 多くの有名企業が違法と見なされる行動で有罪とされたことがある。

そうした行動の例としては、外国政府へのわいろ、違法な政治献金、有利になることをねらっての贈答、盗聴などがある。不況時のセメント・メーカーや石油業界での激しい競争から、盗みや違法なリベートにつながったこともあった[68]。防衛産業では、主要な武器システムの契約が減ったために、内部情報を売り歩いたり、高官にわいろを贈ったりするなど、ありとあらゆる手を使って有利な地位を得ようとする企業があった[69]。

ある調査によると、需要が少なく、人員の不足やストライキなどがある業界の企業は、違法な活動をする傾向が強いことがわかり、違法な活動が資源の不足を克服するために行われることをうかがわせている[70]。また、別の研究から、「アース・ファースト!」や「AIDSとパワー解放の共闘」のような社会運動組織は、存在感を高め、名前を売り込むために非合法な、違法でさえあると見なされる活動をしてきたことが明らかとなった[71]。

▼組織と環境を統合するフレームワーク

図表4―8に示した関係は、本章で考察してきた組織と環境との関係についての重要な二つのテーマをまとめたものである。一つは、組織のドメインにおける複雑性と変化の程度が情報の必要性に影響を与え、したがって組織内で感じられる不確実性にも影響を与える、ということである。情報の不確実性が大きければ、組織構造の柔軟性を高めることと部門の数や境界をつなぐ役割を増やすことで解決される。不確実性の程度が低い場合、マネジメント構造はより機械的で、部門や境界の連結役も少なくてすむ。

もう一つは物質的、財務的資源の稀少性に関係する。組織がこうした資源についてほかの組織に依存する度合いが高ければ、そうした組織と好ましい関係を結び、あるいはドメインへの進出をコントロールすることがますます重要になる。外部資源に対する依存度が低ければ、組織は自律性を維持することが可能であり、外部との関係を確立したり、それをコントロールしたりする必要はない。

図表4－8　経営環境の特徴と組織の対策との関係

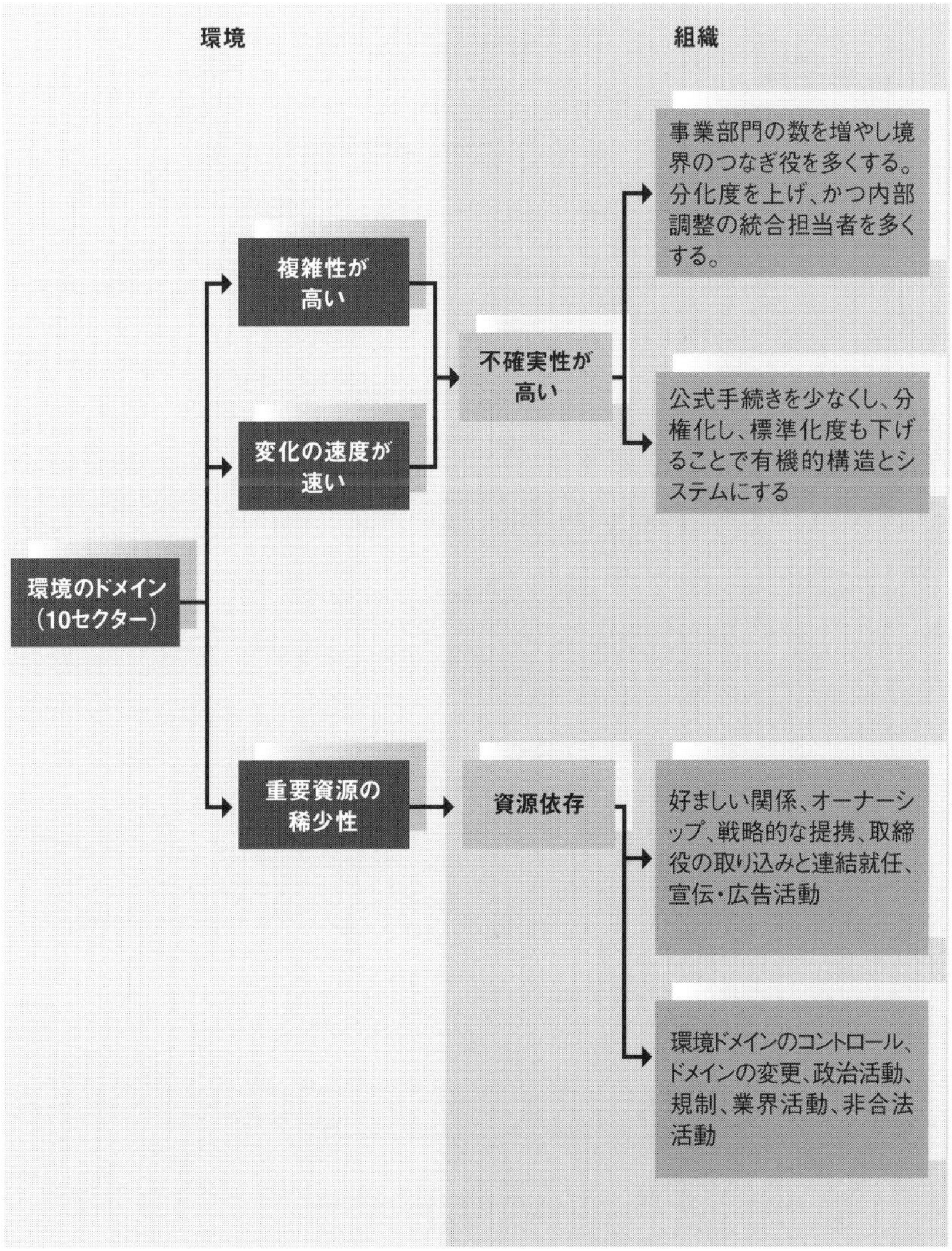
環境
組織
環境のドメイン（10セクター）
複雑性が高い
変化の速度が速い
重要資源の稀少性
不確実性が高い
資源依存
事業部門の数を増やし境界のつなぎ役を多くする。分化度を上げ、かつ内部調整の統合担当者を多くする。
公式手続きを少なくし、分権化し、標準化度も下げることで有機的構造とシステムにする
好ましい関係、オーナーシップ、戦略的な提携、取締役の取り込みと連結就任、宣伝・広告活動
環境ドメインのコントロール、ドメインの変更、政治活動、規制、業界活動、非合法活動

出典：Gerald Zaltman, Robert Duncan, Johnny Holbek, *Innovations and Organizations*
（New York, Wiley, 1973）. 131から抜粋。

▼討論課題

1. 組織環境とは何か、定義しなさい。インターネット・ベースの新しい会社にとってのタスク環境は政府の福利厚生機関のそれと同じだろうか。討論しなさい。
2. 環境の不確実性に影響を与える力として、どのようなものが考えられるか。環境の複雑性と環境の変化の、どちらが不確実性に大きな影響を与えるか。その理由は何か。
3. 環境の複雑性が組織の複雑性につながるのはなぜか。説明しなさい。
4. 今日の組織の国際セクターの重要性は何か、国内セクターと比較して考えなさい。国際セクターはあなたの都市や地域社会の組織に、どのような形で影響を与えているか。
5. 分化と統合について述べなさい。どのようなタイプの環境の不確実性のとき、分化と統合は最大となり、あるいは最小となるか。
6. 有機的組織とは何か。機械的組織とは何か。環境は有機的あるいは機械的組織構造にどのような影響を与えるか。
7. 組織はなぜ組織間関係にかかわるようになるのか。そうした関係は組織の依存性に影響を与えるか。業績への影響はどうか。
8. 組織のドメインを変えることは、環境が脅かされているとき、それを克服するのに適切な戦略となるか。説明しなさい。

第5章 製造業とサービス業の組織

本章では製造業とサービス業の技術について考え、技術が組織構造といかに関係するかを探る。技術とは、組織のインプット（物資、情報、アイデア）をアウトプット（製品とサービス）に変換するのに利用されるツール、技法、機械、行動のことである。[1] 技術は組織の生産プロセスであり、機械類だけでなく作業の手順も含まれる。

組織の持つ技術は何らかのタイプの原材料から始まる（たとえば、バルブの製造工場にある未完成の鋼鉄の鋳物）。従業員はその原材料を変化させるための行動をとり（鋼鉄の鋳物を機械加工する）、それが原材料を組織のアウトプットに変える（制御バルブとして製油所に出荷できる状態になる）。フェデラル・エクスプレス（以下フェデックス）のようなサービス会社の場合、技術は翌日配送のための設備と手順である。

図表5―1は、製造会社における生産技術の特徴を表している。技術が、原材料と、それを変えて付加価値をつける変換プロセスと、さらには環境内の消費者に販売される最終製品やサービスとで、どのように構成されているかについて、注目していただきたい。今日の大規模で複雑な組織では、どれが技術だと正確に指摘することは難しい場合もある。組織に流入してくる原材料、[2] 作業活動がどのように多様であるか、[3] 生産工程が機械化されている程度、[4] 作業の流れのなかでタスクが相互に依存する程度、[5] 新しい製品やサービスのアウトプットの数を調[6]

図表5−1　製造会社の持つ変換プロセス

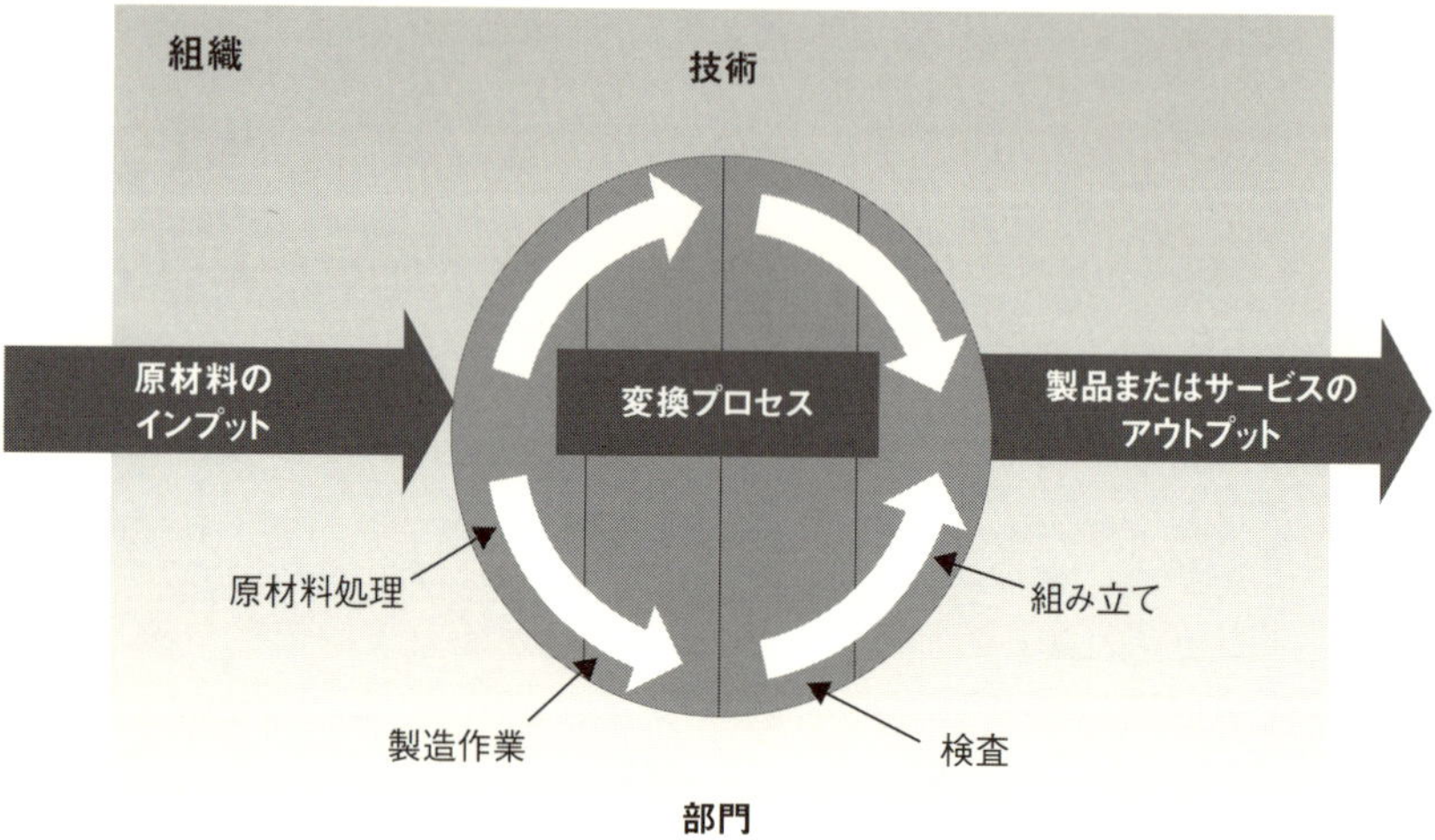

べれば、技術がどうであるかいくぶんかを理解することができる。

第1章で組織にはその主たる目的を反映するテクニカルコアがあると述べたことを思い出していただきたい。テクニカルコアには組織の技術を代表する変換プロセスが入っている。今日の組織が、変わりやすい環境のなかで柔軟性を持とうと努力しているので、新しい技術は組織の形態に影響を与えるが、組織のあり方についての意思決定も技術の形成に影響するし、また制限も加える。したがって、コアの技術と組織の構造との相互作用は、多くの組織において、一定の関係を形成している。(7)

組織は多くの事業部門から成っていて、それぞれが異なる技術を使ってそのアウトプットを生産し、事業部門の目標を達成しようとする。研究開発部門はアイデアを新製品の提案へと変え、マーケティング部門は在庫を売上げへと変えていき、その際に、それぞれが異なる技術を利用する。さらに、マネジャーが組織の運営に活用する経営技術も、もう一つの技術である。新しい情報技術は経営管理の舞台に多大な影響を与えている。

▼本章の目的

本章では、組織の持つ技術がどのようなものであるか、そして技術と組織構造との間にどのような関係があるかを探る。前章で、環境がいかに組織設計に影響を与えるかを述べた。本章で問いかける問題は「ある生産工程を取り入れた場合、それを有効にするために、組織の構造をどのように設計すべきか」ということである。通常、組織は機能に従うので、組織構造の設計は生産技術のニーズに合うようになされるべきである。

本章の残りの部分は以下のように展開する。最初に、組織全体にとって技術がいかに組織の構造と設計に影響を与えるかを検証する。この議論には製造技術とサービス技術の両方が含まれる。次に、各事業部門の技術の違いと、技術が組織のサブユニットの設計とマネジメントにいかに影響を及ぼすかを検証する。三番目に、事業部門間の相互依存性――物資や情報の流れ――が組織の構造にどのような影響を与えるかを考察する。

組織レベルでの製造技術

製造技術には、伝統的な製造プロセスとコンピュータ制御による新しい製造システムがある。

▼製造会社

ウッドワードの研究 製造技術に関して、最初に、そして最も強い影響を与えた研究は、イギリスの産業社会学者、ジョアン・ウッドワードが行ったものである。彼女の研究はエセックス南部地域の製造会社を対象としたもので、マネジメントの原則がどのように実施されているかについての現場調査から始まった。

当時（一九五〇年代）において広まっていたマネジメントの考え方は、普遍的やり方としての「管理原則」であった。その原則は、組織が有効であるために期待される「唯一最善の」処方だった。ウッドワードはまず、製造会社がどのように組織されているかを知るために、一〇〇社を実地調査した。[8] 彼女は調査チームと共に各社を訪問して、マネジャーにインタビューをし、会社の記録を調べ、製造の現場を観察した。彼女の集めたデータには、広範囲な構造の特徴（スパン・オブ・コントロール、マネジメント階層の数）やマネジメント・スタイルの特性（書面によるコミュニケーションか、口頭によるコミュニケーションか、報酬の利用の仕方はどうか）、製造プロセスのタイプが含まれていた。また、その会社の商業的な成功の度合いを示すデータも含まれていた。

ウッドワードは一つの尺度を考案し、製造プロセスの**技術的な複雑性**に従って各会社をグループ分けした。技術の複雑性は製造プロセスが機械化されている程度を表す、というのである。技術の複雑性が高いことは、作業の多くが機械でなされるということである。技術の複雑性が低いことは、労働者が生産工程で大きな役割を果たしていることを意味する。ウッドワードが考案した技術の複雑性の尺度は、もともとは**図表5―2**に示されるように一〇種の分類になっていた。彼女はそれをさらに三つの基本的な技術グループにまとめた。

グループ1：小バッチ単位での生産　このグループの会社は、顧客の特定のニーズに応える少数の注文品の製造、組み立てをするジョブショップ操業になる傾向がある。顧客別作業が通例である。

小バッチ単位での生産は、人間のオペレーターに大きく頼っている。したがって高度な機械化はされていない。ピアノを製造するスタインウェイ・アンド・サンズ（以下スタインウェイ）は小バッチ単位での生産の一例である。現在は、コンピュータ化された機械を使って、人間の手作業よりも正確に木材を切ることができるが、スタインウェイ製のピアノをつくる作業の多くは一〇〇年前とほとんど同じように熟練工の手で行われている。年間数十万台のピアノをつくり出せる競争相手と比べて、スタインウェイの熟練工は、毎年、アメリカで二五〇〇台、ドイツで二〇〇〇台のピアノを製造しているだけである。[9]

図表5−2　ウッドワードによるイギリスの会社100社の生産システム別分類

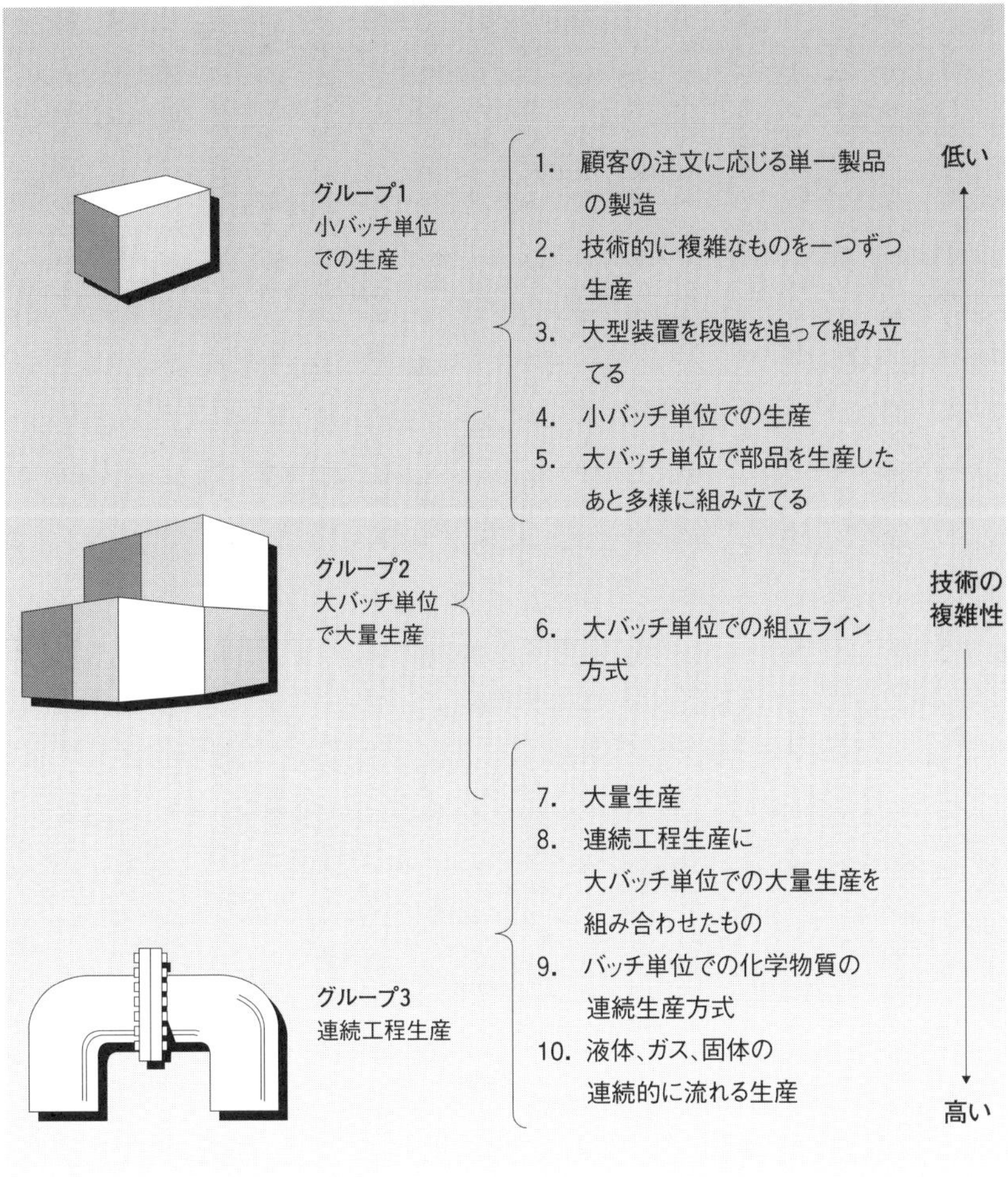

出典：Extracts from *Management and Technology* by Joan Woodward.（London, Her Majesty's Stationary Office, 1958）。© Crown copyright material is reproduced with the permission of the Controller of HMSO and Queen's Printer for Scotland.

グループ2：大バッチ単位での生産　大バッチ単位での生産は標準化された部品を長い生産ラインで製造することを特徴とする製造工程である。アウトプットはしばしば在庫へ移され、そこから出荷して注文が満たされる。その理由は、顧客がそれぞれ特別のニーズを持たないからである。この製造例としては、自動車やトレーラーホーム（トレーラー型の移動可能式住居）の組立ラインのほとんどが入る。

グループ3：連続工程生産　連続工程生産では、全工程が機械化されている。スタートもなく、止まることもない。これは組立ラインのステップをさらに一つ越えた機械化と標準化である。自動化された機械が連続工程を制御し、結果は予測できる。この例としては、化学プラント、石油精製工場、酒造所、原子力発電所などがある。

技術についてのこうした分類方法を使うことで、ウッドワードのデータはいくつかの意味をなした。たとえば、マネジメント階層の数とマネジャーの全従業員に占める比率は、技術的な複雑性が単位生産から連続工程生産へと増すにつれて、はっきりと増えている。これは技術の複雑化とともにマネジメントを強化する必要があることを示している。また直接労働と間接労働の比率が技術的な複雑性が増すにつれて減るのは、複雑な機械を支え、維持していくためにより多くの間接労働者が必要になるからである。

スパン・オブ・コントロールや公式化された手順、中央集権化といった他の特徴は、大量生産技術には多く見られ、そのほかの技術では少ない。作業が標準化されているからである。単位生産の技術と連続工程生産の技術は、機械を運転するための高度の熟練労働者と、移り変わる条件に適応するための口頭のコミュニケーションが必要である。大量生産技術は標準化され、ルーチン化されているので、例外はめったに起こらず、口頭のコミュニケーションはほとんど必要とされず、従業員の熟練度は低い。

全体的に、単位生産の技術と連続工程生産の技術におけるマネジメント・システムは第4章で定義した有機的なものである。自由な流れで適応性があり、手順は少なく標準化はあまりされていない。しかし、大量生産の場合は機械的であり、標準化された職務や公式化された手順が多い。

技術についてのウッドワードの発見は、こうして、組織構造の成り立ちにかなり新しい洞察を与えた。ウッドワード自身の言葉にあるように、「技術の違いは個人や組織に異なる種類の要求を課し、それらの要求は適正な構造と合致しなければならなかった」のである。[10]

戦略、技術、パフォーマンス　ウッドワードは、研究の別の部分で、収益性、市場シェア、株価、評判などの軸に沿って、企業の成功度を調べた。第2章で示したように、有効性の尺度は簡単ではなく、正確でもないが、ウッドワードは、各企業が戦略目的についてのパフォーマンスが平均以上か、平均か、平均以下であるかによって、その商業的な成功の度合いを示す尺度でランクづけした。

ウッドワードは組織構造と技術との関係を商業的な成功に照らして比較し、成功している企業は相互補完的な組織構造と技術を持つ場合が多いことを発見した。成功している企業の組織的な特徴の多くは、技術分類の平均に近い企業だった。平均以下の企業はその技術的な分類が示す構造的な特徴からかけ離れている傾向が見られた。もう一つ出された結論は、組織構造の特徴が有機的マネジメント・システムと機械的マネジメント・システムにまとめられると解釈できる、ということだった。小バッチ単位と連続工程生産の組織として成功しているのは有機的構造で、大量生産の組織で成功しているのは機械的構造であった。その後の調査で、彼女のこうした結果が追認されている。[11]

この結果は今日の企業にとって何を意味するのだろうか。戦略、組織構造、技術は整合されなければならず、とりわけ競争状態が変化している場合は、それが必要である。[12]いくつかのアメリカの保険会社のなかには、この業界における競争が激化しているので、戦略、組織構造、技術の整合性を見直しているＧＥＩＣＯやＵＳＡＡのような保険会社はダイレクトメールや電話による勧誘を利用し、独立の保険代理店を介することで生じるコストを避けて、急速に成長を遂げている。そのため、ステート・ファームやオールステート保険のような代理店をベースにした会社は低コストの戦略に新たな力点を置かなければならなくなり、効率重視の情報技術を採用して、コスト削減をはかり、顧客への有効なサービス提供を目指している。

もう一つの例は、ハーレムにあるマダム・アレグザンダーの人形工場である。そこでは新しい生産システムが従業員をチーム方式に再編成させる結果になった。いまでは、かつら、靴、そのほかの人形の細かい付属品を個々につくるという方法に代えて、従業員がチームで作業をして、各チームが一日におよそ三〇〇体の人形または衣装の完成品を組み立てている。(13)

戦略を支援する適正な新しい技術の採用を怠ったり、新しい技術を採用しても戦略をその技術に整合させなかったりしたのでは、乏しいパフォーマンスしか上げられない。今日のグローバルな競争の高まりは、それだけ市場の変動が激しく、製品のライフサイクルも短くなり、消費者はますます賢く、豊富な知識を手にしているということである。

こうした新たな要求に応える柔軟性を持つことが、多くの企業にとって急務の戦略的な課題となっている。(14) 柔軟性のある戦略を支える新しい技術を採用することはできる。しかし、組織の構造とマネジメント・プロセスも整合性を取り直していかなければならない。従来のままの高度で機械的な構造は柔軟性を阻害し、企業が新しい技術の恩恵を受ける妨げとなるからである。(15)

▼CIM(コンピュータによる統合生産)

ウッドワードの研究以後、年を経るうちに製造技術に新しい発展があった。ロボットや数量的に制御できる機械工具類、製品設計用のソフトウエア、エンジニアリング分析、機械の遠隔操作などの新しい製造技術が生まれたのである。その究極の技術がCIMと呼ばれるコンピュータで統合される製造方式である。(16) 先端的製造技術、アジル・マニュファクチャリング、未来の工場、スマート・ファクトリー、FMS(フレキシブル製造システム)

とも呼ばれるＣＩＭは、以前は独立していた製造用の構成要素をまとめて結びつける。その結果、ロボット、機械、製品設計、エンジニアリング分析が一台のコンピュータで統合され調整されるのである。

その結果、すでに工場の現場を革命的に変えた。大規模な工場が低コストで大量生産を行い、広範な注文製品を出荷することができるようになった[17]。また、ＣＩＭによって、小規模の企業も大規模な工場や低コストの外国の競争相手と対等に伍していけるようにもなった。

ニューヨークにある小さな製造会社、テクニットは、八〇〇万ドル相当のコンピュータ化された編み機などの装置を使って、極東の低コストのセーター・メーカーとの競争をうまく戦っている。セーターのデザイン作業は、かつては二日かかったのが、いまでは二時間で仕上げることができる。編み機は二四時間稼働することで、一週間に六万着のセーターを編み上げる。テクニットは外国の競争相手よりも速く顧客の注文を満たすことができるようになった[18]。

ＣＩＭは次の三つのサブコンポーネントの成果である。

ＣＡＤ（コンピュータ支援によるデザイン）　コンピュータを利用して新しい部品の製図、設計、エンジニアリングを行う。設計者は自分のコンピュータを活用して、画面上に特定の構造を、三次元やコンポーネントの細部も含めて描き出す。数百種類の設計の選択肢を探ることができ、原寸の拡大版や縮小版も描き出すことができる[19]。

ＣＡＭ（コンピュータ支援による製造）　材料の処理、加工、生産、組み立てにコンピュータ制御の機械を使うことによって、各部の製造スピードが大幅に増進した。また、それまでは生産ラインは一製品ずつ製造していたのが、ＣＡＭを利用して、コンピュータに内蔵された作業手順磁気テープやソフトウエアを変えれば、同一の生産ラインをほかのどんな製品用にもすぐに変更することができる。さらに、同じ生産ラインで製品のデザインと組み合わせ方に対して顧客から変更要求が出されても、速やかに応えることもできる[20]。

統合された情報ネットワーク コンピュータ・システムが、会計、購買、マーケティング、在庫管理、設計、生産など、工場のあらゆる面を結びつけている。このシステムによって、共通のデータや情報ベースをもとに、マネジャーによる意思決定や製造工程の指示を真に統合された方法で行うことができる。

ＣＡＤ、ＣＡＭ、統合された情報ネットワークの組み合わせは、最高レベルのＣＩＭである。新製品をコンピュータで設計して、試作モデルを人間の手を借りずに生産することができる。理想的な工場は一つの製品から別の製品にすばやく切り替えることができ、より速く、より正確に、しかもペーパーワークや帳簿つけをせずに、仕事を進めて、ひたすらシステムに任せておくことができる。[21]

企業はエンジニアリング・デザイン部門にＣＡＤを入れることができるし、生産部門にＣＡＭを採用することもできる。そうすることで能率と品質面でかなりの改善をはかることができる。しかし、同時にこれら三つの要素を真に先端的な工場に持ち込んだときの結果は、息を呑むばかりである。ゼロックス、テキサス・インスツルメンツ、ヒューレット・パッカード、ボーイングなどの企業が先端を切っている。

これまでで最大の双発エンジンを備えたボーイングの七七七型機は、「ペーパーレス」ジェット機第一号と呼ばれてきた。同社は航空機の設計にあたって、八台のＩＢＭ製メインフレーム・コンピュータを活用することで、最終的には三兆五〇〇〇億ビットの情報を処理した二二〇〇台のワークステーションを支えた。デジタル・デザイン・システムは人間の手による過失の可能性を減らし、エンジニアリングの変更とコンポーネントの不具合によるやり直しを、従来の航空機プロジェクトの場合よりも、五〇％以上減らすことに成功した。[22]

この超先端的なシステムは一部ずつ導入されていくものではない。ＣＩＭは、すべての部品が相互に依存しながら使われるとき、品質、顧客サービス、コスト削減を一挙に最終レベルにまで改善することができる。ＣＩＭと柔軟な作業工程との統合によって、製造の姿は一変している。製造の未来へつながる波は**マス・カスタマイゼ**

ーションと呼ばれる方法であり、これによって工場は、顧客の仕様をもとに正確に設計した製品を大量生産することができる。

今日、我々は自分の欲しいとおりの仕様に合わせて組み立てられたコンピュータや、自分の体に合わせたジーンズ、自分の顔にぴったり合って、しかも顔を引き立たせるようにつくられた眼鏡、自分が選んだ曲を入れたCD、自分が希望するビタミンやミネラルを正確にブレンドした薬を買うことができる。

たとえば、アクミンは、インターネット・ベースの会社で、顧客の指示に従ってビタミン、ハーブ、ミネラルを調合し、九五種類の成分を三~五個の錠剤につくる。また、カスタム・フットの店では、顧客が形、色、材料などの要素を織り交ぜて、靴をデザインする。ハイテクのコンピュータ・スキャナーで顧客の足を測り、完璧な注文がイタリアのフィレンツェにある本社にモデムで送られる。およそ三週間で靴が出来あがり、しかもそのコストは店頭で販売されるプレミアム・ブランドよりもかなり低いレベルですむ[23]。

自動車でさえマス・カスタマイゼーションに向かっており、BMWがヨーロッパで販売する車の六〇%は注文に応じてつくられている[24]。これまでのところ、アメリカの顧客の多くは顧客の注文に合わせた車両の製造に数カ月ほど待たなければならないので、あまり気乗りしていないようだが、業界のリーダーのなかには、近い将来、わずか三日で注文に合わせた車をつくれる日が来ると思っている人たちもいる[25]。

パフォーマンス　CIMの途方もない利点は、大きさやタイプ、顧客の要求条件の異なる製品が組立ライン上で自由に交錯していることである。部品に印字されたバーコードによって、生産ラインのスピードを遅くしないでも、機械が即座に変更を加える——たとえば、異なる場所に大きいサイズのネジをつける——ことができるようになっている。

今日の製造会社は、**図表5—3**に示すように、無限のバッチサイズで無限に多様な製品をつくり出すことができる。ウッドワードが調査した伝統的な製造システムでは、選択肢はこの図の対角線上のものに限られていた。小バッチでは製品の融通性が高く、顧客の注文に応じやすかったが、注文に合わせた製品には「職人芸」がかかわっていたので、バッチサイズは小さくせざるをえなかった。大量生産では大バッチサイズが可能だったが、製品の融通性は限られていた。連続工程生産は単一の標準製品ならば無限の数量を製造することができた。

ＣＩＭによって、工場がこうした制約を自由に打ち破って、バッチサイズも製品の融通性も同時に高めることができるようになった。その究極のレベルに達したとき、ＣＩＭはマス・カスタマイゼーションを可能にさせ、個々の特定の製品を顧客の仕様に合わせることができるのである。

こうした高レベルのＣＩＭの利用が「コンピュータ支援による職人的技術」と呼ばれているのは、コンピュータが各製品を顧客の正確なニーズに合わせることができるからである。[26] インターネットは、マス・カスタマイゼーションに向けて重要な役割を演じている。それというのも、インターネットによって、企業は個々の顧客と綿密な連絡をとりつづけ、顧客の注文を工場の装置の利用や供給条件にすばやく簡単に調整できるからである。

さまざまな研究の結果から、ＣＩＭによって機械の利用は効率的になり、労働者の生産性は向上し、スクラップレート（仕損じ率）は減少する一方、製品の多様化と顧客の満足度は増大したことがうかがえる。[27] アメリカの製造会社の多くは工場をつくり直して、ＣＩＭと関連するマネジメント・システムを活用し、生産性の向上を目指している。

組織構造への意味あい　ＣＩＭと組織の特徴との関係についての研究が発表されており、ここでその関係のパターンを**図表5―4**に示す。伝統的な大量生産技術と比べて、ＣＩＭのスパン・オブ・コントロールは狭く、階層構造は低く、タスクの適応性は高く、特化は少ない。権限は分散化され、全体的な特徴は有機的で自治的である。従業員はチームワークで作業を進める技能を必要とされ、トレーニングは幅広く（したがって、従業員はあ

図表5−3　CIM技術と伝統的技術の関係

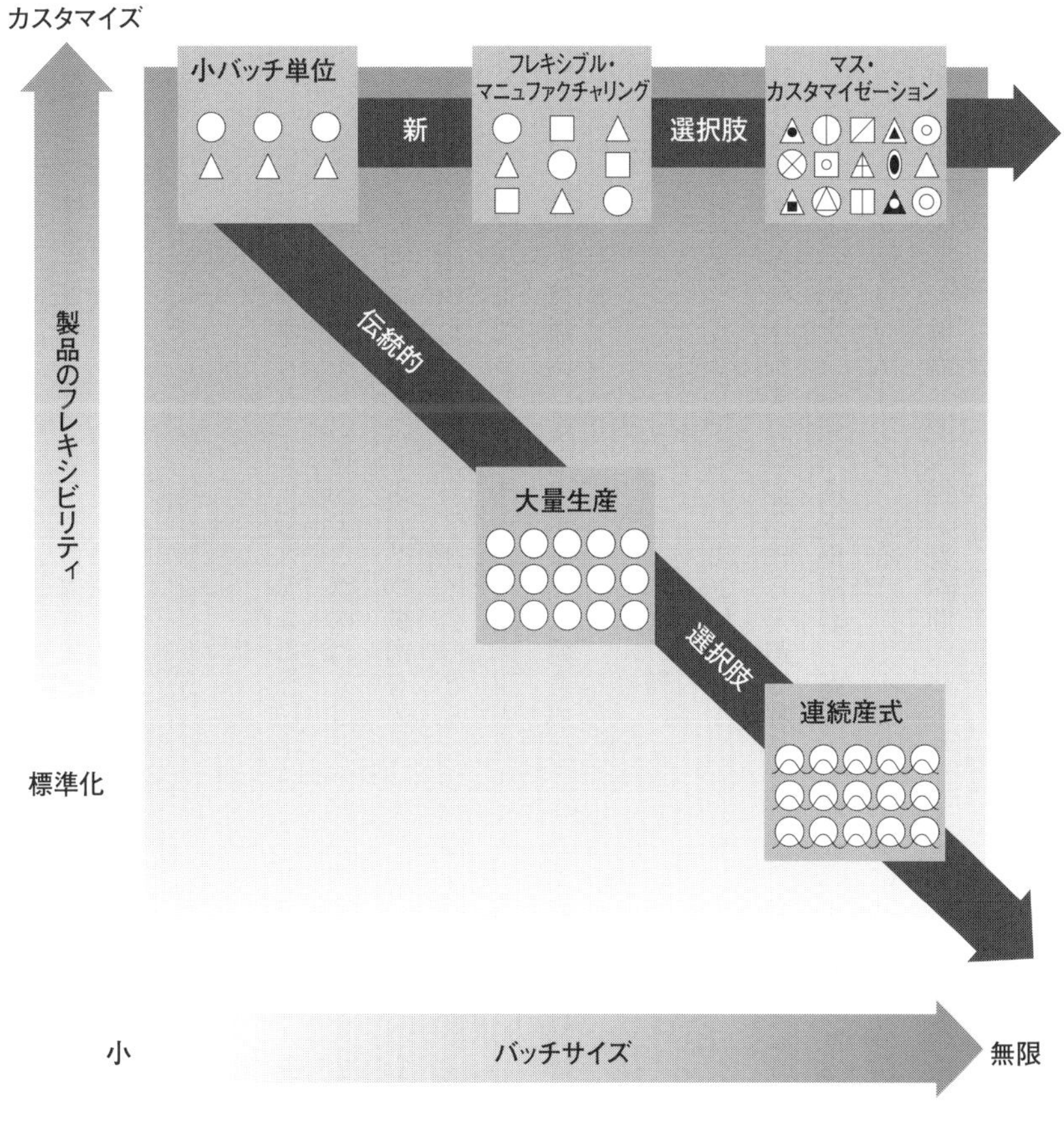

出典:Jack Meredith, "The Strategic Advantage of New Manufacturing Technologies for Small Firms," *Strategic Management Journal* 8 (1987): 249-58; Paul Adler, "Managing Flexible Automation," *California Management Review* (Spring 1988): 34-56; および Otis Port, "Customer-made Direct from the Plant," *Business Week* /21st Century Capitalism, 18 November 1994, 158-59 に基づく。

図表5−4　大量生産およびCIMに伴う組織の特徴の比較

特徴	大量生産	ＣＩＭ
構造		
スパン・オブ・コントロール	広い	狭い
階層構造のレベル数	多い	少ない
タスク	ルーチン、繰り返し	適応性が高い、職人芸
特化の程度	高い	低い
意思決定	中央集権化	分権化
組織全体	官僚的、機械的	自治的、有機的
人的資源		
相互作用	独立	チームワーク
トレーニング	狭い範囲、一度だけ	幅広く、頻繁
専門性	手作業、技能的	認知的、社会的 問題解決

出典：Patricia L Nemetz & Louis W. Fry, “Flexible Manufacturing Organization;Implications for Strategy for Formulation and Organization Design” *Academy of Management Review* 13（1988）. 627-38および Paul S. Adler, “Managing Flexible Automation” *California Management Review*（Spring 1988）. 34-56 およびJeremy Main, “Manufacturing the Right Way” *Fortune*, 21 May 1990. 54-64に基づく。

まり専門化されすぎない）頻繁に行われる（従業員が最新の技術を身につけるため）。専門性は認知スキル的になる傾向があるので、従業員は抽象的なアイデアを処理し、問題を解決することができる。ＣＩＭを利用する企業の組織間関係は、顧客の要求が変わりやすいこと――それらの要求はＣＩＭで容易に処理できる――と、最高品質の原材料を提供する少数のサプライヤーとの緊密な関係が特徴になっている[28]。

技術だけでは、組織に対して柔軟性、品質、生産増大、顧客の高い満足度という利点を与えることができない。研究の結果、ＣＩＭは、組織構造とマネジメント・プロセスを、この新しい技術を有利に活用できるように設計し直さなければ、競争上の優位性どころか競争上の重荷になりうることを示唆している[29]。しかし、トップ・マネジャーが従業員に権限を委譲して、学習と知識を生み出す環境を支援する新しい構造とプロセスの実施に熱意を傾ければ、ＣＩＭは組織の競争力を高めるのに役立つのである。

組織レベルでのサービス技術

組織の持つ技術にとっての最大の変化はサービスセクターの伸びである。製造業に雇用されている労働者の割合は、アメリカのみならず、カナダ、フランス、ドイツ、イギリス、スウェーデンでも減少している。アメリカでは、サービス業は国内総生産の七四%を生み、全職種の七九%を占めている。[30]サービス技術は製造技術とは異なるので、特別の組織構造が必要となる。

▼サービス会社

定義　製造業の組織はその主たる目的を製品の生産によって達成するのに対して、サービス業の組織はその主目的を教育、ヘルスケア、輸送、銀行業、接客などのサービスを生み出し、提供することによって達成する。サービス業組織についての研究はサービス技術という独特の領域に焦点をあててきた。

図表5―5で、サービス技術の特徴と製造技術の特徴を比較している。両者の最も明白な違いは、サービス技術は、製造会社が生産する冷蔵庫のような有形の製品ではなく無形のアウトプットを産出することだ。サービスは抽象的なものであり、物理的な製品よりも知識やアイデアから成っている場合が多い。したがって、製造業者の製品は在庫してあとで販売することができるが、サービスは生産と消費が同時であることが特徴である。

たとえば、クライアントは医師や弁護士と会い、生徒と先生は教室に一緒に入る。サービスは無形のものであり、顧客に要求されるまで存在しない。蓄えたり、在庫したり、最終製品として眺めることができない。サービスは生産されてすぐに消費されなければ、消えてしまう。[31]これは、つまり、サービス会社は労働集約的で知識集

図表5−5　製造技術とサービス技術との違い

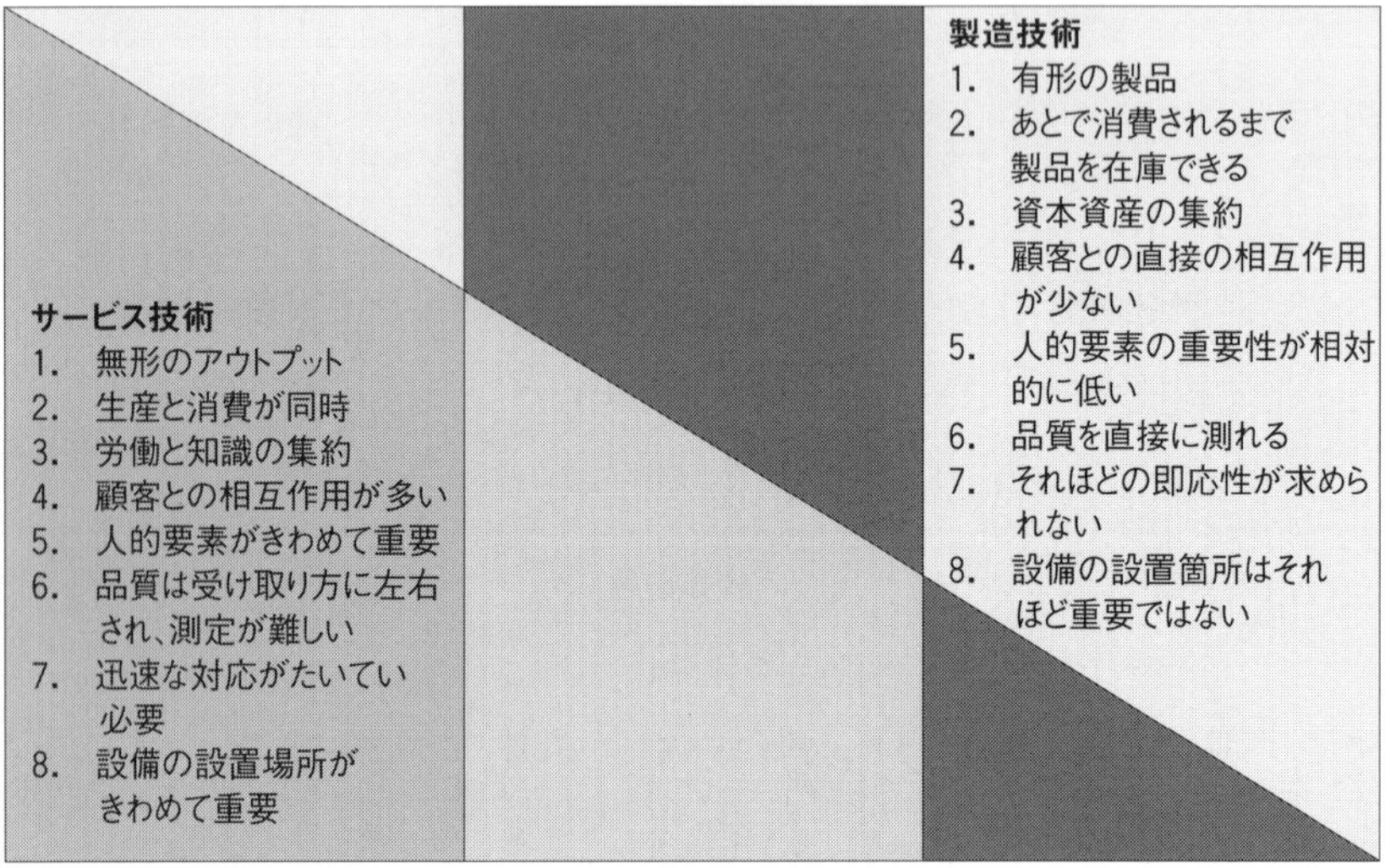
製造技術
1. 有形の製品
2. あとで消費されるまで製品を在庫できる
3. 資本資産の集約
4. 顧客との直接の相互作用が少ない
5. 人的要素の重要性が相対的に低い
6. 品質を直接に測れる
7. それほどの即応性が求められない
8. 設備の設置箇所はそれほど重要ではない
サービス技術
1. 無形のアウトプット
2. 生産と消費が同時
3. 労働と知識の集約
4. 顧客との相互作用が多い
5. 人的要素がきわめて重要
6. 品質は受け取り方に左右され、測定が難しい
7. 迅速な対応がたいてい必要
8. 設備の設置場所がきわめて重要

サービス	製品とサービスの混在	製品
航空会社	ファストフード店舗	清涼飲料会社
ホテル	化粧品	製鉄会社
コンサルタント	不動産	自動車メーカー
ヘルスケア	株式仲買人	鉱山会社
法律事務所	小売業	食品加工工場

出典：F. F. Reichheld & W. E. Sasser. Jr., "Zero Defections: Quality Comes to Service" *Harvard Business Review* 68 (September-October 1990). 105-11（邦訳「サービス産業のZD運動」ダイヤモンド・ハーバード・ビジネス 1990年1月号）および David Bowen, Caren Siehl & Benjamin Schneider, "A Framework for Analyzing Customer Service Orientations in Manufacturing." Academy of Management Review 14 (1989). 75-95に基づく。

約的だということであり、顧客のニーズをかなえるために多くの従業員が必要とされる。一方、製造会社は資本集約的な傾向が強く、大量生産や連続工程生産、あるいは先端的な製造技術に頼っている[32]。

サービス業では、顧客と従業員との直接の相互作用が一般的に多いのに対して、製造会社のテクニカルコアでは、従業員と顧客との直接の相互作用はほとんどない。この直接の相互作用ということは、サービス会社では人的要素（従業員）がきわめて重要になる、ということである。たいていの人は自分の車をつくった労働者と出会うことはないのに対して、自分にスバルやポンティアック・グランダムを販売した販売員とは直接に相互作用をする。

販売員から受けた扱い――あるいは医師や弁護士や美容師から受けた扱い――は、受けたサービスについてのとらえ方や顧客の満足度に影響を与える。サービスの品質は認知されるが、直接に測定したり、製品の品質を比べたりする場合のようにはいかない。サービスは顧客がそれを望み、必要とするときに施されなければならない。

迅速な対応時間である。サービスは顧客がそれを望み、必要とするときに施されなければならない。友人を夕食につれていったとき、席についてタイムリーなサービスをしてもらいたいと思うだろう。接客係やマネジャーから、もう少し座席にゆとりのある明日に出直してきてほしいと言われたら、あまり満足できないだろう。

サービス技術を定義する最後の特徴は、製造業の場合よりも場所の選定がはるかに重要だということである。サービスは無形なので、顧客がサービスをしてほしい場所にそのサービスが存在しなければならない。だからサービス業は各地に分散され、地理的に顧客に近い場所にある。たとえば、ファストフードのフランチャイズ店は、さまざまな地域の地元に出店させている場合が多い。中規模の町であっても、顧客が望むところでサービスを提供するために、マクドナルドの大きな店が一軒あるというより、二軒以上あるのが典型である。

現実に、サービス業や製造業の特徴を一〇〇％反映する組織を見つけることは難しい。製造業の特徴を備えたサービス会社もあれば、その反対の例もある。多くの製造会社は差別化して、競争力を持たせるために、顧客サービスに重点を置く。それがＣＩＭの利用が増えている理由の一つでもある。加えて、製造会社には、購買、人事、マーケティングなど、サービス技術に基づく部門がある。

一方、ガソリンスタンドや株式仲買人、小売店、ファストフードの店などの組織は、製品の提供が取引の重要な部分であるにもかかわらず、サービスセクターに属する。組織の大多数は製品とサービスの組み合わせたものにかかわっている。重要なことは、どんな組織も図表５―５に示した製造業とサービス業の両方の特徴を含む連続体に沿って分類される、ということである。

サービス業の新しい方向　サービス会社は常に注文に合わせたアウトプットを提供する傾向がある――つまり、一人ひとりの顧客が望み、必要とするサービスを正確に提供しようとしてきたのである。たとえば、美容院へ行ったとき、美容師がそれまでの三人の顧客にしていたのと同じスタイルであなたに自動的にカットするようなことは、まずないだろう。美容師はあなたの髪をあなたの要望に沿ってカットする。しかし、製造業に革命をもたらしたマス・カスタマイゼーションへの傾向は、サービス業にも重要な影響を与えている。顧客がいわゆる良いサービスなるものを期待する度合いが高まっているからである[33]。

リッツ・カールトン・ホテルや保険と金融サービスの会社ＵＳＡＡ、ウエールズ・ファーゴ銀行などのサービス会社は新しい技術を使って、顧客にまた来てもらうようにしている。各地のリッツ・カールトン・ホテルすべてが五〇万人の顧客の好みをリストアップしたデータベースで結ばれていて、どこのフロント係やメッセンジャーボーイも客の好みのワインは何か、羽毛の枕にアレルギーがあるかどうか、部屋にエクストラ・タオルを何枚用意すればよいのか、すぐにわかるようになっている。ウエールズ・ファーゴでは、顧客がインターネットで申し込みをして、その客のために特別組み立てられたローンについて即断できるようになっている[34]。

図表5−6　サービス組織と製品製造組織との形態上および構造上の特徴の対比

構造	サービス	製品製造
1.　別個の境界橋渡し役	少ない	多い
2.　地理的な分散	多い	少ない
3.　意思決定	分権化	中央集権化
4.　書面による手順	少ない	多い
人事面		
1.　従業員のスキルレベル	高い	低い
2.　スキルの重点	対人関係	技術的

▼サービス組織を設計する

組織構造やコントロール・システムに明らかな影響を与えるサービス技術の特徴は、テクニカルコアの従業員を顧客に近づける必要性を示しているのであり[35]、顧客との接触の必要性から生じるサービス組織と製品製造の組織との違いをまとめたのが**図表5−6**である。

顧客との接触が組織の構造に及ぼす影響は、バウンダリー（組織境界）の橋渡し役や分散型の組織構造に反映される[36]。顧客を処理し、テクニカルコアにとっての混乱を減らすために、境界の橋渡し役が広範囲に活用されている。これがサービス会社ではあまり利用されない。それはサービスが無形の商品であり、橋渡し役が単にサービスを手渡しするわけにはいかないからである。したがって、医師や仲買人などの専門技術者がサービス顧客と直接に相互作用をしなければならない。

サービス会社は情報や無形のアウトプットを扱うのであり、大規模にする必要はない。最大の経済性を達成するには、顧客の近くに配置できる小さな組織単位に分割すればよいのである。株式仲買人、医師の診療所、コンサルティング会社、銀行はその施設を地域のオフィスに分散させる。タコ・ベルなど、ファストフードのチェーン店のなかには、こうした措置をさらに進めて、チキン・タコスやビーン・ブリートを人が集まるどこででも――空港、スーパーマーケット、大学のキャンパス、街角――販売している例がある。これに対して、製造会社は操業の場を原材料と労働力を利用できる単一の地域に集合させる。大手の製造会社は高価な機械と長い製造ラインから得られる経済性の利点を生かしている。

サービス技術は、組織に支持を与え、コントロールするのに利用される内部組織の特徴にも影響を与える。たとえば、テクニカルコアの従業員のスキルはほかよりも高度でなければならない。これらの従業員は、単一の機械的なタスクを行うだけというよりも、顧客の問題を処理するだけの十分な知識と自覚を必要とする。従業員に意思決定をするための知識と自由を与えて、顧客を満足させるのに必要なことを何でもやらせているサービス会社もある。

反面、マクドナルドなどのように、顧客サービスのための規則と手順を決めているサービス会社もある。だが、いずれにしろ、サービス業の従業員には技術的なスキルのみならず、社会的スキルや対人スキルが必要である。[37] スキルも構造も高度に分散されているので、サービス会社における意思決定は分散化して、文書化された手順の程度は低くなる。タコ・ベルの店舗の多くはマネジャーを置かずに営業することを前提としている。自律的なチームが在庫管理、スケジュールの調整、供給品の発注、新人の研修を行っている。

サービス技術がどのようなものであるかを理解することは、マネジャーにとって、伝統的な製造技術用のものとは大きく異なる戦略と構造とマネジメント・プロセスを整合させていく助けになる。加えて、すでに述べたように、製造会社はサービスに以前よりも重点を置いているので、マネジャーはここに述べたコンセプトやアイデアを活用して自分の製造会社のサービス志向を強化することができる。

ここで技術のもう一つの観点、すなわち、特定の組織の部門内における生産活動の観点に目を転じよう。ある事業部門はサービス技術の特徴と似通った特徴を備え、組織内のほかの事業部門にサービスを提供する場合が多いのである。

事業部門の技術

この項は、必ずしもテクニカルコア内にあるとは限らない事業部門についての技術を考える。組織内の各事業部門には明確な技術から成る生産工程がある。GMには、エンジニアリング、研究開発、人事、宣伝、品質管理、財務のほか、数多くの機能的な事業部門がある。本項では、それらの部門の技術がどのようなものであり、部門の組織の構造とどのような関係を持つかを分析する。

事業部門の技術についての理解に最大の影響を及ぼすフレームワークを考えたのはチャールズ・ペローである[38]。ペローのフレームワークは幅広い技術について活用されており、事業部門の活動の研究にとって理想的なものとなっている。

▼バラエティ

ペローは組織の構造とプロセスに関係する二つの次元で部門活動を特定した。第一は例外的な仕事の数である。これはタスクの**バラエティ**であり、インプットをアウトプットに転換するプロセスで生じる予想外で目新しい出来事の頻度である。個人が予想外の事態や頻発する問題に何度も遭遇するとき、バラエティが多いと考えられる。問題がほとんどない場合、あるいは日常の職務の必要条件が反復されるとき、技術のバラエティはほとんどない。事業部門内のバラエティの範囲は、組立ラインの場合のように一つの行為が繰り返される場合から、一連の無関係の問題やプロジェクトについて作業する場合まで、さまざまである。

▼分析の可能性

第二の次元は、作業活動が**分析可能**かどうかにかかわるものである。変換のプロセスが分析可能なとき、作業は機械的な手順で進められ、参加者は客観的で計算できる手順に従って問題を解決できる。問題を解決する際は、インストラクションやマニュアルなどの標準的な手順やテキストブックやハンドブックの技術的な知識を活用することになる。

一方、分析できない作業もある。問題が生じたとき、正しい解決策を特定するのが難しいのだ。何をすべきかを教えてくれる技術や手順の蓄積もない。問題の原因や解決法が明確でなく、したがって、従業員は積み重ねた経験や直感、判断力に頼るしかない。最終的な解決策は、知恵や経験の結晶である場合が多く、標準的な手順の結果ではない。スタインウェイの調律師であるフィリッポス・プウロスは分析不可能な技術を持っている。調律師はピアノのそれぞれの鍵盤を慎重にチェックして、スタインウェイの正しい音を必ず出せるようにする。[39] こうした品質管理のタスクには長年の経験と実践が必要である。標準的な手順では仕事のやり方を教えられないのである。

▼フレームワーク

ペローのフレームワークに基づく部門技術の二つの次元と部門活動の例を**図表5―7**に示した。バラエティと分析の可能性という次元が技術の四つの主要分類の基礎をなしている。すなわち、ルーチン化されたもの、職人的なもの、エンジニアリング、ルーチン化されていないものである。

ルーチン化された技術ではタスクのバラエティがほとんどなく、客観的で計算処理の可能なプロセスを使用することが特徴である。タスクは公式化され、標準化されている。自動車の組立ラインや銀行の金銭出納窓口業務がその例である。

図表5−7　事業部門の技術のフレームワーク

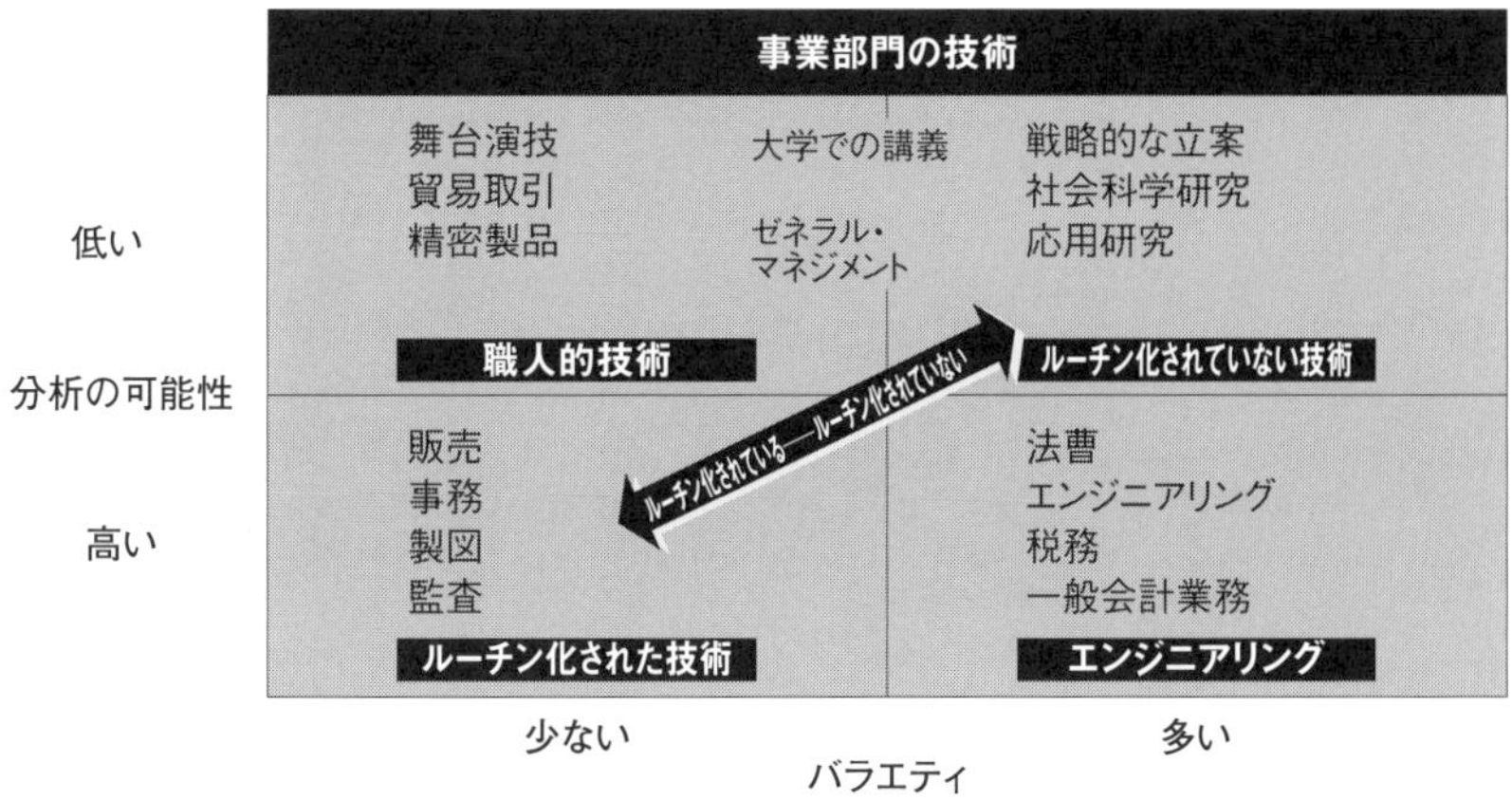

出典:Richard Daft & Norman Macintosh, "A New Approach to Design and Use of Management Information" *California Management Review* 21(1978). 82-92. Copyright ©1978, by The Regents of the Unibersity of California. Reprinted from the California Management Review, Vol. 21, No. 1. By permission of The Regents.

職人的技術は活動の流れがかなり安定していることが特徴であるが、インプットからアウトプットへの変換プロセスは分析不可能で、よくわからない。しかしその仕事には集中的なトレーニングと経験が必要である。なぜなら、作業者は知恵と直感と経験をもとに無形の要素に対応することになるからである。機械技術の進歩によって、組織における職人的技術の数は減ったように思えるが、少数の職人的技術はいまなお残っている。

たとえば、鋼鉄炉の技師はいまなお勘と経験を頼りに鋼鉄を混合しているし、アパレル会社の型紙の製作者はデザイナーの大雑把なスケッチを販売に適したアパレル商品に変え、石油やガスの採掘者は自分の頭の中にある予知能力を使って、どこの場所で高額の費用を使って掘削を行うべきかを判断する。

エンジニアリング技術は、遂行されるタスクにかなりのバラエティがあるので、複雑になりがちである。しかし、さまざまな活動は、通常、確立された形式、手順、技能をもとに処理される。従業員は問題を処理するのに、十分に体系化された知識を頼りにする。エンジニアリングと会計のタスクがたいていこの範疇に入る。

ルーチン化されていない技術にはかなりの業務のバラエティがあり、変換のプロセスは分析できず、十分に理解することはできない。ルーチン化されていない技術の場合、問題や活動の分析にかなりの努力が向けられる。受け入れ可能な同じような選択肢をいくつか見つけることも多い。経験や技術的な知識を駆使して問題を解決し、仕事を行う。基礎研究、戦略的な立案をはじめ、新しいプロジェクトや予期しない問題にかかわる仕事がルーチン化されていない技術の例である。

ルーチン化された技術とルーチン化されていない技術　図表5―7は、一つの技術領域のなかにバラエティと分析可能性が相関して存在している場合があることを示している。この領域は「ルーチン化された技術とルーチン化されていない技術」と呼ばれ、図表5―7の斜め矢印部分にあたる。分析可能性とバラエティの領域は事業部門内で相互に関係している場合が多い。ということは、バラエティの多い技術は分析の可能性が低くなりがちで、バラエティの少ない技術は分析可能になりやすい、ということである。

バラエティと分析可能性の両方を統合する「ルーチン化されている・ルーチン化されていない」の単一次元にのっとって、事業部門を評価することが可能である。この方法は事業部門のその技術を分析する手近で便利な方法である。

以下に示す問いは、図表5―7のペローによる技術のフレームワークにおいて事業部門の技術の位置を分析する方法を示すものである。(40)従業員は通常、各質問に対して七点尺度で答えることになる。

バラエティ

1．その仕事はどの程度ルーチン化されているといえるか。
2．この部署のほぼ全員がたいていの時間に同じやり方でほとんど同じ仕事をしているか。
3．部署のメンバーはそれぞれの仕事をする際に繰り返し作業をしているか。

分析の可能性

1. 通常、遭遇する主な仕事を行うのに、はっきりとわかっている方法がどの程度あるか。
2. その仕事をする際に、よくわかる一連の手順はどの程度あるか。
3. その仕事をするために、確立された手順や慣行をどの程度頼りにすることができるか。

ここに挙げた質問に対する答えで、分析可能性についての得点が高く、バラエティの得点が低ければ、その事業部門の技術はルーチン化されたものであろう。これと反対の結果になれば、その技術はルーチン化されていないことになる。バラエティが少なく、分析の可能性も低ければ、職人的技術であることを示唆し、バラエティも分析の可能性も高ければ、エンジニアリング技術であることを示唆する。実際問題として、多くの事業部門は斜め矢印のどこかに当てはまり、ルーチン化されているか、されていないかの特徴は容易に判断できる。

事業部門の組織の設計

事業部門の技術の性質が特定されたなら、それに適した組織の構造を決めることができる。事業部門の技術は、従業員のスキルレベル、公式度、コミュニケーションのパターンなどの、部門の特徴と関連する傾向がある。組織の技術と構造の関係に明白なパターンが存在し、それが事業部門のパフォーマンスとも関係してくる[41]。事業部門の技術と、そのほかの部門領域とのカギを握る関係について、この項に述べたことをまとめたのが、**図表5―8**である。

事業部門の全体的な組織構造は有機的か、機械的か、どちらかの特徴を持つ。ルーチン化された技術は機械的な構造やプロセスと関連し、公式の規則と厳格なマネジメント・プロセスを持つ。ルーチン化されていない技術は有機的な構造と関連し、その事業部門のマネジメントには融通性と柔軟性がある。公式化された手順、中央集権化、従業員のスキルレベル、スパン・オブ・コントロール、コミュニケーション、調整といった、明確な設計上の特徴は、その作業単位の技術に左右される。

1．公式化された手順　ルーチン化された技術は、公式の規則や手順で統治される小さな業務への標準化と分業が特徴である。ルーチン化されていないタスクの場合、構造が形式化、標準化される度合いが低い。研究部門のように、バラエティが多いとき、公式の手順でカバーされる活動はほとんどない[42]。

2．分権化　ルーチン化された技術では、タスク活動についての意思決定のほとんどがマネジメントに集中される[43]。エンジニアリング技術の場合、技術訓練を受けた従業員はそれなりの意思決定の権限を手にする傾向がある。タスクを遂行するのに、技術的な知識が重要だからである。生産部門で長い経験を持つ従業員は、問題に対処する方法を知っているので、職人的技術に関する意思決定の権限を手にしている。多くの意思決定が従業員によって行われる非ルーチンの場合、従業員への分権化は最も大きくなる。

3．作業者のスキルレベル　ルーチン化された技術の作業スタッフは、教育や経験をあまり必要とされないのがふつうである。繰り返しの作業が、そのまま経験となっていくからである。バラエティが多くなる部門では、スタッフに熟練技能が要求され、技術の専門学校や大学で公式の教育を受けている者が多い。分析の可能性が低い職人的技術のトレーニングは、職務経験を通じて培われる傾向が強い。ルーチン化されていない活動には公式の教育と職務経験の両方が必要である[44]。

4．スパン・オブ・コントロール　スパン・オブ・コントロールは、一人のマネジャーや監督者に直属する従

図表5−8　事業部門の技術と組織構造上およびマネジメント上の特徴との関係

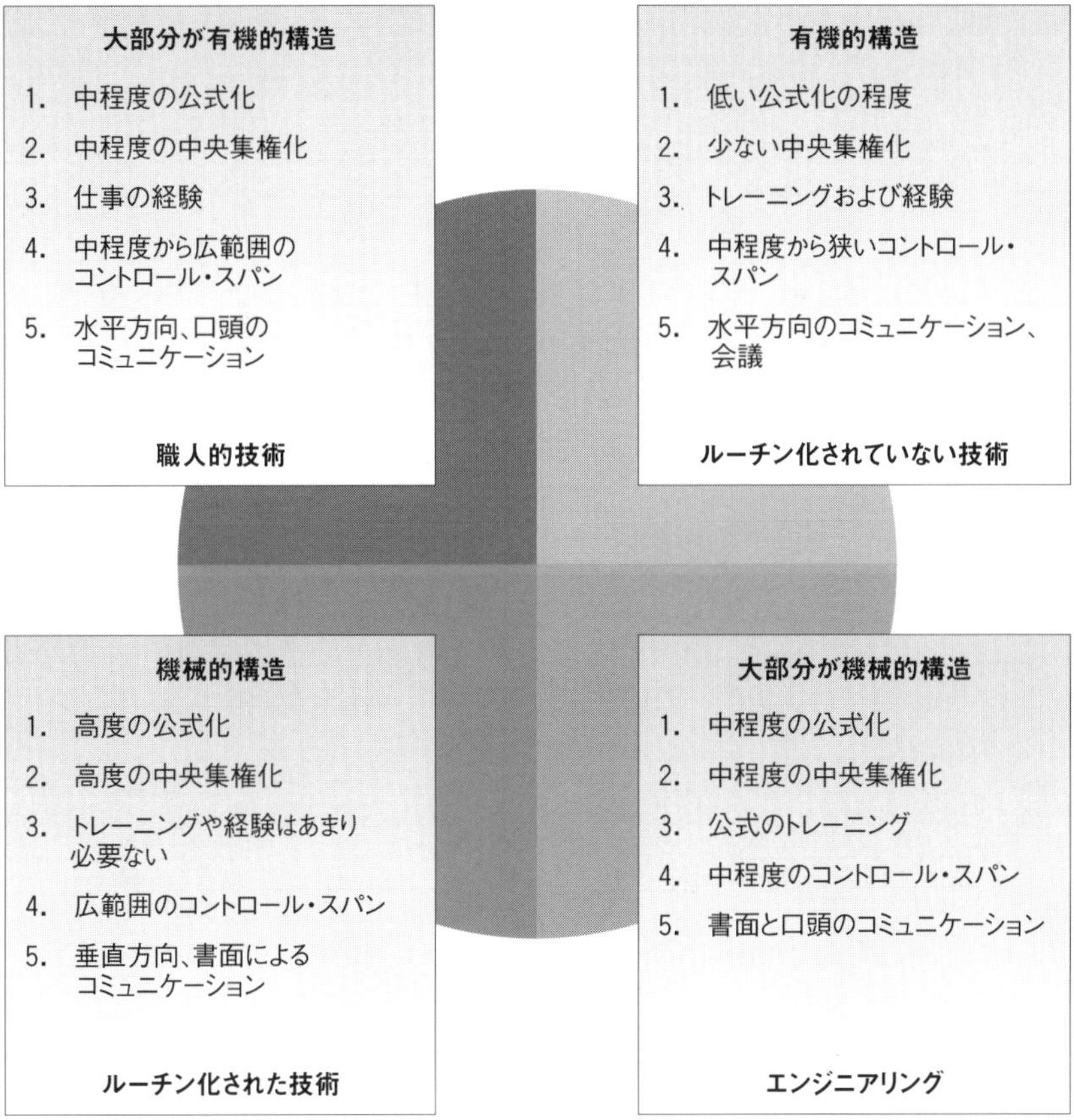

鍵

1. 公式化
2. 中央集権化
3. スタッフの能力要件
4. スパン・オブ・コントロール
5. コミュニケーションと調整

業員の人数である。この特徴は事業部門の技術に左右される。業務が複雑化してルーチン化されていない度合いが高くなればなるほど、監督者が巻き込まれる問題が多く発生しやすくなる。スパン・オブ・コントロールは、従業員のスキルレベルなど、ほかの要素からも影響を受けるが、複雑な業務の場合、そのような影響は少ないのが通例である。そのような業務の場合、上司と部下がしばしば相互作用をしているからである。(45)

5．コミュニケーションと調整　コミュニケーションの活動とその頻度は、業務のバラエティが増えるにつれて、多くなる。(46) 問題が頻発すれば、問題を解決し、活動を確実に完了させるために、情報の共有がいっそう必要となる。(47) コミュニケーションの方向は、ルーチン化されていない作業単位では水平方向、ルーチン化された作業単位では垂直方向になるのが通例である。(48)

業務が分析可能なとき、統計的な内容で、書面によるコミュニケーション（メモやレポート、規則、手順）の頻度が高くなる。業務の分析の可能性が低いとき、情報の伝達は対面や電話でのやりとり、グループ会議で行われるのが典型である。

図表5―8には二つの重要な点が反映されている。第一に、事業部門はたしかに相互に異なるものであり、そのワークフローの技術によって分類できることである。(49) 第二には、組織の構造的なプロセスとマネジメントのプロセスは事業部門の技術しだいで異なることである。マネジャーは技術による必要条件が満たされるように、事業部門の組織の設計をすべきである。

設計の問題は技術と一貫性がないときに、最も表面化してくる。さまざまな組織研究の結果から、組織構造とコミュニケーションの特徴が技術を反映しないとき、事業部門の有効性が低下する傾向にあることがわかった。(50) 従業員が問題解決に必要な頻度のコミュニケーションをとれないことが原因になるのである。

事業部間におけるワークフローの相互依存性

これまで本章では、組織と技術が構造上の設計にどれだけ影響を与えるかを探ってきた。構造に影響を与える技術の特徴として最後に挙げるのは、相互依存性と呼ばれるものである。相互依存性とは、各事業部門がその業務を遂行するための資源や物資について相互にどれだけ依存し合っているかという程度のことである。相互依存性が低いことは、事業部門がそれぞれの仕事を相互に依存することなく、独立して行うことができ、相互作用や協議、物品のやりとりをする必要がほとんどない、ということである。相互依存性が高いことは、事業部門間でたえず資源のやりとりをしなければならない、ということである。

▼タイプ

ジェームズ・トンプソンは、組織の構造に影響を与える相互依存として三つのタイプを明らかにした[51]。それらを図示したのが**図表5—9**である。

プールされた相互依存　プールされた相互依存は、事業部門間の相互依存性が最も低い形である。この形では、仕事が部署間を流れることはない。各事業部門は組織の一部であり、組織の共通の利益のために寄与するが、仕事は互いに独立している。

マクドナルドのレストランや銀行の支店はプールされた相互依存の例である。シカゴにある店舗はアーバナにある店舗と連絡を取り合う必要がない。プールされた相互依存は第3章で定義した部門構造内の関係と関連するかもしれない。部門や支店は共通のプールから財務資源を共有し、各部門の成功が組織全体の成功に寄与する。トンプソンは、プールされた相互依存性は、彼が取次媒介と名づけたものを備えた企業に存在するであろうという考えを示した。取次媒介が提供する製品やサービスは外部環境とクライアントの取り次ぎや連結をし、そうすることで、各事業部門は独立して仕事をすることができる。銀行、仲買業者、不動産会社はいずれも買い手と売り手の仲介をするが、それぞれのオフィスは組織のなかで独立した仕事をする。

プールされた相互依存性がマネジメントに及ぼす意味はきわめて単純である。トンプソンは、マネジャーは規則と手順を利用して事業部門間の活動を標準化すべきだと論じた。各事業部門が同じ手順と財務諸表を使うことで、すべての事業部門の成果が測定され、集約されるようにすべきだというのである。したがって、各事業部門間での日常的な調整はまったく必要とされない。

一方向的な相互依存　相互依存が一方向的な形をとっていて、一つの事業部門内で生産された部品が別の事業部門へのインプットとなるとき、一方向的相互依存性と呼ばれる。第一の部門は第二の部門が正しく仕事ができるようにしなければならない。この場合、プール化した場合よりも相互依存度が高いのであって、事業部門間で資源のやりとりをすることで互いに依存しつつ、きちんと仕事を遂行しなければならないからである。一方向的相互依存では、統合担当者やタスクフォースなどの横方向のメカニズムの必要性が高くなる。

一方向的相互依存はトンプソンが「長く連結する技術」と呼んだものの場合に生じる。これは「一つの組織内における連続的な段階を踏む生産のことである。生産の各段階は前の段階の生産品をそのインプットに利用して、次の段階に使われるインプットを生産する」[52]。自動車産業のように、組立ラインを使用する大規模組織は、長く連結する技術を使用し、工場間あるいは事業部門間の一方向的相互依存性を特徴とする。たとえば、UAW（全米自動車労働組合）が一九九八年の夏にGMの二カ所の部品工場でストライキをしたために、北アメリカにある

図表5—9　トンプソンの考案した相互依存の分類とマネジメント上の意味

相互依存のタイプ	水平方向のコミュニケーションの必要度と意思決定	必要な調整のタイプ	近接配置にする優先度
プールされた相互依存（銀行） 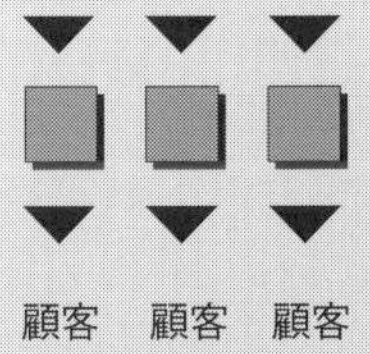	コミュニケーションの必要度 低い	標準化 規則、手順	低い
一方向的相互依存（組立ライン） 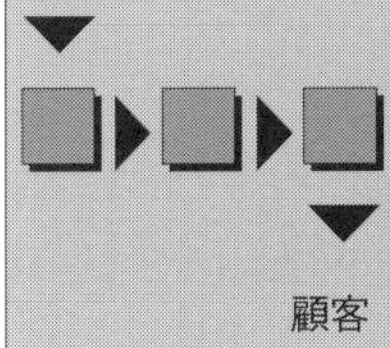	コミュニケーションの必要度 中程度	計画、スケジュール フィードバック	中程度
相互補完的相互依存（病院） 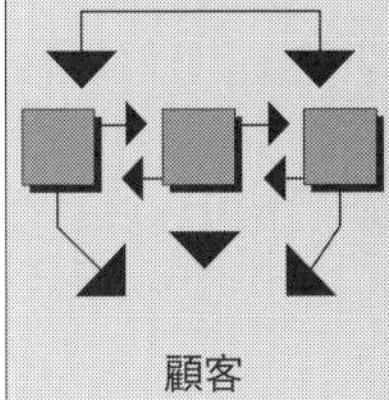	コミュニケーションの必要度 高い	相互調整、 事業部門間の会合 チームワーク	高い

ＧＭの組立工場のうち一カ所を除くすべての工場の生産が止まってしまった。組立工場が必要な部品を入手できないので、仕事を続けられなくなったからである。

一方向的相互依存に必要とされるマネジメントの条件は、プール化した相互依存の場合よりも厳しくなる。関連する工場や事業部門間の調整が必要となるからである。この場合の相互依存とは一方向に物資が流れることを意味するので、一般に包括的な立案や日程調整が必要になる。Ｂ工場はＡ工場から何が期待できるかを承知して、両者が有効的に仕事をできるようにしなければならない。工場間である程度日常的なコミュニケーションをとり、思いがけない問題や例外的なことが生じたときに、処理できるようにしておくことも必要である。

相互補完的な依存　相互依存性のレベルが最も高いのは相互補完的な依存である。Ａ部門からのアウトプットがＢ部門のインプットとなり、Ｂ部門のアウトプットが再びＡ部門へのインプットとなるときに、この関係が生じる。ある事業部門のアウトプットが相互補完的にほかの事業部門に影響を与えるのである。

相互補完的な依存関係は、トンプソンが「集約的技術」と呼び、さまざまな生産やサービスを組み合わせることでクライアントに提供する組織で生じる傾向が強い。病院は相互に調整し合ったサービスを患者に提供するのであり、こうした組織の好例である。病院では、患者がレントゲン検査、手術、物理的療法を必要に応じて行ったり来たりしながら治療を受ける。新製品を開発している会社も一つの例である。そこでは、あらゆる資源を組み合わせて顧客の製品ニーズにかなうように、設計、エンジニアリング、製造、マーケティングの部門間で集中的な調整が必要とされる。

マネジメント上の必要条件は、相互補完的な依存関係の場合、最大である。相互補完的な依存関係では、各事業部門が緊密に協力して、密接な連絡を取り合うことが必要である。組織構造は、おそらく常設チームなどを通じた水平方向の頻繁なコミュニケーションと調整が可能な形でなければならない。たとえば、病院では包括的な計画の立案が必要とされるが、計画だけですべての問題を予期し、あるいは解決できるわけではない。事業部門間で毎日、連絡を取り合い、相互に調整し合うことが必要である。いくつかの事業部門のマネジャーが直接顔を合わせて調整したり、チームワークによる意思決定にかかわったりする。相互補完的な依存関係は、組織が扱う最も複雑な相互依存性である。

▼組織構造上の優先順位

図表5―9からわかるように、意思決定、コミュニケーション、調整の問題は相互補完的な依存関係にとって最も大きなものであるから、組織の構造を考える場合においてはこの関係の検討を最優先させるべきである。新製品の開発は相互補完的な依存関係の一つであり、新製品を早く市場に出さなければならないという圧力が高まるなかで、この関係についてのマネジャーの関心が深まっている。

多くの企業は本章の初めのほうで考察したCADとCAMの技術を綿密に統合して、設計と製造の関係の改革を進めている(53)。相互補完的に依存し合う活動は緊密に結ばれるグループにまとめ、マネジャーが連絡を取り合い、相互に調整しやすい組織の構造にしなければならない。

こうした関係にある部署は組織図として同じ人間に直属し、物理的に近い場所に配置して、調整の時間と努力を最小限に抑えるようにすべきである。調整が拙いと組織としてのパフォーマンスも不調に終わる。相互補完的な依存関係にある部署が近い位置に配置されていない場合には、部門間で毎日会議を開くとか、社内インターネットを使ってコミュニケーションをはかるなど、調整用のメカニズムを設計すべきである。次の優先順位は一方向的な相互依存であり、最後がプール化した相互依存の場合となる。

このような組織編成の戦略をとることで、組織の成功にとって最も調整が重要となる部分でコミュニケーションの経路を短くすることができる。たとえば、ボイシ・カスケード（以下ボイシ）は顧客へのサービスがうまく進められないことがあったが、それはニューヨークに駐在する顧客サービス担当者がオレゴン工場の生産の企画部と調整をしていないからだった。顧客は必要なときに製品を入手することができなかった。ボイシは組織を改革して、これら二つのグループを一つ屋根の下にまとめ、事業本部の同じ上司に直属させることになった。いまでは顧客サービス担当者が生産の企画部門と協力しながら顧客の注文を調整しているので、顧客のニーズに応えられるようになっている。

▼組織構造への意味あい

たいていの組織はさまざまなレベルの相互依存を有しており、**図表5―10**に示したように、組織構造をこうしたニーズに合わせた設計にすることができる[54]。そもそも製造会社では、新しい製品開発において、設計、エンジニアリング、購買、製造、販売の部門間に相互補完的な依存関係が存在している。そこではおそらく、行ったり来たりする情報や資源の流れを扱うために機能間をまたがるチームが用いられるだろう。

ひとたび製品が設計されると、実際の製造は一方向的な相互依存となり、製品が、購買、在庫、生産管理、製造、組み立てといった部門間を次から次へと流れていく。製品の実際の発注や流通はプールされた相互依存であり、倉庫は独立して機能する。顧客は最も近い施設に発注するので、そうなれば在庫不足といった異常な事態を除いて、倉庫間の調整をする必要はない。

あるコンサルタントがＮＣＲの新製品の開発が遅れる理由を解明するために分析したとき、当初の構想から実施に至る道筋をたどってみた。その結果、問題は製品の開発、生産、マーケティングが別個の部門で行われていて、これら三つの相互依存関係にあるグループ間のコミュニケーションが難しいことにある、とわかった。ＮＣＲはその伝統的な組織構造を解体して、およそ五〇〇人の構成員で独立の部署をいくつかつくり、それぞれに独自の開発、生産、マーケティング担当者を備えさせることにした。この新しい構造によって、新製品は記録的な

図表5−10　製造会社におけるさまざまなレベルの職務相互依存性を達成する方法

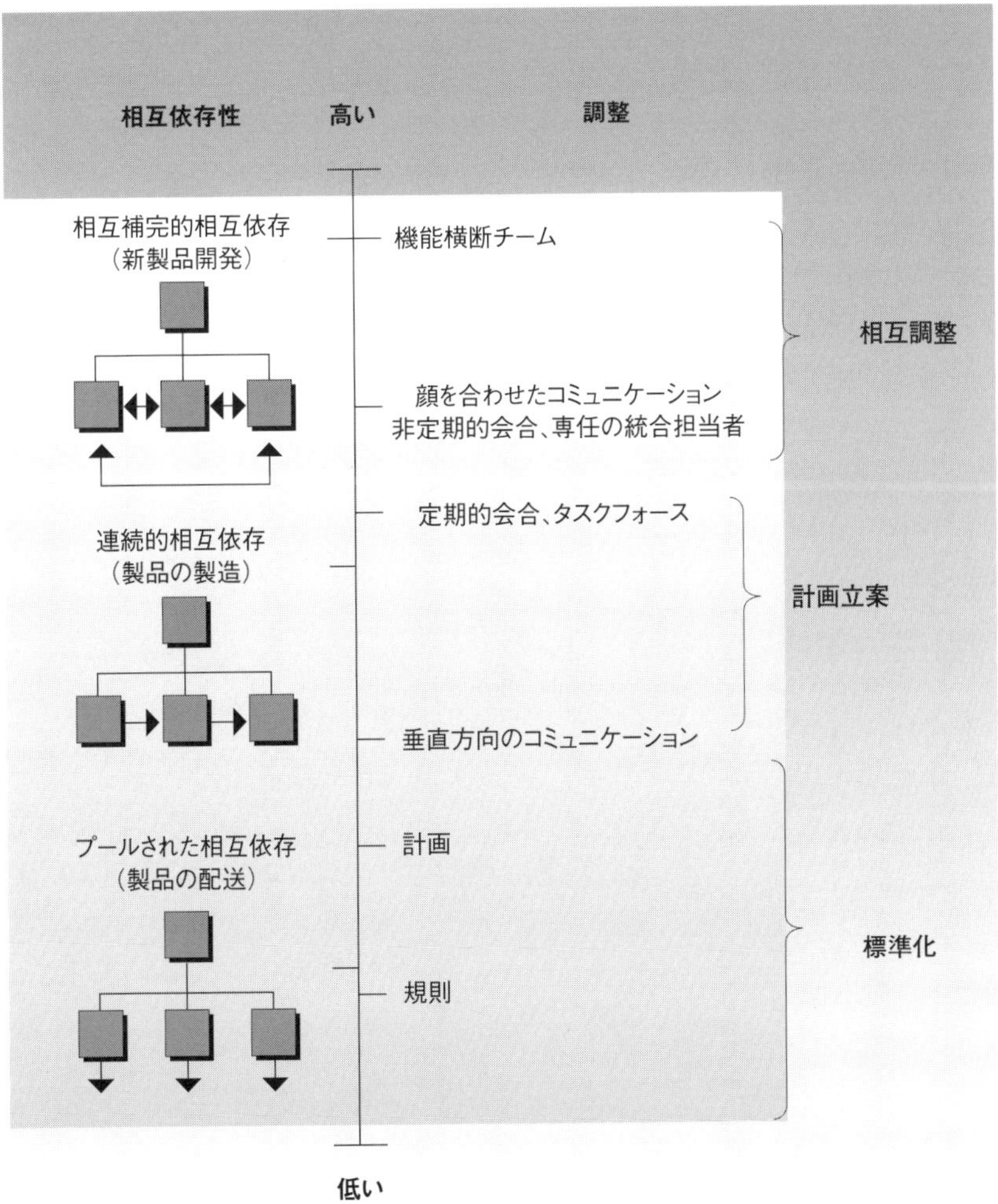

出典：Andrew H. Van de Ven, Andre Delbecq, and Richard Koenig, "Determinants of Communication Modes Within Organizations," *American Sociological Review* 41 (1976): 330より抜粋。

速さで上市されるようになった。

技術が職務のデザインに及ぼす影響

これまで、本章では製造、サービス、そして各部門の技術がいかに組織構造やマネジメント・プロセスに影響を与えるかを分析するための考え方を説明してきた。新しい技術と組織との関係はあるパターンをとっていると思われる。つまり、まず職務の内容に直接の影響を与えてから（長い時期を経て）組織の設計に影響を与えるのである。技術が従業員に最終的に与える影響は、**職務のデザイン**と**社会技術システム**という考え方を通じてある程度理解することができる。

▼職務のデザイン

職務のデザインは、従業員が果たすべき目標と作業を割り当てることである。マネジャーは生産性を向上させ、従業員の意欲を高めるために、意図的に職務デザインを変えることがある。

たとえば、従業員が退屈な繰り返し作業にかかわっているとき、マネジャーはジョブ・ローテーションを導入してもよい。ジョブ・ローテーションとは、従業員にさまざまな職務を割り当てるために輪番で職務を異動させることである。しかし、新しい技術の導入によって、マネジャーが無意識のうちに、職務デザインに影響を与えている場合もある。新しい技術は職務のやり方や職務の性質そのものを変える場合もあるからだ。[55] マネジャーは新しい技術の導入が従業員の職務にいかに影響を与えるかを理解しておくべきである。職場における新しい技術についての共通のテーマは、インプットをアウトプットに変換する際に、人間の代わりに機械を使うということである。ATMが何千人もの銀行窓口係に取って代わったのは、その一例である。

技術は、実際に人間の労働力に取って代わるのに加えて、そこに残っている人間の職務にも、別の影響を与える。研究の結果によると、大量生産技術は、職務の単純化をもたらす傾向があるという。つまり、一人の人間が行う作業のバラエティが減り、難しさが軽減されるということである。その結果、退屈な繰り返し作業となって、ほとんど満足感を与えなくなる。

一方、先端的な技術になれば、それだけ職務の充実をもたらす傾向にあり、職務はより大きな責任と認識と、成長と発展をもたらすチャンスを与える、ということである。しかしこうした先端的な技術となると、従業員は自分の職務をマスターするのにより高度のスキルと能力を必要とされる。マネジャーにとって従業員を訓練し、教育する必要性が高まることになる。たとえば、ATMの設置で、銀行の窓口係のルーチン化された作業（預金や引き出し）はなくなり、より高度のスキルを必要とする複雑な業務が課せられる結果になった。

CIMについて調査したところ、これが従業員にとって注目すべき三つの結果をもたらすことがわかった。つまり第一に知的な習熟をはかり、認知レベルのスキルを高める機会が増えたこと。第二に結果に対する従業員の責任が高まったこと。そして第三に彼らの相互依存性も高まって、人間関係やチームワークおよび調整のスキルを向上させたのである。[56] 先端的な製造技術は、職務の拡大につながり、一人の従業員が行うべき作業の種類が増える。一方、新しい技術に必要とされる従業員の数は減るので、それぞれの従業員はより多くの、多種類の作業をこなせなければならない。

先端技術の場合、技術がどんどん変わるので、労働者は新しいスキルを学びつづけていかなければならない。情報技術の進歩は、医師の診療所、法律事務所、会計士、図書館などのサービス業の職務に重要な影響を与えている。新しいソフトウエア・プログラム、インターネットの利用の増加をはじめ、情報技術の進歩のために、労働者は自分たちの職務がほとんど毎日のように変化していることに気づくだろう。

先端的な技術は従業員に必ずしもプラスの影響ばかりを与えているわけではないが、研究結果によると、全体的に好ましい傾向が示されており、労働者にとって職務は単純化されたというより充実がはかられ、より高度の知的能力を使い、学習と成長の機会を提供し、職務への満足度も高めることが示されている。

▼社会技術システム

社会技術システムの考え方によると、有効な職務デザインのためには技術と人間との相互作用を考慮しながら、人間のニーズと組織の求める技術的な効率性のニーズとを組み合わせるべきだとしている。この考え方のなかの社会とは、組織内で働く人々やグループおよび、仕事の組織のされ方、調整のされ方のことをいう。技術的とは、組織のインプットをアウトプットに変換するのに使われる原材料、ツール、機械、プロセスのことである。

社会技術システムというアプローチの目標は、社会と技術の両者共同の最適化を目指して組織を設計することである。ということは、組織の機能は、社会的システムと技術的システムが相互のニーズにかなうように設計されてこそ、はじめて最善のものになる、ということである。組織を人間のニーズに応えるようにだけ設計して、技術的なシステムを無視したり、あるいは効率向上のために技術のみを変えて、人間のニーズを無視したりしたのでは、かえって業績上の問題を引き起こすことになる。社会技術システム・アプローチは、従業員が望み、必要とすることと、組織の生産システムの技術的な要求条件とのバランスを見出そうとするものである[57]。

イギリスの研究機関、タビストック研究所が一九五〇年代から六〇年代にかけて行った研究から、社会技術的な原則が生まれた[58]。社会技術システムの原則を利用した組織変革の例が、GM、ボルボ、TVA（テネシー渓谷開発公社）、P&Gなど、数多くの組織で見られた[59]。失敗した例もあったが、これらの事例の多くでは、効率性のみならず人々のニーズに応えるための、技術と組織構造を共に最適なものにするための変革によって、パフォーマンス、安全性、品質、欠勤、転職などのいずれの面でも改善がはかられた。

職務デザインが技術的、科学的基準からして最も能率的なものではなくても、従業員の参画とコミットメントが何よりも違いを生む要素となった例もあった。この研究の結果から、新しい技術が従業員に必ずマイナスの影響ばかりを与えるわけでないことが再び示されたわけである。なぜなら、技術は、より高度の頭脳と社会的なスキルを必要とし、従業員の参画とコミットメントを促すような組織構造を可能にして、それによって従業員と組織の両方に利益となるからである。

人間は資源として見なされ、適正なスキルと意味のある仕事と適切な報酬を与えられるべきだとする社会技術システムの原則は、今日のますます技術の複雑化する世界にあって、いっそう重要になってきている[60]。機械と技術に信頼を置きすぎて、人々の適正なマネジメントに注意を怠った組織は、生産性と融通性において進歩を遂げられないという、研究結果もある。今日、最も成功している企業は、機械やコンピュータ・システムと人々とを正しく組み合わせ、両者を適切に調整する最も有効な方法を見出す努力をしている企業である[61]。

▼討論課題

1. あなたの大学はペローが示した技術のフレームワークのどこに位置するか。それを評価する際に、基礎にある部門の技術のバラエティや分析可能性の特徴を探しなさい。教育に専念する部門は研究に専念する部門と別の位置に置かれるか。
2. トンプソンの唱えた相互依存性のレベルについて説明しなさい。各レベルについて大学のなかで相互依存関係にある例を挙げなさい。各レベルの相互依存関係を処理するために、大学当局はどのような種類の調整メカニズムをつくるべきだろうか。
3. ウッドワードの組織技術の分類を説明しなさい。三つの各技術グループには、なぜ組織の構造とマネジメント・プロセスとの関係の仕方に違いがあるのか、説明しなさい。
4. ウッドワードは上司のスパン・オブ・コントロールと技術の複雑性との間にどのような関係があることに気づいたのか。
5. CIMはほかの製造技術とどのように違うのか。CIMの主な利点は何か。
6. 製品のマス・カスタマイゼーションは製造会社にふつうに見られるアプローチとなった。マス・カスタマイゼーションをサービス会社にも応用できる方法について討論しなさい。
7. サービス会社の設計は一般的に製造会社のそれとどのような点で異なるか。その理由はなぜか。
8. あるトップ・エグゼクティブは、トップレベルのマネジメントの仕事には、人事上の処理、環境を読み取る、異常な状況を克服するなど、経験を通じて学び取らなければならない無形のものが含まれるので、職人的技術だと主張した。これが正しいとすれば、マネジメントをビジネススクールで教えるのは適正であろうか。教科書を使ってマネジメントを教えることは、マネジャーの職務が分析可能であると想定するものであり、したがって経験よりも形式的なトレーニングが最も重要だということになるだろうか。
9. 大量生産技術はペローの示したフレームワークのどこに置かれるべきだろうか。小バッチ単位と連続工程生産の技術はどこに置かれるべきか。その理由は。ペローのフレームワークはウッドワードが唱えた有機的構造と機械的構造の対比について同じような提言につながるだろうか。

IV

［第IV部］

組織内部の設計状態

Internal Design Elements

第6章 組織の規模、ライフサイクル、コントロール

起業家のほとんどは、自分の組織の成長を望んでいる。しかし、企業が大規模で複雑になると、マネジャーにとって、組織を動かしコントロールするのに役立つシステムや手順をつくり出す必要が出てくる。二〇世紀には大規模な組織が数多く出現し、過去数十年間に官僚主義が組織研究の一つの大きなテーマとなってきた。[1]

今日では、多くの組織が官僚主義を排し、急速に変化する市場における柔軟さと即応性の向上に努めている。非効率、硬直性、従業員も顧客も疎外する屈辱的でルーチン化した業務など、多くの短所が問われてきた官僚主義だが、一方で多くの好ましい効果ももたらしている。大規模な組織の多くは官僚主義的な特徴を持つ。こうした組織は豊富な製品・サービスを私たちにもたらすとともに、その有効性を物語る目覚ましい偉業によって私たちを驚かせてくれるのである。

▼本章の目的

本章では、組織の規模について、大きいことがよいのか小さいことがよいのかという問題と、組織の規模が組織構造やコントロールとどのように関連しているかについて考える。これまでの章で議論してきた文脈的要因―

――技術、環境、目標――と同様に、組織の規模は、組織の設計や機能に影響を及ぼす文脈的要因である。まず最初に、大小各規模の長所を見ていく。そして、大規模組織をコントロールする手段としての官僚主義の歴史的必要性と、今日、一部の大規模組織においてマネジャーが官僚主義と闘っている様子を見る。

次に、組織のライフサイクルと呼ばれるものと、その各段階における組織構造の特徴を探究する。最後に、組織コントロールのメカニズムと、マネジャーがいかにして最良の組織コントロール手段を決定しているのかを考察する。本章を読み終える頃には、官僚主義の性質とその長所および短所が理解できているはずである。また、官僚主義的コントロールが組織の有効性を高められる場合と、別のタイプのコントロールが適している場合とを識別できるようになっているはずである。

組織の規模：大きいことはよいことか

組織規模の大小の比較問題は、成長の概念ならびにこれほど多くの組織が大規模化の必要性を感じている理由から出発する。

▼成長への圧力

一九九〇年代初め、アメリカの経営学の権威であるピーター・ドラッカーは「フォーチュン五〇〇社は終わった」と宣言した。ところがいまだに経営者の夢見ることといえば、『フォーチュン』誌の売上高上位五〇〇社のリストに自社を仲間入りさせること――早く、大きく成長すること――とまず相場が決まっている。(2)

時にはこの目標が最良の製品をつくることや最大の利益を上げることよりも緊急の課題となる場合もある。企業がグローバルなスケールで競争するために規模と経営資源を獲得し、新技術に投資し、流通チャネルをコントロールして市場へのアクセスを確保しようと必死になるなか、アメリカは新たな「大きさ」の時代に入りつつあるという見方もある。たとえば、一九九七年だけでも世界中で一兆六〇〇〇億ドルを上回る合併があり、そのうち半数以上がアメリカで行われているのである。(3)

組織に成長を迫る圧力は他にもある。企業が財務的健全さを保つためには成長せざるをえないことに、多くの企業幹部が気づいている。成長をやめることは停滞することである。安定するということは、顧客の需要がかならずしも完全に満たされないことや、競合他社が自社を出し抜いて市場シェアを伸ばすことを意味する。

コカ・コーラやアンホイザー・ブッシュといったマーケティング集約型企業の財務的健全性にとっては、規模が決定的重要性を持つ。規模が大きければ大きいほど、こうした企業は市場でのパワーを手にし、収入を伸ばす。(4)さらに、成長企業は活気にあふれた刺激的な職場であり、質の高い従業員を引きつけたり引き留めることが可能となる。従業員が増加していれば、企業は多くの課題や昇進機会を提示できる。

▼「大」対「小」

組織は成長へと駆り立てられている。だが、どこまで大きくなればよいのか。グローバルな環境のなかで競争するには、どの程度の規模の組織が有利なのか。こうした議論を**図表6―1**にまとめてある。

「大」　多くの組織にとって、グローバルに競争するためには莫大な経営資源と規模の経済が必要である。大規模な組織だけが巨大なパイプラインをアラスカに建設できる。ボーイングのような大企業だけがボーイング七四七型機を製造できるし、アメリカン航空のような大企業だけがそれを買うことができる。また、J&Jのような

図表6−1　大規模組織と小規模組織の違い

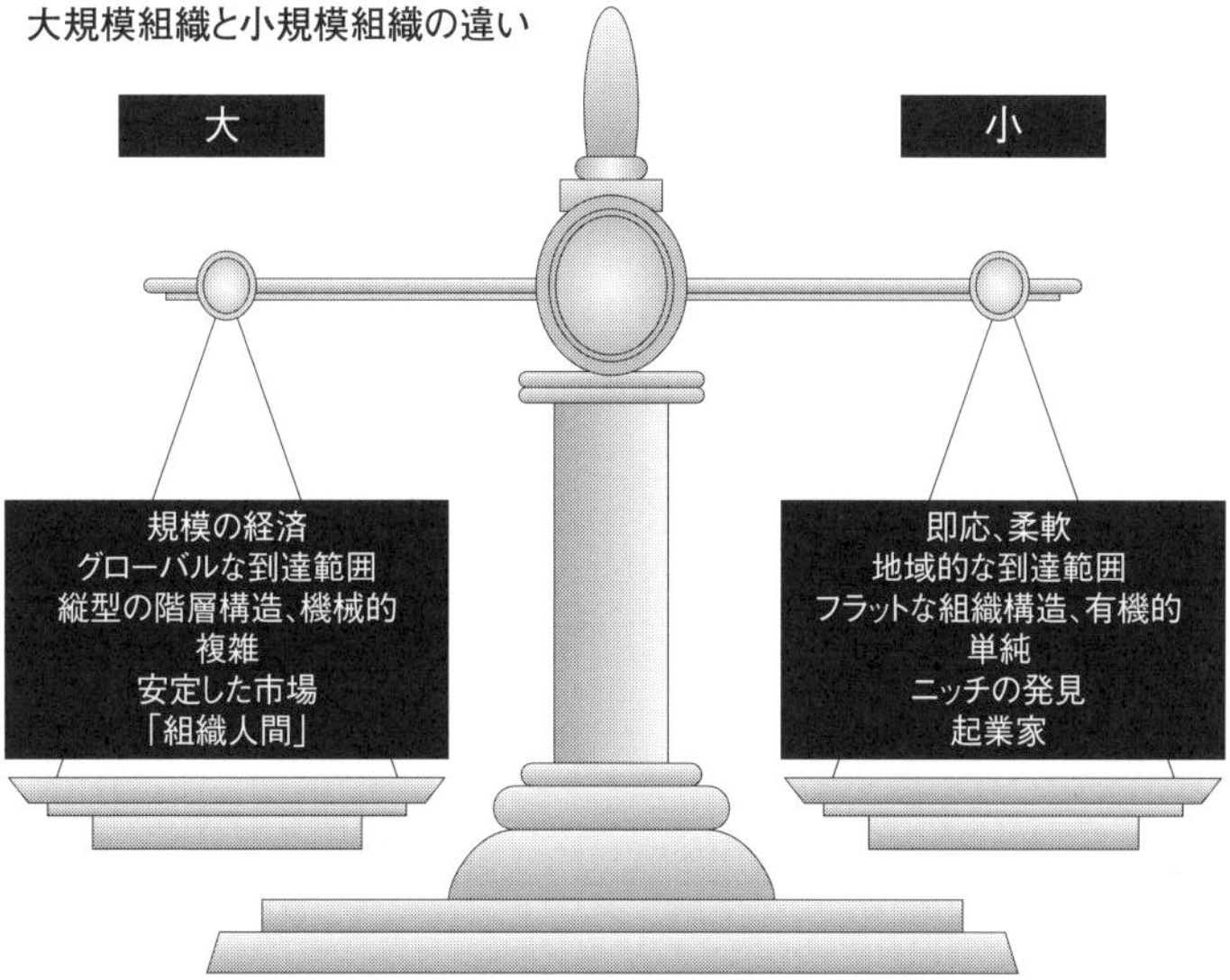

出典：John A. Byrne, "Is Your Company Too Big?" *Business Week*, 27 March 1989, 84−94に基づく。

大企業だけが遠近両用コンタクトレンズや、経皮避妊薬のバース・コントロール・パッチといった新製品に何億ドルも投資できるのである。

また、大企業は標準化されており、機械的に運営されている場合も多く、複雑である。こうした複雑さは、複雑な作業を遂行し、複雑な製品を生産するための何百という機能的専門性を組織内にもたらす。さらに、いったん大規模な組織が確立されると、一つの市場を何年にもわたり安定させる存在となりうる。マネジャーはこうした企業に入ると、一九五〇年代や六〇年代さながらの「組織人間」としての生涯を期待できる。こうした組織は長寿と昇給、出世をもたらしうるのである。

「小」　これに対する反論は、グローバル経済で成功するために必要不可欠な条件は急速に変化する市場における即応性と柔軟性であるから、小さいことこそ素晴らしい、というものである。アメリカ経済は多くの大規模な組織を擁するが、調査によると世界貿易が加速するにつれ、より小さな組織が標準になってきている。一九六〇年代半ば以降、当時存在した大企業の多くが世界中で市

場シェアを失ってきた。(5)

今日、輸出企業のゆうに九六%が小企業である。(6) アメリカならびに多くの先進諸国がその経済的活力を中小企業に負っている。多くの大企業が合併を通じてますます大規模化したが、結果的にその総数も少なくなった。そこへ無数の小企業が出現し、ニッチを埋め、絞り込まれたターゲット市場に製品やサービスを供給しようとしている。(7) さらに、第5章で述べたようにサービス分野が急速に成長していることも、サービス企業の多くが顧客への即応性を増すため小さな規模を維持することから、平均的な組織規模の縮小の一因となっている。(8)

組織のライフサイクル

組織の成長と変化について考えるうえで便利な方法が組織のライフサイクルである。(9) それは組織が生まれ、成長して年をとり、最後は死に至ることを示唆するものである。組織構造、リーダーシップの様式、管理システムは、ライフサイクルの各段階を通じてかなり正確に予測できるパターンをたどる。各段階はその性質上、決まった順序で現れ、自然な発達の流れをたどる。

▼ライフサイクルの発達段階

組織のライフサイクルに関する最近の研究は、四つの主要段階が組織の発達を特徴づけることを示している。(10) これらの段階を、各段階への移行にかかわる問題と共に**図表6—2**に示す。成長は容易ではない。組織はライフサイクルの新段階に入るたびに、組織の内部的な機能のしかたや外的環境への対応のしかたに関する新ルールに

図表6−2　組織のライフサイクル

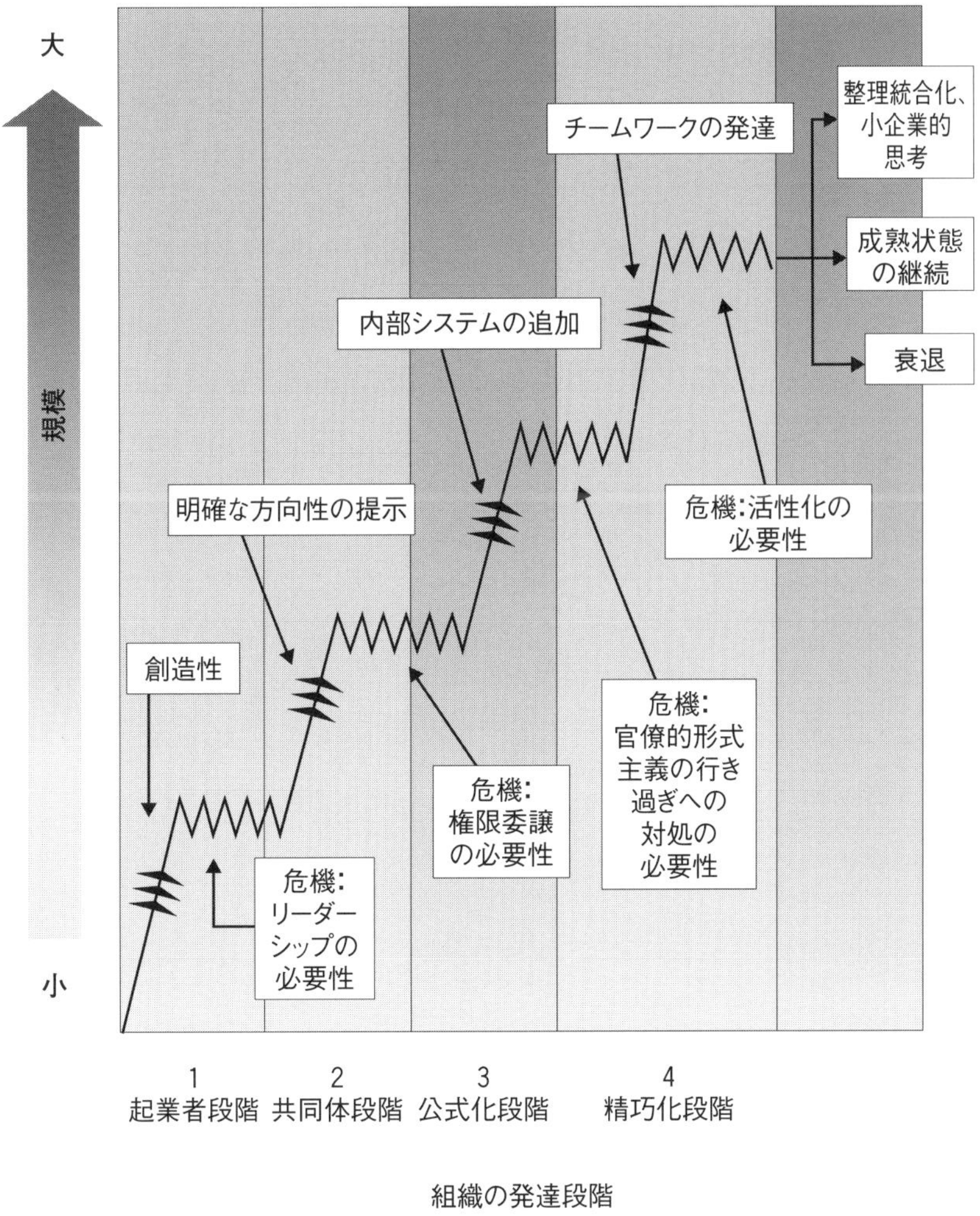

出典：Robert Quinn and Kim Cameron, "Organizational Life and Shifting Criteria of Effectiveness: Some Preliminary Evidence." *Management Science* 29 (1983) : 33−51,Larry E. Greiner, "Evolution and Revoluti (July-August 1972) : 33−46。

従い、まったく新しいゲームを始めることになる。(11)

1．起業者段階　組織の誕生時には、製品開発と市場での生き残りに重点が置かれる。創業者は起業家であり、彼らは生産やマーケティングといった実務的活動に全精力を注ぐ。組織は非公式かつ非官僚主義的である。労働時間は長い。コントロールは経営者個人の指揮でのみ行われる。成長をもたらすのは創造的な新製品や新サービスである。

アップルも、スティーブ・ジョブズとスティーブ・ウォズニアックが、ウォズニアックの実家のガレージで同社を立ち上げたときには起業者段階にあった。ホームランズ、ピーポッド、ショップリンクなど食料品のオンライン販売の小さなインターネット企業は、いままさに起業者段階にある。

危機：リーダーシップの必要性　組織が成長しはじめると、従業員数の増加が問題を引き起こす。創造力あふれる技術志向の経営者は、マネジメント上の問題に直面しても、製品の製造販売や、新製品・サービスの開発にばかり精力を注ぎたがる場合がある。こうした危機に際しては、起業者は成長を継続できるよう組織構造を調整するか、それができる有能なマネジャーを雇い入れなければならない。アップルが急成長期に入ったときには、A・C・マークラがリーダーとして招き入れられた。なぜなら、ジョブズもウォズニアックもどんどん大規模化していく会社を運営する適任者でもなければ、その意欲もなかったからである。

2．共同体段階　リーダーシップの危機が解消されると、強力なリーダーシップの下で組織は明確な目標と方向性を策定しはじめる。権限の階層構造、職務の割り当て、当面の分業が確立するとともに、事業部門体制が形成される。従業員は組織のミッションを自らのミッションとし、組織の成功に役立とうと長時間働く。従業員は共同体の一員であると感じ、コミュニケーションとコントロールは、ある程度公式なシステムが現れはじめてはいるものの、おおむね非公式である。アップルは一九七八年から八一年の急成長期には共同体段階にあった。従業員が業務に打ち込むなか、主要製品ラインが確立され、二〇〇〇以上の販売店と契約が交わされた。

危機：権限委譲の必要性　新しい経営陣が成功を収めると、その下で働く従業員は強力なトップダウン型リーダーシップによって制約されていることを徐々に意識するようになる。下位のマネジャーたちは自分の職務分野に自信を持ちはじめ、より大きな裁量を求めるようになる。強力なリーダーシップとビジョンによって成功を収めてきたトップ・マネジャーが責任を手放したがらないと、自律意識にとっての危機が生じる。トップ・マネジャーは組織の全部分が自律的に協調し、団結していることを確認したいのであれば、トップによる直接的な監督なしに各事業部門をコントロールおよび調整する組織としてのメカニズムを見出す必要がある。

3. 公式化段階

公式化の段階ではルール、手順、コントロール・システムが導入され利用される。コミュニケーションは以前より少なくなり、より公式化する。エンジニアや人的資源の専門家などのスタッフが加えられる場合もある。トップ・マネジメントは戦略や企画立案といった問題に携わるようになり、会社の業務活動はミドル・マネジャーに任せられる。協調体制の向上をはかって、製品グループなどの分権化された事業単位が形成される場合もある。マネジャーらが会社全体にとって最もよい方向を目指して働くよう、収益に基づくインセンティブ・システムが実施される場合もある。こうした新たな調和とコントロール・システムが効果を発揮すれば、トップ・マネジメントと現場の懸け橋となるメカニズムが築かれ、組織の継続的成長が可能となる。一九八〇年代半ばのアップルは公式化段階にあった。

危機：官僚的形式主義の行き過ぎ　組織の発達のこの時点では、システムや制度の増大により現場のミドル・マネジャーが息苦しくなりはじめることもあり、組織が官僚化している様子がうかがえる。現場のミドル・マネジャーが本社スタッフからの意見の押しつけにむっとする場合もある。場合によってはイノベーションが制約されてしまう。組織は公式のプログラムを通じて管理するにはあまりにも大きく、複雑すぎるように見える。ジョブズがアップルを退職し、CEOのジョン・スカリーが独自の経営課題に立ち向かうべく全権を掌握したのは、同社のこの成長段階でのことだった。

4. 精巧化段階　官僚的形式主義の行き過ぎという危機に対する解決策は、新しい意味での協力とチームワークである。組織全体を通じて、マネジャーは問題に取り組み協力するためのスキルを開発しなければならない。官僚主義が限界に達している場合もある。社会的なコントロールと自主管理により、それ以上の公式コントロールが必要でなくなる。マネジャーは、官僚主義をそれ以上進めることなく、官僚主義のなかで働くことを学ぶ。

場合によっては公式なシステムが単純化され、マネジャー・チームやタスクフォースがこれに取って代わることもある。協力体制を実現するために、職務や会社の各部門を横断してチームが形成されることも多い。小企業的な価値観と発想を維持するために、組織が複数部門に分割される場合もある。アップルは現在、キャタピラーやモトローラといった大企業と同様、ライフサイクルの精巧化段階にある。

危機：活性化の必要性　成熟に達した組織は一時的な後退期に入ることがある。[12]場合によっては一〇年から二〇年おきに刷新の必要性が生じてくる。組織は環境に適合しなくなったり、動きが鈍くなり過度に官僚体制化するために、刷新とイノベーションの段階を通過しなければならなくなる。この時期にはしばしばトップの交代が行われる。

アップルでも、同社が活性化に必死になるなか、いく度となくトップの交代が行われてきた。歴代CEOのジョン・スカリー、マイケル・スピンドラー、ギルバート・アメリオはいずれも、同社の抱える問題の深刻化に伴い、取締役会によってその職を追われた。現在は、アメリオの特別顧問として同社に戻ったスティーブ・ジョブズが、二五年近く前に自ら創業した同社のCEOを務めている。アップルが現段階の危機を切り抜け、新時代へと進むのに必要な経営スキルをジョブズはすでに身につけているというのが、大方の見方である。
彼は同社の組織を再編し、非効率な部分を排除し、ターゲットを再び消費者市場に絞った。史上最も熱狂的に受け入れられた新製品の一つである、艶やかなゼリービーン色のｉＭａｃのおかげで、アップルの売上げは久々に業界平均をしのぐペースで伸びている[13]。とはいえ、ジョブズはアップルを生き返らせたものの、それを維持できなければならない。成熟した組織は定期的に活性化しなければ、図表６―２の最終段階にもあるように衰退してしまうだろう。

まとめ　最初の一年を無事乗り切ることのできた企業も、その八四％は五年以内に消滅してしまう。それは、起業者段階からの移行ができないからである[14]。こうした移行は、組織が今後ライフサイクルの段階をさらに進むにつれ、いっそう困難になる。こうした移行にかかわる問題をうまく解決できない組織は、成長が制限され、倒産する場合さえある。

▼ライフサイクルの各段階における組織の特徴

組織がライフサイクルの四つの段階を進むにつれ、組織構造、コントロール・システム、イノベーション、そして目標に変化が起こる。各段階に関連する組織の特徴を図6―3にまとめる。

起業者段階　最初、組織は小さく、非官僚主義的かつワンマンショー的である。トップ・マネジャー自身が組織構造とコントロール・システムを手がける。存続することと、単一の製品・サービスを生産することに組織の精力が注ぎ込まれる。

共同体段階　組織の青年期にあたる。成長のペースが速く、従業員はいきいきと組織のミッションに取り組ん

図表6−3　ライフサイクルの4つの段階における組織の特徴

特徴	1 起業者 非官僚主義的	2 共同体 前官僚主義的	3 公式化 官僚主義的	4 精巧化 きわめて官僚主義的
組織構造	非公式、ワンマンショー的	おおむね非公式、一部に手続き化	公式の手順、分業、新たな専門業務の追加	官僚主義のなかでのチームワーク、小企業的思考
製品またはサービス	単一の製品またはサービス	主力の製品またはサービスとそのバリエーション	一連の製品またはサービス・ライン	複数の製品またはサービス・ライン
報酬およびコントロール・システム	個人的、温情的	個人的、成功への貢献	非個人的、公式化されたシステム	包括的、各製品や事業部門に合うよう設計されている
イノベーション	オーナー経営者による	従業員とマネジャーによる	独立のイノベーション・グループによる	制度化された研究開発部門による
目標	存続	成長	内部の安定、市場の拡大	評判、完成された組織
トップ・マネジメントの様式	個人主義的、起業家的	カリスマ的、方向提示的	コントロールを保持しての権限委譲	チーム方式、官僚主義の打破

出典：Larry E. Greiner, "Evolution and Revolution as Organizations Grow", *Harvard Business Review* 50 (July-August 1972): 37-46; G. L. Lippitt and W. H. Schmidt, "Crises in Developing Organization", *Harvard Business Review 45* (November-December 1967): 102-12; B. R. Scott, "The Industrial State: Old Myths and New Realities," Harvard Business Review 45 (March-April 1973): 133-48; Robert E. Quinn and Kim Cameron, "Organizational Life Cycles and Shifting Criteria of Effectiveness," *Management Science* 29 (1983): 33-51から抜粋。

でいる。組織構造はまだおおむね非公式であるものの、いくつかの実務手続きが現れつつある。サン・マイクロシステムズのスコット・マクニーリーやアップルのスティーブ・ジョブズのようなカリスマ的リーダーが組織に方向性と目標を提示する。継続的成長が主たる目標である。

公式化段階 この時点で、組織は中年期にさしかかっている。官僚主義的な特徴が現れる。組織としてスタッフ支援グループを追加し、業務手続きを公式化し、明確な階層構造と分業を確立する。独立した研究開発部門を確立することにより、イノベーションを達成する場合もある。主たる目標は内部の安定と市場の拡大である。トップ・マネジメントは権限委譲を行う必要がある一方で、公式なコントロール・システムも導入する。たとえばデルコンピュータのマイケル・デルは、企画立案、マネジメント、資金計画の各公式システムの開発および導入に力を借りるため、経験豊富なマネジャーを多数雇い入れている。ケビン・B・ロリンズ副会長によると、「マイケルは自分が夢を追いつづけるためには、この会社の経営に専門家が必要だと気づいたのだ」[15]。また、公式化段階にある組織は、完成された製品ラインを提供するために補完的な製品を開発する場合もある。

精巧化段階 成熟した組織は大規模かつ官僚主義的で、包括的なコントロール・システムやルール、手続きを有している。組織のマネジャーはさらなる官僚主義化を避けるため、官僚主義のなかにチーム志向を育成しようと試みる。トップ・マネジャーの関心は完成された組織の確立にある。組織の信望と評判が重要となる。イノベーションは研究開発部門を通じて制度化され、場合によってはマネジメントが官僚主義を攻撃し、これを合理化する。

まとめ 組織はその成長過程においてライフサイクルの各段階を通過し、各段階には、それに関連する組織構造、コントロール・システム、目標、イノベーションの特徴がある。ライフサイクルの考え方は、組織の直面する問題や、マネジャーが組織を次の段階に移行させるための前向きな対応方法を理解するのに用いられる有効性の高い概念である。

組織の官僚主義とコントロール

組織がライフサイクルの各段階を進んでいくと、大規模化と複雑化に伴い、官僚主義的特徴を帯びてくる場合が多い。官僚主義の体系的研究の創始者は社会学者のマックス・ウェーバーである。ウェーバーはヨーロッパの諸政府組織を研究し、大規模な組織を合理化および効率化するような管理の特徴のフレームワークをつくった[16]。ウェーバーは、組織がより大きな社会のなかで積極的役割を果たすためにはどのような組織設計が可能かを理解しようとした。

▼官僚主義とは何か

ウェーバーは官僚主義を人間の基本的自由への脅威と見なす一方で、それが組織化を行ううえで可能な限り最も効率的なシステムであることも認めた。彼は官僚主義の勝利を予測しているが、それも官僚主義がビジネスと行政いずれの環境でも組織をより有効に機能させる力を備えているからである。ウェーバーは成功した官僚主義的組織に見られる組織の特徴を明らかにした。これを**図表6―4**に示す。

ルールと標準的手続きは、組織活動を予測可能かつルーチン的なやり方で遂行することを可能にした。任務の

図表6−4　ウェーバーによる官僚主義の諸側面と組織の権威の基盤

官僚主義	正当な権威の基盤
1. ルールと手続き	1. 合理的かつ合法的
2. 専門化と分業	2. 伝統的
3. 権限の階層構造	3. カリスマ的
4. 専門的資格を有する人員	
5. 役職と在職者の分離	
6. 書面によるコミュニケーションと記録	

専門化は、各従業員が実行すべき明確な作業を持つことを意味した。権限の階層構造は、監督とコントロールのための実用的なメカニズムをもたらした。業務のパフォーマンスを著しく低下させる友人関係による雇用や血縁関係、えこひいきではなく、技術的能力が雇用の基準となった。役職とそれを占める人物とを切り離すことは、個人がその仕事への固有の権利を有するのではないことを意味し、その結果、効率を高めた。書面による記録は、時間の経過を通じた組織の記憶と継続性をもたらした。

今日、極端な官僚主義的特徴は広く批判されているが、ウェーバーが紹介した合理的コントロールは、意義深い概念であり、新たな組織の形であった。えこひいきや社会的地位、血縁関係、わいろといった往々にして不正なやり方に基づく組織形式と比べ、官僚主義は多くの長所をもたらした。たとえばメキシコでは、ある引退したアメリカ人弁護士が電話を購入するために五〇〇ドルのわいろを支払わされたあげく、ある政府の役人が彼の電話番号を別の世帯に売却していたことを知った。中国では、親戚に政府のポストを与える伝統が共産主義の下でさえ横行している。中国で台頭しつつある高学歴階級の人々は、最も良い仕事が官僚の子どもや親戚に与えられるのを苦々しく思っている[17]。これに比べて、ウェーバーが描写した論理的かつ合理的な組織形式では、業務を効率的に、また確立されたルールに則って実行することが可能となる。

▼組織規模と構造的コントロール

組織理論の分野では、組織規模は組織構造の設計とコントロールの手法に影響を及ぼす重要な要因とされてきた。ところで組織は大きくなればなるほど、より官僚主義的になるものなのか。官僚主義的特徴はどの程度の規模の組織に最も適しているのか。こうした疑問に一〇〇を上回る研究が答えようとしてきた[18]。これらの研究の多くが、大規模組織と小規模組織は、公式化、中央集権化、人員比率など官僚主義的構造のいくつかの面で異なることを指摘している。

公式化と中央集権化　第1章で説明したように、**公式化**とは、ルール、手続き、方針マニュアルや職務記述書などの文書のように、従業員の権利と義務を規定するもののことをいう[19]。大規模な組織ほど公式化されているという推論は、証拠によって裏づけられている。その理由は、小さな組織ではトップ・マネジャーが個人的観察によって組織をコントロールできるが、大きな組織では多数の従業員や部門を通じて標準化とコントロールを実現するために、ルールや手続き、ペーパーワークに依存するからである[20]。

中央集権化とは、意思決定権限を持つ階層構造のレベルに関するものである。中央集権化された組織では、意思決定は最上層で行われやすい。分権化された組織では、同様の意思決定がより低いレベルで行われる。

分権化は一つの逆説である。なぜなら、完璧な官僚主義においては、すべての意思決定は完全なコントロールを有する経営トップによってなされるはずだからである。しかし、組織が大規模化し、従業員数や部門数が増えるにつれ、意思決定をトップに委ねることができなくなったり、シニア・マネジャーに負担がかかりすぎたりする。この結果、組織規模に関する研究では、大規模な組織ほど分権化の拡大を許容することが指摘されている[21]。ヒューレット・パッカードは意思決定を迅速化するために事業をほぼ全面的に分権化している。一方、設立間もない小さな組織では、創業者やトップ幹部が大小を問わずあらゆる意思決定に関与している場合が多い。

図表6−5　経営および支援業務に割り当てられる人員の比率

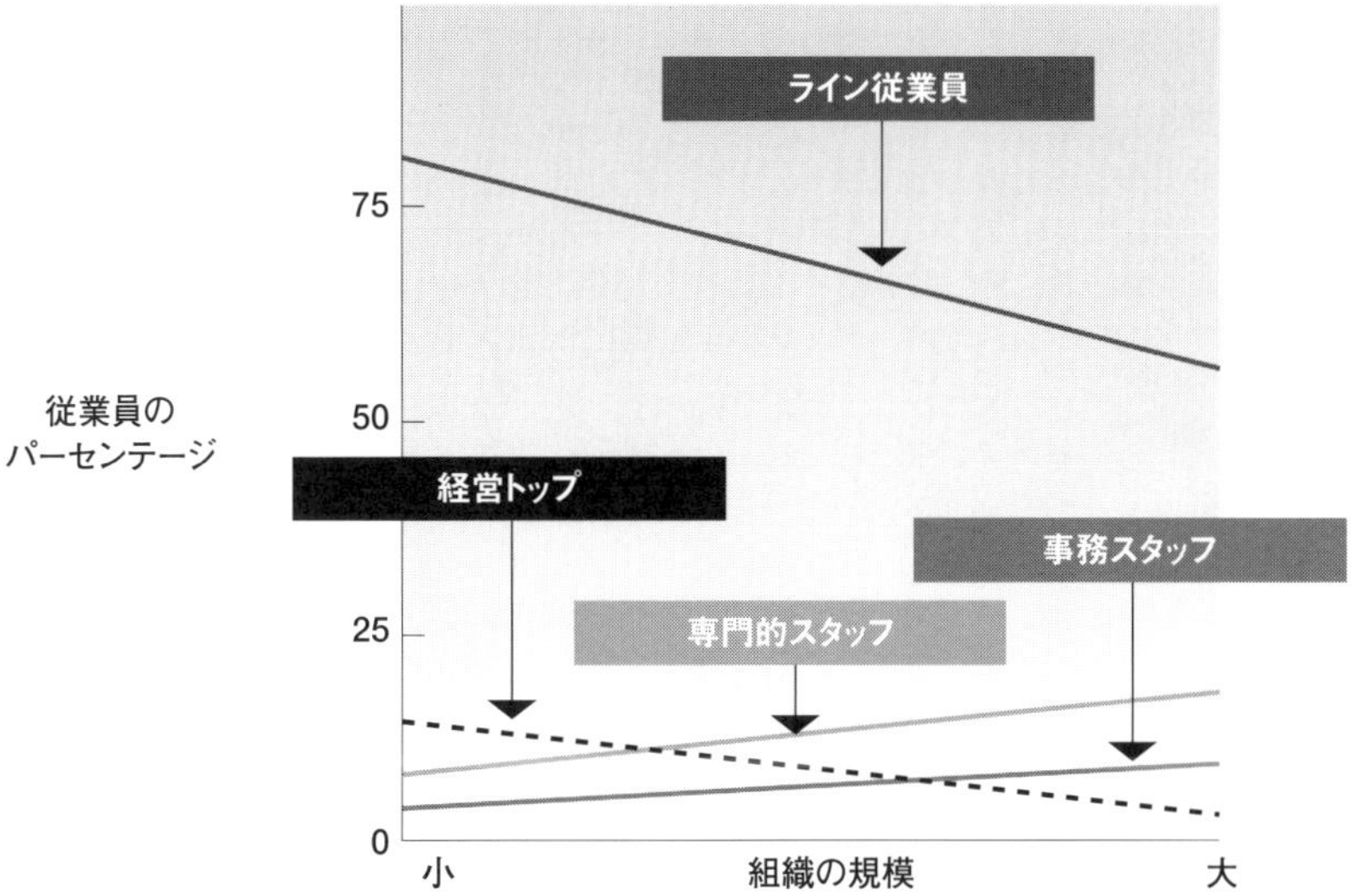

人員比率　官僚主義のもう一つの特徴は経営担当者、事務担当者、専門的業務担当者の各人員比率である。最もよく研究対象となるのが経営担当者比率である。[22]これまでに二つのパターンが明らかになっている。

一つは、全従業員に対する経営トップの比率は、実は大規模な組織のほうが低いというもので、[23]組織が大規模化するにつれ経営スタッフの効率的活用が行われることが示されている。もう一つのパターンは、事務および専門的スタッフの各比率に関するものである。[24]これらのグループは組織規模に比例して増加する傾向にある。

事務担当者比率が高まるのは、組織が大規模化するにつれ、より多くのコミュニケーションや報告を義務づける必要が出てくるからである。専門的スタッフの比率が高まるのは、大規模で複雑な組織では専門的スキルの必要性が増大するからである。

図表6—5は大小各組織の経営担当者および事務・専門的スタッフの比率を示している。組織の規模が増大するにつれ経営担当者比率は低下し、他の比率が高まる。[25]この結果、最終的に直接的作業員の全従業員に対する比率が低下することになる。つまり、大規模な組織におけ

る経営トップの全従業員数に対する割合は不釣り合いに高いわけではないが、大きな組織ではその規模に比例して高い間接費が必要になるという考え方が支持されるわけである。

大規模な組織では一九八〇年代の景気低迷期に間接費を削減したが、最近の調査では多くのアメリカ企業の間接費が一九九〇年代後半の急激な増収に伴い、徐々に元に戻りつつあることが示されている。[26] 経営、事務、専門的業務の各担当者ごとの費用の抑制は、今日の大規模な組織が直面している挑戦課題である。[27]

変化する世界における官僚主義

官僚主義が勝利するというウェーバーの予測は的確だった。官僚主義的な特徴には多くの利点があり、工業化時代のニーズの多くに絶大な効果を発揮した。[28] 権限の階層構造と事細かなルールや手続きを確立することで、官僚主義は大きな集団に秩序をもたらし、権限の濫用を防ぐための効果的手法をもたらした。人ではなく役割に基づく非個人的な人間関係は、産業革命以前の多くの組織の特徴であったえこひいきや縁故主義を減らした。官僚主義はまた、少数の個人が理解し対処するには複雑すぎる職務を系統だてて管理するための体系的かつ合理的な手法を提供し、その結果、大規模な組織の有効性と効率を大幅に改善した。

しかし、世界は急速に変化しており、組織が新たな課題に直面するなか、工業化時代のまるで機械のような官僚主義的システムはもはやさほど役立たなくなっている。グローバルな競争と不確実な環境の下で、多くの組織はさらなる公式化や専門的スタッフ比率の高まりと闘っている。こうした組織は階層構造の層を減らし、本社スタッフを小人数に抑え、下位レベルの従業員を過度のルールや規制で締めつけずに彼らにより大きな意思決定の自由を与えようとしている。

ニューコアでは、本社にわずか二三人のスタッフしかいない。同社のプラント・マネジャーはマーケティングから人事、生産に至るすべてを処理している。年商約三八兆ドルのセンテックスも、ダラス本社のスタッフ数は一〇〇人未満と控えめである。同社は権限や責任を運営部門に委譲している。[29] 重要なことは、本社に弁護士や会計士、財務アナリストを詰め込みすぎて、諸部門の柔軟性や自律を妨げることのないようにすることである。

もちろん多くの企業は、グローバルな環境に適した製品を生産するのに十分な経営資源と複雑さを有するために大規模でいなければならない。だが、J&J、ウォルマート、3M、コカ・コーラ、エマソン・エレクトリック、ハインツといった企業は、分権化とスリム化をよりいっそう進めようと奮闘している。これらの企業ではしばしば、業務を調整したり、生産性を改善したり、顧客により良いサービスを提供したりする方法を見出す自主監督チームを設置することにより、現場作業員に自らの職務を規定し、方向づけるための権限や責任をより多く与えている。

官僚主義に対するもう一つの攻撃は、従業員のプロフェッショナリズムの高まりからきている。プロフェッショナリズムとは従業員が受けてきた公式なトレーニングの長さと経験によるものである。GMやKマート、ブリストルマイヤーズ・スクィブでは、ますます多くの従業員が学士号やMBA（経営学修士号）を必要とし、また弁護士や研究員、博士として働くためのさまざまな専門的学位を必要としている。さらに、急成長中の経済セグメントであるインターネット企業では、通常、全従業員が高学歴の知識労働者である。

専門職労働者を対象とする調査によると、プロフェッショナル・トレーニングでは官僚主義に代わる従業員の高い行動基準が通常化されるので、公式化の必要がなくなることが示されている。[30] また、企業が個人や組織の継続的学習を後押しして、本部から店舗に至る全従業員を対象に継続的トレーニングを実施している場合、この傾向はさらに強くなる。トレーニングの強化は、問題を解決し組織の能力を高めるために従業員の創造性を制約しかねない官僚主義的なルールや手続きに代わるものとなる。

専門職従業員が一〇〇％を占めるプロフェッショナル・パートナーシップと呼ばれる組織の形が出現している。[31] こうした組織には医療機関、法律事務所、マッキンゼー・アンド・カンパニーやプライスウォーターハウスクーパーズのようなコンサルティング会社が含まれる。プロフェッショナル・パートナーシップでは通常、各部門が実質的な自治権を有し、必要な意思決定を行うための権限が委譲されているようである。また、伝統的な企業や政府機関によくあるトップダウン型の指示ではなく、コンセンサスを重視して機能している。このように、プロフェッショナリズムの高まる傾向は急速に変化する環境とならんでアメリカの企業における官僚主義の緩和をもたらしている。

組織をコントロールするシステム

多くの組織が官僚主義を緩和し、従業員を束縛するルールや手続きを減らそうと努めているが、どんな組織にも組織を導きコントロールするシステムが必要である。従業員は今日の企業においてより大きな自由を手にしているかもしれないが、組織のコントロールがマネジメントの重大な責任であることに変わりはない。

組織のトップおよびミドル・レベルのマネジャーは三つの包括的なコントロール手法のなかから選択することができる。これらの手法はカリフォルニア大学ロサンゼルス校のウィリアム・オオウチが提案した組織コントロールのフレームワークによるものである。オオウチは、組織が採用することのできる三つのコントロール戦略を提示した――すなわち、官僚主義的コントロール、市場コントロール、そして仲間的コントロールである。[32] 各コ

図表6－6　3つの組織コントロール戦略

タイプ	必要条件
官僚主義的	ルール、基準、階層構造、合法的権威
市場的	価格、競争、交換関係
仲間的	伝統、価値や信条の共有、信頼

出典：William G. Ouchi, "A Conceptual Framework for the Design of Organizational Control Mechanisms," *Management Science* 25（1979）：833-48に基づく。

ントロール形式はそれぞれ異なるタイプの情報を利用する。しかし、三つのタイプが同時に一つの組織に見られる場合もある。各コントロール戦略の必要条件を**図表6—6**に示す。

▼官僚主義的コントロール

官僚主義的コントロールとはルール、方針、権威の階層構造、文書、標準化など、行動を標準化しパフォーマンスを評価するための官僚主義的メカニズムを用いることだ。官僚主義的コントロールではウェーバーが明らかにした官僚主義的特徴が利用される。官僚主義的なルールや手続きの主たる目的は、従業員の行動を標準化しコントロールすることである。

組織がライフサイクルの各段階を進んで大規模化するにつれ、公式化と標準化が進んでいったことを思い出してほしい。大規模組織のなかでは垂直方向にも水平方向にも何千という業務行動や情報交換が発生している。ルールや方針はこうした行動を規制するために試行錯誤しながら発達していく。ある程度の官僚主義的コントロールはほとんどすべての組織で用いられている。ルール、規制、指示は、ある一定範囲の行動に関する情報として存在する。

コントロールの基盤　官僚主義的コントロールを機能させるためには、マネジャーは組織に対するコントロールを維持するための権威を持たなければならない。ウェーバーはマネジャーに付与された合理的かつ合理的な権威は、組織の意思決定や活動の基盤として、他のタイプのコントロール（えこひいきやわいろなど）よりも好まれると論じた。しかし、より大きな社会において、ウェーバーは大規模組織の創設とコントロールを説明しうる三つのタイプの権威を示している。[33]

合理的かつ合法的な権威は、ルールの正当性や、命令する立場に昇進した人々の権限に対する従業員の信頼に基づいている。合理的かつ合法的な権威は、多くの政府機関の創設とコントロールの基盤であり、世界中の組織において最も一般的なコントロールの基盤である。

伝統的権威は、伝統や、伝統を通じて権威を行使する人々の地位の、合法性に対する信頼をいう。伝統的権威は君主国や教会、中南米諸国およびペルシャ湾諸国の一部の組織においてコントロールの基盤となっている。**カリスマ的権威**とは、一人物の模範的人格やヒロイズムならびにその人物が定めた秩序への傾倒に基づくものである。革命軍組織はしばしばその指導者のカリスマを拠り所としている。また、ジャック・ウェルチやハーブ・ケレハーといったカリスマ的人物がトップに立つ北アメリカの組織も同様である。

今日の組織においては二つ以上の権威のタイプ――たとえば長い伝統と、リーダーの特殊なカリスマ――が存在する場合もあるが、内部の業務活動や意思決定を取り仕切るうえで最も広く用いられているのは、とりわけ大きな組織では、合理的かつ合法的な権威の形である。

マネジメント・コントロール・システムは、おおまかに言えば、組織行動のパターンを維持または変更するうえで情報を利用する公式化されたルーチン、報告方法、手続きと定義される。[34] コントロール・システムには、企画立案、予算策定、業績評価、経営資源配分、従業員報酬といった公式化された情報ベースの活動が含まれる。これらのシステムはフィードバック・システムとして機能しており、あらかじめ目標が設定され、結果と目標が比較され、その差は改善措置のためマネジャーに報告される。[35] こうしたシステムはマネジャーによる組織の監視とコントロールを助ける貴重なツールである。

図表6—7　官僚主義的コントロールの一部として用いられるマネジメント・コントロール・システム

サブシステム	内容と頻度
予算	財務的、経営資源の消費、毎月
統計的報告	財務面以外のアウトプット、毎週または毎月、コンピュータ化されている場合が多い
報酬システム	事業部門の目標とパフォーマンスに基づくマネジャーの年間評価
業務手続き	ルールと規制、適切な行動を規定する方針、継続的

出典:Richard L. Daft and Norman B. Macintosh, "The Nature and Use of Formal Control Systems for Management Control and Strategy Implementation," *Journal of Management* 10 (1984): 43-66に基づく。

図表6—7に一覧したコントロール・システムの四つの構成要素は、多くの場合、マネジメント・コントロール・システムの中核と見なされる。これら四つの要素とは、業務予算、非財務面の定期統計報告、報酬システム、標準的業務手続きである。[36] これらマネジメント・コントロール・システムの諸要素は、ミドルおよびシニア・マネジャーが主要事業部を監視し、影響力を行使することを可能にする。

業務予算は当該年度の財務目標設定と、毎月または四半期ごとの費用報告を行うために用いられる。定期統計報告は財務面以外のパフォーマンスを評価および監視するのに用いられる。こうした報告はほとんどの場合コンピュータ化されており、毎日、毎週、または毎月、発行されることが多い。

報酬システムはマネジャーや従業員に、パフォーマンスを改善し事業部門の目標を達成するためのインセンティブを提供する。マネジャーや上司がひざを突き合わせて過去の目標達成状況を評価し、当該年度の新目標を設定し、新目標達成への報酬を定める場合もある。業務手続きとは伝統的なルールや規制である。マネジャーはこれらすべてのシステムを用いて不一致を修正し、諸活動を本来の軌道に戻す。

マネジメント・コントロール・システムの研究から一つわかっていることとは、四つのコントロール・システムがそれぞれ生産プロセスの異なる側面に焦点を合わせていることである。その結果、これら四つのシステムが合わさって包括的なマネジメント・コントロール・システムを形成し、ミドル・マネジャーに経営資源の投入量、工程の効率、生産量に関するコントロール情報を供給するのである[37]。さらに、コントロール・システムの利用方法や依存の程度はトップ・マネジメントの設定する戦略的目標によって左右される。

予算は主に経営資源の投入配分をするために用いられる。マネジャーは予算を利用して将来の計画を立て、事業部門の業務を実行するのに必要な人的、物的な経営資源に関する不確実性を削減する。コンピュータを活用した統計報告は生産量をコントロールするために用いられる。これらの報告には生産量と品質に関するデータやその他の指標が記載され、ミドル・マネジャーに事業部門の業績に関するフィードバックを与える。報酬システムや方針と手続きは、生産工程を対象とするものである。業務手続きは適切な行動に関する明確な指針を与えるものである。報酬システムは目標達成のためのインセンティブを与えるもので、従業員活動の指導や修整に役立ちうる。マネジャーはまた事業部門の業務活動を好ましい範囲内に収めるため、直接的な監督も行う。

コンピュータ技術の進歩は、マネジメント・コントロール・システムの効率と効果を劇的に向上させた。イギリスの速達・物流会社TNT・UKでは、コンピュータ化されたマネジメント・コントロール・システムを利用して自社のパフォーマンスのあらゆる面を評価およびコントロールしている。これにより、同社は一九九八年に名誉ある欧州経営品質賞を受賞している[38]。

▼市場コントロール

市場コントロールが行われるのは、価格競争が組織の生産量と生産性を評価するときである。市場コントロールの概念は経済学に由来する[39]。マネジャーは価格と利益を比較して自社の効率を評価できるため、価格は有効なコントロールの形となる。トップ・マネジャーは必ずといってよいほど価格メカニズムを用いて企業のパフォーマンスを評価する。企業の売上げと費用は損益計算書にまとめられ、前年度以前の業績や他社のそれと比較することができる。

市場コントロールを利用するためには、価格設定のための生産量の十分な明示と競争の存在が必要となる。競争がなければ、価格は内部の効率を正確に反映しない。一部の政府機関や、従来は非営利だった組織でさえ、市場コントロールに目を向けつつある。

たとえば、米連邦航空局は給与システムの運用に入札制を取り入れた（農業省がIBMおよび民間企業二社を抑えてこの仕事を落札した）。いまや地方政府の七三％が民間の設備清掃管理サービスを利用し、五四％が民間のゴミ収集業者を利用している[40]。

インディアナポリスでは、市の全部門に民間企業との競争入札を義務づけている。路面のくぼみを埋める工事の競争入札で運輸部門が民間企業に負けたときには、同市労働組合員が経費節減のために同部門のミドル・マネジャーを大幅削減することや、組合業務の再構築などの反対提案を行っている[41]。

市場コントロールは以前は主として全組織レベルで用いられていたが、生産部門でも用いられることが増えている。プロフィット・センターとは第3章でも述べたように自己完結的に設定されている生産部門である。各部門は製品の生産に必要な経営資源の投入を受けねばならない。したがってどの部門も他部門との損益比較に基づいて評価することが可能である。多国籍重電メーカーのABBには三つの異なるタイプのプロフィット・センターがあり、いずれも独自の利益に応じて運営され、互いに、また外部の顧客と売買を通じて取引している[42]。

一部の企業では、個々の事業部門は相互に市場価格で取引するよう義務づけている。つまり、事業部門間で製品・サービスを世間一般の相場価格で売買するのである。また、市場コントロール・システムを機能させるために、内部の各部門が外部企業との売買を選択することもできる。

市場コントロールは企業、事業部門、あるいは部の製品に価格を設定することができ、しかも競争がある場合にのみ利用することができる。企業は市場コントロールの概念を会計、データ処理、法務部門、情報サービスなどの社内スタッフ部門にも適用できることに気づきつつある。

▼仲間的コントロール

仲間的コントロールとは、企業文化や共通の価値観、帰属意識、伝統、信条といった社会的特性を利用して行動をコントロールすることである。仲間的コントロールを用いる組織は従業員間における価値観の共有や信頼を求める。[43] この形式のコントロールはあいまいさや不確実性が高いときに重要である。不確実性が高いということは変化があまりにも急速であり、組織がサービスの価格を設定できず、ルールや規制で正しい行動をいちいち特定できないことを意味する。

仲間的コントロールの下では、宗教的組織がそうであるように、従業員の採用において、組織の目的にコミットしていることが重要となる場合もある。新しい従業員は同僚から受け入れられるために長期にわたる教育を受けることもある。このコントロールが最もよく用いられるのは小さくて非公式な組織や強烈な文化を有する組織であるが、それは、こうした組織では従業員が個人的に組織の目的に関与し、コミットしているからである。

たとえば、従業員による平等所有にこだわるロンドンの広告会社セント・ルーク・コミュニケーションズ（以下セント・ルーク）は、同社の理念とミッションを信じる人だけを新規採用するよう特に注意している。同社は自社の独特な文化にそぐわない従業員を急遽、採用しなくてはならなくなるという理由で、九〇〇〇万ドルの仕事を断ったことさえある。仲間的コントロールはセント・ルークにとってうまく機能しており、同社は高く評価されるとともに収入も継続して伸びており、昨年は七五％の増収となっている。[44]

コンピュータ・ネットワークやインターネットの利用の高まりは、往々にして組織全体への情報の民主的拡散をもたらし、この結果、多くの企業が官僚主義的コントロールへの依存度を弱め、個人行動を企業に有利に導く共通の価値観にますます依存せざるをえなくなっているようである。[45]

厳格なルールと厳密な監督に基づく伝統的なコントロールのメカニズムは、不確実性が高く変化の急速な状況下で行動をコントロールするには非効率的である。[46] 学習する組織を目指す今日の企業は、ルールや規制に依存するよりも、仲間的なコントロールや自律的なコントロールを用いる場合が多い。

自律的コントロールは仲間的コントロールと似ているが、仲間的コントロールがグループへの社会化機能であるのに対し、自律的コントロールは個人的な価値観や目標、基準に由来するものである。組織は、個々の従業員の内面的価値観や仕事の好みを組織の価値観や目標と合致させるような変化を起こそうとする。[47] 自律的コントロールにおいては、従業員は通常、自己目標を設定し、自らのパフォーマンスを監視するが、それを活用する企業は従業員が知識や裁量を行使する範囲を明確にすることのできる強力なリーダーを必要とする。

また仲間的コントロールや自律的コントロールは、戦略的企画立案など不確実性が高くパフォーマンス評価の困難な一部の事業部門で用いられる場合がある。こうした非公式なコントロール・メカニズムを用いる事業部門のマネジャーは、書面による官僚主義的なコントロール手段の欠如がコントロールの不在を意味すると考えてはならない。仲間的コントロールは目には見えないが非常に強力である。最近のある調査によると、仲間的コントロールでは従業員の行動が官僚主義的階層構造におけるよりも強力かつ完全にコントロールされていることがわかった。[48] 仲間的コントロールが機能するとき、官僚主義的コントロールは必要とされないのである。

▼討論課題

1. 大規模組織と小規模組織の主な違いを議論せよ。なぜ大規模組織ほど公式化される傾向にあるのか。
2. あなたが大学教授から成る部門を管理する場合、会計士の部門を管理する場合とどのように異なった部門構造とするか。
3. 大学や地元企業など自分がよく知っている組織にライフサイクルの概念を当てはめよ。その組織は現在、どの段階にあるのか。また、その組織はライフサイクルの危機にどのように対処し、通過したか。

4. ウェーバーの特定した三つの権威の基盤を説明せよ。これらすべての権威タイプが一つの組織で同時に機能することはあり得るか。

5. コントロールの各タイプについて、ウィリアム・オオウチは次のように述べている。「市場コントロールは鱒《マス》のようなものであり、仲間的コントロールは鮭《サケ》のようなものである。いずれも美しく、高度に特殊化された種であり、生存のために特異な条件を必要とする。これに対し、官僚主義的コントロールは鯰《ナマズ》である。武骨で醜いが、きわめて多様な環境下で生存可能で、最終的には支配的な種となる」。オオウチがこのたとえによって言おうとしたことを議論せよ。

6. 政府機関は往々にして営利組織よりも官僚主義的に見える。これは部分的に、政府機関で用いられるコントロールのタイプに起因するものといえるか。説明せよ。

第7章 組織の文化と倫理的価値観

組織の成功や失敗はしばしば文化に起因するものとされる。『フォーチュン』誌による「最も尊敬される企業」の調査によると、企業の総合的な優秀さを最も的確に予測させるものを一つ挙げるなら、それは才能ある人材を引きつけ、動機づけを行い、ひきとめる能力だという。しかし一方、CEOらに言わせると組織の文化こそがこうした能力の強化にとって最も重要なメカニズムだという。[1] サウスウエスト航空、J&J、3Mは、その革新的な文化によって称賛されてきた。文化はまた、コダックやケロッグなどの企業が直面する問題にも関係しており、こうした企業では文化を変えることが最終的な成功へのカギと考えられている。

▼本章の目的

この章では企業文化やこれに関連する倫理的価値観に関する考え方と、これらが組織によってどのように影響されるかを探る。まず最初に、企業文化の性質とその起源および目的と、儀式やストーリー、シンボルによって文化を特定し、解釈する方法を説明する。そして、組織がその環境下で力を発揮するために、必要な戦略や組織構造の設計を文化がどのように強化しているかを見ていく。次に、組織の持つ倫理的価値観と、従業員の行動に影響を及ぼす組織構造やシステムをマネジャーがどのように運営しているかに目を向ける。また、リーダーが、戦略や業績に適するように文化や倫理上の価値観をどのようにして形づくるかを議論する。

組織の文化

組織の文化という話題が人気を集めていることについては、数々の疑問を生じさせる。文化を特定することは可能なのか。文化を戦略に合致させることは可能なのか。文化の管理や変革はどうすれば可能なのか。このような問いに対する最もよい出発点は文化を定義し、どうすれば組織内で文化を特定しうるかを説明することである。

▼文化とは何か

文化とは、組織のメンバーが共有し、新しいメンバーに正しいものとして教えられる一組の価値、ガイドライン的信念、理解のしかた、考え方のことである。[2] それは組織の文章化されていない、感覚的な部分を表す。だれもが文化に参加しているが、通常、文化を意識することはない。組織が文化の持つパワーに直面するのは、基本的な文化規範や価値観に反する新戦略や新プログラムを実行しようとするときである。

図表7―1に示すように、組織の文化は二つのレベルで存在する。表面には、目に見える人為的産物や観察可能な行動――人々の服装や行動のしかた、組織のメンバーが共有するシンボル、ストーリー、儀式――がある。しかし、これら目に見える文化の要素は、組織メンバーの心の中にあるもっと深い価値観を反映しているにすぎない。基底をなすこれらの価値観、前提、信条、思考プロセスこそが真の文化なのである。[3]

図表7−1　企業文化の2つのレベル

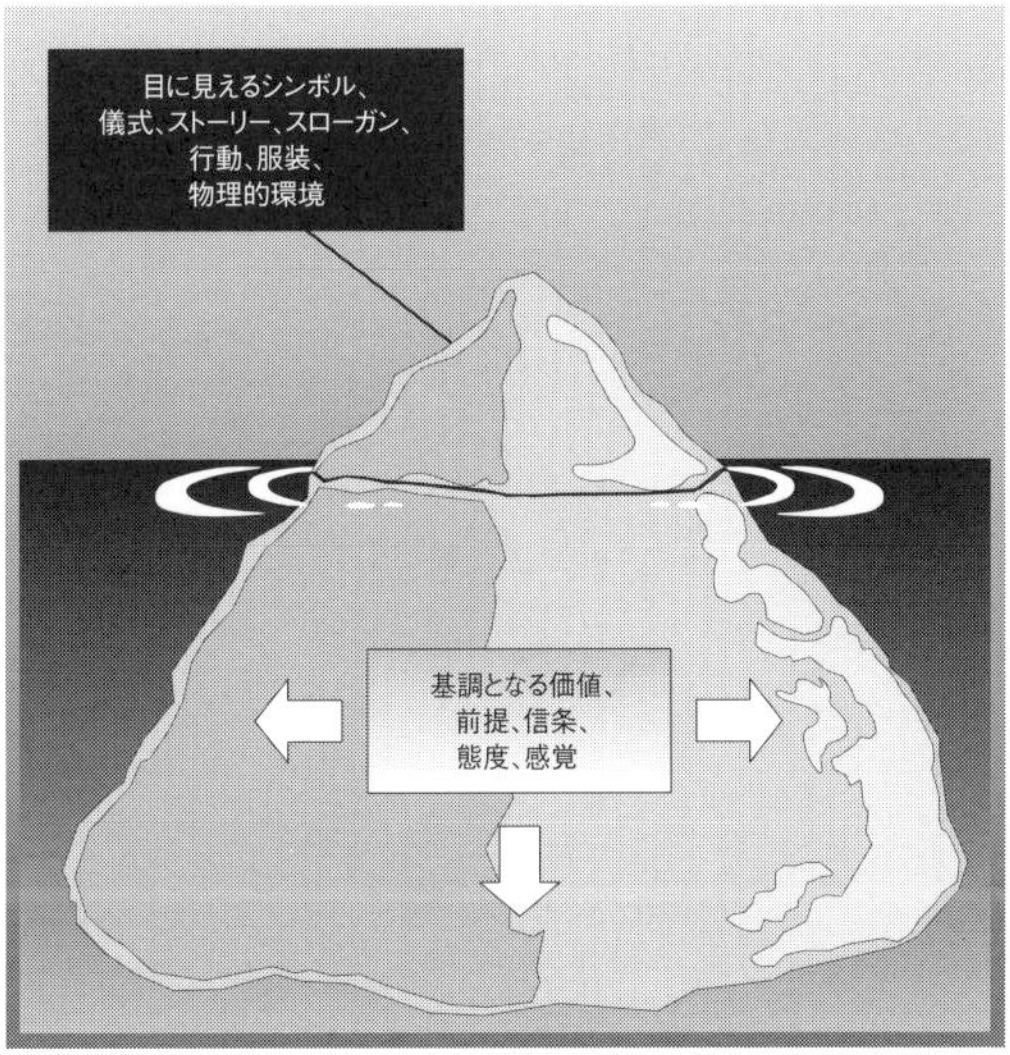

たとえば、サウスウエスト航空では「ラブ（LUV）」と書かれた赤いハートがトレーニング・マニュアルをはじめさまざまな資料や教材を飾っている。ハートは目に見えるシンボルであり、基底をなす価値観は「我々は互いを心から思いやる一つの家族である」ということだ。文化の属性はさまざまな具体的な形で示されるが、通常は、社会的やりとりを通して実行されるパターン化された一連の行動となっている。[4] これらのパターンは、文化の解釈に利用することができる。

▼文化の出現と目的

文化はメンバーに対して組織へのアイデンティティを感じさせ、一人では担うことのできない大きな信条や価値へのコミットメントを生じさせる。文化の一部となるものは組織のどこからでも生じうるが、特定のアイデアや価値をビジョン、理念、あるいは事業戦略として明言・実行する創業者ないし初期のリーダーから始まるのが一般的である。こうしたアイデアや価値が成功につながると、それらは制度化され、創業者やリーダーのビジョンと戦略を反映した組織の文化が出現する。[5]

文化は組織において二つの重要な機能を持つ。すなわち、①メンバーを統合し、互いに通じ合えるようにすることと、②外部環境に対して組織が適応しやすくすることである。第一の点は組織の内的統合のことであり、メンバーが集団的アイデンティティを形成し、効果的な協力のしかたを知っていることをいう。日々の業務上の人間関係を導き、組織内における人々のコミュニケーションのしかたや、受け入れられる行動とそうでない行動、また権力と地位の配分方法を規定するのが文化である。

第二の点は組織の外的統合のことで、組織がいかにして目標を達成し、組織の外部者にどう対応するかをいう。文化は一定の目標の達成に向けて従業員の日常活動を導くうえで役に立つ。文化は組織が顧客のニーズや競合相手の動きに迅速に対応するのを助けることができる。

文化と適合についてはこの章の後半で詳しく述べることにする。

▼文化をいかに解釈するか

文化の内容を明確にし、解釈するためには、目に見える人為的産物に基づいて推論を打ち立てる必要がある。しかし、人為的産物をつぶさに調べることは可能だが、正確に読み解くのは難しいものだ。ある企業における授賞式は、別の会社におけるそれとは異なる意味を持つかもしれない。ある組織のなかで実際に何が起こっているのかを解読するためには、探偵的な作業と、おそらくは組織の内部者としてのいくぶんの経験が必要となる。文化の目に見える側面として典型的かつ重要なもののなかに、儀式と式典、ストーリー、シンボル、言語がある。

儀式と式典　儀式と式典は文化にとって重要な人為的産物である。それは特別な行事であり、多くは観客のために執り行われる趣向を凝らし計画された活動である。マネジャーは儀式や式典を開催することにより、企業が価値を置くものをドラマチックに例示することができる。それは特定の価値観を強調し、従業員同士が重要な理

図表7—2　組織の儀式とその社会的効果の類型

儀式のタイプ	例	社会的効果
通過	導入および基礎的トレーニング、アメリカ陸軍	新しい社会的役割や地位への移行を促す
高揚	年に一度の表彰式	従業員の社会的アイデンティティを強化し、ステータスを高める
刷新	組織開発活動	社会的構造を刷新し、組織の機能性を改善する
統合化	社内クリスマス・パーティ	メンバーを結束させ、組織にコミットさせるような共通の感情を促進・活性化する

出典: Adapted from Harrison M. Trice and Janice M. Beyer, "Studying Organizational Cultures through Rites and Ceremonials", *Academy of Management Review* 9 (1984) : 653-59. Used with Permission.

解事項を共有するための絆を築き、重要な信条や活動を体現するヒーローやヒロインを表彰する特別な機会となるのである。(6)

組織に見られる四つのタイプの儀式を**図表7—2**に示す。通過の儀式は従業員の新たな社会的役割への移行を促すものである。高揚をもたらす儀式とは、より強い社会的アイデンティティを生み出し、従業員のステータスを高めるものである。刷新の儀式は組織の機能性を改善するトレーニングや開発活動を反映したものである。統合化の儀式は従業員の間に共通の絆と好感情を生み、組織へのコミットメントを高めるものである。以下の事例は、トップ・マネジャーがこれらの儀式や式典を利用して、どのように重要な文化的価値観を強化しているかを示すものである。

●ある大手銀行では、役員に選ばれることは出世コース上の重要な出来事と見られていた。だれかが銀行役員に昇進する際には、それに伴い必ず次のような一連の活動が行われた。たとえば、独特の方法で告知を行ったり、新役員を役員食堂に初めてつれていったり、新役員が告知後の金曜日に皆に一杯おごったりするのである。(7) これは通過の儀式である。

●メアリー・ケイ化粧品では、成績優秀な販売員に金やダイヤモンドのピン、毛皮、ピンクのキャデラックを贈呈する趣向を凝らした授賞式を行っている。最も成績の良い販売員は、映画や音楽の授賞候補者を紹介するときのようなビデオクリップによって紹介される。これは高揚をもたらす儀式である。

●マクドナルドの重要な年間行事の一つに、国内最高のハンバーガー調理チームを決定する全国コンテストがある。このコンテストでは、全店舗がハンバーガーの調理方法を細かく見直すよう促される。この式典は非常に目に留まりやすく、マクドナルドがハンバーガーの品質に価値を置いていることを全従業員に伝えている。(8) これは刷新の儀式である。

●ウォルマートでは、幹部がどこかの店舗を訪問するたびに、従業員の先頭に立って自社にエールを送る。「W! A! L! ―(ダッシュ)! (全員で腰をツイストさせる)。M! A! R! T! 何のつづり? ウォルマート(Wal-Mart)! 何のつづり? ウォルマート! だれがナンバーワン? お客様!」。この応援歌は従業員間の結束を固め、共通の目標に対する彼らのコミットメントを強化している。(9) これは統合化の儀式である。

ストーリー　ストーリーとは、頻繁に組織従業員の話題に上り、新入りの従業員にも組織に関する情報として語られるような、真実の出来事に基づく物語である。ストーリーの多くは、文化的な規範や価値観に奉仕する際のモデルや理想像となる会社のヒーローを取り上げている。またストーリーのなかには、その出来事が歴史的なもので細部が脚色されていることから、伝説と見なされるものもある。さらに、組織の価値観や信条には合致しているものの、事実による裏づけのない神話もある。(10)

ストーリーは組織の中心的価値観に活力を保ち、全従業員に共通の理解を与える。ストーリーがどのように文化を形づくるかを以下に例示する。

●3Mでは、ある副社長のストーリーが語りぐさとなっている。この人物は、ある新製品のアイデアをくだらないと思った上司がこの製品から手を引くよう命じたにもかかわらず、この製品にこだわりつづけたため、若くして解雇されてしまった。だが彼は解雇後も空き部屋に居残り、無報酬でその新製品のアイデアに取り組んだ。結局、彼は再雇用され、製品は成功を収め、副社長へと昇進した。このストーリーは自らの信ずるものにこだわる姿勢を同社が評価することを象徴している[11]。

●フェデックスのストーリーは、集荷ボックスのカギを無くしてしまったある配達員にまつわるものである。彼はむざむざ配達を遅らせはしなかった。ボックスを地面から引っこ抜き、配達車に載せると、集配センターに大急ぎで戻り、ボックスをこじ開けて翌日には中身を無事宛先に届けたのである[12]。同社の従業員はこのストーリーを語ることで、顧客を最優先することの重要性を伝え合っているのである。

シンボル　文化を解釈するためのもう一つの手段はシンボルである。シンボルとは何かを象徴するもののことである。ある意味では式典もストーリーもスローガンも儀式もすべてシンボルである。これらは組織のより根源的な価値観を象徴している。そして、もう一つのシンボルが組織の物理的な作成物である。物理的シンボルは特定の事物に関心を集めさせるので、強力である。物理的シンボルの例を以下に示す。

●百貨店のノードストロームは下位レベルの従業員を支援することの大切さを組織図によって象徴している。同社は並外れた顧客サービスで知られるが、この組織図によってマネジャーがこうしたサービスを行う従業員をコントロールするのではなく、むしろ支えなければならないことを象徴している[13]。

●ロンドンの広告代理店セント・ルークでは、オープンであること、平等、柔軟性、創造性といった価値に対する同社のコミットメントをオフィスのレイアウトが象徴している。そこには個人のデスクや作業スペースはない。クライアント別の広いブランドルームにチームが集まり、新しい仕事のアイデアを生み出したり進行中の作業の資料を保管したりするのである。[14]

言語　文化に影響を及ぼすテクニックとして最後に挙げるのが言語である。多くの企業が特定の格言やスローガン、たとえなど何らかの形の言語を用いて従業員に特別な意義を伝えている。スローガンは従業員や顧客が手軽に口ずさみ、繰り返すことのできるものだ。バンク・ワンでは「どんなことをしてでも」というスローガンを通じて顧客サービス重視の姿勢を推進している。同社の文化は何としてでも顧客の期待を上回る仕事をするよう従業員を激励している。文化を形づくるための主だった言語の利用法としては、ほかに以下のような例がある。

●ERPソフト販売のピープルソフトでは、従業員は自分たちのことを「ピープルピープル」と呼び、社内の「ピープルストア」で買い物をし、会社もちの軽食「ピープルスナック」をつまむ。この独特の用語を用いることにより、同社の緊密な家族的文化が強化されている。[15]

●IBM創業者の息子、T・J・ワトソン・ジュニアは、同社が必要とする従業員のタイプを「野生の鴨」にたとえた。彼が言いたかったのは「野生の鴨を飼い慣らすことはできても、家鴨を野生に戻すことは決してできない」ということである。[16] 野生の鴨は、創造力あふれる従業員を同社で飼い慣らしてしまわないために、差し出すべき自由と機会を象徴している。

文化が二つのレベル——基底にある価値観や前提、および目に見える人為的産物や観察可能な行動——で存在することを思い出してほしい。ここに説明したスローガンやシンボル、儀式は基底となる企業の価値観を反映する人為的産物である。マネジャーはこれらの目に見える人為的産物や行動を利用して企業の価値観を形づくり、組織文化を強化することが可能である。

図表7―3　環境および戦略と企業文化との関係

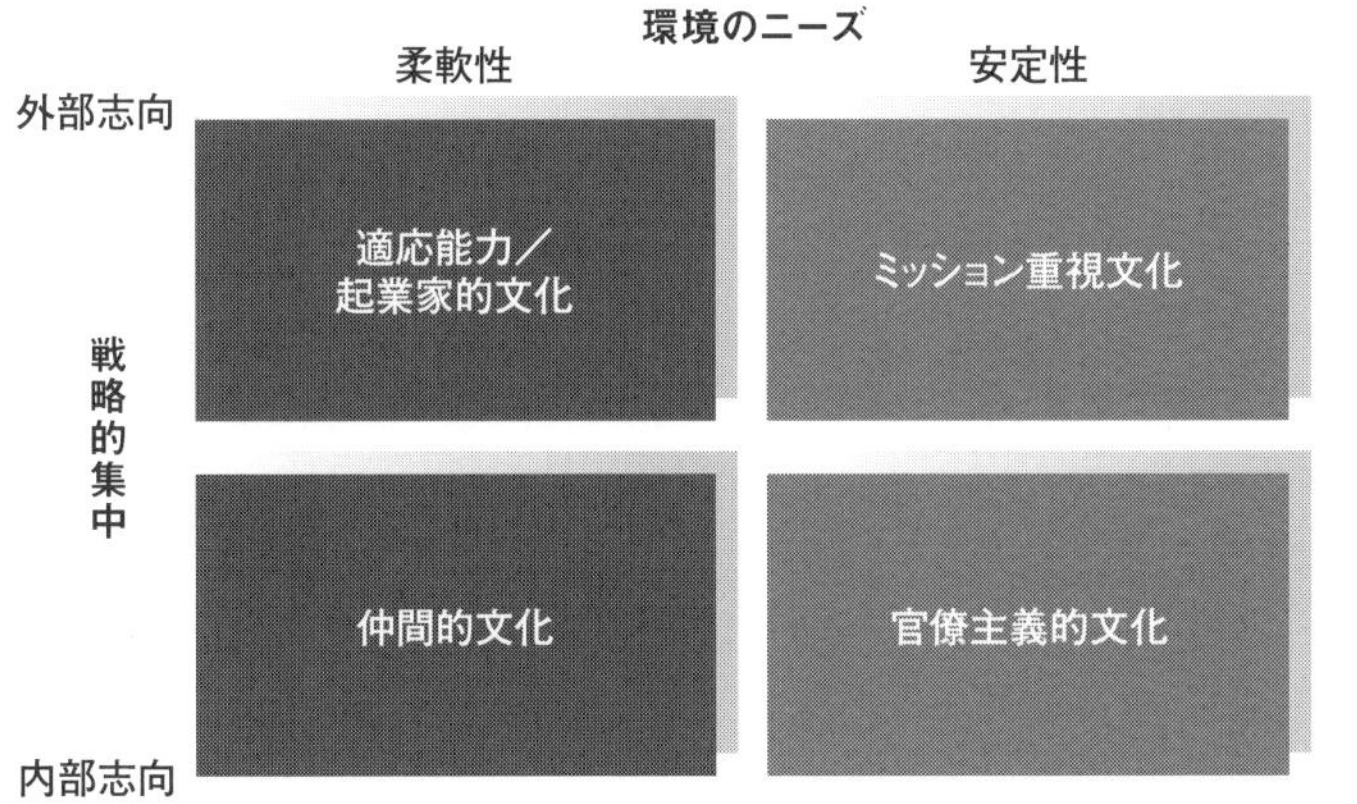

出典: Daniel R. Denison and Aneil K. Mishra, "Toward a Theory of Organizational Culture and Effectiveness," *Organization Science* 6, no.2 (March-April 1995):204-23; R. Hooijberg and F. Petrock, "On Cultural Change: Using the Competing Values Framework to Help Leaders Execute a Transformational Strategy," *Human Resource Management* 32 (1993):29-50; R. E. Quinn, *Beyond Rational Management: Mastering the Paradoxes and Competing Demands of High Performance* (San Francisco: Jossey-Bass, 1988) に基づく。

組織の設計と文化

組織の文化は、組織がその環境のなかで能力を発揮するために必要とする戦略や組織の構造上の設計を強化するものでなければならない。たとえば、台頭しつつあるインターネット企業では、外部環境が柔軟性と即応性を要求するのであり、文化は組織の適応能力を促進する特性を持たねばならない。文化的価値観、組織の戦略および構造、そして環境との正しい関係は、組織のパフォーマンスを向上させうる。

文化と企業有効性の研究からは、文化、戦略および組織構造、環境の適合のしかたが**図表7―3**に示した文化の四つのカテゴリーと関連していることがうかがえる[17]。これらのカテゴリーは二つの要因に基づいている。すなわち、(1)競争的環境が組織に対しどの程度の柔軟性あるいは安定性を要求するかということと、(2)戦略的な集中や強みがどの程度、内部的あるいは外部的なものかということである。これらの違いによる文化の四つのカテゴリーとは「適応能力／起業家的」「ミッション重視」「仲間的」「官僚主義的」である。外部環境の要求と組織の戦略的集中に応じて、四つの文化のいずれにも成功の可能性がある。

▼「適応能力／起業家的」文化

適応能力／起業家的文化を特徴づけるのは、顧客ニーズに応えるための柔軟性や変革を通じて外部環境に戦略的主眼が置かれている点である。この文化は、環境からのシグナルを感知し、解釈し、新たな行動反応へと転換する組織の能力を支える規範および信条を奨励するものである。しかし、このタイプの企業は環境の変化にすばやく反応するだけではなく、積極的に変化を生み出す。イノベーション、創造性、リスクテーキングが評価され、報いられるのである。

適応能力／起業家的文化の一例が３Ｍだ。同社の価値観は個人の自発性や起業家精神を促進する。新入社員は全員、リスクテーキングの講習を受け、たとえ上司と衝突しても自分のアイデアを追求するよう教え込まれる。

アーカンソー州コンウェーに本社を置くアクシオムは、一九九〇年代前半に適応能力／起業家的文化へと変化しはじめた。長年の急成長とデータ管理製品・サービスへの関心の爆発的高まりを受け、内部効率、確立されたルールおよび手順の徹底した遵守、トップダウンの意思決定を重視する同社の文化では急速に変化する環境の要求にもはや応じきれなくなっていることにマネジャーたちは気づいた。同社は従業員への権限付与、柔軟性、自発性の重要性を強調する外部重視へと転換した[18]。

ｅベイ、ドラッグストア・ドット・コム、バイ・ドット・コムといったｅコマース企業の多くに加え、マーケティング、エレクトロニクス、化粧品の各業界の企業も、スピーディな動きで顧客を満足させる必要があることから、このタイプの文化を用いている。

▼「ミッション重視」文化

外部環境において特定の顧客を対象とするものの、急速な変化の必要がない組織は、ミッション重視文化に適している。ミッション重視文化を特徴づけるのは、組織の目的の明確なビジョンと、その目的を果たすための売上増、収益、市場シェアといった目標の達成に重点が置かれていることである。個々の従業員が一定水準の業績を上げる責任を有する場合もあり、組織はその見返りとして一定の報酬を約束する。マネジャーは組織の望ましい将来像を描き、それを伝達することによって行動を形づくる。環境は一定しているため、このビジョンを測定可能な目標に転換し、従業員の目標達成の成果を評価することができる。場合によっては、ミッション重視文化が高水準の競争力と収益性重視を反映していることもある。

その一例がペプシコである。同社の元CEOであるウェイン・キャロウェーは、世界一の消費者製品企業になるというビジョンを設定した。高い業績基準を達成したマネジャーには惜しみない報酬——ファーストクラス航空券、フル装備の社用車、ストックオプション、ボーナス、急速な昇進——が与えられた。年に一度の成績評価で重視されるのは、売上げ目標やマーケティング目標などの成績目標の達成度である[19]。ミッション重視文化のもう一つの例は、ノースカロライナ州シャーロットに本社を置く鉄鋼企業のニューコアである。同社は従業員に収益と会社の長期的存続を常に重視させている。マネジャーにはより少ない経費でより多くの鉄鋼を生産するよう求め、それを実行すればふんだんな報酬を与えている[20]。

▼「仲間的」文化

仲間的文化が最も重視するのは、組織メンバーの関与と参加ならびに外部環境からの急速に変化する期待である。この文化は第6章で述べた仲間的コントロールと似ている。他のどのタイプにも増して、この文化は高いパフォーマンスを達成する手段として従業員のニーズを重視する。関与と参加は責任感とオーナーシップ感覚を生み、それにより組織へのコミットメントを高める。

統計分析ソフト製造のＳＡＳインスティチュートは、仲間的文化の一例である。最も重要な価値は、従業員が満足すると同時に生産的になれるよう、面倒を見たり必要な物がすべて揃っているかどうか確かめることである。従業員は長時間働いたり、張り詰めた競争心を示すよりも、バランスのとれた生活を送ることを奨励される。同社にはモンテッソーリ式の二つの保育園と、三三〇〇平方メートルを上回るフィットネス・センター、無制限の病気休暇、社内診療所があり、ピアノの生演奏が流れるカフェテリアでは従業員が家族づれで食事をすることもできる(21)。

同社は従業員の面倒を見ることによって、競争や変化する市場への適応を可能にしている。同社では従業員の創造力が高く評価され、収入の三〇％以上は研究開発に還元されている。急速に変化する嗜好に対応するため従業員の創造力を自由に発揮させるファッションおよび小売業界の企業も、やはりこの文化を用いている。

▼「官僚主義的」文化

官僚主義的文化は内部重視で、安定した環境との整合性に主眼を置く。こうした組織は秩序だった仕事のしかたを支援する文化を有する。シンボルやヒーロー、儀式は、目標達成手段としての協力、伝統、確立した方針や慣行の遵守を支援する。ここでは個人の関与の度合いはいくぶん低いものの、メンバー間の高度の一貫性と一致協力がそれを十二分に埋め合わせている。こうした組織は高度な統合性と効率によって成功を収める。

官僚主義的文化の一例はセーフコ・インシュランス・カンパニーである。一部には同社を堅苦しく統制的であると見るむきもある。従業員は決められた時間に休憩をとり、服装基準により男性は白いシャツとスーツを着用し、髭は伸ばさないよう定められている。ところが従業員は自社の文化を気に入っているのである。信頼性がものをいい、残業も求められない。契約どおり保険金を支払ってくれるという信頼感によって成功する保険会社に、この文化は適しているのである。[22]

▼文化の強さと下位文化（サブカルチャー）

強力な組織文化は企業の業績に強い影響を与えうる。文化の強さとは、特定の価値の重要性について組織のメンバー間にどの程度の合意があるかをいう。そうした価値の重要性について広範なコンセンサスが存在する場合、その文化は結合力を持つ強い文化である。もしほとんど合意がなければ、それは弱い文化である。[23]

強い文化は通常、儀式、シンボル、ストーリー、ヒーロー、スローガンの頻繁な使用と結びついている。こうした要素は望ましい価値への従業員のコミットメントを高める。さらに、強い企業文化を創出し維持しようとするマネジャーは、従業員の選定と社会化を重視する場合が多い。たとえば、サウスウエスト航空では文化に適合する人物だけが採用されるよう、新入社員候補は厳しい面接を受けさせられ、場合によっては同社の得意客が面接官になることさえある。現在最も急速な成長を遂げているソフトウエア会社の一つ、トリロジー・ソフトウエアでは、新入社員の選定と社会化は全社的なミッションとなっている。

しかし、文化が常に組織全体を通じて均一であるとは限らない。強い文化を有する組織であっても、特に大企業では、いくつかの下位文化（サブカルチャー）が存在する場合がある。サブカルチャーは、チームや事業部などのメンバーが共有する共通の問題、目標、体験を反映して発達する。企業の主要業務から物理的に分離している事務所、支店、事業部も、特異なサブカルチャーを発達させる場合がある。

たとえば、ある組織の支配的な文化がミッション重視文化であっても、各事業部は適応能力／起業家的文化や、仲間的文化、官僚主義的文化の特徴も帯びている場合がある。また、ある大組織の製造部門が秩序、効率、ルールの遵守を重んじる環境でうまくいっている一方で、研究開発部門は従業員への権限付与、柔軟性、顧客重視を特徴とすることもある。

第4章で見た製造、販売、研究部門の従業員を対象とするポール・ローレンスとジェイ・ローシュの研究[24]では、これらの従業員が各部門の任務を最も効果的に遂行するために、時期、人間関係、および公式的手続きによって異なる価値を発達させていたが、上記の例はこの分化の概念に似ている。

組織における倫理的価値観

組織の文化を構成する数々の価値観のなかでも、倫理上の価値観はいまや最も重要視されているものの一つである。多くの組織で倫理基準が公式の方針や非公式文化の構成要素となりつつあり、また多くのビジネススクールで倫理学の講座が開講されている。倫理とは、何が正しく何が間違っているかに関して個人や集団の行動を規定する道徳的な原則や価値の規範である。倫理上の価値観は行為や意思決定における善悪の基準を設定するものである[25]。

倫理は法によって支配される行動とは明確に区別される。法による支配は、どのような行動が求められるのか、一般的にどうすれば社会に受け入れられるのかを規定し、裁判での執行が可能な成文化された一組の原則や規則から生じるものである[26]。

倫理基準と法的義務の関係を**図表7―4**に示す。倫理基準は通常、法律の対象範囲外の行動に適用され、法による支配は必ずしも倫理基準の対象とならない行動を対象とする。現行の法律には総合的な道徳的判断を反映しているものも多いが、すべての道徳的判断が法律として成文化されているわけではない。たとえば、溺れる人を助けることの道徳性は法律には明記されていないし、車両の右側通行には道徳的根拠はない。しかし、強盗や殺人といった分野では、法による支配と道徳的基準が重なり合う。

図表7−4　法による支配と倫理基準の関係

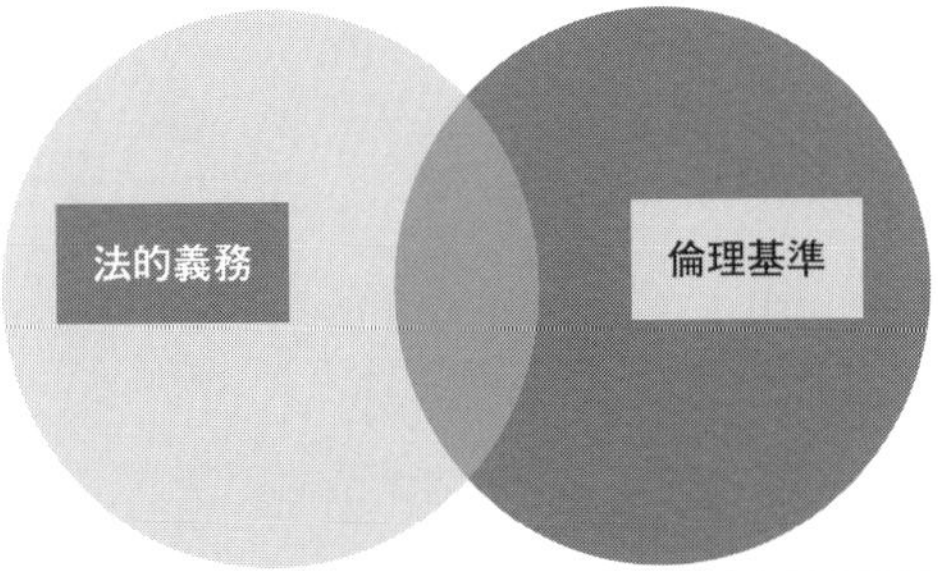

出典: LaRue Tone Hosmer, *The Ethics of Management*, 2d ed.（Homewood, Ill.:Irwin, 1991）

組織における非倫理的行為は驚くほど蔓延している。人的資源管理協会と倫理資源センターが実施した調査によると、人事専門家の五四％以上の回答で、従業員が上司や同僚に嘘をついたり、報告書や記録を改ざんしたり、仕事中に薬物や酒を濫用するのを見たことがあると答えている。[27] 法を犯してさえいなければ、自分は倫理的な行動をとっていると考える人が多いが、倫理は法律よりもはるかに厳しい場合が多い。[28] 多くの行動は成文化されておらず、マネジャーはそうした問題に関する新たな規範や価値の登場に敏感でいなければならない。マネジメント上の倫理とは、マネジャーの決定や行動が道徳的な意味で正しいか誤っているかを導く原則である。社会的責任の概念はこの概念の延長線上にあるもので、組織が自分たちだけでなく社会の福祉と利益にも貢献するよう選択し行動をとるマネジメントの義務をいう。[29]

マネジメント上の倫理が必要となる例を以下に示す。[30]

● ある旅行代理店の責任者は、あるレンタカー会社に毎月一〇〇件以上の予約を入れると従業員も自分も高額の報奨金がもらえることを知っていた。だが、顧客はたいていの場合、できるだけ値段の安いレンタカー会社を選びたいと思っていた。

● 部品配送施設の担当幹部が従業員に対し、電話での顧客には在庫がなくても「ある」と言えと指示した。商品補充には一日、二日しかかからず、その程度遅れてもだれも困りはしないし、競争相手に注文を奪われずにすむからである。

●あるコンサルティング・プロジェクトのマネジャーは、いくつかの事実を報告書から省くべきかどうか迷っていた。その事実を報告すると、報告書の発注主であるマーケティング担当幹部の面目がつぶれるからである。

●海外で事業を展開する北アメリカのあるメーカーが政府高官に現金（わいろ）を支払うよう要請された。現地の習慣では普通のことだというが、北アメリカではそれは違法である。

これらの問題はきわめて解決しにくく、ジレンマとなることもしばしばである。倫理上のジレンマが生じるのは、いずれの選択肢や行動も倫理的にまずい結果を招く可能性があり、好ましくないと思われる場合である。何が正しく何が間違っているかを明確にすることなど不可能である。組織のなかに企業文化の一部としての倫理上の価値観を確立することで、こうした選択を助けることができる。企業文化には事業の成功に必要な倫理上の価値観を組み込むことが可能なのである。

組織における倫理的価値観の源

倫理的行為や社会的に責任ある行為の基準は、組織そのものだけではなく、個々の従業員にも組み込まれている。さらに、外部のステークホルダーも何が倫理的か、何が社会的に責任あることかの基準に影響を及ぼしうる。倫理上の決定を左右する直接的な影響力を**図表7―5**にまとめる。個人の信条や価値観、その人物の倫理上の決定のフレームワーク、道徳的発達の度合いは個人の倫理に影響を及ぼす。すでに議論したように、組織文化は組

図表7—5　マネジメント上の倫理を形成する4つの力

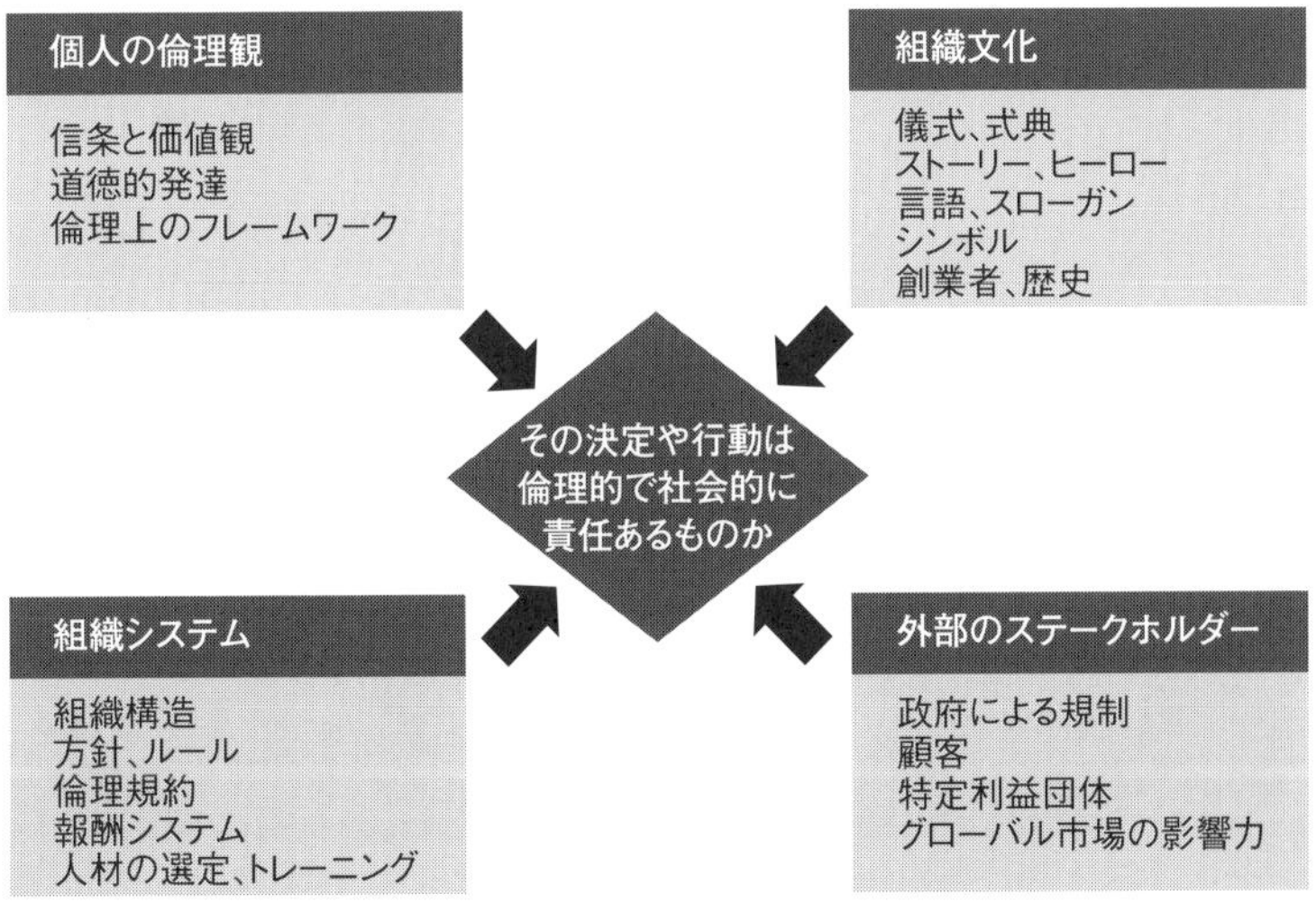

織内における価値観の全体的なフレームワークを形づくる。さらに、公式の組織システムは、組織の方針の基準や報酬制度に則って価値観や行動に影響を及ぼす。

また、企業は何が正しいかを決定するにあたり、数多くのステークホルダーと接触する。企業は自分たちの行動が顧客や政府当局、株主、世間一般からどう見られるかを考え、各行動の選択肢がさまざまなステークホルダーに及ぼす影響力を考慮する。組織における倫理上の決定を理解するうえで、これらすべての要因を探ることができる。[31]

▼個人の倫理観

人はだれでも個人的な信条や価値観を職場に持ち込む。個人的な価値観、および、こうした価値観を行動に転換する道徳的な理由づけは、組織における倫理上の意思決定の重要な側面である。[32]

マネジャーの家庭的背景や精神的価値観は彼らが仕事を行ううえでの原則をもたらす。さらに、人には道徳的な発達段階があり、それが価値観を行動に転換する能力に影響を及ぼす。たとえば、子どもの道徳的発達段階は低く、ご褒美をもらったりお仕置きを避けるために決断したり行動したりする。発達の中間段階では、人は仲間や社会の期待するよい行動のあり方に従うことを学ぶ。たいていのマネジャーはこの段階にあり、積極的に法を支持し、社会の期待に応えようとしている。道徳的発達の最高段階にある人々には、発達した内面的基準がある。それは自ら選択した倫理原則であり、意思決定にあたってはそれが外部の期待よりも重要性を持つ。こうした高度なレベルに達する人はわずかであり、彼らはより高度な道徳原則を守るために、必要とあれば法をも犯すこともある。[33]

もう一つの個人的な要因はマネジャーが自らの意思決定を導く倫理上のフレームワークを発達させているかどうかである。たとえば倫理学による**功利主義理論**では、倫理上の決定は最大多数の人々に最大の利益をもたらすような形で下されるべきとされる。このフレームワークはビジネス上の決定としばしば合致する。というのも、費用と利益は金額で計算できるからである。一方、**個人的自由**のフレームワークでは、意思決定は個人に最大限の選択の自由と意思の自由を保障するような形で下されるべきとされる。自由のなかには自らの良心に従って行動する自由、言論の自由、正当な法の手続き、プライバシーの権利が含まれる。さらに、**分配の正当性**のフレームワークでは、社会的協力に不可欠な報酬の分配やルールの管理に関して公正、公平を促すような決定が道徳的決定とされる。[34]

▼組織文化

倫理的あるいは非倫理的な企業慣行をだれか一人の個人的倫理観に全面的に帰することはほとんど不可能である。企業慣行は組織文化が持つ価値観、姿勢、行動パターンを反映するのであるから、倫理は個人的な問題であるとともに組織的な問題でもある。職場で倫理的行動を奨励するためには、企業は倫理を組織文化に不可欠の構成要素とする必要がある。

ネブラスカ州オマハに本社を置くサーティファイド・トランスミッション・リビルダーズという小さな会社では、顧客利益の再優先を基本として文化が築かれている。従業員は「誠実なコミュニケーション」のスキルを身につけるために継続的に研修を受けている。経営者のピーター・フィンクは、自分たちの決定に干渉されたくないので企業診断士を雇っていない。

同社でトランスミッションを修理した顧客は、すべてがちゃんと機能していることを再度確認するため、一五日後に再び車を持ってくるよう依頼されるが、こうしたプロセスには費用と時間がかかる。もし修理をやり直さなければならない場合、顧客には代車が提供され、追加作業は無料で行われる。それでもフィンクは本当に必要でない修理の代金はいっさい請求しません、と顧客に保証することにより、大きな成功を収めているのである。(35)

倫理的基準が組織文化に深く根づいている大企業の一つにJ&Jがある。頭痛薬タイレノールの毒物混入事件における同社の適切な対応は、当時のCEO、ジェームズ・バークの倫理的基準あってのものといわれることもあるが、彼自身はこの危機に関連する決定は同社全体に創業当初から深く根づく価値観や原則を反映したものだと指摘している。(36)

▼組織システム

マネジメント上の倫理を形づくる影響力の三つ目のカテゴリーは、公式の組織システムである。これは次のような組織の基本的な公式条件に関係している。倫理上の価値観が方針やルールに組み込まれているか、明確な倫理規約が存在し、メンバーに公表されているか、称賛、注目、昇進などの組織的報酬が倫理的行動と結びつけられているか、従業員の選定やトレーニングに際し倫理が考慮されているか等である。このような公式の取り組みは非公式の文化のなかに存在する倫理上の価値観を強化しうる。

昨今、公式の倫理プログラムを確立する企業はどんどん増えてきている。たとえば、テネシー州ナッシュビルに本社を置く年商一八八億ドルの病院チェーン、コロンビア／HCAヘルスケア（以下コロンビア／HCA）は、疑わしい請求慣行と詐欺的行為により全国の新聞・雑誌で糾弾され、連邦当局から追及されたのを契機に、事態の収拾とこのような倫理的、法的問題の再発防止のため、新たなマネジメントチームを迎え入れた。

倫理・順法性・企業責任担当上級副社長としてアラン・R・ユスペーが着任したとき、同社には稚拙な順法（コンプライアンス）プログラムと名目的な倫理指針があるだけで、しかもそれはいかにもわかりにくい代物だった。ユスペーは思いやり、誠実さ、公正さ、忠誠心、尊敬、親切心といった価値を重視する簡潔明解な行動規約の草案を作成し、イントラネットに掲載して全従業員からコメントを募った。決定した規約は同社の二八万五〇〇〇人の従業員全員に配布された。さらにユスペーは、全従業員を対象とする総合的トレーニングや従業員からの年間約一二〇〇件の電話問い合わせに答える倫理ホットラインを含む大規模な倫理プログラムを開発した。[37]

▼外部のステークホルダー

マネジメント上の倫理と社会的責任は、さまざまな外部のステークホルダー、すなわち組織の業績に利害関係を持つ組織外のグループからも影響を受ける。倫理的で社会的に責任ある意思決定では、組織はより大きな社会の一部であることを認識し、決定や行動がすべてのステークホルダーに及ぼす影響を考慮に入れている。[38]重要性の高い外部のステークホルダーとして挙げられるのは、政府機関、顧客、環境保護団体などの特殊利益団体、そしてグローバル市場の力である。

企業は安全法、環境保護の義務、その他多くの法や規則など、政府による一定の規制の範囲内で事業を運営しなければならない。コロンビア／HCAのトレーニング・プログラムの一部は、全従業員にヘルスケア関連の法律や規則をしっかりと把握させるような内容となっている。一方、顧客は商品やサービスの品質、安全性、入手のしやすさに関心を持っている。

たとえば、ダウ・コーニングには野心的な倫理プログラムがあるにもかかわらず、同社のシリコン製の豊胸用注入物の安全性について顧客の安心感を維持できなかったばかりに、倫理的企業としての同社の評判は著しく損なわれてしまった[39]。

特定目的団体は依然として企業の直面する最大のステークホルダー問題の一つである。今日、特に声高なのが、企業の環境に対する責任に関心を持つ人々である。この結果、大手企業では環境保護が組織の企画立案および意思決定に不可欠の構成要素となりつつある。経済成長と環境保存の両立可能な発展の概念は、多くのビジネス・リーダーの間に定着しつつある。

自然環境を犠牲にしてまで利益を上げることしか頭にない組織には、人々はいまや違和感を持つようになっている。環境保存――食糧、住居、衣服、エネルギー、その他の人間的用途のために環境から取り出されたものが再利用可能な廃棄物として環境システムに返還されること――は、モンサント、インターフェース、イケア、エレクトロラックス、スカンディック・ホテルズ、マクミラン・ブローデルといった企業の戦略に組み込まれているのだ。

カーペット業界首位で年商一〇億ドルのインターフェースは、環境汚染、廃棄物、化石燃料と無縁の製造を可能にするような変革に着手している。CEOのレイ・アンダーソンは環境保存の概念を追求するあまり、次のような信条をブロンズに刻み同社の最新の工場に掲げたほどである。「もしわが社が成功すれば、残りの日々は昨年のカーペットやその他の石油化学製品の回収および新たな原料へのリサイクルと、太陽光のエネルギー化に費やし、ゴミ処理場に出す廃棄物をゼロに、また生態系への排出物をゼロにする所存である。そして、善行はわが社に繁栄を――それも非常に大きな繁栄を――もたらすであろう」[40]

組織へのプレッシャーとしてもう一つ大きくなりつつあるのは、急速に変化するグローバル市場に関連するものである。グローバルに事業を展開する企業は、難しい倫理問題に直面している。企業は海外に出ればより低いコストで同じ製品をつくることができる一方で、アメリカ人労働者は何千人単位で職や収入を失っている。たとえば、カリフォルニア州アーケータのヤキマ・プロダクトは、自転車やスキー板などのスポーツ用品向けカートップ・キャリアの生産を全面的にメキシコに移転した。経済的には堅実な判断で、株主の利益にも明らかにかなうものだったが、従業員や地域コミュニティは怒りと裏切りを感じた。[41] リーバイスはビルマと中国で低コストの請負契約を結んだものの、これらの国々で人権問題が浮上したため、倫理的にこの契約の解消を余儀なくされた。ビジネスの世界がますますグローバル化するなか、倫理や社会的責任の問題はいっそう困難化する見込みが強い。[42]

組織構造とシステムを通じて文化と倫理を形づくる

ビジネス円卓会議——大企業二五〇社のCEOの協会——が発表したある報告書に、GTE、ゼロックス、J&J、ボーイング、ヒューレット・パッカードを含む会員企業一〇〇社の倫理、方針、慣行が取り上げられている。[43] 回答企業の経験上、倫理的な意思決定において最も重要な要因を一つ挙げるとすれば、それはコミットメントや、リーダーシップ、倫理上の価値観の模範を示すトップ・マネジメントの役割だという。

CEOをはじめとするトップ・マネジャーは、特定の価値観にコミットし、そうした価値観の育成と刷新において常にリーダーシップを発揮しなければならない。価値観を伝える方法は口頭、社内報、方針声明文、そして特に彼ら個々人による行動など、数多くある。トップ・リーダーには、全従業員が日常的に倫理的な行動をとることの大切さを強調する文化を創出し、維持する責任がある。CEOが非倫理的慣行に従事したり他者の非倫理的慣行に対し断固たる行動を怠ると、こうした態度は組織の下方へと浸透していく。公式の倫理規範やトレーニング・プログラムも、リーダーが倫理的行為の高い基準を設定して自ら守らない限り、無用の長物である[44]。

リーダーが文化および倫理上の価値観を形づくるのに利用できる手段として、公式の組織構造およびシステムがある。これらのシステムは近年、マネジメント上の倫理に影響を及ぼすうえで特に効果を発揮している。

組織構造を活用する方法 マネジャーは倫理上の価値観に対する責任を特定の役職に割り当てることができる。これにより、単に組織の時間とエネルギーをその問題に割り振るだけでなく、倫理の重要性をすべての人に象徴的に示すことにもなる。その一つの例が**倫理委員会**である。これは企業倫理の監視を任じられた幹部グループであり、疑わしい点のある倫理問題に判定を下すとともに、不正行為者に対する懲戒責任を負う。

多くの企業が、「警察」的な見方にとどまらずカウンセリング・センターとして機能するような倫理室を設置しようとしている。シアーズの会長兼ＣＥＯであるアルフレッド・Ｃ・マルティネスは同社再生努力の一環として、倫理・経営実践室を設置した。マルティネスは一九九〇年代初め、同社自動車修理センターの従業員が手数料を稼ぐため顧客に誤解を招くような説明をし、不必要な修理の代金を請求していたとされるスキャンダルで、同社のイメージが深刻に傷ついたことを認識した。新たに設置されたこの倫理担当部署は、シアーズの行動規範の価値観を推進し、日常的な倫理上のジレンマや疑問、助言の求めに応えるなど、不正行為者の懲戒に重点を置くのでなく従業員の正しい選択を助けることにより大きな重点を置いている[45]。

もう一つの例は**倫理苦情処理調査官**である。これは単独のマネジャーが、おそらくはスタッフを与えられて、企業の良心としての役割を果たすものである。労働力の多様性が増し、組織が従業員の関与の増大を重視しつづけるなか、より多くの企業がさまざまな不満に耳を傾け、倫理関連の苦情を調査し、従業員の懸念や倫理上の不正の可能性をトップ・マネジメントに指摘するための倫理苦情処理調査官を任命すると見られる。こうしたシステムがうまく機能するためには、ピトニーボウズの企業倫理苦情処理調査官がそうであるように、この役職に就く人物が会長や最高経営責任者に直接アクセスできるようにする必要がある。[46]

ディスクローズのメカニズムを活用する方法　倫理室、倫理委員会、倫理苦情処理調査官は、従業員に倫理的慣行に関する強い意識を表明するためのメカニズムを与えるものである。なかでも重要な機能は、告発を支援する方針や手続きの確立である。告発とは、従業員が組織の違法慣行や反道徳的慣行、あるいは不正慣行をディスクローズすることである。[47] 企業方針の価値の一つであるべきなのは、告発者が倫理的な関心を抱いたばかりに左遷されたり解雇されたりすることのないよう保護することである。また企業方針として、責任あるマネジャーへ目立たぬ方法で通報できるようにする方法で告発者が組織内にとどまることを奨励することもできる。[48] 告発者にとっては新聞やテレビの記者に情報を流すことにより、組織活動を停止させるという選択肢もあるが、あくまでもそれは最後の手段である。

近年、告発の件数は増加してきているものの、従業員にとっては仕事を失ったり同僚から村八分にされるなどのリスクを依然として伴う。マネジャーのなかには告発者を調和を乱す者と見なし、解雇や告発行為の妨害を正しいことだと思い込んでいる者もいる。企業世界で倫理上の問題が増すにつれ、多くの企業が告発者を保護する方法を模索しつつある。さらに、違法あるいは非倫理的な商行為の通報者に対する法的保護を求める声も高まっている。[49]

保護的措置がないと告発者は被害を受け、企業は非倫理的あるいは違法な慣行を続けることにもなる。ＴＶＡのワッツバー原子力発電所で働くカーティス・オーバーオールは、巨大なアイス・コンデンサの底部のネジが約二〇〇個も破損していると報告したとき、自分は原子炉の点火時に主要安全システムが適切に稼働するよう、すべきことをしているだけだと思っていた。

ところがオーバーオールは解雇され、施設への立ち入り許可を取り消されたうえ、エスカレートする脅迫に耐えねばならなくなり、ついにはストレスと抑鬱状態で治療を受けることになった。彼は最終的には仕事を取り戻したが、彼のピックアップ・トラックに偽装爆弾が仕掛けられた後、再び退職した。原子力規制委員会はワッツバーの状況をいまも調査中である。[50]

倫理規範を活用する方法　ビジネス倫理センターの調査によると、『フォーチュン』誌の売上高上位五〇〇社リストに掲載されている企業のうち九〇%が、またそれ以外の全企業では約半数が、企業倫理規範を制定しているという。[51]こうした規範は企業が従業員に求める行動を明確にし、従業員が企業行動の倫理的側面の認識を期待されていることを明示するものである。

企業によっては、より広範な価値観声明文のなかの一部で倫理に言及している場合もある。こうした声明文は企業文化とともに倫理上の価値観を定義し、企業責任、製品の品質、従業員の処遇に関する文言を含んでいる。公式の価値観声明文は組織として支持する考え方を定義し、従業員の価値選択の基準となる文書として機能しうる。[52]ユナイテッド・テクノロジーズ・コーポレーション、GTE、リズ・クレイボーンの各社はいずれも、確立された文化および倫理上の価値観声明文を有している。ノーザン・テレコムが冊子にまとめて全従業員に配布し、インターネットでも公開している企業行為規範は、企業の中核的価値やミッションをどのようにして倫理的な企業慣行に転換するかを示す基準および指針となっている。

倫理規範は期待される価値観や行動だけでなく、受け入れられない、あるいはマネジメントの行動によって支持されない価値観や行動も明らかにする。倫理規範やより広範な価値観声明文は組織の価値観を管理するうえで重要な手段となる。

トレーニング・プログラム（従業員研修）を活用する方法　日々の意思決定において倫理的問題がきちんと考慮されるよう、企業は文書化された倫理規範によって従業員のトレーニング・プログラムを補充することができる[53]。最近のある調査によると、回答企業の四五％が従業員研修に倫理トレーニングを取り入れている。シアーズでは全マネジャーが倫理に関する資料を配布され、シアーズ大学で倫理トレーニング・コースを受講し、自社の行動規範の遵守を約束する契約に毎年サインしている。テキサス・インスツルメンツでは従業員が八時間の倫理トレーニング・コースを受講し、ケーススタディを通じて各自が倫理上のジレンマに取り組む機会を与えられている。さらに同社ではすべてのトレーニング・コースに倫理的要素を組み込んでいる[54]。

またこうした倫理プログラムの一つの重要なステップとして、本章ですでに述べた功利主義的アプローチなどの倫理上の意思決定のフレームワークも組み込まれている。こうしたフレームワークを学ぶことにより、マネジャーは自律的に行動しながらも、困難な意思決定にあたって自ら道を切り開くよう促される。一部の企業ではマネジャーに道徳的発達段階についても教え、高度な段階の倫理的意思決定への到達を促している。このトレーニングは戦略的競争力の重要な要素として、倫理的な行動や完全さを確立するための重要な「触媒」となっている[55]。

これらの公式のシステムや組織構造は大きな効果を発揮しうる。しかし、それだけでは倫理的な企業を構築し、維持するのに十分ではない。リーダーは倫理を組織文化のなかに取り入れ、自らの言動を通じて倫理上の価値観を支持し、活性化する必要がある。

▼討論課題

1. あなたがこれまで働いたことのある組織について、シンボル、儀式、服装など文化の目に見える側面とそれによって体現される基調となる価値観を述べよ。
2. 一つの組織内にいくつかのサブカルチャーがあることの利点は何か。またその欠点は。

3. 官僚主義的文化は仲間的文化に比べて従業員を重視していないと思うか。議論せよ。
4. 高揚をもたらす儀式、刷新の儀式、統合化の儀式の違いを議論せよ。
5. これまでに自分や知人が経費の水増しといった倫理上のジレンマに直面するような状況があったか。その人物の決断は個人的な道徳的発達の影響を受けていたと思うか、それとも企業内で受け入れられている価値観の影響を受けていたと思うか。説明せよ。
6. 外部のステークホルダーは組織における倫理上の意思決定にどのように影響を及ぼすか。なぜ今日の組織にとってグローバリゼーションが倫理問題を複雑化する一因となっているのかを議論せよ。
7. 倫理規範は倫理的行動の責任を組織から個々の従業員に転嫁するものとして批判されてきた。これに同意するか。倫理規範は組織にとって価値があると思うか。

第8章 イノベーションと変革

今日、すべての組織は生き残るために変革を行わなければならない。新たな発見や発明が直ちに従来の標準的なものに取って代わる。現在の大学生の親たちが育った時代には、ボイスメールも、CDも、テレビゲームも、デビットカードも、携帯電話も、スーパーマーケットのバーコードの読み取りレジもなかったという事実は、変革の速さを如実に示している。

インターネットを通じて世界中の人々と即座にコミュニケーションがとれることなど、ほんの一〇年ほど前まではほとんどの人々にとって想像もつかないことだった。マネジャーは組織が刻々と変化する状況に対応できるよう、何とかしてイノベーションを促進しようとしている。また彼らは、従業員が急速な変革に対処できるよう促す手法も模索している。

▼本章の目的

本章では組織がどのように変革を行うのか、またマネジャーはどのようにしてイノベーションと変革のプロセスを導くかを見ていく。まず、次の項では、漸進的変革と急進的変革の違いと、組織で実施される変革の四つのタイプ——技術、製品、組織構造、人々——、そしていかに変革をうまくマネジメントするかについて述べる。そして、各タイプの変革を促すための組織構造とマネジメント手法を議論する。また、変革の開発と実行に影響を及ぼすマネジメント技法についても述べる。

変革の戦略的役割

どんな組織でもいくつかの変革期を経験する。組織外のさまざまな力によって変革が引き起こされる場合もあれば、社内のマネジャーたちが大規模な変革を起こしたりイノベーションに拍車をかけたいと思いながら、その方法がわからずにいる場合もある。成功者でありつづけるためには、組織はさまざまなタイプの変革に取り組まなければならない。時間と経営資源の大半を現状維持に費やす組織は、今日の不確実な環境下で繁栄する見込みが薄い。(1) マネジャーは組織の戦略上の必要性や外部環境からの要求に従って組織の一部または複数の部分でイノベーションを促す。必要とされる時に必要とされる場所で変革を首尾よく実行するために、彼らはいくつかの技法を用いる。

▼戦略的な変革のタイプ

マネジャーは戦略的優位を達成するために、組織における四つのタイプの変革に取り組むことができる。これら四つの変革のタイプとは、**図表8―1**にまとめたとおり、製品・サービス、戦略と組織構造、文化、そして技術である。リーダーシップおよび組織戦略の全般については第2章で、企業文化に関しては前章で言及した。

図表8−1　4つのタイプの変革が戦略的競争力となる

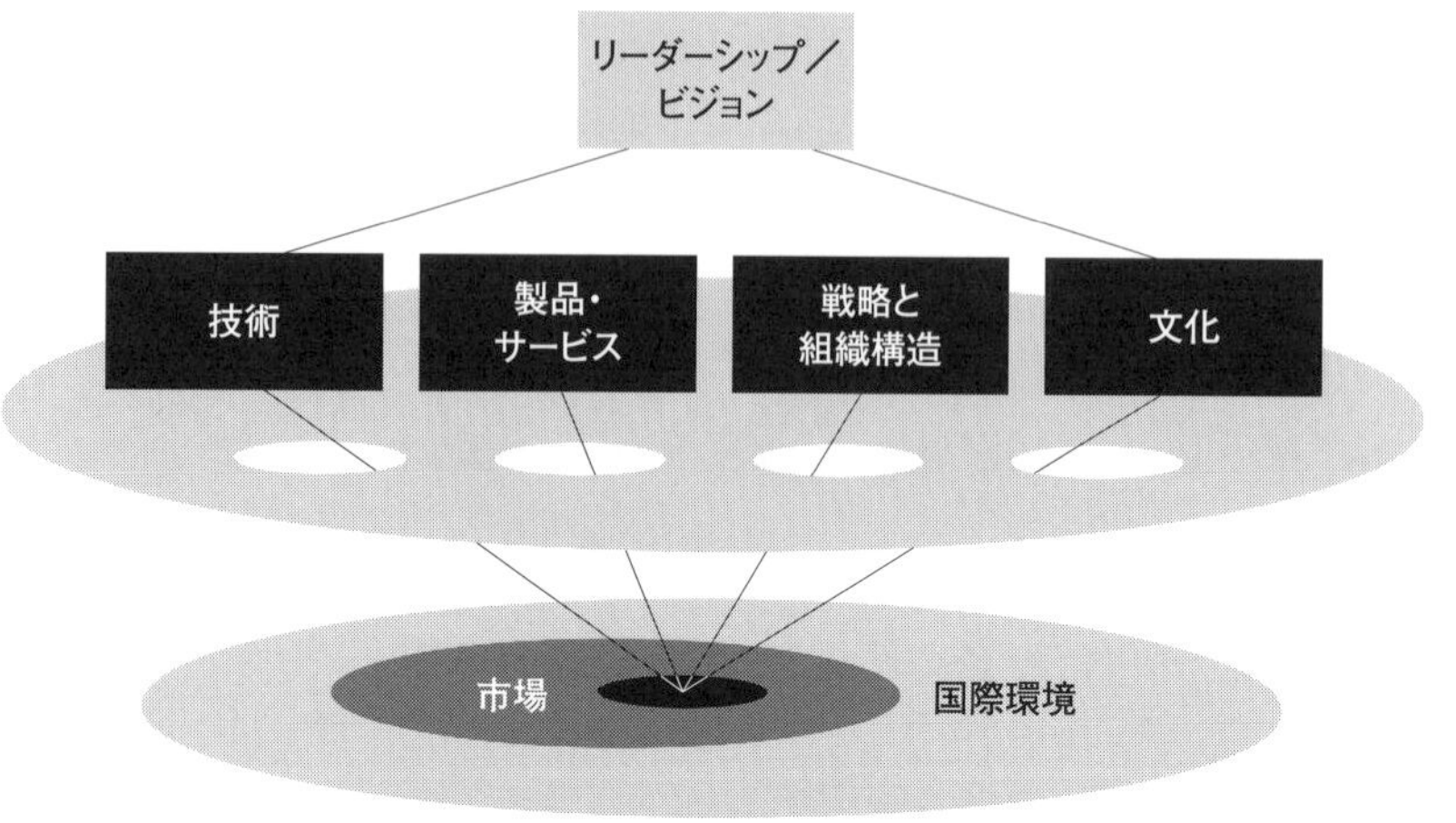

出典: Joseph E. McCann, "Design Principles for an Innovating Company," *Academy of Management Executive* 5 (May 1991):76-93.Used with Permission.

これらの要素は、四つのタイプの変革が国際環境のなかで優位に立つための競争力として機能するときの全体的な文脈となるものである。企業には製品・サービス、戦略と組織構造、文化、そして技術に関する独自の構成があり、自社が選んだ市場に最大の影響力を発揮するよう照準を絞ることができる。(2)

技術の変革とは、知識やスキルの基盤を含めた組織の生産工程における変革であり、際立った能力を与えてくれる。こうした変革は生産効率の向上や生産量の増大を目指すものだ。技術における変革は、製品やサービスを生み出す技術にかかわる。このなかには作業方法、設備、ワークフローが含まれる。たとえば大学では、授業法の変革が技術の変革となる。

また、イギリスの上下水道会社アングリア・ウォーターは、既存技術を利用して一般家庭の水道利用量を三分の一に減少させる給水効率リサイクル・システム「ウォーターワイズ」を編み出す革新的な方法を思いついた。同社はまた、組織全体に技術的知識を浸透させるため、新しい情報技術も採用した。(3)

製品・サービスの変革は、組織の製品やサービスの産出に関係するものである。新製品には既存製品をわずかに調整したものもあれば、まったく新しい製品シリーズもある。新製品は通常、市場シェアの増大や新たな市場や顧客の開拓を目的としている。し烈な国際競争に直面した工作機械メーカーのシンシナティ・ミラクロンは、工作機械だけでなく産業用のあらゆる樹脂、流体、化学製品を提供する総合生産財メーカーへと転身した。いまでは工作機械は同社の総収入の約四分の一を占めるにすぎない。新しい製品・サービスは同社の市場や顧客ベースを拡大し、同業他社の多くが倒産するなか、創業一一五年の同社が生き残るのに役立ったのである。(4)

戦略および組織構造の変革は、組織の経営の領域にかかわるものである。経営の領域には組織の監督とマネジメントが含まれる。こうした変革には組織構造、戦略的マネジメント、政策、報酬システム、労使関係、調整機能、経営情報システムおよびマネジメント・コントロール・システム、会計システムおよび予算システムにおける変革が含まれる。

製品や技術の変革がしばしばボトムアップで行われるのに対し、組織構造やシステムの変革は通常、トップダウン、つまりトップ・マネジメントからの命令で行われる。シンシナティ・ミラクロンでは、経営トップがエンジニア、マネジャー、外部のサプライヤー、顧客から成る「ウルフパック」チームを結成し、共同で新製品開発に取り組ませることで組織構造の変革が行われた。大学のマネジメントが実施するシステムの変革としては、成果給制度の導入などが考えられる。企業のダウンサイジングもまた、トップダウンによる組織構造の変革の一例である。

文化の変革とは、従業員の価値観、態度、期待、信条、能力、行動における変革をいう。文化の変革は従業員の考え方の変化にかかわるものであり、技術や組織構造、製品よりもむしろ思考様式における変革である。

化学工業および鋳造業向けの特殊金属のトップメーカーであるグローブ・メタラージカルの旧来の文化は、疑いと不信をその特徴としていた。マネジャーはしばしば従業員の意見を聞かずに変革を指図し、手法や方針を突然変えることもあった。同社は自社の文化を変革することで、従業員のエンパワーメントと巻き込み、マネジメントへの新たな敬意、品質への新たなコミットメントを評価するものへと変えた。[5]

図表8―1に示した変革の四つのタイプは相互依存的である――つまり、どれか一つを変革すれば、往々にして別のどれかも変革することになる。新製品には生産技術の変革が必要かもしれないし、組織構造の変革には従業員の新たなスキルが必要かもしれない。たとえば、シェナンドア生命保険が保険金請求処理のために新しいコンピュータ技術を導入したときには、事務職をこの技術に適した五人ないし七人のチームに再編するまで十分に活用されなかった。組織構造の変革は技術変革の副産物だったのである。

ある製造会社では、技術者がロボットと高度製造技術を導入したものの、従業員の負担が増えるのみの結果となってしまった。従業員のスキルの向上には賃金システムの変革が必要だった。組織とは相互依存的なシステムであり、一部を変えると往々にして他の組織要素にも影響が及ぶのである。

▼変革に成功をもたらす要素

変革のタイプや範囲に関わりなく、イノベーションにはいくつかの明確な段階があり、各段階が重なり合う場合があるものの、通常は決まった順序で起こる。[6] イノベーションに関する研究文献では、組織の変革とはある組織が新しいアイデアや行動を採用することとされている。[7] 一方、組織におけるイノベーションとはその組織の業界や市場、あるいは環境全般にとって新しいアイデアや行動を採用することである。[8] 新製品を最初に発売する組織はイノベーターと見なされ、その製品をコピーする組織は変革の採用者と見なされる。ただし、変革のマネジメント上は、イノベーションと変革の二つの用語を互換的に用いることとする。なぜなら、組織における変革のプロセスはその変革が同じ環境のなかの他の組織と比べて早かろうが遅かろうが、たいていは同じだからである。

通常、イノベーションは一連の段階や部分を通じて組織に同化されていく。組織のメンバーはまず、イノベー

図表8－2　変革に成功をもたらす一連の要素

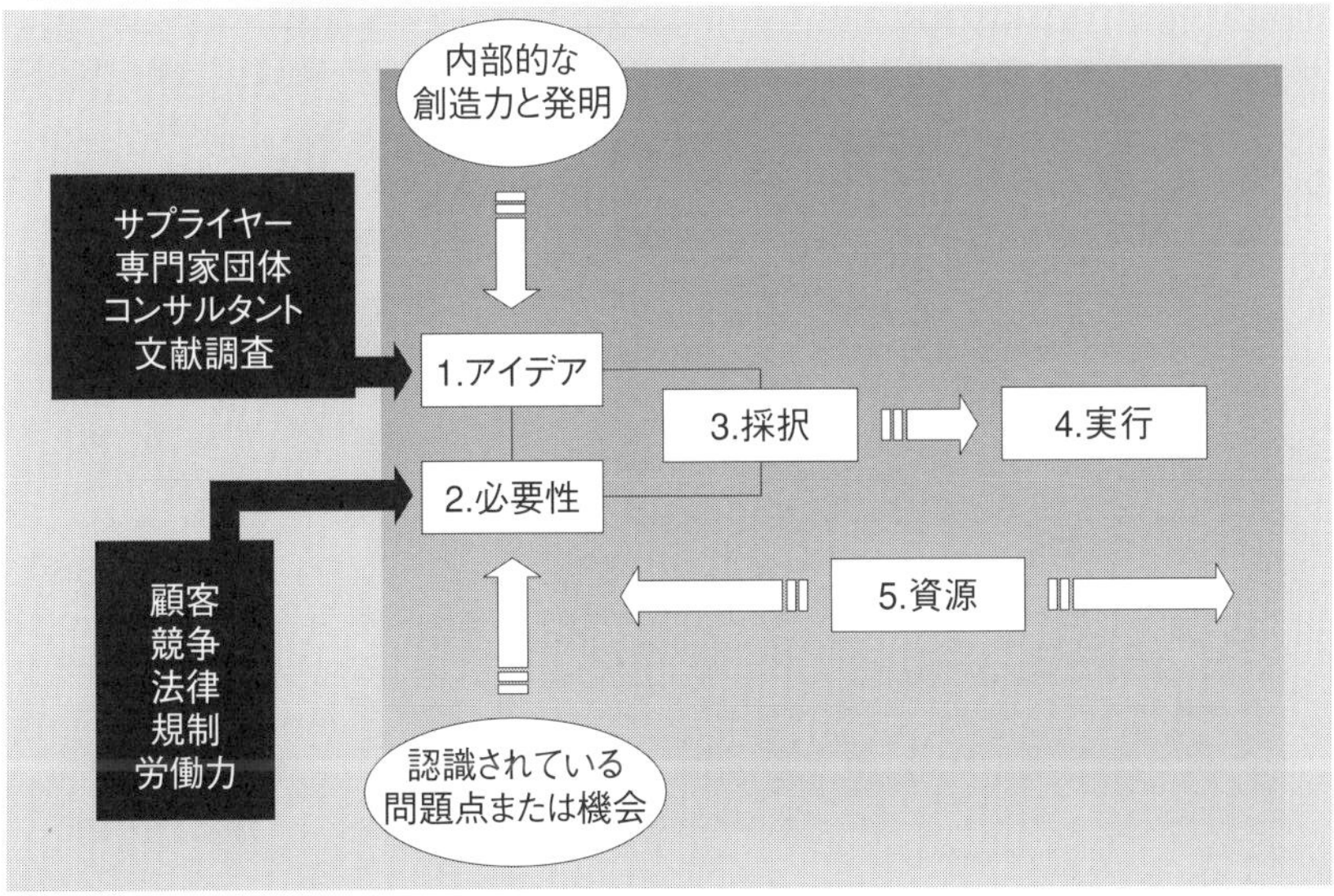

ションの可能性に気づき、その妥当性を評価し、アイデアの評価と選択を行う。[9]変革の成功に必要な要素を**図表8―2**にまとめる。変革の実行を成功させるためには、マネジャーはすべての要素が組織内で確実に起こるようにしなければならない。要素が一つでも欠けていると、変革のプロセスは失敗してしまうだろう。

1．変革のアイデア　創造力は組織変革の劇的な要素だが、これまで組織内の創造力が広範かつ体系的に研究されることはなかった。どんな企業も新しいアイデアなくして競争力を維持することはできない。変革はこうしたアイデアの表出である。[10]アイデアとは物事の新しいやり方である。それは新しい製品やサービスであったり、新たな経営概念であったり、組織における共同作業の新たな手順であったりする。アイデアは組織内部で生まれることもあれば、外部からもたらされることもある。

2．変革の必要性　変革の必要性が認識されていない限り、アイデアが真剣に検討されることはほとんどない。変革の必要性が認識されるのは、マネジャーが組織における実際のパフォーマンスと望ましいパフォーマンスとの差に気づくときである。マネジャーは切迫感を醸し出して、他の人々に変革の必要性を理解させようと努める。時には危機が紛れもない切迫感をもたらす。

たとえば、ホテルの内装設計と施工を手がける小さな会社、ミッドウエスト・コントラクト・ファーニッシングスは、最大の顧客であるルネッサンス・ホテルズが、内装設計の業務部門を自社内に持つホテル会社マリオットに売却されたことにより、危機に直面した。同社はいわば一夜にして収入の八〇％を失ったのである。[11]

だが多くの場合は危機などなく、マネジャーが変革の必要性に気づいてから、それを他の人々に伝えなければならない。[12]また、多くのアイデアは認識された必要性を満たすために生み出されるが、新しいアイデアは問題点や新しい機会の検討を促す場合もあり、革新的な企業ではこうしたアイデアを常に生み出すよう奨励している。

3. 変革の採択　採用が行われるのは、提案された変革のアイデアに沿って進むことを意思決定者が選択したときである。主要なマネジャーと従業員が変革を支持することで合意形成する必要がある。大規模な組織変革の場合には、採択の決定に際して取締役会による法的文書への署名が必要な場合もある。小規模な変革であれば、ミドル・マネジャーによる非公式の承認によって変革の採択が行われる場合もある。レイ・クロックはマクドナルドのCEOだったとき、「ビッグマック」や「エッグマック・マフィン」といった革新的商品に関する採択の意思決定を下した。

4. 変革の実行　変革の実行が始まるのは、組織のメンバーが実際に新しいアイデアや技法、行動を実行したときである。場合によっては素材や設備を獲得したり、従業員が新しいアイデアを利用できるようトレーニングを施す必要がある。変革を実行に移さなければそれまでの段階は無意味になってしまうので、実行はきわめて重要な段階である。変革の実行は変革のプロセスのなかでも最も難しい部分である場合が多い。人々が新しいアイデアを利用しない限り、実際に変革は起こらない。

5. 変革のための資源

変革を引き起こすためには、人間のエネルギーと行動が必要である。変革はひとりでに起こるわけではない。新しいアイデアを創造し、実行するためには、時間と資源が必要である。従業員は変革の必要性とそれを満たすアイデアを見出すためのエネルギーを提供しなければならない。だれかが提案をつくり、それを実行する時間と努力を提供する必要がある。

3Mには成文化されてはいないが広く認識されている一つのルールがある。八三〇〇人の研究者は、労働時間の最大一五%をマネジメントからの承認なしに好きなアイデアへの取り組みに費やせるのである。多くのイノベーションは通常の予算枠を超え、特別な資金を必要とする。3Mでは、ひときわ有望なアイデアは「先導プログラム」となり、さらなる開発のために高水準の資金を与えられる。

第3章で述べたようなタスクフォースを用いて、経営資源を変革に注ぎ込む企業もある。また、有望なアイデアを持つ従業員が活用できるシード基金もしくはベンチャー基金を設置している企業もある。電子検査装置製造のフルーク・コーポレーションでは複数の従業員チームを設置し、一〇〇日間と一〇万ドルを与えて新たな事業機会の提案を行わせている。[13]

図表8―2については一つ、特に重要なポイントがある。必要性とアイデアは変革の順序として最初に同時に記載されているが、どちらかが先に生じる場合もある。たとえば、コンピュータを採用している組織は多いが、それが効率を改善する有望な方法と見なされたからである。一方、今日のエイズウイルス・ワクチンの探究は、深刻な必要性によって促されたものである。このように必要性とアイデアのどちらが先にせよ、変革を達成するためには図表8―2の各段階をまっとうしなければならない。

技術の変化

今日のビジネスの世界においては、新技術の開発、取得、適応を常時行っていない企業は数年もすれば姿を消すことになろう。ところが技術の変化の話となると、組織はある矛盾に直面する。というのも、一般的に新しいアイデアを促すような環境条件は、通常業務としてそのアイデアを実行するには最適でないからである。革新的な組織の特徴は、柔軟性や権限を委譲された従業員、厳格な作業ルールの不在である[14]。本書ですでに述べたように、有機的で仕事のやり方が自由な組織はたいてい変革と関係を持ち、混沌とした環境に適応するのに最適の組織形態と考えられている。

有機的な組織の柔軟性は、人々が新しいアイデアを発想し導入する自由に帰せられる。有機的な組織はボトムアップのイノベーション・プロセスを促進する。アイデアを提案し実験する自由を持つ中堅層以下の従業員によって次々とアイデアが生み出される。一方、機械的な組織構造はルールや規制を重視してイノベーションを抑制するが、多くの場合、ルーチン的な製品を効率よく生産するには最適の組織構造である。

組織にとっての課題は、組織内に有機的条件と機械的条件の両方を形成することにより、イノベーションと効率を両立させることである。技術変革の両条件を達成するために、多くの組織は両立的アプローチを用いている。

▼両立的アプローチ

最近の研究により、イノベーションの「創出」対「活用」という観点から見た「有機的組織構造」対「機会的組織構造」の概念が洗練されてきている。たとえば、有機的組織構造は革新的なアイデアを生み出すものの、そうしたアイデアを利用するのに最適の組織構造ではないこともある[15]。言い換えれば、変革を起こすこととそれを活用することとはまったく異なる二つのプロセスなのである。分権化や従業員の自由といった有機的な特徴は、アイデアを引き出すには最適だが、従業員が一つのやり方に従わないおそれがあるため、こうした同じ条件が変革の活用を妨げることも多い。分権化やゆるやかな組織構造が従業員のイノベーションに対する認識を低下させるおそれもある。

組織はいかにしてこのジレンマを解決するのか。一つの方法は、組織が両立的になること――つまり、イノベーションの創出に適した組織構造ならびにマネジメント・プロセスと活用に適した組織構造とを統合させることである[16]。組織は状況により、新しいアイデアの創出が求められるときには有機的なやり方で、またそのアイデアを実行および活用するときには機械的なやり方で行動することができる。

両立的アプローチの一つの事例がインディアナ州リゴニアーの自動車部品メーカー、フロイデンバーグ―NOKである。工場労働者、マネジャー、外部関係者を含む一二人のチームでシフトを組み、各チームが三日間かけて工場のさまざまなセクションにおけるコスト削減と生産性向上のためのアイデアを考案する。三日間が終わるとチームメンバーは通常の職務に戻り、新しいチームがやってきてさらなる改善を模索する。一年間で約四〇のこうしたGROWTTH（Get Rid of Waste Through Team Harmony=チームの協調を通じて無駄をなくそう）チームが広い工場内を歩き回った。マネジメントはGROWTTHチームからの提案が原因で従業員を解雇することはないと約束しており、これが従業員によるイノベーションの創出と活用をいっそう奨励している[17]。

▼技術の変化を促すための技法

フロイデンバーグ―NOKは工場内に有機的な組織条件と機械的な組織条件の両方を創出した。多くの企業が両立的アプローチを維持するために用いている手法には、組織構造の転換、開発部門の分離、ベンチャー・チーム、企業内起業家制度などがある。

組織構造の転換　組織構造の転換とは、新しいアイデアを引き出すために有機的な組織構造が必要とされるときに、組織がそうした組織構造を創り出すことをいう。[18] 組織が両立的アプローチを実現するために組織構造を転換した事例をいくつか示す。

●オハイオ州の建設資材メーカー、フィリップス・コーポレーションは毎年、最大一五〇の短期的チーム――多様な部門のメンバーによって構成される――を設置し、同社製品改善のためのアイデアを生み出している。五日間にわたる有機的なブレーンストーミングと問題解決の後、同社はより機械的な基本姿勢に立ち返って変革を実行する。

●家族経営のスナック食品会社、ガーデットーズでは、小人数の従業員チームをユリーカ牧場に送り込む。彼らはそこでおもちゃの銃による撃ち合いゲームに興じ、楽しく自由な雰囲気をつくってからブレーンストーミングに参加して、その日のうちにできる限り多くの新しいアイデアを生み出すことを目指す。ユリーカ牧場を経営するダグ・ホールはベークトビーンズの缶詰やクッキー、競合他社のスナック食品を出してアイデアを触発する。二日半の後、グループは組織に戻り、最も優れたアイデアを行動に移す。[20]

●ゼロックスのパロアルト・リサーチ・センター（ＰＡＲＣ）は、同社の官僚機構から意図的に隔離されており、ルールを破ることを恐れない一匹狼的タイプの人々が配置されている。同社の研究担当重役ジョン・シーリー・ブラウンは、研究者がどんどん問題を起こし、因襲的な思考を覆すよう奨励している。新しい洞察や問題解決法、また場合によってはまったく新しい事業に至るまで、ＰＡＲＣの研究者の自由な発想に依存している同社は、独創的なアイデアは伝統的な組織のなかでは虐げられやすいことを知っているのである。[21]

●カリフォルニア州フレモントにあるトヨタの子会社、ＮＵＭＭＩ工場では、「パイロット・チーム」と呼ばれる

図表8―3　技術の変革を達成するための部門間の分業

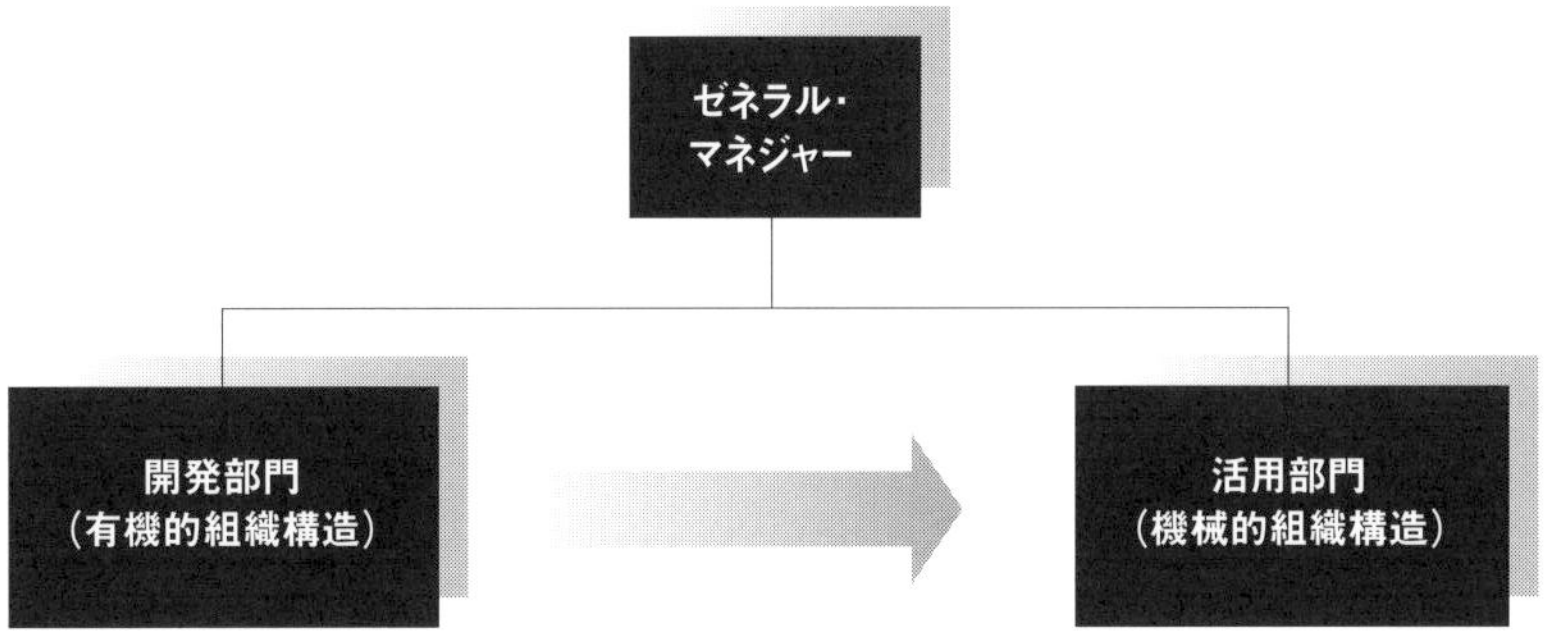

有機的に組織された職務横断的な独立のサブユニットを設置し、新型の自動車やトラックの生産工程を設計させている。準備中の新型車が生産に移されると、従業員は工場での通常業務に戻る[22]。

これらの組織は両立的であるためのさまざまな方法を工夫することで、アイデアの実行や活用に適した機械的な組織のなかに新しいアイデアを生み出すための有機的な組織を確立している。

開発部門　多くの大規模組織では、イノベーションの開始役を開発部門に割り当てている[23]。研究開発、エンジニアリング、設計、システム分析といった創造活動部門は、他部門で採用するための変革を生み出す。変革を引き起こす部門は新しいアイデアや技術の創出を促すよう有機的に構築されている。一方、こうしたイノベーションを活用する部門は、効率的な生産により適した機械的な組織構造を持つ場合が多い。ある部門が開発を担当し、別の部門がイノベーションを実行する様子を**図表8―3**に示す。

三〇年間操業を続けるレイセオンの新製品センターは、創造性と起業家精神が規律やコントロールといかにして共存できるかのよい例である。同センターでは従来の料理用オーブンに電磁波機能を付加した業界初のコンビネーション・オーブンをはじめとする多くの技術的イノベーションを生み出してきた。同センターは新しいアイデアを探究するための自治と自由をスタッフに提供しているが、スタッフは同時に、イノベーションが同社各部門の真の必要性を満たすよう、他部門との協力関係も確立しなければならない。[24]

ベンチャー・チーム　ベンチャー・チームは組織内で創造力を自由に発揮させるための新しい技法である。ベンチャー・チームは組織の手順によって束縛されることのないよう、隔離された立地と設備を与えられている場合が多い。ダウ・ケミカルが創設したイノベーション部門は、社内のあらゆる部門を対象にベンチャー・プロジェクトを新設する許可をほぼ全面的に与えられている。

銀行カード、IDカード、スマートカードの生産に欠かせない製品を製造している企業、データカードは、各チームに新規事業計画を開発するための自治と資源を提供しており、こうした事業計画はベンチャー資金獲得のため、取締役会に提出される。3Mではベンチャー・チームを「アクション・チーム」と呼んでいる。有望な新製品のアイデアを持つ従業員は、会社中からチームメンバーを集めることを許される。アイデアが成功すれば、これらの人々が新設部門を運営することもある。[25] アクション・チームやベンチャー・チームは、自治を維持し官僚主義が芽生えないよう小規模にとどめられる。

ベンチャー・チームはいわば大企業のなかの小さな会社のようなものである。モンサント、リーバイス、エクソンはいずれもベンチャー・チームの概念を利用して創造的な人々を大企業の官僚主義から解放している。eコマース部門の創設に成功した大企業の多くは、これらの部門が新興技術を自由に探究および開発できるよう、ベンチャー企業のような形で、こうした部門を設置している。

たとえば、プロビデント・アメリカン・ライフ・アンド・ヘルスのCEO、アル・クレメンスが創設したヘルスアクシス・ドット・コムという独立のオンライン会社は、インターネットを活用した初の総合保険代理店となった。このベンチャー企業があまりに大きな成功を収めたため、最終的に同社は従来の業態から脱し、全事業をサイバースペースへと移した。[26]

ベンチャー・チームの概念の変形したものがベンチャー・スタート資金である。これは従業員に新しいアイデアや製品、事業を開発するための資金を提供するものである。ロッキード・マーチンでは、従業員の起業家精神を活用するために、従業員が最長二年間の無給休暇をとり、会社から健康保険の補助を受けながら、会社の実験室や機器を用いて新しいアイデアを探究することを認めている。アイデアが成功すれば、同社のベンチャー基金から約二五万ドルが新会社に投資される。こうして成功した新会社の一つがデニム生地のストーンウオッシュ加工に用いられる酵素を開発したジェネーズである。[27]

企業内起業家制度　企業内起業家制度は平均数を上回るようなイノベーションを生み出す起業家的な精神、哲学、組織構造を内部に発展させようとする試みである。[28] 企業内起業家制度は上述の開発部門やベンチャー・チームを活用する場合もあるが、同時に組織内の全従業員の創造的エネルギーを解放しようとするものでもある。

その最も重要な成果は「主唱者」「イントラプレナー」「チェンジ・エージェント」などさまざまな名称で呼ばれる「アイデアの先導者」を手助けすることだ。アイデアの先導者は何かを引き起こすための時間とエネルギーを提供する。彼らは変革に対する抵抗を克服し、新しいアイデアの利点を他の人々に納得させようと奮闘する。[29]

ピーター・ドラッカーは、アイデアの先導者は必ずしも組織内にいる必要はなく、常連顧客のなかに潜在的なアイデアの先導者を育むのが成功率の高いやり方だと示唆している。[30] アングリア・ウォーターでは、どのイノベーション・プロジェクトにおいても特定の問題の解決を求める顧客自身がそのプロジェクトのスポンサーであったり、アイデアの先導者であったりする。[31]

アイデアの先導者の重要性は、テキサス・インスツルメンツが発見した興味深い事実によってよく示されている。同社は成功例も失敗例も含めた五〇件の技術プロジェクトを見直すなかで、失敗例には決まって自発的なアイデアの先導者が欠けていたことに気づいた。そのアイデアを情熱的に信じ、すべての必然的な障害を克服して実現させるような人物がいなかったのである。同社はこの発見をきわめて重く受け止め、いまでは情熱的な先導者の存在が新技術プロジェクト承認の最大の評価基準となっている[32]。

企業は開発担当者に自由とのんびりした時間を与えることによって、アイデアの先導者の登場を促している。IBMとGEは従業員が会社の許可なく新技術を開発することを認めている。「ブートレッギング」(極秘行動)と呼ばれる無許可の研究は、しばしば大きな利益をもたらす。IBMのある幹部は述べている。「我々が目配せする。すると成果が上がる。一部の献身的な人々が本当にやる気を出したときにできることには、ただただ驚かされる[33]」

アイデアの先導者には通常、二つのタイプがある。技術、あるいは製品の先導者は、技術革新のアイデアを生み出したり採用して発展させ、役職や地位をかけてまでそれに尽力する人物である。マネジメント側の先導者は組織内のアイデアを保護および推進するために、支持者やスポンサーの役割を果たす[34]。マネジメント側の先導者はアイデアの潜在的な適用方法を見抜くとともに、人々に耳を傾けさせ、経営資源をそれに分配する地位と権限を有する。技術の先導者とマネジメント側の先導者が協力することも多い。というのも、技術的なアイデアはそれを後押しするマネジャーがいたほうが成功率が高いからである。

ブラック・アンド・デッカーのピーター・チャコナスは技術の先導者である。彼は工具付属品のベストセラーとなった丸鋸の刃「ピラニア」を開発した。次いで彼は家庭用電気ドリルのビット「ビュレット」を開発したが、これはこの製品におけるほぼ一〇〇年ぶりの大型イノベーションとなった。チャコナスは製品の設計とそれに承認を得るための売り込みに全労働時間を費やしている。一方、上司のランディ・ブレビンスはチャコナスのアイデアに対するマネジメント側の先導者となっている[35]。

新製品・サービス

技術変革の項で説明した概念の多くは新製品・サービスの開発にも当てはまる。ただし、新製品・サービスは組織外の顧客が使用するものであることから、多くの意味でイノベーションの特殊例である。新製品は与えられた環境下での販売を目的としており、一方、イノベーションの場合、妥当性や成功をめぐる不確実性はきわめて高い。

▼新製品の成功率

新製品の開発および販売にまつわる大きな不確実性については、さまざまな研究がなされてきた。[36] この不確実性が組織にとって何を意味するのかを理解するには、およそ五億ドルの損失を出したRCAの「ビデオディスク」プレーヤーや、四七〇〇万ドルの損失を出したタイムの『TVケーブル・ウィーク』誌といった失敗例を見ればよい。生産した新製品が失敗することは、どの業界でも一様に発生する出来事である。組織がこのようなリスクを冒すのは、企業が市場や技術、競争状態の変化に適応するうえで、製品イノベーションが最も重要な方法だからである。[37]

専門家の試算によると、新製品の約八〇%は導入時に失敗し、さらに一〇%が五年以内に消えていくという。新製品の発売にこぎつけるのに二〇〇〇万～五〇〇〇万ドルの費用がかかることを考えると、新製品開発は組織にとっていちかばちかの危険な賭けである。にもかかわらず、一九九八年だけでも二万五〇〇〇件以上の新製品（うち五〇〇〇件以上は玩具）が登場している。[38]

図表8−4　新製品の成功率

	確率
技術的完成（技術的目標の達成）	57%
商業化（全面的な市場化）	31%
市場での成功（経済的利益をもたらす）	12%

出典：Edwin Mansfield, J. Rapaport, J. Schnee, S. Wagner, and M. Hamburger, *Research and Innovation in Modern Corporations*（New York: Norton, 1971）, 57に基づく。

数年前のある調査では、新製品の成功率を調べるために、化学、医薬品、電子、石油の各業界の一九の研究室における二〇〇件のプロジェクトを検証している。新製品が成功するためには、技術的完成、商業化、市場での成功という三つの発達段階を経る必要があった。成功率についてわかったことを**図表8—4**に示す。

これらの研究開発部門で実行された全プロジェクトのうち、技術的な目標を達成したもの、すなわち技術的な問題がすべて解決し、プロジェクトが生産に移されたものは五七%であった。一方、着手された全プロジェクトのうち、完全に市場化および商業化されたものは三分の一にも満たなかった（三一%）。いくつかのプロジェクトは生産見積りやテストマーケティングの結果が思わしくなかったため、この段階で失敗している。

結局、当初計画された全プロジェクトのうち経済的成功を収めたのはわずか一二%にすぎなかった。商業化された製品の多くは開発や生産の費用を賄うだけの利益を上げなかった。つまり、会社に利益をもたらしたプロジェクトはおよそ八件に一件にすぎなかったことになる。

▼新製品が成功する理由

調査によって解明すべき次の疑問は、「一部の製品が他の製品よりも大きな成功を収めるのはなぜか」ということだった。ミラーの「クリアビール」やフリトレイのレモネードのような製品が市場で失敗する一方で、

「フラップチーノ」のような製品が成功したのはなぜなのか。さらなる調査の結果、イノベーションの成功は技術部門とマーケティング部門の協力に関係していることがわかった。成功した新製品やサービスは技術的に優れていると同時に顧客のニーズに応えるよう慎重に設計されているようであった[39]。

「プロジェクトＳＡＰＰＨＯ」と呼ばれる調査では、成功例と失敗例を一組にして全一七組の新製品イノベーションを検証し、次のように結論づけている。

1. 成功したイノベーション企業はそうでない企業に比べて、顧客ニーズをはるかによく理解し、マーケティングにはるかに大きな注意を払っていた。
2. 成功したイノベーション企業はそうでない企業に比べて、内部でより多くの作業をこなしながらも、外部の技術や助言をより有効に活用していた。
3. 成功したイノベーション企業ではそうでない企業に比べて、トップ・マネジメントのなかでもより上位にある、大きな権限を持つ人々が支持者となっていた。

このように、イノベーションを顧客ニーズに適合させ、技術を有効に活用し、影響力を持つトップ・マネジャーからプロジェクトへの支持を取りつけるという明確なパターンがあるわけである。こうしたことを考え合わせると、新製品イノベーションの効果的な設計は部門間の水平的な連係と関連していることがわかる。

▼水平的連係モデル

新製品イノベーションが達成できる組織に設計するには、部門の専門化、バウンダリー・スパンニング、水平的連係の三要素が含まれる。これらの構成要素は第3章で述べた情報の連係のメカニズムや第4章で述べた分化

図表8―5　新製品イノベーションのための水平的連係モデル

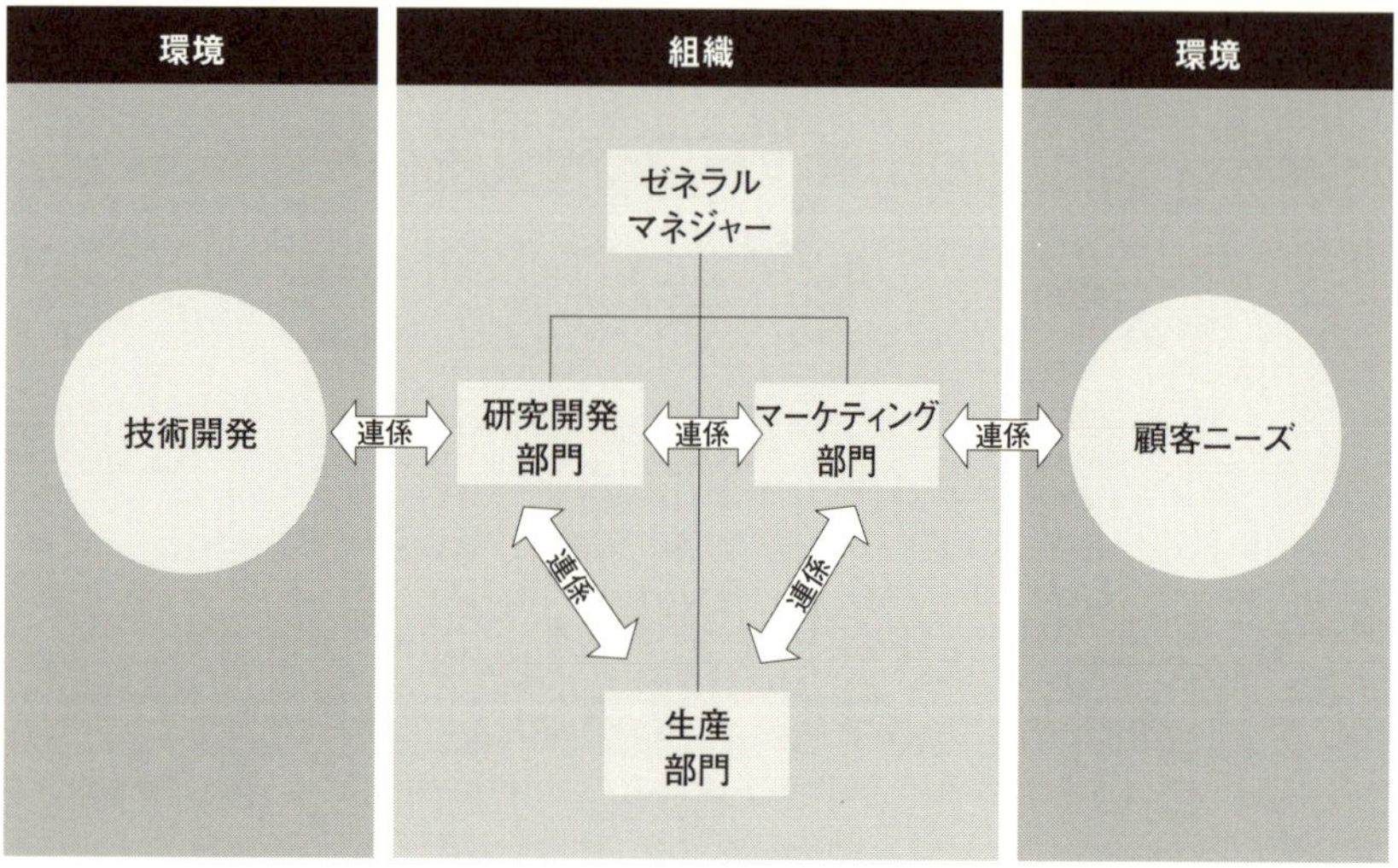

と統合の概念と似ている。水平的連係モデルにおけるこれらの構成要素を図表8―5に示す。

専門化　新製品開発のカギを握るのは、研究開発、マーケティング、生産の各部門である。専門化においては、これら全三部門の人材が各自の職務において高度な能力を有することを前提とする。これら三部門は互いに分化され、それぞれ専門化された職務に適したスキル、目標、態度を有する。

バウンダリー・スパンニング　バウンダリー・スパンニングは、新製品にかかわる各部門が外部環境の関連領域と卓越した連係を持つことである。研究開発担当者は専門家団体や他社の研究開発担当者とつながりを持つ。彼らは最新の科学的発展状況を認識している。マーケティング担当者は顧客ニーズと密接につながっている。彼らは顧客の意見に耳を傾け、競合他社の製品や流通業者からの提案を分析する。

たとえば、キンバリー・クラークがパンツタイプの紙おむつ「ハギーズ・プルアップ」で驚異的な成功を収めたのは、マーケティング・リサーチ担当者が顧客とその家庭において緊密に協力し、よちよち歩きの幼児にとってのパンツタイプのおむつの魅力に気づいたからである。競合他社が同様の製品を発売する頃には、同社は年間四億ドル相当の「ハギーズ」を販売していた。[40]

水平的連係　この構成要素は技術、マーケティング、生産の各担当者が相互にアイデアや情報を共有することを意味する。研究担当者はマーケティング部門に新技術開発の情報を与え、その開発が顧客に応用できるかどうかを確認する。マーケティング担当者は顧客の苦情や情報を研究開発部門に提供し、新製品の設計に活用してもらう。新製品が生産能力の範囲内に収まり、法外な費用をかけずにすむよう、研究開発担当者もマーケティング担当者も生産部門と協調する。新製品発売の決定は最終的には全三部門の共同決定となる。

GEでは、研究開発部門のメンバーは空想や発明の自由をふんだんに手にするとともに、他の事業部や部門をまわって自分たちのアイデアを売り込まねばならず、時には自分たちの当初の意図とはかけ離れた新技術の応用方法を発見することもある。この結果、ある調査によると、同社が四年間に開発した二五〇〇件の技術的成果のうち、全米平均をはるかに上回る一五〇件が重要な応用製品を生み出している。[41]

マクドナルドの「アーチデラックス」、アップルの「ニュートン」、RJRナビスコの無煙タバコ「プレミア」、ガーバーの成人向け食事ライン「シングルズ」といった有名なイノベーションの失敗例は、たいてい水平的連係モデルに反している。従業員が顧客ニーズを理解していなかったり、内部の各部門がニーズの共有や協調を怠っていたりするのである。

製品開発に職務横断的なチームを活用することにより、高度なコミュニケーションと協調を最初から確保しようとする企業はますます増えている。職務の多様性は新製品開発のための情報の量と多様性を増し、顧客ニーズを満たす製品設計を可能にするとともに、製造およびマーケティング上の問題を回避する。[42]

ケロッグは水平的な協力を改善するよう、新製品開発へのアプローチを見直した。同社では長年、製品開発はマーケティング部門の職分だった。マーケティング部門は新しいアイデアを思いつくとそれを製造部門に丸投げしていた。だがいまでは、従業員は職務横断的なチームで働き、マーケティング・リサーチ担当者が栄養士や食品科学者、生産の専門家、技術者らと連携している。いまのところ、このアプローチは機能しているようである。同社は毎年、以前の二倍もの新製品を送り出しており、そのなかには「レーズン・ブラン・クランチ」やさくさくしたマシュマロ菓子の軽食版「ライス・クリスピーズ・トリーツ」といった押しも押されもせぬヒット商品が含まれている。(43)

ケロッグやGEのような企業は水平的連係モデルを用いることにより、今日のグローバル市場において競争優位を達成しようとしている。

▼迅速な製品イノベーションで競争優位を達成する

多くの企業にとって、新製品開発は急速に変化する環境に適応し生き残るための重要な方法である。(44) 新製品を迅速に発売し、競争の激しい国際市場で伍していける製品を開発することは、ゼロックス、3M、リーバイスといった企業にとって重要な問題である。時間に基づく競争の権威の一人は、成功のための過去のパラダイム――「最大の価値を最小のコストで提供する」――はいまや「最大の価値を最小のコストと最短の所要時間で提供する」に置き換えられた、と述べている。(45)

ビジネスを獲得するため、企業は目を疑うほどの速さで新製品やサービスを開発する技を身につけつつある。その手法が水平的連係モデルと呼ばれようが、コンカレント・エンジニアリング、壁のない企業、パラレル・アプローチ、あるいは事業部門の同時結合と呼ばれようが、そのポイントは、人々を時間的な順番ではなく、一つのプロジェクトで協力して同時に働かせる、ということである。多くの企業が新製品を手に全速力で市場を目指すことを学びつつある。

ヒューレット・パッカードはスピードを最優先課題とし、以前の二倍の速さで製品を発売するとともに、従業員にあらゆる工程をスピード面から見直すよう求めている。かつて開発に五四カ月かかったプリンタも、いまでは二二カ月で発売される。スピードは競争上の重要な問題となりつつあり、職務横断的チームをはじめとする水平的連係が求められている[46]。

もう一つの重要問題は、地球的規模で競争できる製品を設計し、そうした製品の国際市場での発売を成功させることである。クエーカー・オーツ、ハーゲンダッツ、リーバイスといった企業は、成功する製品アイデアを海外顧客から得られることを認識し、地域間の水平的なコミュニケーションと協力を改善しようとしている。

ハーゲンダッツの新しいフレーバー「ドルチェ・デ・レーチェ」は主としてアルゼンチンでの販売を目的に開発されたが、すぐにアメリカでも人気が出て、毎月約二七%ずつ売上げを伸ばしている[47]。フォードはイントラネットと国際電話会議を活用して世界中の自動車設計チームを統合し、一つのグループとして連携させることにより、国際競争力を伸ばした。ブラック・アンド・デッカーもまたより強い国際企業となるために製品開発プロセスを見直している。国際的な製品開発をより迅速かつ効果的にするために、新製品は職務横断的なプロジェクト・デリバリー・チームによって開発され、国際事業部門のチームに対して提供される[48]。

国際的な水平的連係をおろそかにすれば、国際競争を目指す企業は痛手を受けることになりかねない。オランダの巨大企業フィリップスは、コンパクトディスクの双方向活用可能のプレーヤー「ジ・イマジネーション・マシーン」がアメリカ市場で、ひいては全世界でヒットすることを確信していた。五年後、双方向学習補助用品として売り出され、あまりにも操作が複雑なため三〇分もの実演販売が必要だったこの製品は、店頭からほとんど姿を消していた。マーケティング担当者や販売担当者、主要顧客らは同社がアメリカ市場を理解するのに役立つ貴重な情報を持っていたが、幹部がその情報を収集し方向性を変えようとしたときにはすでに遅すぎた。「違ったやり方をするべきだった」と、同社のある幹部は語っている。「世界は目で見るほど簡単ではない」[49]

企業がし烈な国際競争の舞台に上がるとき、国境を越えた水平的協調は新製品開発にとって必要不可欠である。

戦略と組織構造の変革

前述の議論では、組織の持つ技術をもとにした新しい生産工程や製品に焦点を合わせてきた。こうしたイノベーションを進めていくうえでの専門知識は、研究やエンジニアリングといった技術的中核部門や専門的スタッフ内に存在している。引き続くこの項では、組織構造や戦略の変革の検討に目を向ける。

どんな組織も時の経過に伴いその戦略や組織構造を変革する必要がある。以前において、環境が比較的安定していた頃には、たいていの組織は目前の問題を解決したり新たな機会を利用するための小規模で漸進的な変革に重点を置いていた。しかし、過去一〇年間に世界中の企業は新たな競争上の要求に応じるため、戦略や組織構造、マネジメント・プロセスを急進的に変革する必要に直面してきた。[50]多くの組織はマネジャーの層を薄くし、意思決定の分権化を進めている。現場作業員チームへのエンパワーメントを行い自ら判断して問題を解決させるなど、より水平的な組織構造に転換する傾向が強い。一部の企業は全事業をサイバースペースへと移しつつある。また、eコマースの拡大によりルールが変わるなか、組織を再編し戦略をシフトしつつある企業も多い。

たとえば、オンライン・バンキングやクレジットカード、ATM（現金自動預払機）は銀行の支店の役割に影響を与えつつある。次の一〇年間に、国際競争と急速な技術の変化がますます大規模な戦略や組織構造の再編をもたらす公算は強い。

こうしたタイプの変革は組織のトップ・マネジャーの責任であり、そのプロセスは通常、技術や新製品のイノベーションのプロセスとは大きく異なる。

▼双核的アプローチによる変革の考え方

経営管理部分の変革と技術部分の変革を対比させる研究（この方法は双核的アプローチと呼ばれる）からわかってきたことがある。ここで言う経営管理部分の変革とは、組織そのものの設計や構造にかかわるものであり、リストラクチャリング、ダウンサイジング、チーム、コントロール・システム、情報システム、事業部門の設定などが含まれる。経営管理部分の変革について二つのことが示唆された。

第一に、経営管理部分の変革は技術部分の変革ほど頻繁には起こらないということ。第二に、経営管理部分の変革は技術に基づく変革とは異なって、環境の領域（セクター）に対応して生じ、異なる内部プロセスをたどるということである[51]。つまり組織変革を双核的に研究した結果、経営管理部分の変革にかかわる独自のプロセスが明確になる[52]。

組織――学校、病院、市役所、福祉事務所、政府官僚機構、そして多くの企業――は概念的に二つの核を持つと考えられる。すなわち、技術の核と経営管理の核である。それぞれの核は独自の従業員や職務、環境領域を有する。そしてイノベーションはどちらの核からも生じうる。

経営管理の核は階層構造上は技術の核より上位にある。その核は組織自体の構造、コントロール、調整などの責任を負い、政府、資金、経済環境、人的資源、競争相手といったセクターとかかわりを持つ。技術の核は原材料を組織の製品やサービスに転換することにかかわり、顧客や技術といったセクターに働きかける[53]。

経営管理部分の変革と技術部分の変革を比較した研究からわかったこととして、目標や戦略、組織構造、コントロール・システム、そして人々の変革を含む頻繁な経営変革には、機械的な組織構造の存在が適している[54]。

図表8―6　組織変革への双核的アプローチ

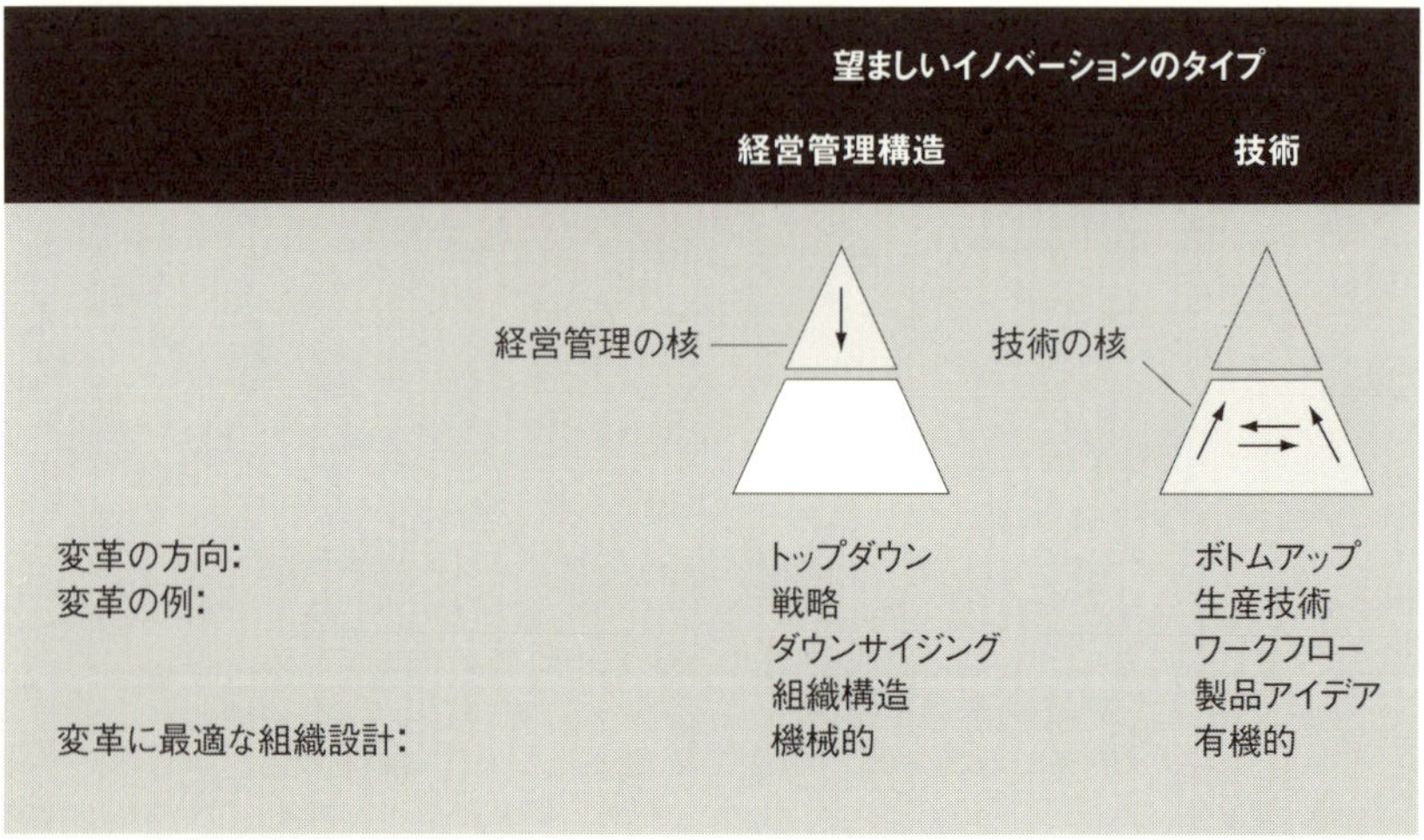

	望ましいイノベーションのタイプ	
	経営管理構造	技術
	経営管理の核	技術の核
変革の方向:	トップダウン	ボトムアップ
変革の例:	戦略	生産技術
	ダウンサイジング	ワークフロー
	組織構造	製品アイデア
変革に最適な組織設計:	機械的	有機的

たとえば、官僚主義的な構造を持つ多くの政府組織では、方針、規則、コントロール・システムにおける経営管理部分の変革が技術部分の変革より重要性を持つ。多くの経営管理部分の変革をうまく進行させている組織は、多くの技術部分の変革を採用している組織と比べて管理比率が高く、大規模で中央集権的かつ公式化されている場合が多い[55]。その理由は、政府、経済、法律といった環境部門の変化に対応したトップダウンによる変革の実行にある。これとは対照的に、組織が有機的な組織構造を持つ場合、地位の低い従業員がもっと大きな自由と自治を手にしており、したがってトップダウンのやり方に抵抗する場合がある。有機的な組織構造は、その組織にとって組織の技術や製品における変革が重要である場合に利用されることが多い。

経営管理部分の変革と技術部分の変革に伴ういくつかのイノベーションの手法を**図表8―6**にまとめる。生産技術の変革や新製品のためのイノベーション技術といった技術部分の変革は、ミドル以下の従業員からアイデアを引き出す有機的な組織構造によって促される。頻繁に経営変革を採用しなければならない組織は、トップダウンのプロセスと機械的な組織構造を用いる傾向にある。
たとえば、ミネソタ州のパーク・ニコレット・メディカル・センターでの厳格な禁煙方針の採用（すなわち方針の変革）は、トップダウンの手法によって進められていた。ダウンサイジングやリストラクチャリングは必ずといってよいほどトップダウンで行われている。たとえば、オラクルのレイモンド・レーン社長が販売員を二つのチームに分割し（一つはデータベース・ソフトの販売、もう一つはアプリケーションの販売を担当）、管理階層を二段階削減し、自らアメリカ国内の販売の直接責任者となったときがそうであった。[56]
双核的アプローチによる研究で得られたポイントは、多くの組織――とりわけ非営利組織や政府組織――は頻繁に経営管理部分の変革を行われなければならず、したがって機械的な組織構造が妥当かもしれないということである。たとえば、行政事務業務改革の研究からは、経営管理部分のイノベーションを行うことは有機的な技術の核を有する組織ではきわめて困難であることがわかっている。分権化された機関における専門職従業員は、行政事務業務の変革に抵抗する可能性がある。これに対し、高度に公式化、中央集権化されているという意味でより官僚主義的と見なされる組織では、経営管理部分の変革の実行が容易だった。[57]
それでは、通常はボトムアップ形式で技術的イノベーションを活発に行っている企業が突然危機に直面し、組織再編の必要に迫られた場合はどうすればよいのか。あるいは、技術的イノベーションが活発なハイテク企業が生産技術や環境の変化に適応するため頻繁に組織を再編したり、突然人員を削減しなければならない場合はどうか。技術的イノベーションの活発な企業が突然、事業を再構築したり、従業員数を減らしたり、報酬システムを変更したり、チームを解体したり、新しい部門を設立したりしなければならない場合がある。[58]
こうした場合は、トップダウンの変革プロセスを活用するのが正解である。戦略や組織構造の変革の権限はトップ・マネジメントにあり、彼らが環境の状況に応じた新しい戦略や組織構造を提唱し、実行しなければならない。従業員に意見を求めるのもよいが、変革を指揮する責任はトップ・マネジャーにある。ダウンサイジング、リストラクチャリング、組織の再編は急速な変化と国際競争の時代に起こる現象を表す一般的な用語である。

強力なトップダウンの変革に先立ち、新しいトップ・マネジメントが就任する場合も多い。たとえば、キャロル・バーツは大手ソフトウエア会社であるオートデスクにやってくるとすぐ、同社にとっては初のマネジャーの階層構造を導入した。同社はそれまでずっと有機的な組織だったが、バーツは、収益を再度上昇させ低迷する同社を再び軌道に乗せるためには、より機械的なアプローチが必要だと確信した。新たな目標と戦略を策定し、同社が生き残るのに必要なリストラクチャリングを決然と指揮するには、トップダウンの変革プロセスが必要であることを彼女は認識していた[59]。

リストラクチャリングやダウンサイジングといった変革は従業員にとって痛みを伴う場合が多く、したがってトップ・マネジャーはこうした措置にできるだけ思いやりを持たせるためにも、迅速かつ権威的に動くべきである[60]。トップ・マネジャーはまた、トップダウンの変革はアイデアが上層部で生じることを意味し、下向きに実行されることに留意すべきである。それは地位の低い従業員が変革について教育を受けないとか、参加を許されないということではない。

文化の変革

組織を構成するのは人であり、人間関係である。戦略、組織構造、技術、製品の変革は単独で起こるわけではなく、こうした分野の変革はすべて人々の変革を伴う。従業員は新技術の使い方を学んだり、新製品を発売したり、チームに基づく組織構造のなかで効果的に業務をこなさなければならない。

どんな組織にとっても、新技術を金で買える場合、従業員の動機づけ、スキル、コミットメントのほうが競争力となりうる。有能な従業員を引きつけ、育成し、維持するような人事システムを設計することは可能である。新しい考え方を定着させるためには、時として基調にある企業文化としての価値観や基準に主眼を置いた変革が必要となる。過去一〇年間に、コダック、ＩＢＭ、フォードなど多くの大企業が何らかのタイプの文化変革に取り組んできた。企業文化の変革は組織における仕事のやり方を根本的に変えるものであり、従業員の新たなコミットメントやエンパワーメントをもたらすとともに、企業と顧客の間の絆を強化する場合が多い[61]。

企業文化の大規模な変革につながることの多い最近の二つのトレンドは、リエンジニアリングとＴＱＭ（全社的品質管理）プログラムの実行であり、いずれも従業員に仕事のやり方を見直すよう求めるものである。組織開発プログラムもまた、従業員参加の拡大や従業員へのエンパワーメント（権限委譲）、全社的な共通ビジョンの策定など、旧来の文化が持つ価値観を新しい考え方に転換することに主眼を置いている。

▼リエンジニアリング

リエンジニアリングは事業プロセスの急激な設計変更を伴う職務横断的な取り組みであり、文化、組織構造、情報技術に同時に変化を引き起こし、顧客サービス、品質、コスト、スピードといった分野で劇的なパフォーマンスの改善を実現させるための手法である[62]。リエンジニアリングとは基本的に現在の仕事のやり方の概念を一掃し、パフォーマンスを最高にするにはどのような業務設計が最適かを白紙から考えるアプローチである。その中心的な考え方はワークフローのなかの無駄なスペースや時間の遅れを絞り出すことである。

ヘキスト・セラニーズ、ユニオン・カーバイド、ベルサウス・テレコミュニケーションズ、デュポンなど何十もの企業が大規模なリエンジニアリング努力を行った。ユニオン・カーバイドはリエンジニアリングの結果、わずか三年間で四億ドルの固定費を削減した。ヘキスト・セラニーズはコスト節減と生産性の改善により、大規模な人員削減を行うことなく二年間で七〇〇〇万ドルを手にした[63]。限られた二〜三の事業プロセスについてだけでリエンジニアリングを行った組織はさらに多い。

職務よりもプロセスが重視されるリエンジニアリングでは、垂直方向の組織構造から第3章で述べたような水平方向のチームやタスクフォースを多用する転換につながる場合が多い。この結果、企業文化やマネジメント哲学の大幅な変革が必要となる。マイケル・ハマーは著書*The Reengineering Revolution*において、人々の変革のことをリエンジニアリングの「最も厄介で、悩ましく、苦しく、混乱を招く部分」と言及している[64]。

急速かつ大規模な変革に従業員が不安や怒りで反応するなど、マネジャーが強い感情と対峙する場合もある。北米ジャガーのトップ・リーダーは、最も声高に反対を唱える者たちに問題解決の責任を負わせて自由にやらせることにより、リエンジニアリングへの抵抗に対処した。彼らは従業員からの提案を実行することにより同社の多くの欠点を矯正したので、最も懐疑的だったディーラーでさえ同社が従業員や顧客のことを本当に考えていると認めたのだった[65]。

トップ・マネジャーの大半は人間行動の複雑さに対処した経験をほとんど持たない。しかし、リエンジニアリングを成功させるためには文化の変革が決定的に重要であることを彼らは心に留めておくべきである。

▼TQM

TQMとして知られるアプローチは企業内のあらゆる活動に品質という価値観を吹き込むものである。そのコンセプトは単純である。つまり、マネジャーではなく従業員が品質基準の達成責任を担うのである。個々にチェックし品質改善を行うのは、もはや品質管理部門や他の公式的なシステムではなくなったのである。企業は従業員を訓練し、すべての活動に品質を吹き込むことを彼らに任せる。TQMプログラムの成果は驚異的である。

フォードが品質原則の採用と企業文化の変革により業務予算を四〇〇億ドルも削減したことを知ったヘンリ

ー・フォード・ヘルス・システムは、自らも品質プログラムに着手した。CEOのゲイル・ウォーデンは、同社やアメリカの他の医療機関における品質プログラムについて、医療コストを引き下げ、急速に変化する医療業界で競争力を維持するためには「医療のやり方そのものを変える必要がある」と述べている[66]。

品質管理に組織全体の参加を求めるTQMは、マネジャーと従業員の両者に思考様式の大幅な転換を要求する。TQMでは、多くのマネジャーが一瞬怖じ気づくようなやり方で従業員を訓練し、巻き込み、エンパワーメントを行わなければならない。従業員を巻き込む一つのやり方は、自ら志願した六人から一二人の有志の従業員グループが集まって問題を分析および解決する**QCサークル**である。

TQMのもう一つの手法は**ベンチマーキング**と呼ばれるもので、企業はこのプロセスを通じて、他社はどのようにして自分たちよりもうまくやっているかをつきとめ、これを模倣したり、これに基づく改善を行ったりする。小規模な従業員チームによる調査や視察を通じて、企業は自社の製品、サービス、企業慣行を競争相手や他社のそれと比較する。AT&T、ゼロックス、デュポン、コダック、モトローラは常時ベンチマーキングを行っている。

TQMプログラムの主眼は一般に品質と生産性の改善に置かれるのであるが、それは同時に大規模な文化の変革を伴う。マネジャーはTQMプログラムを実施する前にこの側面について準備しておく必要がある。

▼組織開発

大規模な文化の変革を引き起こす方法の一つが組織開発と呼ばれるものである。これは組織の適応力や問題解決力を改善する方法として、組織の人間的側面や社会的側面に焦点を当てるのである。組織開発（以下OD：organizational development）は、人材開発における、公正さ、率直さ、強制からの自由、そして、従業員が適度な組織的制約のなかで自分たちがよいと思うやり方で職務を遂行できるようにする個人の自律、といった人材開発上の価値を重視する。[67] ODは一九七〇年代、組織の有効性を高めることを目標に行動科学を計画的な全組織的変革のプロセスに応用する独自の分野として発展した。組織開発は特定の問題を解決するための段階的な手順ではなく、組織文化を含む組織の人間的、社会的システムにおける根本的な変革のプロセスである。[68]

ODでは行動科学の知識や技法を活用し、信頼意識の向上、率直な問題直視、従業員へのエンパワーメントと従業員参加、知識と情報の共有、有意義な作業の設計、グループ間の協力と協調、人間の潜在能力の十分な活用を通じてパフォーマンスを改善する。

ODの実践者は、階層構造的で権威主義的なマネジメント手法を打破することにより最高のパフォーマンスが得られると信じている。しかし、環境や技術の章で議論したとおり、安定したビジネス環境のなかやルーチン業務においては、ODのアプローチがパフォーマンスや満足度を高めるとは限らないことが調査からわかっている。[69] 一方、ODは環境や技術の不連続性や急変に直面している組織に最適である。

組織文化を変えることは容易ではないが、ODの技法によってその変革プロセスを円滑にすることは可能である。たとえば、ODはマネジャーや従業員に人間関係についての新しい考え方を促し、より参加型のマネジメントへの移行をストレスの少ないものにする。

ヒューレット・パッカードのダイレクト・マーケティング組織では、自称「権威主義者」のマネジャー、シャロン・ジェイコブズが組織開発に基づく概念を利用して従業員の生活の質を高め、その参加を拡大するとともに、組織のパフォーマンスを改善した。過剰なトップダウン型コントロールに息苦しさを感じた新入社員たちの訴えに促されて、ジェイコブズは従業員を自由にし、テレマーケターたちに解決策をたずね、最も地位の低いスタッフの意見にさえ耳を傾けようと最大限努力している。最初こそ苦労したものの、この新しいスタイルは結果として生産性を四〇%向上させ、ヒューレット・パッカードの社長からも認められるほど従業員の士気を高め、同部門の年間人員減少率を四四%減らした。[70]

▼ODによる文化変革への介入

ODによる介入は、特定グループまたは組織全員のトレーニングに関連させることで行われる。ODによる介入を成功させるためには、組織の上級マネジメントがODの必要性を認識し、変革を熱心に支持しなければならない。ODを通じて人材のスキルを向上させるために多くの組織が用いている技法には次のようなものがある。

大グループによる介入　初期のOD活動の大半は小グループを用い、漸進的変革に主眼を置いていた。しかし近年は、複雑な環境下で事業を運営する組織において急進的あるいは転換的な変革を引き起こすことにより適した大きなグループ編成に、ODの技法を応用するようになってきた[71]。大グループによる介入のアプローチ[72]では、組織のあらゆる部分からの参加者——組織外の重要な利害関係者を含む場合も多い——を日常業務から離れた場所に集め、さまざまな問題やチャンスを議論したり、変革の計画を立てたりしている。

大グループによる介入は五〇人から一〇〇人を巻き込み、数日間続くこともある。日常業務から離れた場所に集まることで干渉や気を散らすものを制限し、参加者を物事の新しいやり方に集中させることができる。GEの問題解決、学習、改善の継続的プロセスであるワークアウト・プログラムは、学習と成長に欠かせない「境界のない文化」を創りたいというジャック・ウェルチの望みから大規模な社外ミーティングとして始まった。ここでは組織のさまざまな部分からきた多様な従業員が顧客や部品メーカーと共に議論し、問題を解決する[73]。

チームビルディング　チームビルディングは、共に働く人々はチームを形成することができるという考え方に基づいている。作業チームを結成してコンフリクト（葛藤）や目標、意思決定プロセス、コミュニケーション、創造性、リーダーシップについて議論することが可能である。その後、そのチームで問題を克服し結果をさらに改善する計画を立ててもよい。また多くの企業ではチームビルディング活動を活用してタスクフォースや委員会、新製品開発グループのトレーニングを行っている。こうした活動はコミュニケーションと協調性を高め、組織のグループやチームの団結を強める。

部門間活動　さまざまな部門の代表者が一堂に会し、コンフリクト（葛藤）を表面化させ、その原因を分析し、コミュニケーションと協調性の改善を計画する。このタイプの介入は労使間のコンフリクトや本社と現場のコンフリクト、部門間のコンフリクト、合併に適用される。[74]

今日の世界では労働力の多様性がますます増し、組織は常に環境の不確実性や国際競争の激化に適応してきている。組織が変革能力と成長力を伸ばそうと奮闘するなか、ODによる介入によってこうした新しい現実に応えることが可能である。[75]

変革実行のための戦略

本章の冒頭でマネジャーが競争力を獲得するために利用できる四つのタイプの変革と、変革の成功に欠かせない五つの要素——アイデア、必要性、採用、実行、資源——を検討した。この最後の項では、組織的レベルでの変革への抵抗と、マネジャーが変革を実行するために用いることのできるいくつかの技法について簡潔に論じる。

▼変革への障壁

マネジャーは変革を実行しようとすれば必ず抵抗に遭うことを覚悟しておくべきである。人が変化に抵抗するのは自然なことであり、個人的レベルや組織的レベルにおいて数多くの変革への障壁が存在する。[76]

1. 行き過ぎたコスト重視　マネジャーたちが何よりもコストを重要視する思考様式を持っているために、コストに重点を置かない変革――たとえば従業員のモチベーションや顧客の満足度を向上させるための変革――の重要性が理解できない場合がある。

2. メリットに関する認識不足　大規模な変革は必ず賛否両論の反応を招く。マネジャーや従業員が変革のマイナス面よりもプラスの面を認知できるよう、教育を施す必要がある場合もある。さらに彼らが変革に向けてリスクをとろうにも、組織の報酬システムがそれを思いとどまらせる場合がある。従業員は変革を行うリスクが高すぎると考えるため、変革のプロセスがつまずく。

3. 調整と協力の欠如　組織の分裂やコンフリクトは変革の実行に向けての調整不足に起因する場合が多い。さらに、新技術の場合、新旧のシステムに互換性がなければならない。

4. 不確実性の回避　個人的レベルでは、多くの従業員が変革に伴う不確実性に不安を抱く。したがって、何が行われているのかを従業員が把握し、それが自分たちの職務にどんな影響を及ぼすのかを理解できるよう、絶え間ないコミュニケーションが必要である。

5. 喪失への不安　マネジャーや従業員は権力や地位、あるいは仕事さえ失うのではないかと不安に思う場合がある。こうした場合、変革の実行は慎重かつ漸進的でなければならず、全従業員をできる限り変革のプロセスに深く巻き込むべきである。組織的、個人的な変革への障壁を克服するような実行計画を立てることは、多くの場合、可能である。

▼実行のための技法

変革のプロセスには組織中のマネジャーや従業員が巻き込まれる。変革の実行を成功させるために、用いることのできるいくつかの技法がある。

1. 変革の真の必要性を明らかにする　問題や機会の大きさを判断するためには現状の慎重な分析が必要である。変革の影響を受ける人々が問題に同意しない場合、さらなる分析と全従業員間の対話なしに変革のプロセスを進めるべきではない。本章ですでに述べたとおり、人々を動かし、新しい技術や手順の採用に向けて自ら進んで時間やエネルギーを投じようとさせるためには、時として切迫感が必要となる。

たとえば、情報サービスおよび電気通信会社のオールテルは一九九〇年代半ば、急速な成長に対処するなかで生産性と顧客サービスの両問題に直面した。ところがマネジャーたちは従業員に変革の必要性を納得させることに困難を感じた。しかし同社技術センターのミスが増えはじめ、最大の顧客であるGTEを失いかけたとき、マネジャーたちはこの事件を利用して切迫感を醸成した。マネジメントと従業員は小グループでのミーティングを開始し、変革の必要性や組織改善のための業務の見直しについて話し合った。[77]

2. 必要性を満たすアイデアを見出す　適切なアイデアの発見はしばしば探索の手順――他のマネジャーと話し合う、タスクフォースに問題の調査を命じる、供給業者に要望を配布する、組織内の創造的な人々に解決策の策定を依頼するなど――を伴う。新しいアイデアの創造には有機的な環境が必要である。従業員が新しい選択肢を検討したり探究するには自由が必要なため、これは従業員参加を促す良い機会となる。[78] オールテルでは「チームフォーカス」と呼ばれるプログラムを確立し、全従業員から意見を募った。二週間にわたり二〇のグループ・ミーティングを行うなかで、マネジャーは二八〇〇件の提案を集め、今度はそれを従業員の士気やパフォーマンスに影響を及ぼしている個々の問題に対応した一七〇件の重要な行動項目へと落とし込んだ。

3．トップ・マネジメントの支持を取りつける　変革の成功にはトップ・マネジメントの支持が必要である。トップ・マネジャーはイノベーションの明確な目標をはっきりと述べる必要がある。組織構造の再編といった単一の大規模な変革については、社長、副社長などが正式に承認し、支持しなければならない。もっと小規模な変革については、関連部門の有力なマネジャーの支持が必要となる。トップ・マネジメントによる支持の欠如は、変革に失敗する原因として最も頻繁に挙げられるものの一つである。[79]

4．漸進的な実行に向けて変革を計画する　大規模な変革は一度に実行できなかったり、従業員が圧倒されて変革に抵抗する場合がある。サウスカロライナ州の大手銀行は事務処理をコンピュータ化するため六〇〇万ドルの新システムを一括導入したものの、あまりうまく機能しない結果となった。このように大規模な変革では変革をいくつかの部分に分け、各部分を順番に実施することができれば成功の見込みが高まる。そのうえで変革の設計者がイノベーションのプロセスをより良くしていくための調整を行えばよいのである。その結果としてためっていた利用者が成功を目の当たりにして変革プログラムの残りの部分を支持する可能性もある。

5．変革への抵抗を克服するための計画を立てる　マネジャーが消費者や従業員、他のマネジャーからの変革への抵抗を予想していなかったり、準備していなかったばかりに日の目を見なかった優れたアイデアは数多くある。イノベーションのパフォーマンス面の特徴がどんなに際立っていても、イノベーションを実行すれば何らかの利益に抵触し、組織内の何らかの同盟関係を危うくすることになる。

変革の成功率を高めるには、マネジメントは従業員が感じているコンフリクト、脅威、潜在的な損失を認識しておかなければならない。抵抗の問題を克服するためにマネジャーが用いることのできる戦略がいくつかある。

●利用者のニーズや目標との整合　抵抗を克服する最良の戦略は、変革が真のニーズを確実に満たすようにすることである。研究開発部門の従業員は往々にして、存在しない問題を解決するような素晴らしいアイデアを思いつく。こうしたことが起こるのは、変革の引き金を引く人々が変革を利用する人々の意見を聞くことを怠るからである。抵抗はマネジャーにとってはいらだたしいものだが、変革への適度な抵抗は組織にとっては好ましい。抵抗は浮ついた変革や変革のための変革に対する歯止めとなる。通常、変革への抵抗を克服するプロセスには、その変革が利用者にとって望ましいものであることが必要である。

●コミュニケーションとトレーニング　コミュニケーションは変革の必要性や提案されている変革の成果についての情報を利用者に与え、誤った噂や誤解、敵意を未然に防ぐ。変革への取り組みに関するある調査において、失敗の理由として最もよく挙げられていたのは、従業員が変革のことを外部の人々から聞いて知ったというものだった。トップ・マネジャーは一般の人々や株主とのコミュニケーションに気をとられ、変革に最も深く巻き込まれ、最も大きな影響を受ける人々である自社の従業員とのコミュニケーションを怠っていたのである。[80] オープンなコミュニケーションは、変革が従業員に悪影響を及ぼさないようにするためにどのような措置がとられるかを説明する機会をマネジメントに与えてくれる。また、従業員が変革のプロセスにおける自らの役割を理解し、それに対処できるようにするためには、トレーニングも必要となる。

●参加と巻き込み　従業員による変革への早期かつ広範な参加は、その実行に不可欠の構成要素である。参加することで、巻き込まれた人々は変革活動に対するコントロール感を得る。彼らは変革活動への理解を深め、コミットするようになる。二つの企業におけるコンピュータ技術の導入と活用に関するある調査からは、参加型アプローチを用いて新技術を導入した企業のほうが変革のプロセスがはるかに円滑だったことが示されている[81]。前述のチームビルディングや大グループによる介入といった活動は、変革のプロセスに従業員を巻き込む有効な方法となりうる。

●**強制と強要**　マネジャーは最後の手段として、解雇や昇進の取り消しをちらつかせて従業員を脅したり、実際に彼らを解雇または配置転換することによって抵抗を克服することもできる。言い換えれば、抵抗を打ち負かすためにマネジメント権力を利用するのである。この手法は変革のマネジャーに対する怒りを人々の心に残し、変革が妨害される可能性があるので、多くの場合は勧められない。ただし、組織が危機に直面しているときなどスピードが必要不可欠の場合には、この技法が必要となる。また、人員削減などトップダウンで行われる必要な経営変革にもこれが求められる[82]。

6. 変革チームの創設　本章では変革を引き起こすための資源とエネルギーの必要性について論じてきた。開発部門、新ベンチャー・グループ、特別のチームやタスクフォースを別立ての組織としておくことは、エネルギーを変革の創出と実行の両方に注ぎ込むための方法である。別立てされた開発部門は真のニーズを満たす新技術を自由に開発することができる。変革実行の完了を見とどけるためのタスクフォースを設置することもできる。こうしたタスクフォースはコミュニケーション、利用者の巻き込み、トレーニング、その他変革に必要な諸活動の責任を担うことが考えられる。

7. アイデアの先導者の育成　変革への闘いにおける最も有効な武器はアイデアの先導者である。最も効果的な先導者は、新しいアイデアに心底コミットしている自発的な人物である。アイデアの先導者はすべての技術的活動が正しく完全であることを見とどけようとする。また、必要とあれば強要を利用してでも人々に変革の実行を納得させるために、マネジャー側のなかに追加的な先導者が必要な場合もある。たとえば、マニキュアを塗るためのペンを開発したジョン・カニンガムは、チーズブロー・ポンズにおけるアイデアの先導者だった。マネジメント側の支持者たちは製造、パッケージ、市場化といった実行上の問題を解決した。技術の先導者もマネジメント側の先導者も、たとえ他の人々が懐疑的であってもルールを破って前進する場合があるが、その情熱は相応の成果をもたらすのである。(83)

▼**討論課題**

1. 双核的アプローチを説明せよ。経営管理部分の変革は通常、技術部分の変革とどのように異なるのか。議論せよ。
2. 組織は安定と変革の両方を必要とするジレンマにどのように対処すればよいか。議論せよ。
3. 有機的な特徴は技術部分の変革にどのように関係しているか。また経営管理部分の変革の場合はどうか。
4. 組織はなぜ変革への抵抗を体験するのか。マネジャーはこうした抵抗を克服するためにどのような対策をとることができるか。
5. 「官僚主義はイノベーティブではない」と言われる。議論せよ。
6. 変革の成功に必要な五つの要素のうち、マネジャーが最も見過ごしやすいと思うのはどの要素か。議論せよ。
7. 組織開発の基調となる価値観は他のタイプの変革の基調となる価値観とどのように比較されるか。
8. ある製薬会社の研究開発担当マネジャーによると、この会社の新製品のうち市場で成功するのはわずか五％にすぎないという。また彼は、業界平均は一〇％で、自社が成功率を高めるにはどうすればよいか思案しているという。もしあなたがコンサルタントだったら、組織構造に関してどのような助言を彼に与えるか。

V

［第V部］

動的プロセスのマネジメント

Managing Dynamic Processes

第9章 意思決定のプロセス

企業の成長や、繁栄、失敗は、いずれもマネジャーによる意思決定の結果だが、意思決定には成功の保証はなく、ともすれば危険で不確実なものとなる。意思決定とは、たえず変化しつづけるさまざまな要因や、不確実な情報、対立などを視野に入れるなかで行うものである。

コンピュータ産業におけるマイクロプロセッサの供給でトップに立つインテルは、一九八〇年代に、当時のCEO、アンドリュー・グローブが行った意思決定によって、現在の支配的地位を獲得した。グローブは他の経営幹部からの猛反対を押し切って、DRAMメモリーチップ事業――同社が開発した技術――からの撤退と、マイクロプロセッサへの専念を決断した。この決定は同社に恩恵をもたらすことになったが、一九八五年の時点ではどのような結果になるか、まったく不明であった(1)。

組織における意思決定は完全な失敗となる場合も多い。たとえば、一億ドルの費用をかけて導入されたマクドナルドのサンドイッチ「アーチデラックス」は、わずか数年後にメニューから削除された。玩具メーカーのマテルとハズブロはいずれも一九八〇年代後半に「ニンジャ・タートルズ」の商品案を見送ったが、このアクション・フィギュアはその後何十億ドルもの売上げを記録することになった。トイザらスでは元経営幹部らが一九七〇年代型店舗にこだわることを決めた結果、全米最大の玩具小売業者の地位をウォルマートに奪われたとともに、インターネットによる玩具販売でもeトイズなどの競争相手にスタート時点でリードを許すことになった。[2]

マネジャーは成功をもたらす多くの意思決定も日々行っている。GAPのトップ、ミッキー・ドレクスラーはGAP店舗の売上げと利益が伸び悩むと、新種の低価格店舗「オールド・ネイビー」を展開し、即座に成功を収めた。三年もたたないうちに同社は二八二のオールド・ネイビー店舗をオープンさせ、売上げは一〇億ドルを記録した。フィンランドの企業ノキアが携帯電話機およびエレクトロニクス産業において年商一〇〇億ドルの首位企業となったのは、製紙、タイヤ、アルミニウムといった無関係な事業を売却し、自社のエネルギーと経営資源をエレクトロニクスに集中させることを決定したからである。ヴァージン・アトランティック航空の創業者、リチャード・ブランソンは、招待状からドレスやウエディングケーキまで結婚式の企画立案のあらゆる面を扱うブライダルの大型百貨店「ヴァージン・ブライド」をオープンさせることにより、まったく新しい小売りのカテゴリーを創造した。[3]

▼本章の目的

組織は常に、何百もの意思決定として、問題を特定しいくつもの解決策を実行している。マネジャーと組織はこうしたプロセスを何らかの方法で実行している。[4]

本章の目的はこのプロセスを分析し、組織における意思決定の実際を知ることである。意思決定のプロセスは組織の脳および神経系と考えることができる。意思決定は組織の戦略、構造、イノベーション、買収について行われる。本章では、組織がこうした事柄についてどのように意思決定を行えるのか、またどのようにそれを行うべきなのかを検討する。

最初の項では意思決定の定義づけを行う。次の項では個々のマネジャーがどのように意思決定を行っているかを検討する。そのうえで、組織における意思決定のモデルをいくつか検討する。各モデルはそれぞれ異なる組織的状況において用いられる。

意思決定の定義

組織における意思決定の公式の定義は「問題を特定し解決するプロセス」である。このプロセスには二つの主要段階がある。**問題を特定する段階**では、環境条件や組織の状況に関する情報を検討し、パフォーマンスが満足のいくものかどうかを判断すると共に、不十分な点の原因を分析する。**問題解決の段階**では、いくつかの行動方針を検討し、そのなかの一つを選択および実行する。

組織における意思決定の複雑さはさまざまであり、プログラム化された意思決定とそうでないものに分類することができる。[5] **プログラム化された意思決定**とは、これまで何度も繰り返されていて内容が明確化されており、問題解決手順がすでに存在するものである。プログラム化された意思決定はきちんと体系化されている。というのも通常、パフォーマンスの評価基準は明確で、現在のパフォーマンスについても有効な情報が入手できるうえ、選択肢が容易に示され、選ばれた選択肢が成功を収めることが比較的確実だからである。

プログラム化された意思決定の例として挙げられるのはコピー機の買い替え時期やマネジャーへの出張費の精算、組立ラインへの就職希望者が適格かどうかといったさまざまな意思決定ルールである。多くの企業はプログラム化された意思決定での経験に基づくルールを採用している。たとえば、レストラン業界における一般的な価格設定ルールでは、食べ物は直接費用の三倍、ビールでは四倍、その他のアルコール飲料では六倍を販売価格としている。大規模ホテルにおける宴会スタッフの配置ルールでは、着席形式の宴会では来客三〇人につき一人、立食形式では四〇人に一人の割合で給仕をつけるとしている。(6)

プログラム化されていない意思決定とは、いままで経験したことがなく、内容が明確化されておらず、既存の問題解決手順がないものである。こうした意思決定が行われるのは、組織が未体験の問題に直面し、どう対応してよいのかわからないような場合である。明確な意思決定の基準は存在せず、代替案もあいまいである。提案された代替案が問題を解決してくれるかどうかは定かでない。通常、プログラム化されていない意思決定においては代替案がほとんど策定されず、唯一の解決策を問題に合うよう特別に策定することになる。

プログラム化されていない意思決定の多くは不確実性が高く複雑であることから、戦略的企画立案の作業を必要とする。たとえば、ゴードン・M・ベスーンはコンチネンタル航空のCEOに就任したとき、低迷する同社を黒字に戻す戦略の一環として、四一機の航空機削減と、四二〇〇人以上の人員削減、割引料金の廃止を決断した。ベスーンらトップ・マネジャーは複雑な問題を分析し、さまざまな代替案を評価し、同社をスランプから脱出させる方法を選ぶ必要があった。(7) 結果的に同社は再び収益を確保するとともにサービス記録を大幅に改善し、これらの意思決定が的確であったことが証明された。

プログラム化されていない意思決定のなかでも特に複雑なものは、問題を明確化するだけでも大変な作業になりかねないことから「厄介な」意思決定と呼ばれる。厄介な問題は目的や代替案をめぐるマネジャー間のコンフリクト（葛藤）や、状況の急速な変化、意思決定要素間の連係の不明確さと関連性を持つ。厄介な意思決定に取り組むマネジャーはせっかく解決策を思いついても、その結果、そもそも問題が正しく定義できていなかったことがわかるだけという場合もある。(8)

個人による意思決定

マネジャー個人による意思決定については二とおりの説明が可能である。一つは**合理的アプローチ**で、マネジャーがどのように意思決定に取り組むべきかを示すものである。もう一つは**限定された合理性**の視点で、時間や経営資源の厳しい制約のなかで実際にはどのように意思決定を行うべきかを説明するものである。ちなみに合理的アプローチはマネジャーが目指しながらも決して到達できない一つの理想である。

▼合理的アプローチ

個人による意思決定への合理的アプローチでは、問題をシステマティックに分析し、論理的かつ段階的に順序だてて選択および実行することが強調される。合理的アプローチは、従来多くのマネジャーが組織における意思決定に非系統的かつ恣意的なやり方で取り組んでいたことから、個人による意思決定の指針となるよう開発されたものである。この合理的モデルは、不確実で複雑で変化の急速な現実世界では完全に達成できない「理想」だが、マネジャーが意思決定についてより明確かつ合理的に考える助けにはなる。

マネジャーは意思決定にあたり、可能な場合には必ず系統だった手順を用いるべきである。マネジャーが合理的な意思決定プロセスを深く理解していれば、明確な情報が不足している場合でもより良い決断を下すのに役立つ。最近出版された意思決定に関する書籍では、複雑な問題を迅速にてきぱきと処理することで知られるアメリカ海兵隊の事例を用いている。だがこの海兵隊も、状況を分析し行動を起こすのに役立つ一連の精神的ルーチン作業をすばやくこなすよう訓練されているのである。(9)

合理的アプローチによると、意思決定は八つの段階に分解できる。[10]

1. 意思決定の環境を監視する　まず第一歩として、マネジャーは予定された行動あるいは受け入れられる行動からの逸脱を示す内部情報や外部情報に目を光らせる。同僚と話し、財務諸表、パフォーマンス評価、産業指標、競合他社の活動などを見直す。たとえば、イリノイ州の小売業マーシャル・フィールズ・オークブルック（以下マーシャル・フィールズ）のゼネラル・マネジャーであるリンダ・コズローは、あわただしいクリスマス・シーズンの五週間、同じショッピングモール内のライバル店を見て回り、商品を値下げしているかどうか観察する。また、各商品の売れ行きを知るため、コンピュータから打ち出された自店の前日の売上記録にも入念に目を通している。[11]

2. 意思決定の問題を定義する　マネジャーは問題の本質的な詳細、すなわち、いつ、どこで、だれが関与し、だれが影響を受け、現在の活動にどのような影響が及ぼされているかを特定し、生じた変動に対応する。コズローにとってそれは、店の利益が低いのは全体的な売上げが予想を下回っているからなのか、それとも特定の商品ラインが思ったほど売れていないからなのかを明らかにすることである。

3. 意思決定の目的をはっきりさせる　マネジャーは意思決定によって達成すべきパフォーマンス成果を特定する。

4. 問題を分析する　この段階では、マネジャーは問題の原因を分析するために深く掘り下げて検討する。分析を容易にするため追加的なデータを収集してもよい。原因を理解することにより、適切な処置が可能になる。

マーシャル・フィールズのコズローの場合、売上げが思わしくない原因はライバル店による商品値下げかもしれないし、自分たちが人気商品を目立つ場所に置いていないせいかもしれない。

5. 解決策の代替案を策定する マネジャーは一つの活動計画を決定して実行に移す前に、望みどおりの目標を達成するためにとりうるさまざまな選択肢を明確に把握しておかなければならない。他の人々にアイデアや提案を求めてもよい。コズローの場合、利益を増やすための代替案として考えられるのは、目新しい商品を仕入れること、セールの実施、従業員数の削減などである。

6. 代替案を評価する この段階では、統計的技法または個人的経験を用いて成功の確率が判断される。各代替案の利点と、それによって望みどおりの目標が達成される確率が評価される。

7. 最良の代替案を選ぶ この段階が意思決定プロセスの中核となる。マネジャーは問題、目標、代替案の分析結果を用いて成功率の最も高い代替案を一つだけ選ぶ。マーシャル・フィールズのコズローは利益目標を達成するために、広告や値下げ商品を増やすよりも従業員数の削減を選ぶ。

8. 選ばれた代替案を実行する マネジャーは意思決定内容が確実に実施されるよう、ここへきてようやくマネジメント能力や管理能力、説得能力を発揮し、さまざまな指示を与える。解決策が実施されるとすぐ、モニター活動（第一段階）が再開される。リンダ・コズローにとって、意思決定サイクルは継続的なプロセスであり、問題や機会を見出すための環境のモニター結果に基づき、日々新たな意思決定を行っている。

このうち最初の四段階は意思決定の問題を特定する段階であり、残りの四段階は問題を解決する段階である。マネジャーによる意思決定には通常、八つの段階がすべて現れるが、各段階がはっきり識別されるとは限らない。マネジャーは経験上、ある状況において何をするべきかきちんとわかっている場合もあり、このような場合にはいくつかの段階はごく最小限にとどまる。

合理的なアプローチが最も適しているのはプログラム化された意思決定である。それは問題や目標、代替案が明確化されている場合であり、意思決定者にとって秩序だって思索するための時間がある場合である。意思決定がプログラム化されておらず、定義があいまいで、山積している場合にも個々のマネジャーは合理的アプローチの各段階を試みるべきではあるが、多くの場合、勘や経験に基づいて近道をする必要がある。合理的アプローチからの逸脱は限定された合理性の視点によって説明される。

▼限定された合理性の視点

合理的アプローチでは、マネジャーが系統だった手順を用いて適切な意思決定に到達しようと努力することが要となる。競争らしい競争がなく、扱っている問題がよく理解されている場合には、マネジャーは通常、合理的手順を用いて意思決定を行う[12]。しかし、マネジメント上の意思決定に関する調査からは、マネジャーが理想的な手順を踏めない場合も多々あることがわかっている。

今日の競争的な環境においては、意思決定をきわめて迅速に行わなければならない場合が多い。時間的なプレッシャー、意思決定に影響を及ぼす内外の数多くの要因、多くの問題の不明確な性質は、系統だった分析を事実上不可能にしている。マネジャーといえどもその時間や知的能力には限界があり、すべての目標や問題、代替案を評価することは不可能である。合理的であろうとする努力は、多くの問題が持つ著しい複雑さによって制限されてしまうのである。マネジャーが合理的になれる程度には限度がある。たとえば、急いでいる経営幹部はたとえネクタイを五〇本持っていても、すべてを吟味することなく単にスーツに合った一番目か二番目のネクタイを締めるだろう。あまりにも時間が短く、あまりにも選択肢の数が多いので、五〇の選択肢をすべて慎重に評価したりはしない。とにかく問題を解決してくれる最初のネクタイを選び、次の仕事へと進むのである。

図表9―1に示すように、組織における大規模な意思決定は複雑すぎて理解しにくいだけでなく、ほかにも多くの制約が意思決定者に影響を及ぼす。状況はあいまいで、社会的な支持、出来事に対する共通の視点、了解と合意が求められる。たとえば、キューバミサイル危機における意思決定についての研究によると、ホワイトハウスの主要スタッフおよび関係閣僚から成る委員会は、問題の存在は把握していたものの、正確な目標や目的を特定できずにいた。意思決定のための議論の結果、数々の個人的異論が出され、ようやく期待される目標が見つかり、望ましい行動方針と予想される結果が明確になったのである。[13]

また、個人的制約――意思決定のスタイル、仕事の重圧、名誉欲、あるいは単なる不安感など――が代替案の探索や受け入れを制限する場合もある。これらすべての要因が、どう見ても理想的な選択を導き出すはずの合理的なアプローチを制限してしまうのである。[14] 大学卒業後の仕事の選択といった一見単純な意思決定でさえ急速に複雑化し、限定された合理性のアプローチが用いられる可能性がある。卒業を控えた大学生は、これはと思う就職口が二～三見つかると就職活動を急に減らすことが知られている。面接を実施する企業は何百とあるのに二つや三つの誘いで満足してしまうのは、合理性に基づく意思決定を行っているとすれば、少なすぎる。

限定された合理性の視点はしばしば**直感的な意思決定**のプロセスと関連づけられる。直感的な意思決定においては、順序だった論理や明確な理由づけよりも経験や判断が意思決定に用いられる。[15] 直感は長年の業務活動と実地の経験に基づくもので、多くの場合、潜在意識のなかに蓄積されている。したがって恣意的でもなければ不合理でもない。マネジャーが組織的問題における長年の経験に基づいた直感を用いる場合、問題をよりすばやく認識・理解し、どの代替案なら問題を解決できるかについて直感を働かせ、意思決定のプロセスを迅速化する。[16] 実

図表9−1　プログラム化されていない意思決定における制約とトレードオフ

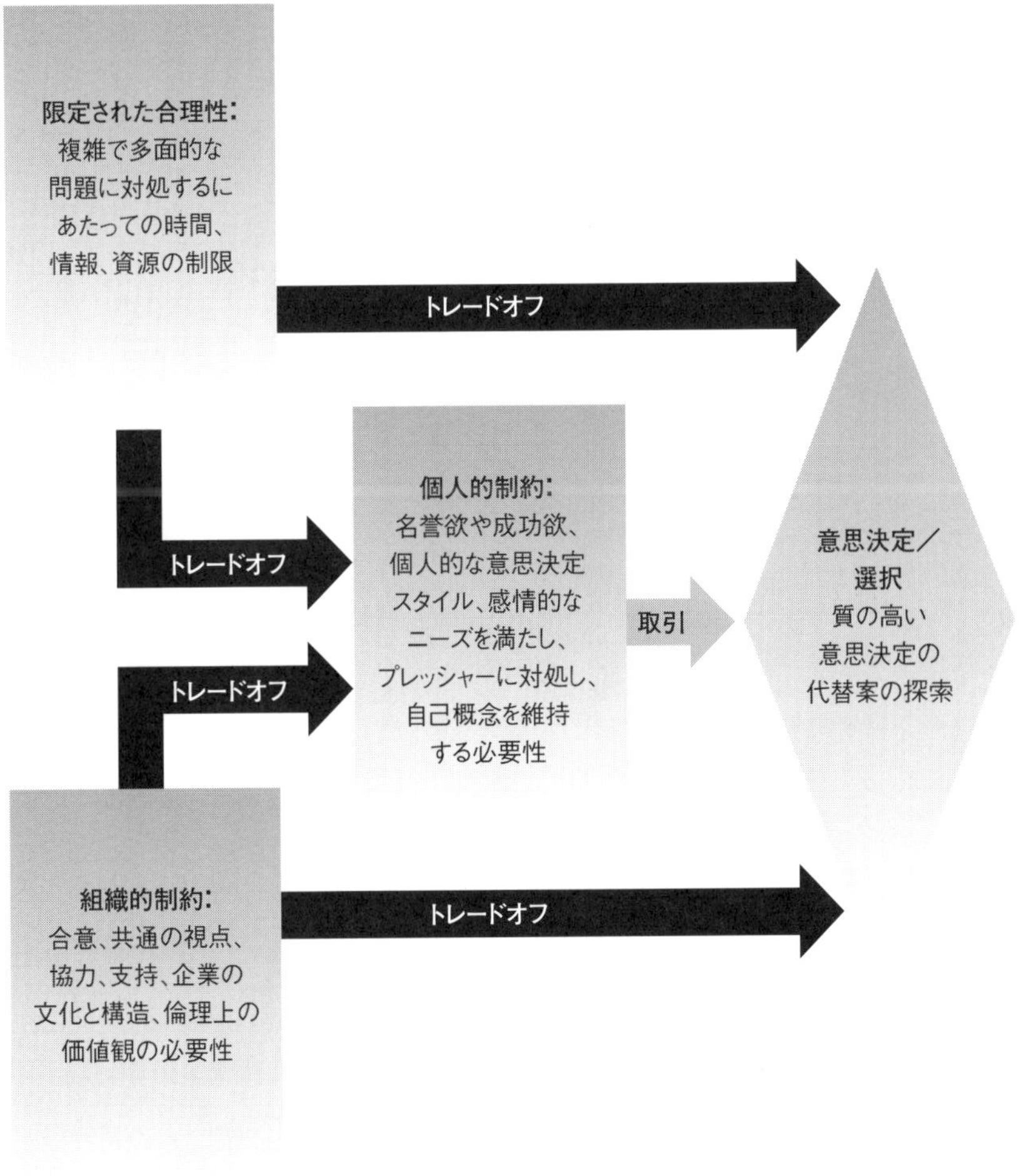

出典：Irving L. Janis, *Crucial Decisions* (New York: Free Press, 1989); and A. L. George, *Presidential Decision Making in Foreign Policy: The Effective Use of Information and Advice* (Boulder, Colo.: Westview Press, 1980).

際、多くの大学では経営学部の学生がこうしたプロセスを理解し、活用できるよう、創造性と直感に関する講座を開設している。

きわめて複雑あるいはあいまいな状況では、問題特定段階でも問題解決段階でも、漠然とした要素を取り込むために過去の経験や判断が必要となる。[17] マネジャーによる問題発見について行ったある調査では、三三個の問題のうち三〇個があいまいで明確化されていなかった。[18] 非公式の情報源からもたらされた断片的で関連性のない情報がマネジャーの頭の中では一つのパターンを形成していた。マネジャーは問題の存在を「証明」することはできないものの、特定の分野に注目する必要があることを直感的に認識していた。複雑な問題を単純視しすぎることは、しばしば意思決定の失敗につながる。[19] また、マネジャーは機会よりも感知された組織への脅威に直感的に反応する場合が多いことが調査によって示されている。[20]

直感的プロセスは問題解決段階でも用いられる。ある調査では、経営幹部が利益への影響といった測定可能な結果を考慮せずに意思決定を行っていることが多々あることがわかった。[21] 図表9―1で見たとおり、最良の代替案の選定にあたっては多くの漠然とした要因――他の経営幹部からの支持に関する懸念、失敗への恐怖、社会的態度など――が影響を及ぼす。

こうした要因は系統だてて定量化することはできないので、直感に導かれて解決策が選択されていた。マネジャーは信頼性のあるデータで証明できることよりも、自分が正しいと感じることに基づいて意思決定を行う場合があるのである。

プラダのCEO、パトリッツィオ・ベルテリは、優れた直感的決断を重ねることにより同族会社をヨーロッパ随一のファッション企業へと変身させたが、なかには同業者の目には不可解と映る決断もあった。ベルテリの決断は出し抜けに見えることも多かったが、実際にはファッション業界に長年身を置くなかで培われた経験や知識、理解の深さに基づいていた。

もう一つの好例は、女優のジョディ・フォスターである。彼女は自らの制作会社エッグ・ピクチャーズにおいて直感に基づく適切な判断をしていることで知られる。フォスターは八歳で映画デビューし、マネジャー役の母親は役柄や脚本の変更などあらゆる事柄の決定に彼女を巻き込んだ。「彼女はほとんど数学的にハリウッドを理解している」と、あるプロデューサーは語っている。[22]

このように、マネジャーが特定の分野で一定の経験や知識を培っている場合には、問題の認識や解決が意識上はほとんど忘れ去られた情報の再認として、ほとんど苦もなく行われる場合が多い。したがって直感は「認識」と見なすこともできるのである。[23]

しかし、マネジャーが二つの極端な態度の間で危ない綱渡りをする場合もある。一つは調査を慎重に行わずに恣意的な意思決定を行うこと、もう一つは数字や合理的分析に過度に依存することである。[24] 限定された合理性の視点や直感の利用は、主にプログラム化されていない意思決定に適用されることを忘れてはならない。プログラム化されていない意思決定の新奇性や不明確さ、複雑さは、数値データや論理的手順が利用できないことを意味する。

経営幹部による意思決定の研究からは次のことも示されている。ある整形外科医院でいつＣＴスキャナーを購入するかとか、市がＥＲＰ（経営資源計画立案システム）を必要としているかどうか、また無理なくそれを採用できるかといったプログラム化されていない意思決定においては、マネジャーは合理的アプローチをまったく活用できないのである。[25] こうしたケースでは、マネジャーの手にした時間と資源は限られていたうえ、測定や分析がそもそも不可能な要因もあった。こうした情報を無理に定量化しようとすれば、意思決定上の基準を単純化しすぎることになりかねず、過ちを起こす可能性がある。

組織における意思決定

組織はマネジャーによって構成され、そのマネジャーは合理的プロセスと直感的プロセスの両方を用いて意思決定を行う。しかし、組織レベルでの意思決定が一人のマネジャーによって行われることは少ない。組織における意思決定の多くには複数のマネジャーが関与している。問題の特定と解決は多くの部門や多様な視点、場合によっては他の組織までも巻き込み、マネジャー個人の視野を超越する。

組織における意思決定のプロセスはいくつかの要因、とりわけその組織に独自の内部構造や、外部環境の安定度によって影響を及ぼされる[26]。組織レベルでの意思決定に関する研究から、四つのタイプの意思決定プロセスが明らかにされている。すなわち、マネジメント・サイエンス・アプローチ、カーネギー・モデル、漸進段階的意思決定プロセスモデル、そしてゴミ箱モデルである。

▼マネジメント・サイエンス・アプローチ

組織における意思決定を行うためのマネジメント・サイエンス・アプローチは、マネジャー個人による合理的アプローチと類似性を持つ。マネジメント・サイエンスが生まれたのは第二次世界大戦中のことである[27]。当時、個々の意思決定者の能力を超えた緊急かつ大規模な軍事問題には、数学的技法および統計的技法が応用されていた。数学者、物理学者、オペレーションズ・リサーチの専門家がシステム分析手法を用いて砲弾の軌道や対潜水艦戦略、一斉投下の爆撃戦略を策定していた。

たとえば、数マイル先の敵船を沈没させようとしている戦艦の問題を考えてみよう。戦艦の大砲の照準を計算する際には、距離、風速、砲弾の大きさ、両船の速度と方向、発砲する船の縦揺れと横揺れ、海面の曲率を考慮する必要がある。試行錯誤と直感によってこうした計算を行うやり方では不正確で時間がかかりすぎ、決して成功しないであろう。

そこで登場したのがマネジメント・サイエンスである。分析者は戦艦の大砲の照準に関与する変数を特定し、数学の方程式を利用してモデル化することに成功した。距離、速度、縦揺れ、横揺れ、砲弾の大きさなどを計算し、方程式に入れればよいのである。答えは瞬時に計算され、大砲を発射することができた。縦揺れや横揺れといった変数は間もなく機械的に測定され、この攻撃目標設定メカニズムに直接入力されるようになった。今日、攻撃目標設定プロセスからは人的要素が完全に排除されている。標的をとらえるのはレーダーであり、全段階がコンピュータによって自動化されている。

マネジメント・サイエンスは多くの軍事的問題に驚異的な成功をもたらした。意思決定へのこのアプローチは企業やビジネススクールにも普及し、そこでさまざまな技法が研究され精緻化された。今日、多くの企業がこれらの技法の活用を各部門に命じている。コンピュータ部門は分析のための数量的データを作成する。オペレーションズ・リサーチ部門は数学的モデルを用いて関連する変数を数量化し、解決策の代替案を定量化するとともに、各代替案によって問題が解決される確率を提示する。これらの部門は線形計画法（リニア・プログラミング）、ベイズ統計学、PERTチャート、コンピュータ・シミュレーションなどの手法を用いる。

マネジメント・サイエンスが組織における意思決定の優れた手段となるのは、問題の分析と変数の特定および測定が可能な場合である。数学的モデルには一〇〇〇以上の変数を投入することが可能であり、各変数が最終的な結果に何らかの意味を有する。マネジメント・サイエンスの技法を用いることにより、教会のキャンプの場所探しから新製品グループの第一弾のテストマーケティング、石油の掘削、そして電気通信サービスの提供方法の抜本的変革に至るまで、多様な問題が適切に解決されてきた。[28] マネジメント・サイエンスの技法になじむ他の問題としてはほかに、航空会社の従業員や救急隊員、電話オペレータ、高速道路の料金所係員の勤務スケジュール策定がある[29]。

マネジメント・サイエンスでは、明示的な変数の数が人間の処理能力を上回る問題を正確かつ迅速に解決することが可能である。このシステムが本領を発揮するのは、分析および測定が可能で、論理的な構造を与えることのできる問題に適用された場合である。コンピュータ技術やソフトウエア・プログラムの高度化によりマネジメント・サイエンスの守備範囲は拡大し、かつてないほど多様な問題を扱えるようになっている。

たとえば、GEキャピタル・モーゲージ保険では、損害管理担当者の意思決定改善のためにマネジメント・サイエンスの技法を活用した。損害管理担当者はローンの支払いが滞っている顧客に対し、同社での救済が可能か、あるいは担保権行使の受け入れを勧めるべきかを判断する必要がある。関連する変数を分析・測定する高性能の意思決定ソフトウエア・プログラム「ロス・ミティゲーション・オプティマイザー」(損害軽減措置最適化プログラム)を開発することにより、同社は救済率を三〇%から五〇%に引き上げた一方、損害管理担当者が一つの案件に費やす時間も三〇~五〇%短縮した。利益も一件当たり約八〇〇〇ドルに急増し、一八カ月間で純利益が一億一五〇〇万ドル増加した[30]。

マネジメント・サイエンスは多くの失敗も生んだ[31]。近年、多くの銀行が融資先の信用格付けにコンピュータ評価システムを利用しはじめているが、軽減して算入すべき要因の評価には人間の判断が必要だとする意見もある。たとえば、金利を設定し銀行を規制するFRB(連邦準備理事会)のメンバーが、コンピュータによる評価に基づきトイザらスのクレジットカードを拒否されたという例もある[32]。

マネジメント・サイエンス・アプローチにとっての問題の一つは、定量的データが豊富でない点である。問題の存在を示唆する非公式の手がかりは、マネジャーが個人的に感じ取るしかない[33]。重要な要因を定量化し、モデルに取り込むことができなければ、どんなに高度な数学的分析も役に立たない。競合他社の反応、消費者の「好み」、製品の「ぬくもり」といった事象は定性的な側面である。こうした状況では、マネジャーの意思決定を補助することがマネジメント・サイエンスの役割となる。定量的な結果をマネジャーに与え、非公式の意見や、判断、直感とともに議論や解釈の俎上に載せることは可能である。最終的な決定には定量的な計算だけでなく定性的要因も織り込むことができる。

▼カーネギー・モデル

組織における意思決定のカーネギー・モデルは、カーネギー・メロン大学にゆかりのあるリチャード・サイアート、ジェームズ・マーチ、ハーバート・サイモン三者の研究に基づくものである。[34] 彼らの研究は、個人による意思決定への限定された合理性のアプローチの公式化と、組織の意思決定についての新たな洞察の提示に貢献した。彼らがこの研究を行うまでは、経済学の研究から、企業は単純に一つの存在として意思決定を行うとされていた。これではまるですべての関連情報はトップの意思決定者に集まって選択されると言っているようなものである。

カーネギー・グループの調査によって、組織レベルでの意思決定には多くのマネジャーが関与し、最終決定はこれらのマネジャーの**合同**に基づいて行われることがわかった。合同とは、組織の目標や問題の優先順位について合意した数人のマネジャーの連帯である。[35] そこにはライン部門のマネジャーや人事専門家、さらには有力顧客や銀行、労働組合の代表者といった外部グループも交えることができる。

意思決定に際してマネジメントの合同が必要となる理由は二つある。一つは、組織の目標は往々にしてあいまいであり、各部門の業務目標に一貫性のない場合が多いからである。目標があいまいで一貫性に欠けると、問題の優先順位をめぐってマネジャーの意見が分かれる。彼らは問題について交渉し、どの問題を解決すべきかについて合同を築かなければならない。

合同が必要となる二つ目の理由は、個々のマネジャーは合理的であることを志しながらも、前述のように活動に際しては人間の認識力の限界をはじめ、さまざまな制約を受けるからである。マネジャーには意思決定にかかわるすべての面を特定し、すべての情報を処理するだけの時間、資源、あるいは知的能力がない。こうした制約が合同構築行為につながる。マネジャーは話し合いや意見の交換を行うことにより情報を収集し、あいまいさを減らす。関連情報を入手し、意思決定結果に利害を有する人々の意見も聞く。合同の構築は利害関係者に支持される意思決定をもたらす。

合同構築のプロセスは組織における意思決定行動にいくつかの意味を持つ。

まず第一に、意思決定は問題解決策の最適化よりも満足化を目的に行われるということである。**満足化**とは、組織が最高水準ではなく「満足できる」水準のパフォーマンスを受け入れることにより、複数目標の同時達成を可能にすることをいう。意思決定に際し、合同では全メンバーにとって満足できると見なされた解決策を受け入れる。

第二に、マネジャーは目前にある問題や短期的な解決策に関心を持つということである。彼らはサイアートとマーチが「不確かな探索行動」と称したものに従事する。(36) 不確かな探索行動とは、マネジャーが問題をすばやく解決するために、ごく身近な環境を見回して解決策を探そうとすることをいう。状況が明確に定義されず、コンフリクト（葛藤）に満ちたものである場合、マネジャーは完璧な解決策を期待しない。これは、分析によってあらゆる合理的選択肢が明らかにできると仮定するマネジメント・サイエンス・アプローチとは対照的である。カーネギー・モデルでは、探索行動は満足できる解決策を示すのに十分なだけ行われ、マネジャーは通常、最初に浮上した満足できる解決策を採用しがちだとする。

第三に、意思決定の問題特定段階では議論と交渉がとりわけ重要だということである。提携のメンバーが問題を感知しない限り、行動は起こらない。カーネギー・モデルで説明される意思決定のプロセスを**図表9―2**にま

図表9—2　カーネギー・モデルにおける選択プロセス

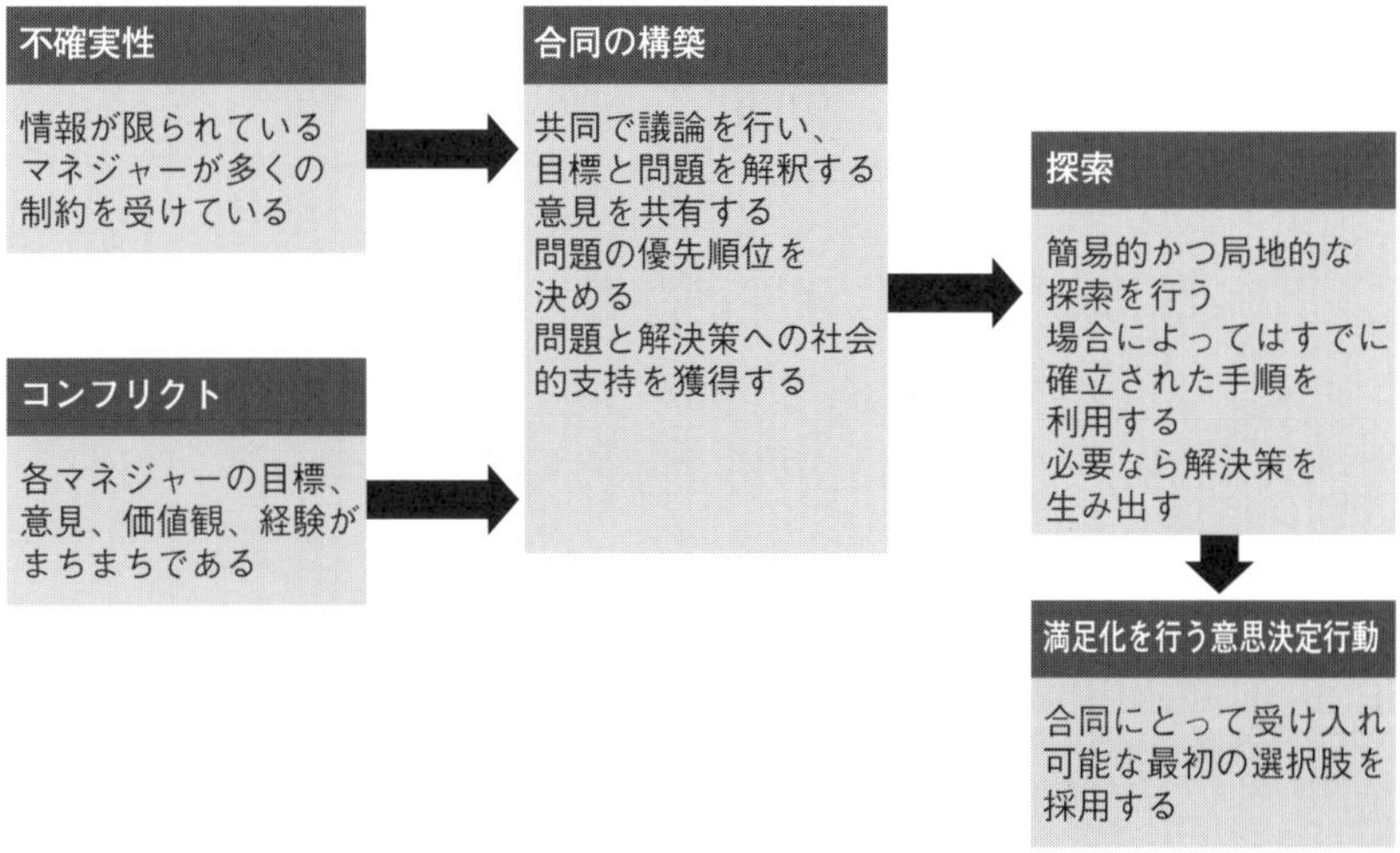
不確実性
情報が限られている
マネジャーが多くの
制約を受けている
コンフリクト
各マネジャーの目標、
意見、価値観、経験が
まちまちである
合同の構築
共同で議論を行い、
目標と問題を解釈する
意見を共有する
問題の優先順位を
決める
問題と解決策への社会
的支持を獲得する
探索
簡易的かつ局地的な
探索を行う
場合によってはすでに
確立された手順を
利用する
必要なら解決策を
生み出す
満足化を行う意思決定行動
合同にとって受け入れ
可能な最初の選択肢を
採用する

とめる。

カーネギー・モデルでは、マネジメントの合同を通じての合意構築は組織における意思決定の重要な構成要素だと指摘する。特に、シニア・マネジャー層にはこのことがいえる。議論や交渉には時間がかかるため、探索の手順は通常、簡素化され、選ばれた選択肢は問題解決を最適化するよりもむしろ満足化する。問題がプログラム化されている――明確で以前見たことがある――場合、組織は過去の手順やルーチンに依存する。ルールや手順は新たな合同の構築や政治的交渉の必要性を防いでくれる。しかし、プログラム化されていない意思決定では交渉とコンフリクトの解消が必要となる。

近来最も著名で優れた合同構築者の一人は、アメリカのジョージ・ブッシュ元大統領である。同大統領は重要な意思決定プロセスの最初には広い基盤を持つ合同を求めるのが常だった。湾岸戦争に関する意思決定プロセスでは、サダム・フセインをクウェートから追い出し「新世界秩序」を形成するという自らのビジョンに賛同を得るため、世界各国の首脳に何度も個人的に電話をかけ訪問を重ねた[37]。

▼漸進段階的意思決定モデル

モントリオールにあるマギル大学のヘンリー・ミンツバーグとその同僚らは、組織における意思決定に異なる視点からアプローチした。彼らは、組織において行われた二五の意思決定を選定し、これらの意思決定に伴う出来事を最初から最後まで追跡研究した。[38] この研究により、意思決定の流れのなかの各段階が特定された。漸進段階的意思決定モデルと呼ばれる意思決定へのこのアプローチでは、カーネギー・モデルで説明された政治的、社会的な要因にはあまり重点を置かず、問題発見からその解決に至る活動の構造化された順序についてより多く語っている。[39]

ミンツバーグの研究における意思決定の事例は、地域航空会社の購入するジェット機の選択、新しい会員制レストランの開発、港における新しいコンテナ・ターミナルの開発、デオドラント製品の新市場の特定、賛否両論のある新しい医療処置技術の病院への導入、花形アナウンサーの解雇などである。[40] こうした意思決定の範囲と重要性は、意思決定完了までの時間経過のなかで明らかになっていくものであり、これらの意思決定の多くは一年以上の歳月を要し、三分の一は二年以上かかっている。これらの意思決定の多くはプログラム化されておらず、個々の問題に合わせた解決策を考える必要があった。

この研究からわかったことの一つは、組織における大規模な選択は通常、小さな選択の連続であり、こうした小さな選択が集まって大規模な意思決定を生み出しているということである。このように、組織における意思決定の多くは一足飛びではなく、少しずつ小刻みに行われる。しかも組織はいくつかの意思決定ポイントを通過するなかで、障壁にぶつかる場合もある。

ミンツバーグはこれらの障壁を意思決定プロセスにおける中断現象と呼んだ。中断とはつまり、組織が前段階の意思決定に立ち返り、新しい方策を試みなければならなくなることである。意思決定のループやサイクルは、組織が他のどの選択肢が機能するかを知る一つの機会ともなる。最終的な解決策となったものは当初予想されたものとはまったく異なる場合もある。

ミンツバーグらによって発見された意思決定段階のパターンを図表9―3に示す。一つひとつの囲みは意思決定の流れのなかで起こりうる段階を示している。各段階は意思決定の三つの主要フェーズ、すなわち特定、開発、選定の各フェーズのなかで生じる。

特定フェーズ　特定フェーズは**認識**によって始まる。認識とは、一人または複数のマネジャーが問題と意思決定の必要性に気づくことを意味する。認識は通常、問題または機会によって誘発される。問題が存在するのは外部環境の諸要素が変化したときや、内部のパフォーマンスが基準を下回ると見られたときである。ラジオのアナウンサーを解雇する事例では、そのアナウンサーに関するコメントが聴取者や他のアナウンサー、広告主から寄せられた。マネジャーらはこうした手がかりを解釈し、最終的に、問題に対処する必要性を示す一つのパターンが明らかになった。

第二の段階は**分析**である。ここでは問題の状況を明確化するのに必要であれば、より多くの情報が収集される。分析は問題の深刻さにより、系統だてて行われる場合もあればインフォーマルに行われる場合もある。重大な問題の場合、詳細な分析を行う時間はなく即応が求められる。一方、軽度の問題はより系統だった分析を施される場合が多い。

開発フェーズ　開発フェーズでは、特定フェーズで明確にされた問題を解くための解決策が形成される。解決策の開発には、二つの方向性がある。まず、**探索**手順を用いて組織が有する解決策のレパートリーのなかから代替案を探し出す場合がある。たとえば、花形アナウンサーを解雇する事例では、マネジャーたちはそのラジオ局が以前アナウンサーを解雇したときにはどうしたかを調査した。探索の実施にあたっては、当事者は自分たちの

図表9−3　漸進段階的意思決定モデル

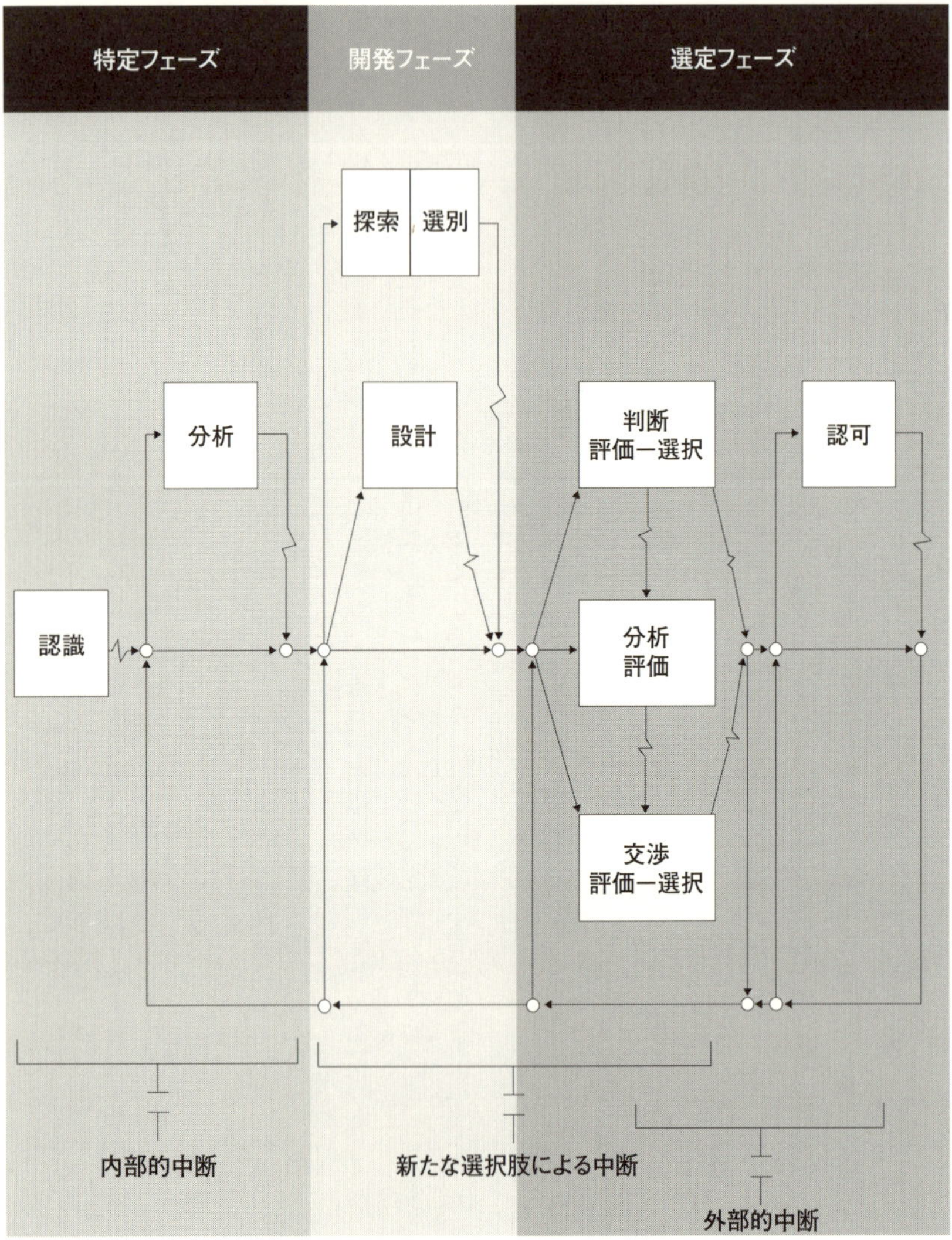

出典："The Structure of Unstructured Decision Processes" by Henry Mintzberg, Duru Raisinghani, and Andre Theoret, published in *Administrative Science Quarterly* 21, no.2 (1976): 266. Copyright © 1976 Cornell University. Approval of Reguest For Permission to Reprint.

記憶を呼び起こしたり、他のマネジャーに相談したり、組織の公式な手続きを調べたりすることができる。

開発の二つ目の方向性は、個々の問題に合わせた解決策を**設計**することである。これが行われるのは、問題が目新しく、過去の経験が役に立たない場合である。ミンツバーグは、こうしたケースでは主要な意思決定者が理想的な解決策について漠然としたイメージしか持っていないことを発見した。試行錯誤を通じて徐々に、個々の問題に合わせて設計された解決策が姿を現すのである。解決策の開発は手探りの漸進的な手順であり、煉瓦を積み上げるように少しずつ解決策が構築されていく。

選定フェーズ　選定フェーズでは解決策が選ばれる。このフェーズでは必ずしも複数の代替案のなかから明確に一つが選ばれるとは限らない。個々の問題に合わせて練られた解決策の場合、選定とはむしろ実行可能と思われる一つの案を評価することである。

評価と選択は三つの方法で行われる。最終的な選択が一人の意思決定者に任され、その選択が経験に基づく判断を伴う場合には、**判断**という形の選定が行われる。分析に際してはマネジメント・サイエンス技法を用いるなど、より系統的に代替案の評価が行われる。しかしミンツバーグは、意思決定の大半は代替案の系統だった分析や評価を伴わないことを発見した。選定に意思決定者のグループが関与する場合には、**交渉**が行われる。個々の意思決定者は生じる結果にそれぞれ異なる利害を有するため、コンフリクトが生じる。カーネギー・モデルの項で述べたように、合同が構築されるまで議論と交渉が行われる。

意思決定が組織によって公式に受け入れられると、**認可**が行われる。階層構造の下から上へと意思決定のうかがいが立てられ、最終的に権限を有する階層に到達する。専門性や知識を有するのは問題を特定し解決策を練った下位の意思決定者なので、多くの場合、認可はルーチン化している。ただし、下位のマネジャーには予想のつかない事情により、意思決定が却下されることもある。

動的要因　図表9―3の下のほうに意思決定プロセスの最初に戻る矢印が書かれている。これらの矢印は意思決定プロセスに生じるループまたはサイクルを示している。組織における意思決定は認識から認可まで順序正しく進展するわけではない。些細な問題が生じて初期の段階に戻らざるをえなくなる。これが意思決定プロセスにおける障害である。

個々の問題に合わせて設計された解決策が満足のいくものと見なされない場合、組織は出発点に戻り、本当にその問題を解決する価値があるのかどうか再検討する必要がある。フィードバックのループは、タイミング、政治、マネジャー間の意見の不一致、実行可能な解決策が特定できない事態、マネジャーの異動、あるいは新たな代替案の急浮上が原因となって生じうる。

たとえば、カナダの小さな航空会社がジェット機購入の決定を行った際、取締役会はその決定を認可したが、間もなく新しいCEOが着任し、契約を破棄して意思決定を特定フェーズへと差し戻した。彼は問題の分析結果は受け入れたが、代替案を新たに探すよう主張した。そんな折、外国のある航空会社が倒産し、中古の航空機二機を安値で手放した。これにより予期せぬ代替案が現れ、CEOは自らの判断でこの航空機の購入を認可した[41]。意思決定の多くは長期にわたって行われるため、状況は変化する。意思決定は動的なプロセスであり、問題が解決されるまでにはいくつものサイクルが必要となる場合もある。

▼ゴミ箱モデル

ゴミ箱モデルは組織における意思決定プロセスの最も新しく興味深い解釈の一つである。このモデルを前述の二つのモデルと直接比較することはできない。というのも、漸進段階的モデルとカーネギー・モデルが単独の意思決定が行われる様子に着目しているのに対し、ゴミ箱モデルは組織における複数の意思決定のパターンや流れを扱うものだからである。ゴミ箱モデルは組織全体について、また組織中のマネジャーが頻繁に行っている意思決定について考えるのに役立ちうる。

組織化された混乱　ゴミ箱モデルは、きわめて高い不確実性にさらされている組織の意思決定のパターンを説明するために開発された。このモデルの生みの親であるマイケル・コーエン、ジェームズ・マーチ、ジョハン・オルセンは、こうした不確実性の高い状況を「組織化された混乱」と称したが、すなわちそれはきわめて有機的な組織のことである。[42] 組織化された混乱は通常の権威の縦の階層構造や官僚主義的な意思決定ルールには依存しない。次の三つの特性が組織化された混乱を引き起こす。

1. 優先事項があやふやである　目標、問題、代替案、解決策が明確化されない。あいまいさが意思決定プロセスの各段階を特徴づけている。

2. 技術が不明瞭でよく理解されていない　組織内の因果関係が特定しにくい。意思決定に適用できる系統だったデータベースがない。

3. 人員の交代　組織の各役職を占める人が入れ替わる。さらに、従業員が忙しく、一つの問題や意思決定に割ける時間がごく限られている。どの意思決定においても参加者が流動的で限られている。

組織化された混乱とは、急速な変化とだれもが平等に権利を有する非官僚主義的な環境を特徴とする組織を説明している。どの組織もこの極度に有機的な状況に常に当てはまるわけではないが、当世の学習する組織や今日のインターネット企業はかなりの時間、こうした状態に身を置いている。多くの組織は時として不明確であやふやな状況下で意思決定を行うことになる。ゴミ箱モデルはこうした意思決定のパターンを理解するのに役立つ。

出来事の流れ　ゴミ箱モデルのユニークさは、意思決定のプロセスを、問題に始まり解決に終わる連続的段階とは見ていない点である。実際、問題の特定と解決が互いに関連性を持たない場合もある。問題が特定されていないのに、あるアイデアが解決策として提示されることもある。問題が存在しても解決策が生まれない場合もある。意思決定は組織における独立した出来事の流れの結果である。組織における意思決定にかかわる四つの出来事の流れを以下に挙げる。

1. 問題 問題とは現在の活動やパフォーマンスに対する不満点である。それは望まれるパフォーマンスと現在の活動とのズレを表す。注目すべき問題は次々と見出される。だがそれらは解決策や代替案とは別個になっている。問題は解決策の提案につながることもあれば、そうでない場合もある。解決策を採用してもその問題が解決しない場合もある。

2. 潜在的な解決策 解決策とはだれかが採用を提案するアイデアのことである。こうしたアイデアが解決策の代替案の流れとなって組織内をめぐっている。アイデアは新たな人材によって組織にもたらされる場合もあれば、既存の人員によって考案される場合もある。組織の参加者が何らかのアイデアに魅力を感じただけで、問題には関係なくそれを論理的な選択として推奨する場合もある。アイデアに魅力を感じた従業員が、そのアイデアを結びつけ正当化することのできる問題を探すこともある。重要なことは、解決策が問題から独立して存在するということである。

3. 参加者 組織の参加者とは、組織の至る所に出入りする従業員のことである。人は雇用され、配置転換され、解雇される。組織の参加者のアイデア、問題の認識、経験、価値観、受けてきたトレーニングはきわめて多様である。あるマネジャーが認識した問題と解決策は、別のマネジャーが認識するそれとは異なる。

4. 選択の機会 選択の機会とは、組織が通常、意思決定を行うような機会のことである。こうした機会が生じるのは、契約を締結するとき、人材を採用するとき、あるいは新製品を認可するときである。また、適切な参加者、解決策、問題が揃ったときにもそれは生じる。したがって、ある優れたアイデアのことをたまたま知ったマネジャーがそれを適用できる問題にはたと気づき、組織に選択の機会を与えることもありうる。問題と解決策がうまく適合すると、結果として意思決定が行われる場合が多い。

出来事の四つの流れの概念を用いると、組織における意思決定の全体的なパターンは偶発的な特徴を帯びてくる。問題、解決策、参加者、選択はいずれも組織を通じて流れている。**図表9―4**に示すように、ある意味で組織とはこれらの流れがかき混ぜられる一つの大きなゴミ箱のようなものである。ある時点で何らかの問題と解決策と参加者が結びつくと意思決定が行われ、問題が解決される場合もある。だが、解決策が問題に適合しなければ、問題は解決されないかもしれない。

このように、組織を全体としてとらえ、その高度の不確実性を考慮すると、問題が生じても解決されなかったり、試した解決策が使えない場合もあることに気づく。組織における意思決定は秩序だったものではなく、論理的な段階を踏んだ結果でもない。事象が不明確で複雑なあまり、意思決定と問題と解決策はそれぞれ独立した出来事として機能する。それらが結びつくといくつかの問題は解決されるが、多くは解決されないままである。[43]

結果　意思決定のゴミ箱モデルから生じる四つの結果を以下に示す。

1. 問題が存在しないのに解決策が提示される　ある従業員が一つのアイデアに固執し、組織の他の人々にそれを売り込もうとする。その一例が、一九七〇年代に多くの組織が実施したコンピュータの採用である。コンピュータは既存の解決策であり、これを強く奨めたのはコンピュータ・メーカーと組織内のシステム技術者だった。コンピュータは導入当初、何ら問題を解決しなかった。実際、コンピュータが問題を解決するよりも問題の原因となっている場合もあったほどである。

2. 選択が行われても問題は解決しない　新事業部門の創設といった選択は、問題の解決を意図して行われるが、不確実性の高い状況では、その選択が妥当でない場合もある。さらに、単なる偶然のように見える選択も多

図表9−4　意思決定のゴミ箱モデルにおける独立した事象の流れ

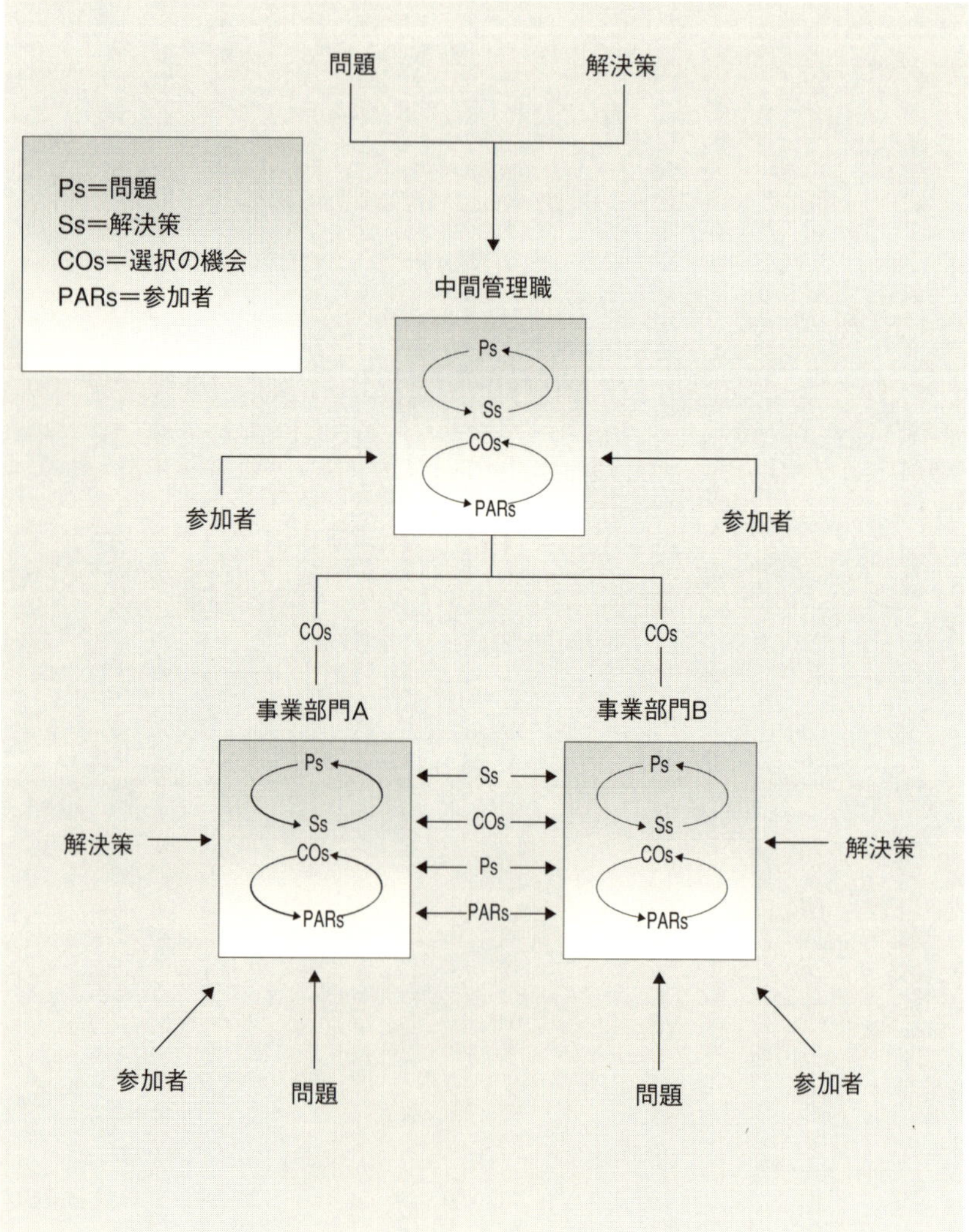

い。辞表を出す決断をしたり、組織の予算を削減したり、新方針を告示したりといった選択は、問題を意識したものであってもそれを解決するとは限らない。

3．問題が解決されないまま残る　組織の参加者が特定の問題に慣れっこになり、解決を諦めてしまう。あるいは、技術が不明確なため問題の解決のしかたがわからない場合もある。カナダのある大学は、しかるべき手続きを踏まずにある教授の終身在職権を拒否したため、米国大学教授協会から監察処分を受けた。監察処分は疎ましい問題であり、同大学の経営陣はこれを排除しようとした。一五年後、終身在職権を得られないままその教授は他界した。同大学はこの件の再検討を求める同協会の後任者の要求に従わなかったため、監察処分はいまも続いている。同大学はこの問題を解決したがっているが、経営陣にはその方法がはっきりとわからず、またそれに充てる経営資源もない。監察処分問題は未解決のまま残っている。

4．いくつかの問題は解決される　意思決定プロセスは全体としては機能する。ゴミ箱モデルを活用するコンピュータ・シミュレーションでは、重要な問題がしばしば解決された。解決策が適切な問題や参加者と結びつけられ、優れた選択が行われることは確かにある。もちろん、選択が行われてもすべての問題が解決されるわけではないが、組織が問題を減らす方向に動いていることは確かである。

変化の激しい意思決定状況

国際競争などのように急速に変化が進む競争の激しい領域では、意思決定が従来の合理的で分析的なモデルに当てはまることなどめったにない。そのような今日の世界でうまく対処していくためには、マネジャーは〈変化の急速な環境では特に）迅速に意思決定を行い、意思決定の失敗から学習し、満足のいかない行動方針へのコミットメントをエスカレートさせないようにすることを学ばなければならない。

▼変化の急速な環境

今日、一部の産業では競争状態や技術の変化があまりにも急速なため、市場データが入手できないか古くなっており、戦略的チャンスは瞬く間に（おそらくは二〜三カ月のうちに）現れては消えていくのであり、意思決定の過ちは企業としての失敗という代償を招くことになる。最近の研究で、成功を収めた企業が変化の急速な環境でどのように意思決定を行っているかが検討されてきた。こうした研究ではとりわけ、組織が合理的アプローチを放棄するのか、それとも漸進段階的な実行のための時間を確保しようとするのかを、理解することが目的とされていた[44]。

変化の急速な環境において成功を収める意思決定とそうでない意思決定を比較することにより、次のような指針が示された。

- 成功を収める意思決定者はリアルタイムで情報を追い、ビジネスを直感的に深く理解する。主要関係者全員と週に二〜三回は集中的な会合を持つのがふつうである。意思決定者は現金、廃却品、注文残、仕掛り品、出荷に関する業務上の統計を追い、常に現状を肌身で感じている。失敗する企業は今後の計画や将来性のある情報に気をとられ、いま現在の状況は漠然としか把握していなかった。
- 重大な意思決定に際して、成功する企業は直ちに複数の代替案を構築しはじめていた。最終的な選択肢に落ち着く前に、並行して実行段階に入る場合もある。意思決定の遅い企業は一つしか代替案を開発せず、最初の案が失敗してはじめて次の代替案に取り組んでいた。
- 迅速で成功する意思決定者はあらゆる人々に助言を求め、知恵があって信頼できる一人か二人の同僚を相談相手として大いに頼っていた。動きの遅い企業は優秀な人々の間に信頼や合意を構築できていなかった。

● 迅速な企業は意思決定にすべての人々を巻き込み、コンセンサスの構築を試みていた。ただし、コンセンサスが得られない場合には、トップ・マネジャーが選択して前に進む。全員の合意が得られるのを待っていては深刻な遅れを生む。動きの遅い企業は完全なコンセンサスを達成しようとして意思決定を遅らせていた。

● 迅速で成功する選択は他の意思決定や企業の全体的な戦略の方向性にうまく組み込まれていた。あまり大きな成功を収めない選択では、意思決定は他の意思決定から切り離してとらえられ、理想主義的に行われていた。[45]

スピードがものをいうときには、遅い意思決定は誤った意思決定と同じくらい無益である。第8章で論じたように、スピードはますます多くの産業において決定的な競争力となっているが、企業は迅速な意思決定のしかたを学ぶことができる。マネジャーは企業の現状を常に把握し、コンセンサスと助言を求めたうえで、リスクを冒して前進する覚悟を持たなければならない。チェック・ポイント・ソフトウエア・テクノロジーズの社長兼CEOであるデボラ・トライアントも、ある複雑な問題について迅速な意思決定が必要となったときには、あらゆる知人に意見を求めたうえで自分の直感と経験を信じて決断を下し前進した。[46]

▼意思決定の失敗と学習

組織における意思決定は多くの失敗を生む。特に、不確実性の高い状況で行われた場合はそうである。マネジャーには、どの代替案なら問題が解決できるのか、判断も予測もつかない。こうした場合、組織は往々にして試行錯誤の精神で意思決定を行う──そしてリスクを冒す──必要がある。ある選択肢が失敗しても、組織はそこから学習し、もっと状況に合った別の選択肢を試すことができる。失敗するたびに新たな情報と学習が得られる。マネジャーにとって重要なことは、失敗の可能性があっても意思決定プロセスを前進させることである。「無秩序な活動は、秩序正しい不活動より好ましい」のである。[47]

多くの場合、マネジャーは創造的な意思決定を促すため、実験や、場合によっては愚かささえも促すような社風の浸透を奨励されている。一つのアイデアが失敗したら別のアイデアを試すべきである。失敗は往々にして成功の土台を築く。たとえば3Mの技術者たちが失敗した製品――あまり粘着力のない糊――をベースに「ポストイット」を開発したときもそうであった。ペプシコのように、すべての新製品が成功するということは新市場の開拓に必要なリスクを冒していないということであり、何かやり方がおかしいのだと信じている企業もある。[48]

マネジャーや組織は失敗を犯すことによってはじめて意思決定の学習プロセスを経験し、将来もっとうまく意思決定を行うための経験と知識を得る。エイビスの元社長であるロバート・タウンゼンドは、次のように助言している。

「自分の過ちを率直に、喜びさえもって認めなさい。仲間にも同情を示すことにより、同じことを勧めなさい。決して厳しく非難しないことだ。赤ん坊は転びながら歩くことを覚える。転ぶたびに赤ん坊をぶっていては、決して歩こうとはしないだろう。エイビスでの私の意思決定における打率はせいぜい三割三分三厘ほどだった。三度意思決定を行えば、そのうち二度は間違っていた。だが私の失敗は率直に議論され、その多くは友人からのちょっとした助けを得て修正された」[49]

▼エスカレートするコミットメント

単なる失敗よりはるかに危険性の高い過ちは、失敗しつつある行動方針に執着し、コミットしつづけることである。調査からは、効果がないとはっきりわかっているのに組織がある解決策に時間と金を投じつづける場合が多々あることがわかっている。マネジャーが失敗しつつある意思決定へのコミットメントをエスカレートさせる理由は二とおりある。一つは、マネジャーが誤った意思決定に個人的な責任を負っている場合、好ましくない情報を遮断したり歪曲したりすることである。彼らは単にいつ手を引くべきかがわからないのである。戦略が誤っているように見え、目標が達成されていない場合でさえ、金を注ぎ込み徒労を続けるケースもある(50)。

こうした情報歪曲の一例として、ボーデンが乳製品の値下げ拒否により顧客を失いはじめたときの対応ぶりが挙げられる。生乳の価格が下がったとき、同社は乳製品の利益率を上げたいと考えた。ブランド名があれば顧客は割高な金額を支払うと思い込んでいたのである。同社の売上げは急落し、低価格の競合他社がシェアを伸ばしたが、経営トップは一年近くも高価格方針にこだわりつづけた。その頃には、同社の乳製品事業部は深刻な赤字に陥っていた(51)。

失敗しつつある意思決定へのコミットメントをエスカレートさせる第二の理由は、現代社会では一貫性と忍耐が評価されるということである。一貫性のあるマネジャーは行動方針をころころ変えるマネジャーよりも良い指導者と見なされる。組織は試行錯誤を通じて学習するが、組織の規範は一貫性を重んじる。こうした規範は行動方針の維持や、経営資源の浪費、学習の妨害といった結果を招く場合がある。

誤った形での一貫性のあるリーダーシップの重視は、ロングアイランド・ライティング・カンパニーがショアハム原子力発電所の建設において行動方針の変更を拒否する一因でもあった。同発電所は五〇億ドル以上が費やされたあげく、一度も運転されることのないまま手放されることになった。一九六六年にこのプロジェクトが発表された当初、同発電所の費用の見積りは七五〇〇万ドルだったが、建設許可が下りる頃にはすでに七七〇〇万ドルが費やされていた。原子力発電への反発も強まっていた。反対派は巨額の費用が同発電所に注ぎ込まれていることを激しく非難しつづけた。顧客は同社が顧客サービスや現行事業の保守で手を抜いていると不満を訴えた。ところが同発電所の関係者は最後は自分たちが勝利を収めると固く信じているようだった。批判に対する彼らの回答は、次のようなものだった。

「とにかく最後まで待ってくれれば、これが非常に素晴らしい投資だということがわかってもらえるだろう」

その「最後」は一九八九年にやってきた。ニューヨーク州との交渉の末、同社は料金引き上げおよび二五億ドルの税金帳消しと引き換えに五五億ドルを投じた同発電所を手放すことで合意したのである。マリオ・クオモ同州知事が同社との合意に署名するまで、同社は二三年以上にわたり失敗しつつある行動方針に頑なにコミットしつづけたのだった[52]。

失敗を認めず、新たな行動方針の採用を怠ることは、失敗と学習を奨励する態度よりもはるかにたちが悪い。意思決定について本章で述べたことに基づけば、企業は解決策への学習的アプローチを採用することにより、意思決定において最終的には成功を収めることが期待できる。その途中には失敗もあろうが、試行錯誤のプロセスを通じて不確実性を解消していくであろう。

▼討論課題

1. ある経済専門家はかつて講義のなかで次のように語った。「個々の意思決定者はすべての関連情報を処理し、経済的に合理性のある選択肢を選ぶべきである」。これに同意するか。その理由を述べよ。
2. 意思決定において直感が用いられるのはなぜか。
3. カーネギー・モデルは意思決定プロセスにおける政治的合同の必要性を強調する。合同はどんな時に、なぜ、必要なのか。
4. ミンツバーグの漸進段階的意思決定モデルにおける三つの主要フェーズとは何か。組織はなぜこのモデルの一つまたは複数のフェーズを繰り返すのか。
5. ある組織理論の専門家は、かつて講義のなかで次のように述べた。「組織は決して大きな意思決定を行うのではない。いくつもの小さな意思決定を行い、最終的にそれが積み重なって大きな意思決定となるのである」。この説の背後にある論理を説明せよ。
6. 変化の急速な環境におけるマネジャーはなぜ、将来よりも現在のことを心配するのか。議論せよ。

7．意思決定のゴミ箱モデルにおける四つの出来事の流れを説明せよ。これらはなぜ互いに独立していると見なされるのか。

8．マネジャーに「正しい」決断が期待されるような意思決定状況は存在するか。意思決定者が失敗を期待されるような状況はあるか。議論せよ。

第10章 コンフリクト、力、そして政治

組織はすべて、さまざまな目標や利益を追求する個人やグループの複雑な集合体である。コンフリクト（葛藤）は、多様な意見や価値観を持ち、異なる目的を追求し、組織内の情報や経営資源へのアクセスもそれぞれ異なる人々が近づき相互作用したときにもたらされる自然で避けることのできない結果である。個人やグループは力や政治的活動を利用して相違点に対処し、コンフリクトを処理することになる。[1]

過剰なコンフリクトは組織にとって有害である。だが同時に、コンフリクトは、現状に挑戦し、新しいアイデアやアプローチを奨励し、変革につながるという点でプラスの影響も与えうる。[2] 友人同士、恋人同士、チームメート間、親子、教師と生徒、上司と部下など、どんな人間関係にもある程度のコンフリクトはつきものである。コンフリクトは必ずしも悪影響ばかりを与えるわけではない。それは多様な利害を持つ人間同士の通常の相互作用がもたらす結果である。組織においては、個人やグループが組織を通じて実現しようとする利益や目標が異なることも多々ある。どんな組織のマネジャーも日常的にコンフリクトに対処しながら、従業員を最大限に活用し、仕事への満足感やチームへの帰属意識を高め、高い組織パフォーマンスを実現する方法についての意思決定に奮闘している。

▼本章の目的

本章では、コンフリクトの性質を論じるとともに、個人やグループ間のコンフリクトを処理し緩和するための力と政治的駆け引きの利用について議論する。コンフリクトの概念はすでに述べた章にも登場している。第3章では、タスクフォースやチームなど職能部門間の協力を促す水平的連係について述べた。第4章では差別化の概念を紹介したが、これは各部門はそれぞれ異なる目標を追求し、態度や価値観も異なる場合があるという意味であった。第7章ではサブカルチャーの出現について述べ、また第9章では部門間の意見の不一致を解決する一方法として提携の構築を提案した。

本章ではまず最初のいくつかの項でグループ間のコンフリクトの性質、コンフリクトの生じやすい組織の特徴、利害の対立に対処する際の政治的組織モデルと合理的組織モデルの利用を検討する。これに続く項では、個人と組織の力、マネジャーその他の従業員にとっての垂直的および水平的な力の源泉、組織の目標を達成するうえで力がどのように利用されているかを見ていく。本章の後半では政治、すなわち望みどおりの結果を得るための力や権威の適用を検討する。また、従業員や部門間の協力を促すためにマネジャーが用いることのできる戦術もいくつか論じる。

グループ間のコンフリクトとは何か

グループ間のコンフリクトには三つの要素がある。グループへの帰属意識、目に見えるグループ間の相違、そしてフラストレーションである。まず第一に、従業員は自分自身を識別可能なグループや部門の一員と感じている必要がある。[3] 第二に、グループ間に何らかの形の目に見える相違がなければならない。各グループが建物の別の階に置かれていたり、メンバーの出身校が異なったり、所属する事業部門が異なっていたりといったことが考えられる。自分をあるグループの一員と認め、他のグループと比較して相違点を観察することがコンフリクトには必要となる。[4]

第三の要素は、フラストレーションである。フラストレーションとは、あるグループがその目標を達成したときに、もう一つのグループは達成できず、道を阻まれてしまうことを意味する。フラストレーションは必ずしも深刻なものである必要はなく、グループ間のコンフリクトを誘発しそうな程度でよい。

グループ間のコンフリクトは、あるグループが他のグループに対して優位に立とうとするときに生じる。グループ間のコンフリクトは、当事者があるグループへの帰属意識を持ち、他のグループが自分たちのグループの目標達成や期待を阻むかもしれないと感じたときに、組織のグループ間に生じる行動と定義される。[5] コンフリクト(葛藤)とは、グループが直接衝突し、根本的な対立状態にあることを意味する。コンフリクトは競争と似ているが、もっと激しい。競争が共通の目的物を追求するグループ同士の対抗を意味するのに対し、コンフリクトは目標達成への直接的な妨害を想定している。

組織におけるグループ間のコンフリクトは水平的——部門間——にも、垂直的——組織の異なる階層間——にも生じうる。[6] たとえば、製造企業の生産部門が新しい品質管理手順は生産効率を下げるという理由から品質管理部門と争う場合もある。チームメートが任務遂行や目標達成の最良の方法をめぐって議論することもある。従業員が新たな作業手法や報酬システム、任務の割り振りをめぐって上司と衝突することもある。

典型的なコンフリクトの発生源としては他に、労働組合とマネジメントや、フランチャイズ・オーナーと本部などのグループ間がある。マクドナルドやタコ・ベル、バーガーキング、ＫＦＣのフランチャイズ・オーナーは、フランチャイズ店と直接競合する直営店が近所に増えたことを理由に本部と衝突してきた。フェデックスのパイ

図表10―1　コンフリクトの発生源ならびに合理的モデルと政治的モデルの活用

グループ間の潜在的コンフリクトの原因

- 目標の不一致
- 分化
- 職務の相互依存性
- 限られた資源

→

コンフリクトが少ない場合、合理的モデルで組織を説明できる		コンフリクトが多い場合、政治的モデルで組織を説明できる
関係者全員に共通している	目標	組織内で統一されておらず複数ある
中央集権的	力とコントロール	分権化、変遷する合同や利益グループ
秩序的、論理的、合理的	意思決定プロセス	無秩序、利害関係者間の交渉と相互作用の結果
効率の規範	ルールと規範	市場勢力の自由活動、コンフリクトは正当で期待されている
広範、系統的、正確	情報	あいまい、情報が戦略的に利用および保留される

ロットの労働組合は、賃上げや労働時間、スケジュール管理をめぐって会社側と闘争してきた。コンフリクトはまた、事業部や事業単位でも起こりうる。

たとえば、アンダーセン・ワールドワイドの二つの事業部――アンダーセン・コンサルティング（経営コンサルティング、現アクセンチュア）とアーサー・アンダーセン（会計サービス）――の間では、互いに同じ仕事の獲得を目指していると気づいたことからコンフリクトが生じた。[7]

コンフリクトはなぜ存在するのか

組織の特性のなかには、コンフリクトを生む可能性のあるものがいくつかある。これらグループ間コンフリクトの源とは、**図表10―1**に示すように目標の不一致、分化、職務の相互依存性、限られた資源である。組織における関係のこうした特徴は、過去の章で述べてきた環境、組織の規模、技術、戦略と目標、組織構造といった文脈的要因によって決定される。そしてこれらの特徴は、目標を達成するうえで合理的な行動モデルと政治的な行動モデルのどちらがどの程度利用されるかを決定する。

目標の不一致　目標の不一致はおそらく、組織におけるグループ間コンフリクトの最大の原因である。[8] 各部門の目標はメンバーが達成しようとする特定の目標を反映している。ある部門の目標達成は、往々にして他の部門の目標を妨げる。たとえば、大学構内の警察には安全なキャンパスの提供という目標がある。彼らは夕方や週末にはすべての建物に施錠し、だれにもカギを渡さないことによって目標を達成することもできる。ところが、建物に自由に出入りできないと、理学部の研究目標に向けての作業は遅れがちになる。一方、もし研究者が四六時中出入りし、安全性が無視されれば、安全を守るという警察の目標は達成できないであろう。目標の不一致は両部門をコンフリクトに投げ込むのである。

分化　第4章において分化は「異なる職能部門のマネジャー間にある認識および感情での志向の違い」と定義された。職能の専門化には特定の教育、スキル、態度、時間的枠組みを有する人員が必要である、たとえば、販売部門には販売職に対する能力と適性を備えた人々が入るであろう。販売部門の一員になると、彼らは部門の規範や価値観によって影響を受ける。

組織の部門や事業部は、それぞれ異なる価値観や態度、行動基準を有し、こうした文化的な相違点がコンフリクトをもたらす。[9] たとえば、ある販売マネジャーと研究者の新製品をめぐるやりとりを見てみよう。

販売マネジャーは外向的で、研究者と温かく友好的な関係を保とうとしている。ところが、研究者は内向的で自分が興味のある問題以外については話す気がないらしく、販売マネジャーは肩透かしを食う。研究者が研究内容を自由に選べるらしいことも、彼にとっては気に食わない。さらに、研究者は約束の時間に遅れることが多く、セールスマン的な視点から見れば仕事のやり方がなっていない。

一方、研究者は研究者で不愉快に感じている。販売マネジャーが調査に時間のかかる技術的な質問に即答を求めるからである。こうした不快感はすべて、二人の仕事や思考のスタイルにおける比較的大きな違いが具体的な形となって現れたものである。[10]

文化の違いがとりわけ鮮明になるのが企業の合併や買収のケースである。被買収企業の従業員がまったく違った仕事のスタイルや態度を有する場合もあり、「我々対彼ら」という意識が育まれる可能性がある。多くの合併が失敗する一つの理由は、マネジャーは財務や生産の技術を統合することはできても、企業の成功にもっと大きな影響を及ぼす不文律の規範や価値観を統合するのが難しいからである。[11]

職務の相互依存性　職務の相互依存性とは、組織のある構成単位が他の構成単位に原材料、資源、情報を依存している状態をいう。技術について第5章で説明したように、プールされた相互依存関係においては、相互作用はほとんどない。一方向的な相互依存関係では、ある部門のアウトプットが次の部門に送られる。相互補完的な相互依存関係では、原材料や情報が互いに交換される。[12]

一般的に、相互依存性が増すとコンフリクトの可能性も高まる。[13] プールされた相互依存関係の場合、構成単位同士の対話の必要性はほとんどなく、コンフリクトは最小限にとどまる。一方向的相互依存や相互補完的相互依存では、従業員が調整や情報の共有に時間を割くことが必要となる。従業員が頻繁にコミュニケーションを行うと、目標や姿勢の違いが表面化してくる。特に、互いへのサービスの調整について合意がない場合にはコンフリクトが起こりやすい。相互依存性が高まると、各部門の業務は他の部門での業務の進行を待たなければならなくなり、迅速な対応を求めてプレッシャーをかけることが多くなる。[14]

限られた資源　コンフリクトのもう一つの大きな原因は、メンバーが限られた資源と認識しているものをめぐるグループ間の競争である[15]。組織の有する資金、物理的設備、スタッフ、人的資源には限りがあり、それを各部門間で分かち合うことになる。各グループは目標達成を目指すなかで、自分たちの資源を増やしたがる。この結果、コンフリクトが発生する。マネジャーは希望する水準の資源を獲得するため、予算請求額の水増しや根回しなどの戦略を練ることもある。

資源はまた、組織内における力と影響力の象徴でもある。資源の獲得能力があれば地位が高まる。どの部門も、自分たちにはもっと資源を要求する正当な理由があると信じている。ところがその要求を行使すれば、コンフリクトを招くことになる。たとえば、おおよそどんな組織でも年間予算策定シーズンにはコンフリクトが生じ、しばしば政治的駆け引きが繰り広げられる。

合理的モデルと政治的モデル　目標の不一致、分化、相互依存性、限られた資源をめぐるコンフリクトがどの程度のものであるかによって、目標達成のために合理的行動モデルを用いるか、政治的行動モデルを用いるかが決まってくる。目標に整合性があり、分化がほとんどなく、部門間関係はプールされた相互依存の特徴を持ち、資源が豊富にあると見なされる場合には、マネジャーは図表10―1に概要を示した組織の合理的モデルを用いることができる。

第9章で述べた意思決定への合理的アプローチと同様、合理的組織モデルは現実の世界で完全に実現することの不可能な「理想」だが、マネジャーは可能な限り合理的プロセスを用いようと努力する。合理的組織においては、行動は成り行き任せや偶然の産物ではない。目標は明確で選択は論理的に行われる。意思決定が必要なときには目標が明確化され、解決策の選択肢が特定され、成功率の最も高い選択肢が選ばれる。合理的モデルはまた、力やコントロールの中央への集中、大規模な情報システム、効率重視を特徴とする[16]。

一方、これとは正反対の考え方が、同じく図表10―1に説明した政治的モデルである。組織の各グループ間の違いが大きい場合には、それぞれ異なる利益、目標、価値観を有する。意見の不一致とコンフリクトが当たり前になり、意思決定に到達するには力と影響力が必要となる。各グループは目標を決定し意思決定に到達するために駆け引きを展開する。情報はあいまいで不完全である。政治的モデルはとりわけ、従業員のエンパワーメントによって、意思決定における民主制と参加を実現しようと努力する組織によく当てはまる。学習する組織のように民主的な組織では、純粋に合理的なプロセスはうまく機能しない。

組織では通常、合理的プロセスと政治的プロセスの両方が用いられる。ほとんどの組織では、どちらかがすべてを特徴づけるわけではなく、その時々でいずれかが用いられる。マネジャーは合理的プロセスを採用しようとするかもしれないが、目標達成には政治が必要だと気づくことになる。政治的モデルはマネジャーが目標達成のために力を獲得し、伸ばし、利用するすべを学ぶことを意味する。

個人の力と組織の力

一般には力（パワー）はしばしば個人の特質とされ、ある人物がいかにして別の人物に影響を与えたり支配するかが話題とされることが多い。読者はおそらく、以前に受けた経営学や組織行動学の講義から、マネジャーには個人的な力の源泉が五つあることを思い出されるのではないだろうか[17]。

正当権力とは、マネジャーが占める役職に組織が与えた権威である。**報酬力**は、他の人々に報酬――昇進、昇給、ねぎらい――を与える能力から生じる。懲罰を与えたり促したりする権限は、**強制力**と呼ばれる。**専門力**は、遂行中の仕事に関してその人物がより高いスキルや知識を有することによって生じる。最後の一つである**模範力**は、人々が高く評価し、尊敬や称賛の念からその人と同じようになりたい、あるいは自分を同一化したいと思うようなマネジャーの個性から生じる。これらの力の源泉はいずれも、組織内の個人が用いることのできるものである。

しかし、組織における力は構造的特徴によってもたらされる場合も多い[18]。組織とは何百人、何千人もの人々によって構成される大規模で複雑なシステムである。このシステムには公式の階層構造があり、そこではだれが遂行するかにかかわらず一部の職務が他の職務より重要性を持つ。また、一部の地位がより多くの資源へのアクセスを備えていたり、組織に対してより重要な貢献を行ったりする。このように、組織における重要な力のプロセスは、水平的なものも垂直的なものも含めた組織内のより大きな関係を反映しており、組織における力は人ではなく役職に与えられるのがふつうである。

力と権威

力とは組織内で及ぼされる無形の影響力である。目には見えないが、その効果を感じることはできる。力は多くの場合、ある人物（もしくは部門）が他の人物（もしくは部門）に影響を及ぼして命令を実行させたり[19]、放っておくとしないようなことをさせたりする潜在力と定義される[20]。

また力とは、力の持ち主が望む目標や成果を達成する能力であることを強調する定義もある[21]。望みどおりの成果が達成されることは、本書で用いる定義の基本要素である。つまり、力とは組織内のある人物もしくは部門が他の人々に影響を及ぼして望みどおりの成果を達成する能力なのである。それは組織内の他の人々に影響を及ぼす潜在的能力であるが、あくまでその目標は力の持ち主の望む成果を達成することである。

力は二人以上の人々の関係においてのみ存在し、垂直的にも水平的にも行使されうる。力の源泉は、ある役職や部門が他の部門に数少ない資源や貴重な資源を供給するような交換関係に由来する場合が多い。ある人物が他の人物に依存するとき、そこには力関係が生じ、資源を持つ人物がより大きな力を持つことになる。[22] 人間関係のなかに力が存在するとき、力の持ち主は他者を自分の要求に応じさせることができる。たとえば、次のような成果は組織における力の存在を示すものである。

- 他部門よりも大幅な予算の増額を得る
- 部下のために平均以上の賃上げを獲得する
- 自分の部門にとって好ましい生産スケジュールを獲得する
- 方針会議で懸案事項を議題にのせる[23]

公式の**権威**という概念は力に関係しているが、その対象範囲はもっと狭い。権威もまた望みどおりの成果を達成する力であるが、あくまでも公式の階層構造や報告関係によって規定された範囲内にとどまる。権威を特徴づける特性は三つある。

1. **権威は組織内の役職に付与される**　人々が権威を有するのはその役職によってであり、個人の特質や資質によってではない。

2. **権威は部下によって受け入れられる**　部下が従うのは、その役職を占める人物には権威を行使する正当な権利があると信じているからである[24]。ジム・ハードとグレッグ・トルーマンは、ボイアント・カンパニーを設立し、それぞれCEOおよび社長を務めたが、従業員は重大な意思決定に際して彼らの権威を受け入れなかった。従業員は日常業務の陣頭指揮を執るために雇われた三人のトップ・マネジャーと団結していた。従業員がこれらのマネジャーの権威を受け入れたのは、日常的に彼らと共に働いていたからである。だからこそ彼らは、共同経営者の二人よりもマネジャーたちの意思決定を支持したのである[25]。

3. 権威は垂直的な階層構造の上から下へと行使される[26]

権威は公式の命令系統に沿って存在し、階層構造の頂点を占める役職は一番下の地位よりも大きな公式の権威を与えられる。

組織における力は、上向きにも下向きにも水平的にも行使されうる。公式の権威は階層構造に沿って上から下に行使されるもので、垂直方向の力や正当権力と同一である。以下の項では、組織全体の従業員にとっての垂直的、水平的な力の源泉について検討する。

垂直的な力の源泉

垂直的階層構造のどの部分にいる従業員も、何らかの力の源泉へのアクセスを有する。通常、力の大部分は組織構造によってトップ・マネジャーに割り当てられるが、組織のさまざまな場所の従業員がその地位に見合わない力を取得し、上向きの影響力を行使できる場合も多い。垂直的な力には、役職、資源、ネットワークにおける中心性の三つの源泉がある[27]。

役職　トップの役職には一定の権利、責任、特権が生じる。組織内の人々はみな、トップ・マネジャーが目標を設定し、意思決定を行い、活動を指示するという正当な権利を受け入れる。したがって、役職から生じる力は正当権力と呼ばれることもある[28]。シニア・マネジャーはしばしばシンボルや言語を利用して自分たちの正当権力を永続させようとする。たとえば、ビル最上階を上級幹部用に割り当てることは、正当な権威を組織内の他の人々に伝えるための一つの方法である。

ミドル・マネジャーやより地位の低い人々に与えられる力の大きさは、組織構造の設計に組み込むことができる。力を持つことで従業員は生産的になるのであり、ミドル・マネジャーやスタッフへの力の配分は重要である。職務がルーチン的でない場合や、従業員が自己監督チームや問題解決タスクフォースに参加している場合には、従業員は柔軟性や創造力を発揮し、自分自身で判断するよう奨励される。自分たちで意思決定を行わせることにより、彼らの力は増す。また役職柄、地位の高い人々との接触が促される場合にも力は増す。力を持つ人々と接触したり関係を築くことにより、ゆるぎない影響力の基盤を手にすることになる[29]。たとえば一部の組織では、日常的に上級幹部と接する副社長秘書が部門長よりも大きな力を持っている。

各役職により多くの力を与えるような組織設計の論理は、一つの組織がさまざまなレベルの従業員に配分する力の総量には限界がないという仮定に基づいている。組織における力の総量は、階層構造に沿って職務や相互作用を設計し、すべての人々により大きな影響力を持たせることにより増やすことができる。力の配分がトップに偏りすぎると、組織の有効性が低下することが調査によって示されている[30]。

経営資源　組織は莫大な量の経営資源を配分する。建物を建設し、給与を支払い、機器や物品を購入する。毎年、予算という形で新たな経営資源が配分される。これらの経営資源はトップ・マネジャーから下向きに割り振られる。トップ・マネジャーは自社株を保有している場合も多く、これにより経営資源の配分に対する財産権を与えられている。しかし、今日の組織の多くでは、組織内のあらゆる従業員が自社株を保有しており、これにより彼らの力も増大している。ロンドンの広告会社、セント・ルークはCEOから庶務担当者に至る全従業員によって一〇〇％所有されている。

ほとんどの場合、トップ・マネジャーが経営資源をコントロールしており、その配分を決定することができる。経営資源は報酬や懲罰として利用することも可能で、これもまた力の源泉となる。また、経営資源の配分は依存関係を生む。地位の低い人々は職務を遂行するのに必要な資金や物品をトップ・マネジャーに依存している。トップ・マネジメントは給与、人員、昇進、物理的設備といった形の経営資源と引き換えに自分たちが望む成果への追従を得ることができる。

ネットワークにおける中心性　ネットワークにおける中心性とは、組織の中心に位置することで、企業の成功にとって重要な情報や人々へのアクセスを有することをいう。経営トップはしばしば忠実な部下を自分のまわりに配置し、そのネットワークを利用して組織内の出来事について知ることで、自らの力を増大させる。[31]彼らは中心的位置づけを利用して連合を築き、組織内で実力を振るうことができる。

ミドル・マネジャーや地位の低い従業員は、現在関心を持たれている分野や、機会を与えてくれる分野に、職務が関係している場合、より大きな力を持つ。職務が組織の緊急の問題に関係していると、力は増大しやすい。

フェデックスの国際マーケティング・顧客サービス・企業コミュニケーション担当上級副社長であるデービッド・ショーンフェルドは、組織の問題解決の中心的存在となることにより力を増大した。パイロットがストライキの構えを見せたとき、ショーンフェルドは同社のホームページで顧客に予告しておくのが最善の策だと考えた。最大のライバルであるUPSがストライキで痛い目に遭っていたことから、同社のマネジャーたちは顧客を不意打ちすることの危険性を知っていた。毎日更新される「パイロット交渉最新情報」のページで顧客に情報を定期的に公表するというショーンフェルドのアイデアのおかげで、同社は顧客の信頼を維持することができた[32]。

地位の低い従業員も特定の活動について豊富な知識や専門性を身につけたり、困難な仕事を引き受けて専門知識を獲得し、自分より上のマネジャーにとって欠かせない存在となることで、ネットワークにおける中心性を高めることができる。指導力を発揮し、期待される以上に働き、だれもやりたがらないが重要なプロジェクトを引き受け、自社や業界についての学習に興味を示す人々は、いつのまにか影響力を身につけているものである。また、物理的な場所も力をつける助けとなる。場所によってはそこが物事の中心となるからである。中心的な場所にいることで重要人物の目にとまり、重要な相互作用のネットワークの一員となれる。

水平的な力の源泉

水平的な力は部門間関係と関わりを持つ。通常、副社長は全員、組織図の同じレベルに位置づけられている。それでは彼らの有する力の大きさが同じかというと、そうではない。水平的な力は公式の階層構造や組織図によって規定されない。各部門は組織の成功にそれぞれ独自の役割を果たしている。大きな発言力を有し、望みどおりの成果を達成する部門がある一方で、そうではない部門もある。

たとえば、チャールズ・ペローはいくつかの製造企業のマネジャーを調査した[33]。彼は生産、販売・マーケティング、研究開発、財務・会計の四部門のうち「どの部門が最大の力を持つか」と単刀直入にたずねた。調査結果の一部を**図表10―2**に示す。ほとんどの企業では、販売部門が最大の力を有していた。また一部の企業では生産部門もかなりの力を持っていた。企業によってかなりばらつきはあるものの、平均的に見ると、販売および生産

図表10−2　製造企業における事業部門間の力の格づけ

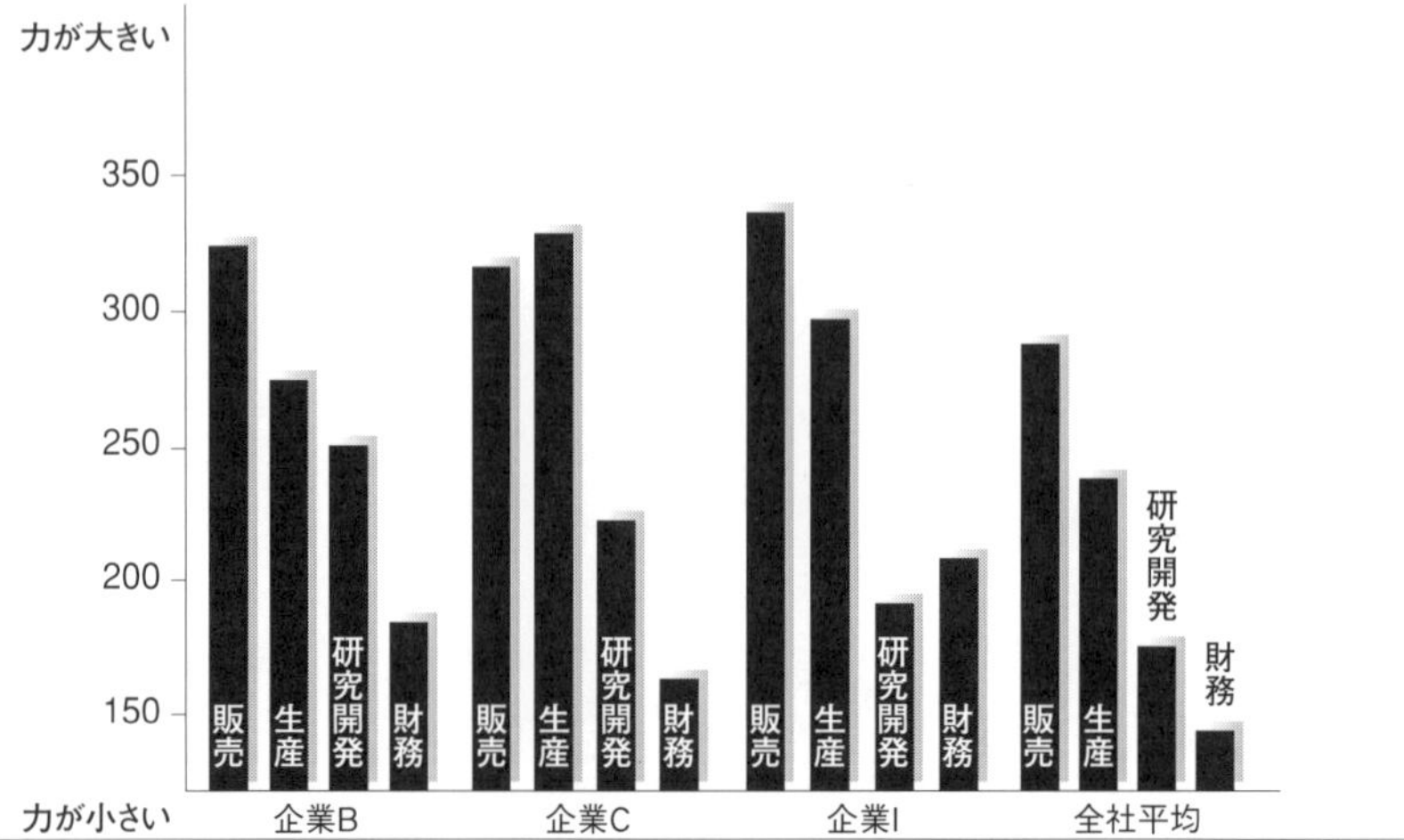

出典：Charles Perrow, "Departmental Power and Perspective in Industrial Firms," in Mayer N. Zald, ed., *Power in Organizations*（Nashville, Ten.: Vanderbilt University Press, 1970）, 64.

部門は研究開発および財務部門よりも大きな力を有していた。これらの企業では、水平的な力の格差が明らかに存在していた。今日、多くの組織では電子商取引部門や情報サービス部門が力を伸ばしている。

力の格差は組織図によって規定されていないだけに、水平的な力を測るのは難しい。とはいえ、図表10―2に示したような部門間の力の格差に対しては、いくつか初歩的な説明がなされている。相対的な力を説明する理論的概念は、戦略的コンティンジェンシーと呼ばれる[34]。

▼戦略的コンティンジェンシー

戦略的コンティンジェンシーとは、組織の目標達成に欠かせない組織内外の出来事や活動のことである。戦略的コンティンジェンシーに関与する部門は、より大きな力を持つ場合が多い。そのような部門活動が重要視されるのは、それが組織の問題や危機を解決することでより大きな戦略的価値をもたらすからである。たとえば、組織が訴訟や規制による深刻な脅威に直面している場合には、こうした脅威に対処する法務部門が組織の意思決定に対する力や影響力を得ることになる。また、製品イノ

図表10―3　部門間の水平的な力に影響を及ぼす戦略的コンティンジェンシー

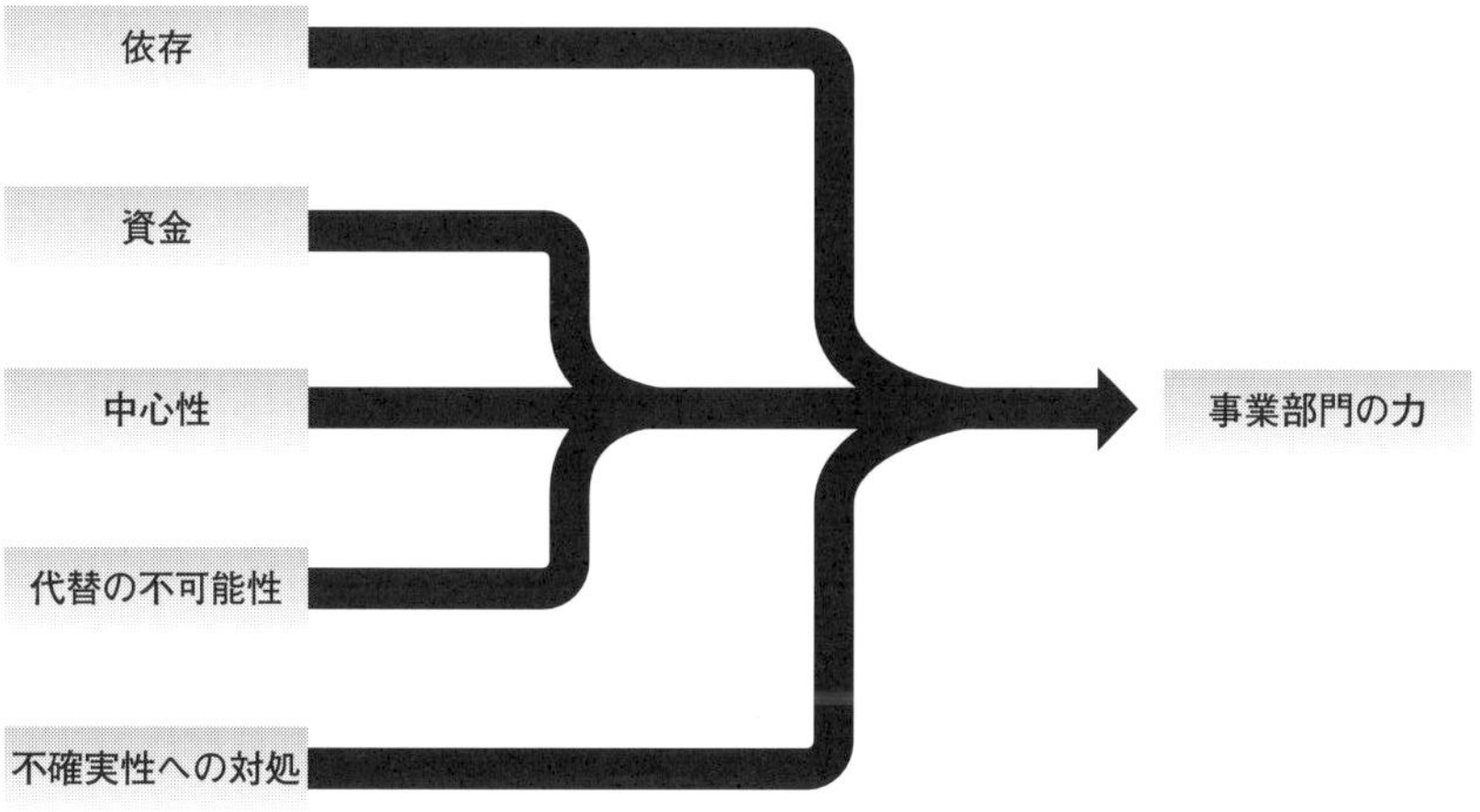

ベーションが戦略のカギとなる場合には、研究開発部門の力が増すであろう。

戦略的コンティンジェンシーから見た力の理解のしかたは、第4章で述べた経営資源の依存モデルに似ている。組織が外的環境への依存を減らそうと努めることを思い出してほしい。戦略的コンティンジェンシーから見た力のとらえ方は、重要な経営資源問題や環境内での依存性への対処に最も大きな責任を持つ部門が最も大きな力を得ることを示唆する。

▼力の源泉

ジェフリー・フェッファーとジェラルド・サランシクは戦略的コンティンジェンシー理論に関する研究にひときわ大きな貢献を果たしてきた[35]。その発見によると、力を持つと評価された部門は**図表10―3**に示した特徴のいくつかを備えていることが示唆された[36]。一部の組織ではこれら五つの力の源泉が互いに重複しているが、いずれも水平的な力の源泉を評価する有効な手段となっている。

依存　部門同士の依存関係は相対的な力の根底にある

重要な要素である。力は他のだれかが求めるものを自分が持っていることによって生じる。部門Aの部門Bに対する力は、部門Bが部門Aに依存している場合のほうが大きい[37]。

組織には多くの依存が存在する。一方向的な職務の相互依存性（第5章）の場合と同様、原材料や情報、経営資源も部門間を一方向的に流れる場合がある。こうした場合、経営資源を受け取る部門はそれを与える部門よりも非力な立場にある。依存の数と強さも重要である。たとえば、七つも八つもの部門が技術部門の助けを必要とする状況では、技術部門が最も有力な立場に立つ。これに対し、他の多くの部門に依存する部門は非力な立場にある。

タバコ工場では、生産部門のほうが保守部門よりも力を持つと思われがちだが、パリ近郊のあるタバコ工場では違っていた[38]。タバコの生産はルーチン的なプロセスだった。機械は自動化され、生産部門の職務範囲は狭かった。生産部門の労働者の熟練度はあまり高くなく、生産性を高めるために一本いくらで賃金が支払われていた。一方、保守部門の労働者には熟練が求められた。彼らは自動化された機械の修理という複雑な職務を担当していた。また彼らには長年の経験があった。機械の修理に必要な知識は保守担当者の頭の中に蓄えられるという意味で、保守は一つの技能であった。

二つのグループ間に依存が生じたのは、組立ラインの予期せぬ故障が原因だった。マネジャーは故障問題を解消できず、結果的に保守は生産工程に欠かせない業務となった。機械修理の知識と能力を持つ保守部門の従業員に、生産部門のマネジャーは依存することになった。こうした依存が生じたのは、保守部門のマネジャーが戦略的コンティンジェンシーを支配していた――つまり、作業停止を防いだり解除するための知識と能力を有していた――からである。

資金　さまざまな種類の経営資源、とりわけ資金をコントロールすることは、組織における重要な力の源泉である。資金は他の部門が必要とする別の種類の経営資源に形を変えることができる。資金は依存を生む。資金を提供する部門は他の部門が欲しがるものを手にしているからである。組織のために収入を生む部門はより大きな力を有する。図表10―2に示した製造企業の調査結果では、ほとんどの企業で販売部門が最も有力な部門とされていた。販売部門が力を持つのは、営業担当者が顧客を見つけて製品を販売することにより、組織の重要な問題が解決されているからである。つまり販売部門は収入を確保しているのである。

組織が高く評価する経営資源をもたらす部門には力が生じる。これらの部門は力を得ることにより、組織内で配分される希少な資源をより多く獲得できるようになる。「経営資源の獲得によって生じた力でより多くの経営資源を獲得し、それによってさらに力をつける――つまり、金持ちはますます金持ちになるわけである」[39]

中心性　中心性は、組織の主要活動におけるある部門の役割を反映する。[40] 中心性の一つの測定基準は、その部門の仕事が組織の最終的な産出にどの程度の影響を及ぼすかということである。たとえば、生産部門はスタッフ・グループよりも中心的で、より大きな力を持つ場合が多い（他に重要なコンティンジェンシーがないと仮定して）。中心性が力と関連するのは、それが組織に対する貢献を反映しているからである。投資銀行の企業金融部門は株式調査部門よりも大きな力を持つ。一方、図表10―2に示した製造企業では、財務部門の力は弱い傾向にあった。財務部門の職務が現金や支出の記録という限られたものである場合、同部門は重要な経営資源の獲得や組織の製品の生産に対して責任を負わない。

代替の不可能性　力は代替の不可能性によっても決定される。代替の不可能性とは、ある部門の職務が容易に入手できる他の経営資源によっては遂行できないことを意味する。代替の不可能性は力を増大する。ある従業員が容易に別の人物に置き換えられない場合、その従業員はより大きな力を持つ。もし組織がある部門に代わるスキルや情報の供給源を持たない場合、その部門の力は増すであろう。こうした理由からマネジメントが外部のコンサルタントを利用することも考えられる。コンサルタントをスタッフの代わりに利用すれば、スタッフ・グループの力を弱められるからである。

代替可能性が力に及ぼす影響は、コンピュータ部門のプログラマーを対象に調査された。[41] 初めてコンピュータが導入された当時、プログラミングという仕事のできる人は少なく、専門的な仕事だった。この仕事に就くためには高度な資格が必要だった。プログラミング知識を有するのはプログラマーだけだったので、彼らが組織のコンピュータ利用をコントロールした。約一〇年がたち、プログラミングはありふれた行為となった。人員の代替は容易になり、プログラミング部門の力は低下した。

不確実性への対処　環境や意思決定に関する各章で、環境の諸要素がいかにめまぐるしく変化し、いかに予測不可能で複雑になりうるかを述べた。不確実性にさらされているとき、マネジャーは適切な行動方針に関する情報をほとんど入手できない。こうした不確実性に対処できる部門は力を増すことになる。[42] 不確実性が存在するだけでは力は生じない。他部門のために不確実性を減らしてはじめて力が生じることになる。市場調査担当者は、新製品への需要の変化を正確に予測することにより、重大な不確実性を減らし、力と威信を得る。もちろん予測は不確実性に対処するための唯一の技法である。予測もつかない事態が生じた後、迅速かつ適切な措置をとることにより不確実性を減らせる場合もある。

各部門が重大な不確実性に対処するうえで利用できる技法には、(1)事前情報の入手、(2)予防、(3)緩和の三つがある。[43] 事前情報の入手とは、ある部門がある事態を事前に予測することにより組織の不確実性を緩和できることを意味する。また各部門は好ましくない事態を予想して防ぐことにより、予防を通じて力を増す。緩和が行われるのは、ある事態が生じた後にある部門がその悪影響を低減する措置をとった場合である。

組織における水平的な力関係は戦略的コンティンジェンシーが変われば変化する。たとえば、近年、ウォルマートやウィンデキシーといった大型小売店は、雑誌の表紙写真や特集記事が一部の顧客に反感を与えそうな場合、その号の販売を拒否することにより、雑誌出版社に対する力を増している。

一部の雑誌出版社は、論争を呼びそうな記事や写真を小売店が事前に知りその号を拒否できるよう、最新号の見本を提供することに同意している。「事前に知らせなければ、その雑誌自体がリストから外され、二度と売ってもらえなくなる」と、ある販売ディレクターは言う。ハーストやミラー・パブリッシング・グループ、タイム・ワーナーなどの雑誌出版社にとって、有力小売店からのこうした要求は新たな不確実性と戦略上の問題を生み出している。[44]

組織における政治的プロセス

力と同様、政治もつかみどころがなく測りにくい。それは目につきにくく、系統だった考察はしにくい。少なくとも、次の二つの調査により、マネジャーの政治的行動に対する以下のような反応が明らかになっている。[45]

1. マネジャーは政治に対して否定的見解を持ち、政治は組織の目標達成を助けるよりも妨げることのほうが多いと考えている。
2. マネジャーは、政治的行動はほとんどすべての組織に共通するものだと考えている。
3. マネジャーは、政治的行動はどちらかというと組織の上層部で生じる場合が多いと考えている。
4. 政治的行動は組織構造の変更といった一定の意思決定領域には見られるが、従業員の不満の処理などほかの意思決定には見られない。

これらの調査によると、政治は組織のトップ・レベルにおいて、また一定の問題や意思決定をめぐって生じる場合が多いようである。しかも、マネジャーは政治的行動を容認していない。本章の残りの部分では、政治的行動とは何か、それをいつ用いるべきか、政治がかかわる可能性の最も高い問題や意思決定のタイプ、有効と思われる政治的駆け引きといった点をより詳細に検討していく。

▼定義

力は、望みどおりの成果を達成するために利用できる影響力あるいは潜在能力であると説明した。**政治**とは、こうした成果を達成するために力を利用して意思決定に影響を及ぼすことである。力や影響力の行使という側面は、政治に対する二とおりの定義をもたらした。一つは政治を自己利益のための行動とするものであり、もう一つは組織における自然な意思決定プロセスとするものである。最初の定義は、政治が自己利益に奉仕するものであること、組織によって是認されていない活動を伴うことを強調している。[46]

この見方によると、政治は個人の自己利益を目的とした欺きや不正を伴い、職場環境にコンフリクトや不調和をもたらす。こうした否定的な政治観は一般の人々に広く支持されている。最近の調査では、社内でこの種の政治的活動が行われているのに気づいた従業員は、往々にして不安感や仕事への不満に関連する感情を抱いていることがわかった。また、政治の不適切な利用は従業員の士気の低下や組織のパフォーマンス低下、意思決定の失敗につながると思われていることも調査で明らかになっている。[47] こうした政治観を見れば、前述の調査の対象となったマネジャーが政治的行動を承認しなかった理由がわかる。

政治は自己利益を目指した非建設的な形で利用されることもあるが、一方、政治的行動をうまく利用すれば組織の目標に役立てることもできる[48]。二つ目の見方では、政治を組織内の利益団体間の相違を解消するための自然な組織的プロセスと見なす[49]。政治とはコンフリクトや意見の食い違いを克服するために用いられる交渉のプロセスである。こうした見方をすると、政治は意思決定についての第9章で定義した提携構築による意思決定のプロセスにきわめて似通っている。

組織理論的な観点としては、政治を二番目の定義で述べたように——つまり、正常な意思決定プロセスとして——とらえる。政治とは力を行使してコンフリクトや不確実性を解決する活動にすぎない。政治は善でも悪でもなく、必ずしも組織に有害なわけではない。組織における政治の組織理論としての定義は以下のようなものである。すなわち、組織における政治とは、選択肢をめぐって不確実性や意見の不一致があるときに、好ましい成果を得るために力その他の経営資源を獲得し、発展させ、利用する活動である[50]。

政治的行動は好影響も悪影響も及ぼしうる。政治とは、事の善悪にかかわらず何かを達成するために力を利用することである。不確実性もコンフリクトも自然で避けることのできないものであり、政治は合意に達するためのメカニズムなのである。政治は非公式の議論を伴う。当事者はこうした議論を通じてコンセンサスに達し、膠着状態や解決不能に陥っていたかもしれない事柄について意思決定が行えるようになる。

▼政治的活動はいつ用いられるのか

政治とは、不確実性が高く目標や問題の優先順位について意見の不一致があるときにコンセンサスに達するためのメカニズムである。図表10―1で説明した合理的モデルと政治的モデルを思い出してほしい。政治的モデルは目標をめぐるコンフリクト、提携や利益団体の変遷、あいまいな情報、そして不確実性と関わりがある。

したがって政治的活動は、マネジャーが第9章で述べたようなプログラム化されていない意思決定に直面したときに最も目につきやすく、意思決定のカーネギー・モデルと関係してくる。通常、組織トップのマネジャーは地位の低いマネジャーよりも多くのプログラム化されていない意思決定をこなすため、彼らによる政治的活動もより多く見られることになる。

さらに、問題のなかには本質的な見解の相違にかかわってくるものもある。たとえば、経営資源は各部門の存続と有効性に欠かせないものであり、経営資源の配分はしばしば政治的問題と化す。「合理的」な配分モデルでは当事者は満足しない。多くの組織における政治的活動の領域（政治が何らかの役割を果たす分野）は、組織構造の変革、マネジメントの継承、経営資源の配分である。

組織構造の再編は力関係や権威関係の核心部分を直撃する。第3章で議論したような組織の再編では責任や職務が変更され、その結果、戦略的コンティンジェンシーによってもたらされた根底的な力の基盤も影響を受ける。こうした理由から、大規模な組織の再編は政治的活動の急増をもたらす可能性がある。[51] マネジャーが既得の責任や力の基盤を維持するために積極的な交渉に出る場合もある。

新しい幹部の採用、昇進、人事異動といった組織の変革は政治的に大きな意味を持つ。とりわけ、不確実性が高く幹部間の信頼、協力、コミュニケーションのネットワークが重要となる組織のトップ・レベルにおいてはそうである。[52] 雇用に関する意思決定は不確実性や議論、意見の不一致をもたらす可能性がある。マネジャーは雇用や昇進を利用して自分の仲間を要職に就け、ネットワークの連合や提携を強化することができる。

政治的活動の第三の分野は資源の配分である。経営資源の配分に関する意思決定は、給与、業務予算、従業員、オフィス設備、機器、社用飛行機の使用など、組織のパフォーマンスに必要なすべての経営資源を対象とする。経営資源はきわめて重要なため、優先順位をめぐっては意見の相違が存在するが、政治的プロセスはこうしたジレンマの解消に役立つ。

力、政治、協働の利用

本章のテーマの一つは、組織における力は本来、個人的な現象ではないということである。それは各部門が自由にできる経営資源や、各部門が組織内で果たす役割、各部門が取り組む環境的コンティンジェンシーにかかわるものである。組織におけるさまざまな成果にマネジャーが及ぼす影響力を決定するのは、個性やスタイルよりも役職や責任である場合が多い。

とはいえ、力は個人の政治的行動を通じて利用される。個々のマネジャーは自らの部門が望みどおりの事業成果を達成するための戦略について合意を模索する。また、交渉を通じて意思決定を行い、力の獲得と利用を可能にするような戦術を採用する。さらに、マネジャーは有害なコンフリクトを減らすために、組織内の協力や協調を促す方法を開発する。

組織における力の利用を十分理解するためには、組織構造の構成要素と個々の行動の両方を見ることが重要である[53]。力は組織の形式やプロセスから生じるが、力の政治的利用は個人レベルでの活動を伴う。この項ではマネジャーが自部門の力の基盤を拡大するために用いることのできる戦術や、望みどおりの成果を達成するために用いることのできる政治的駆け引き、協働を促すための戦術を簡単にまとめる。これらの戦術を**図表10―4**にまとめる。

▼力を増すための戦術

力を増すための戦術には以下の四つがある。

1．不確実性の高い分野に参入する　部門の力の源泉の一つは、重大な不確実性に対処できることである[54]。部

図表10−4　組織における力と政治的駆け引き

力の基盤を拡大するための戦術	力を利用するための政治的駆け引き	協働を促すための戦術
1. 不確実性の高い分野に参入する	1. 合同を構築する	1. 統合の仕組みを考案する
2. 依存を生み出す	2. ネットワークを拡大する	2. 対決と交渉を活用する
3. 経営資源を提供する	3. 意思決定の前提条件をコントロールする	3. グループ間の話し合いを予定に組み込む
4. 戦略的コンティンジェンシーを満たす	4. 正当性と専門性を高める	4. メンバーのローテーションを行う
	5. 意向は明示し、力は暗示する	5. 上位目標を策定する

門のマネジャーが重要な不確実性を特定し、こうした不確実性を取り除く措置をとることができれば、その部門の力の基盤は拡大することになる。不確実性は組立ラインが停止したり、新製品に必要な品質、新サービスへの需要の予測不能性などから生じうる。いったん不確実性が特定されると、その部門は対処能力があることになる。不確実な課題はその性質上、すぐ解決されるわけではない。試行錯誤が必要となるが、これがその部門にとっては強みになる。試行錯誤のプロセスは他の部門には簡単に真似のできない経験と専門知識を与えてくれる。

2. 依存を生み出す　依存されることもまた力の源泉の一つである。[55]ある部門がある部門に情報、原材料、知識、スキルを依存しているとき、その部門は他部門に対して力を持つことになる。この力は義務を生じさせることによってますます増大しうる。他部門を助けるために追加的な仕事をすることで、他の部門はいずれこれに応える義務を負う。依存を生み出すことによって蓄積された力を用いれば、今後生じる意見の不一致をその部門に有利に解決することが可能となる。これと同様に効果的な関連戦略が、必要な情報やスキルを獲得することにより他部門への依存を減らすことである。

たとえば多くの組織では、情報技術部門がこの分野における急速な変化のせいで依存を生み出してきた。他部門の従業員は職務の効果的な遂行に必要な情報を手に入れるため、情報技術部門に頼って複雑なソフトウエア・プログラムやインターネットの利用方法の変化などの進歩をマスターしようとするのである。

3. 経営資源を提供する　組織の存続にとって経営資源は常に重要である。経営資源を蓄積し、資金、情報、設備といった形で組織に提供する部門は力を持つことになる。たとえば、大学で最も大きな力を持つのは、外部の研究資金を獲得し、大学の間接費に貢献する学部である。同様に、製造業では資金を稼ぐ販売部門が力を持つ。

4. 戦略的コンティンジェンシーを満たす　戦略的コンティンジェンシーの理論では、外部環境および組織内の諸要素のなかでも、組織の成功にとってとりわけ重要なものがいくつかあるとする。コンティンジェンシーは、重大な出来事であったり、代用のきかない職務であったり、組織内の他の多くの人々と相互依存する中心的職務であったりする。組織とその変化する環境を分析すれば、戦略的コンティンジェンシーを明らかにすることができる。コンティンジェンシーが新たなものであったり満たされていない限り、ある部門がこうした重要な分野に参入し、自らの重要性と力を増す余地がある。

要するに、組織における力の配分は成り行きで決まるわけではないのである。力とは理解し予測することのできる組織的プロセスの結果である。不確実性を減らしたり、自部門の自立性を高めたり、経営資源を入手したり、戦略的コンティンジェンシーに対処したりする能力は、いずれも部門の力を増す。いったん力を手に入れれば、今度はそれを利用してさらに有用な成果を達成することとなる。

▼力を利用するための政治的駆け引き

組織内で力を利用するためにはスキルと意欲の両方が必要である。多くの意思決定が政治的プロセスを通じて行われるのは、合理的な意思決定のプロセスがなじまないからである。不確実性や意見の相違が大きすぎるのである。意思決定結果に影響を与えるよう力を利用するための政治的駆け引きには、以下のようなものがある。

1．合同の構築　合同の構築とは、他のマネジャーと時間をかけて話し合い、自分の意見を相手に納得させることをいう[56]。重要な意思決定の多くは公式な会議の外側で行われる。マネジャーはそのような非公式の場で議論を交わし、個人対個人としての合意に達する。有能なマネジャーとは、二〜三人単位で集まって話をし、重要な問題を解決するマネジャーである[57]。合同構築の一つの重要な側面は、良好な関係を築くことである。良好な人間関係は好意、信頼、尊敬の上に築かれる。信頼性や他の人々を搾取するより共に働こうと思わせる動機づけは、合同構築の構成要素である[58]。

2．ネットワークを拡大する　ネットワークを拡大するには、(1)他のマネジャーとの接点を求めて確立する方法と、(2)意見の異なる人々を取り込む方法がある。第一の手法は雇用、異動、昇進のプロセスを通じて新たな協力を築くものである。部門の成果に共感的な人々を要職に就け、部門目標の達成に役立てることもできる[59]。

一方、第二の手法である反対者の取り込みは、意見の異なる人々を自らのネットワークに取り込む行為である。その一例が、昇進と在職年数に基づいてメンバーが選ばれる大学のある委員会に関するものである。昇進と在職年数に基づくプロセスに批判的だった数人の女性教授が委員に任命された。管理プロセスに参加することにより、彼女たちは管理者の見解を理解し、管理者には思ったほど悪意がないことを知った。彼女たちは反対者の取り込みにより、管理者ネットワークに効果的に取り込まれたのである[60]。

3. 意思決定の前提条件をコントロールする　意思決定の前提条件をコントロールするとは、意思決定の対象範囲を制限することを意味する。その一つの技法は、他のマネジャーに与える情報を選別あるいは制限することである。よくある方法は、自分たちに都合の良い評価基準を選んで提案するなど、とにかくできるだけ良い印象を与えようとするやり方である。さまざまな統計を組み合わせてその部門の見解を裏づけることもできる。大学のなかでも急成長中で学生数の多い学部は、自らの成長性と規模を強調することにより、経営資源の追加要求を行うことができる。こうした客観的な評価基準は常に役立つとは限らないが、重要なステップではある。

意思決定のプロセスを制限すれば、意思決定の前提条件にさらに大きな影響を及ぼすことができる。意思決定の内容は、重要な会議でどの項目を議題に上げるか、あるいはどんな順番で話し合うかによっても影響を受ける[61]。時間が短く参加者が席を立ちたがっているときには、最後に話し合われた項目は最初に話し合われた項目ほど注目されない。特定の問題に注意を引きつけ解決策の選択肢を示すことによって結果に影響を及ぼすこともできる。特定の問題を議題にのせるために——自分の部門に関係のない問題よりも——その問題を特に強調することは、議題設定の一つのやり方である。

4. 正当性と専門性を高める　マネジャーが最も大きな影響力を行使できるのは、彼らの正当性と専門性が認められた分野においてである。ある部門が何かを要求するとき、その要求がその部門の職務の範囲内で、同部門の既得権益にかなっていれば、他の部門は要求に応じてくれる場合が多い。また、メンバーは自分たちの利益を支持してくれるような外部のコンサルタントや組織内の他の専門家を特定することもできる[62]。

たとえば、ある大手小売企業の財務担当副社長は、人材管理部門のディレクターを解雇したがっていた。彼女はコンサルタントを雇い、これまで実施されてきた人材管理プロジェクトを評価させた。このコンサルタントが提出した否定的な報告書は、同ディレクターの解雇を十分正当化し、代わって財務担当副社長に忠実な人物がディレクターに就任した。

5. 意志は明示し、力は暗示する

マネジャーは自ら要求しなければ、何も手に入れることはできない。目標と必要性が明確に示され、組織がそれに応じることができてはじめて政治的活動は効力を発揮する。マネジャーは積極的に交渉し、説得力を発揮する必要がある。他のマネジャーにより良い選択肢がなければ、押しの強いほうの提案が受け入れられるかもしれない。さらに、他の選択肢があいまいで明確化されていないときには、往々にして明確な提案が好意的な扱いを受けることになる。有効な政治的行動には、少なくとも望みどおりの成果を達成しようとするのに必要なだけの説得力とリスクテーキングが求められる。

ただし、力の行使はあからさまであってはならない[63]。もしだれかが会議の席上、「私の部門のほうが大きな力を持っているから、みなさんはうちのやり方に従うべきだ」と発言し、自分の力の基盤をあからさまに示したら、その力は弱まってしまうであろう。力は黙って利用したときに最も大きな効果を発揮する。力に注目を集めてしまうと、それを失うことになる。力の誇示は無力な者がすることであり、力のある者がすることではない。人はだれが力を持っているかを知っている。どの部門が力を持っているかについてはかなりの合意がある。力の誇示は不必要なばかりか、その部門の利益を損なうことにもなりかねない。

以上の戦術のいずれかを利用する際には、自己利益のための行動は組織に役立つよりも有害だと考える人が多いことを忘れてはならない。職権を濫用していると思われたり、組織よりも自分に恩恵をもたらすことが狙いだと思われれば、そのマネジャーは尊敬を失う。一方、マネジャーは自分たちの仕事の人間関係かつ政治的な側面を認識しなければならない。合理的で実務能力があるだけでは十分でない。政治は合意に達するための一手段である。政治的駆け引きを考慮に入れないマネジャーは、自分でも理由のわからないまま失敗するかもしれない。

▼協働を促すための戦術

力や政治的駆け引きは組織内で物事を達成するための重要な手段である。今日の組織のほとんどは、何がしかの部門間コンフリクトを抱えている。多くの組織でとられているもう一つのアプローチは、部門間の協力と協調を促し、組織の目標達成を支援することにより、コンフリクトを克服するやり方である。協力を促すための戦術として、以下のことが挙げられる。

1．統合の仕組みを考案する　第3章で述べたように、部門間にまたがるチームやタスクフォース、プロジェクトは、統合の仕組みとして活用できる。コンフリクトの当事者部門の代表者たちを共同問題解決チームに参加させることは、代表者が互いの意見を理解できるようになる点で、協力を促す効果的な方法である[64]。場合によってはフルタイムの統合担当者が任命され、各部門の代表者と会って情報を交換することにより協力と協調の達成にあたることもある。統合担当者は各グループの問題を理解するとともに、両グループを互いに受け入れ可能な解決策に向かって前進させる能力を備えていなければならない[65]。

2．対峙と交渉を利用する　対峙とはコンフリクトの当事者が直接対決し、意見の相違の解消に努めることをいう。交渉は対峙のなかでしばしば生じる駆け引きのプロセスであり、両当事者が順序だてて解決に至ることを可能にする。これらの技法は各部門の代表者を一堂に集め、深刻な論争の解決にあたらせるものである。

対峙と交渉は一定のリスクを伴う。議論がコンフリクトに焦点を合わせたものとなる保証も、手に負えないほど感情的にはならないという保証もない。しかし、もしメンバーが面と向かって議論し、その結果コンフリクトを解消できれば、彼らはお互いを尊重するようになり、将来の協力が容易になる。直接的な交渉を通じて比較的永続的な姿勢の変化が始まる可能性もある。

図表10−5　交渉の戦術

双方がうまく収まる(ウィン-ウィン)戦略	勝ち負け(ウィン-ルーズ)の戦略
1. 共通問題として交渉を定義する	1. 問題を勝ち負けの状況として定義する
2. 共同して結果を出すよう努める	2. 自分のための結果を出すよう努める
3. 双方が満足するような創造的な合意を見出す	3. 相手を服従させるようにする
4. ニーズ、ゴール、計画案について、オープンで率直、かつ正確なコミュニケーションを用いる	4. ニーズ、ゴール、計画案について、ずるくて不正確、かつ誤解されやすいコミュニケーションを用いる
5. (相手の防御を減らすため)脅しは避ける	5. 脅しを使う
6. 柔軟な立場からコミュニケーションを取る	6. 自分の立場にこだわったコミュニケーションを取る

対峙が成功するのは、マネジャーが双方うまく収まる(ウィン-ウィン)戦略を展開できるときである。双方うまく収まるということは、両部門共に前向きな態度をとり、互いに利するような方法でコンフリクトを解決しようと努めることである[66]。交渉が勝ち負け(ウィン-ルーズ)の戦略(お互いが相手に勝ちたがる)になってしまったら、対峙は無効になる。トップ・マネジメントは交渉グループを構成するメンバーに対し、互いに受け入れ可能な成果を目指すよう促すことができる。交渉における双方うまく収まる戦略と勝ち負けの戦略との違いを**図表10−5**に示す。双方うまく収まる戦略——問題を共有のものと定義づけること、率直に意思を伝え合うこと、脅しを避けることを含む——では、紛争が解決される一方で理解も変化しうる。

従業員とマネジメントの意見の相違を解消するのに用いられる交渉が団体交渉と呼ばれるものである。交渉のプロセスは通常、労働組合を通じてなされ、最終的に各当事者が今後二〜三年間に果たすべき責任を明示した合意を生み出す。労使間の交渉は、USエアウェイズ、TWA、ノースウエスト航空、デルタ航空、ユナイテッド航空などアメリカのいくつかの大手航空会社において現在も進行中である[67]。

3. グループ間の話し合いを予定に組み込む

コンフリクトが激化して長引き、部門のメンバーが懐疑的で非協力的になった場合には、マネジャーは第三者のコンサルタントを招き入れ、両グループと協力させることができる。職場仲裁と呼ばれることもあるこのプロセスでは、紛争の両当事者を一堂に集め、両サイドに自分たちから見た「現実」を述べさせることから、コンフリクトを緩和するための強力な介入行為といえる。この技法を開発したのは、ロバート・ブレイク、ジェーン・ムートン、リチャード・ウォルトンら心理学者である。(68) 部門のメンバーはワークショップに参加する。こうしたワークショップは日常業務問題から隔離された場所で開かれ、場合によっては数日間に及ぶ。このアプローチはイノベーションと変革に関する第8章で説明したODアプローチに似ている。グループ間のトレーニング会合によく用いられるステップには、次のようなものがある。

(1)コンフリクトの両当事者グループを、相互の認識と関係を探ることを目標としたトレーニングに参加させる。

(2)次に、コンフリクトの当事者グループを隔離し、各グループに自分たちと相手のグループをどのように見ているか議論させ、リスト化させる。

(3)両グループが一堂に会し、個別の話し合いで得られた自分たちと相手への認識を各グループの代表者が発表する。その間、両グループとも黙って聞くことを課せられる。目的は各グループ内で育まれたイメージを相手グループにできるだけ正確に報告することに尽きる。

(4)意見の交換を行う前に、各グループは再び個別に話し合い、相手の述べたことを消化し分析する。代表者の報告により、自己イメージと相手グループが自分たちに対して持つイメージとの格差が明らかになっている可能性が高い。

(5)両グループが集まり、各グループが再び代表者を通して自分たちの気づいたイメージの格差とその考えられる理由を発表する。その際、目に見える実際の行動に着眼する。

(6)この相互発表に続き、認識の歪みが起こった理由をいっそう明確にするという、いまや共通のものとなった目標に向けて、両グループ間でのより率直な検討が許される。

(7)グループ間の協力を促すような形で今後の関係をマネジメントする方法を共に検討する。[69]

グループ間の話し合いは参加者全員にとってかなりきついものとなりうる。コンフリクトの当事者グループにそれぞれの認識をリスト化させ、その格差を明確化させることはさほど難しくない。しかし、面と向かって相違点を探り、変わることに同意するのはもっと難しい。うまくいけば、こうした話し合いによって各部門の従業員の相互理解が大幅に深まるうえ、今後何年間にもわたる意識の改善と協力関係の促進にもつながりうる。

4. メンバーのローテーションを行う　ローテーションとは、ある部門のメンバーに一時的または永続的に別の部門で働くよう要請できる仕組みである。その利点は、各人が他の部門の一員となることで価値観や姿勢、問題、目標を身体で理解することである。さらに、各人は出身部門の問題や目標を新しい同僚に説明することもできる。これにより、率直で正確な意見や情報の交換が可能になる。

このようなローテーションがコンフリクトの緩和にもたらす効果はゆっくりとしたものだが、コンフリクトを助長する根底的な意識や認識を変化させるうえで大きな効果を発揮する。[70]

5. 上位目標を策定する　もう一つの戦略はトップ・マネジメントが部門間の協力を必要とする共通のミッションを形成し、上位目標を確立することである。[71]第7章で論じたように、適応力に富んだ強い文化を有し、従業員が自社の大ビジョンを共有しているような組織では、従業員が互いに団結し協力している場合が多い。

最近の調査により、各部門の従業員が互いの目標が連係していると考えるときには、彼らは経営資源や情報を公開し共有することがわかっている。[72]上位目標が効果を発揮するためには、それが実体を伴うものであると同時に、そうした目標に向かって協力する時間を従業員に与えることが必要となる。また報酬システムも、部門目標より上位目標の追求を促すよう設計し直すことができる。

▼討論課題

1. 職務や個人的背景、トレーニングの違いがどのようにしてグループ間のコンフリクトをもたらすかを簡潔に述べよ。また、職務の相互依存性はどのようにしてグループ間のコンフリクトをもたらすのか。
2. 一部のコンフリクトが組織にプラスとなると見なされる理由を議論せよ。
3. 力と権威の違いは何か。ある人物が公式の権威は持っているが実質的な力はないということはありうるか。議論せよ。
4. 州立大学Xの財源の九〇%は州からもたらされているが、同大学は生徒であふれかえっている。同大学は入学者数を制限する規則を成立させようとしている。私立大学Yの収入の九〇%は生徒の授業料によってもたらされているが、その生徒数は収支ラインぎりぎりである。同大学は来年度の新入生を積極的に勧誘している。生徒がより大きな力を持つのはどちらの大学か。それは教授や経営者にとって何を意味するのか。議論せよ。
5. 図表10―2において、企業Bの研究開発部門は他の企業の同部門よりも大きな力を持っている。この会社の研究開発部門の力を増していると考えられる戦略的コンティンジェンシーを議論せよ。
6. ある有名大学の工学部は他の全学部を合わせたよりも三倍大きな額の政府研究資金を獲得している。工学部の資金は潤沢らしく、フルタイムで研究に従事する教授数も多い。にもかかわらず、大学内部の研究資金の分配に際しても、すでに相当額の外部研究資金を獲得している工学部が他の学部より多くの資金を受け取っている。なぜこのようなことになるのか。
7. 協力を増すよう従業員の意識を変えるにあたり、グループ間の話し合いと対峙および交渉では、どちらがより大きな長期的影響を有すると思うか。議論せよ。

52. Gantz and Murray, "Experience of Workplace Politics"; Pfeffer, Power in Organizations.
53. Daniel J. Brass and Marlene E. Burkhardt, "Potential Power and Power Use: An Investigation of Structure and Behavior," *Academy of Management Journal* 38 (1993): 441-70.
54. Hickson, et al., "A Stratigic Contingencies Theory."
55. Pfeffer, *Power in Organizations.*
56. Ibid.
57. V. Dallas Merrll, *Hugging: The Informal Way to Managenment Success* (New York: AMACON, 1979).
58. Verdenburgh and Maurer, "A Process Framework of Organizational Politics."
59. 同上。
60. Pfeffer, *Power in Organizations.*
61. 同上。
62. 同上。
63. Kanter, "Power Failure in Management Circuits"; *Pfeffer, Power in Organizations.*
64. Robert R. Blake and Jane S. Mouton, "Overcoming Group Warfare," *Harvard Business Review* (November-December 1984): 98-108.（邦訳「積年の抗争を解消する２つのアプローチ」ダイヤモンド・ハーバード・ビジネス1985年３月号）
65. Blake and Mouton, "Orercoming Group Warfare"; Paul R. Lawrence and Jay W. Lorsch, "New Management Job: The Integrator," Havard Business Review 45 (November-December 1967): 142-51.
66. Robert R. Blake, Herbert A. Shepard, and Jane S. Mouton, *Managing Intergroup Conflict in Industry* (Houston: Gulf Publishing, 1964); and Doug Stewart, "'Expand the Pie Before You Divvy It Up,'" *Smithsonian,* November 1997, 78-90.
67. Kenneth Labich, "Fasten your Seat Belts," *Fortune,* 10 May 1999, 114-18.
68. Robert R. Blake and Jane S. Mouton, "Overcoming Group Warfare"; Schein, *Organizational Psychology,* Blade, Shepard, and Mouton, *Managing Intergroup Conflict in Industry;* Richard E. Walton, *Interpersonal Peacemaking: Confrontation and Third-Party Consultations* (Reading, Mass.: Addison-Wesley, 1969).
69. Mark S. Plovnick, Ronald E. Fry, and W. Warner Burke, *Organizational Development* (Boston: Little, Brown, 1982), 89-93; Schein, *Organizational Psychlogy,* 177-78, Prentice-Hall, Inc.の許可により掲載。
70. Neilsen, "Understanding and Managing Intergroup Conflict"; Joseph McCann and Jay R. Galbraith, "Interdepartmental Relations."
71. Neilsen, "Understanding and Managing Intergroup Conflict"; McCann and Galbraith, "Interdepartmental Relations"; Sherif et al., *Intergroup Conflict and Cooperation.*
72. Dean Tiosvold, Valerie Dann, and Choy Wong, "Managing Conflict between Departments to Serve Customers," *Human Relations* 45 (1992): 1035-54.

Pennings, and R. E. Schneck, "Structural Conditions of Intraorganizational Power," *Administrative Science Quarterly* 19 (1974): 22-44.
36. Carol Stoak Saunders, "The Strategic Contingencies Theory of Power: Multiple Perspectives," *Journal of Management Studies* 27 (1990): 1-18; Warren Boeker, "The Development and Institutionalization of Sub-Unit power in Organizations," *Administrative Science Quarterly* 34 (1989): 388-510; Irit Cohen and Ran Lachman," The Generality of the Strategic Contingencies Apporoach to Sub-Unit Power," *Organizational Studies* 9 (1988): 371-91.
37. Emerson, "Power-Depindence Relations."
38. Michel Crozier, *The Bureaucatic Phenomenon* (Chicago: University of Chicago Press, 1964).
39. Salancik and Pfeffer, "Bases and Use of Power in Organizational Decision-Making," 470.
40. Hickson, et al., "Stratigic Contingencies Theory."
41. Pettigrew, *Politics of Ofganizational Decision-Making*.
42. Hickson, et al., "Strategic Contingencies Theory."
43. 同上。
44. G. Bruce knedht, "Retail Chains Emerge as Advance Arbiters of Magazine Content," *The Wall Street Journal*, 22 October 1997, A1, A13.
45. Jeffrey Gantz and Victor V. Murray, "Experience of Workplace Politics," *Academy of Management Journal* 23 (1980): 237-51; Dan L. Madison, Robert W. Allen, Lyman W. Porter, Patricia A. Renwick, and Bronston T. Mayes, "Organizational Politics: An Exploration of Managers' Perception" *Human Relations* 33 (1980): 79-100.
46. Gerald R. Ferris and K. Michele Kacmar, "Perceptions of Organizational Politics," *Journal of Management* 18 (1992): 93-116; Parmod Kumar and Rehana Ghadially," "Organizational Politics and its Effects on Members of Organizations," Human Relations 42 (1989): 305-14; Donald J. Vredenburgh and John G. Maurer, "A Process Framework of Organizational Politics," *Human Relations* 37 (1984): 47-66; Gerald R. Ferris, Dwight D. Frink, Maria Carmen Gelang, Jing Zhou, Michele Kacmar, and Jack L. Howard, "Perceptions of Organizational Poltics: Prediction, Stress-Related Implications, and Outcomes," *Human Relations* 49, no.2(1996): 233-66.
47. Ferris, et al., "Perceptions of Organizational Poltics: Prediction, Stress-Related Implications, and Outcomes." John J. Voyer, "Coercive Organizational Politics and Organizational Outcomes: An Interpretive Study," Organization Science 5, no. 1 (February 1994): 72- 85; James W. Dean, Jr., and Mark P. Sharfman, "Does Decision Process Matter? A Study of Strategic Decision-Making Effectiveness," Academy of Management Journal 39, no. 2 (1996): 368-96.
48. Jeffrey Pfeffer, Managing With Power: Politics and Influence in Organizations (Boston, Mass.: Harvard Business School Press, 1992).
49. Amos Drory and Tsilia Romm, "The Definition of Organizational Politics: A Review," *Human Relations* 43 (1990): 1133-54; Vredinburgh and Maurer, "A Process Framework of Organizational Politics."
50. Pfeffer, *Power in Organizations*, p. 70.
51. Madison, et al., "Organizational Politics"; Jay R. Galbraith, Organizational Design (Reading, Mass.: Addison-Wesley, 1977).

"Organizational Conflict: Concepts and Models," *Administrative Science Quarterly* 12 (1968): 296-320.
16. Jeffrey Pfeffer, *Power in Organizations* (Marshfield, Mass.:Pitman, 1981).
17. John R. P. French, Jr., and Bertram Raven, "The Bases of Social Power," in *Group Dynamics*, D. Cartwright and A. F. Zander, eds. (Evanston, Ill.: Row Peterson, 1960), 607-23.
18. Ran Lachman, "Power from What? A Reexamination of Its Relationships with Structural Conditions," *Administrative Science Quarterly* 34 (1989): 231-51; Daniel J. Brass, "Being in the Right Place: A Structural Analysis of Individual Influence in an Organization," *Administrative Science Quarterly* 29 (1984): 518-39.
19. Robert A. Dahl, "The Concept of Power," *Behavioral Science* 2 (1957): 201-15.
20. W. Graham Astley and Paramijit S. Sachdeva, "Structural Sources of Intraorganizational Power: A Theoretical Synthesis," *Academy of Management Review* 9 (1984): 104-13; Abraham Kaplan, "Power in Perpective," in Robert L. Kahn and Elise Boulding, eds., *Power and Conflict in Organizations* (London: Tavistock, 1964), 11-32.
21. Gerald R. Salancik and Jeffrey Pfeffer, "The Bases and Use of Power in Organizational Decision-Making: The Case of the University," *Administrative Science Quarterly* 19 (1974): 453-73.
22. Richard M. Emerson, "Power-Dependence Relations," *American Sociological Review* 27 (1962): 31-41.
23. Rosabeth Moss Kanter, "Power Failure in Management Circuits," *Harvard Business Review* (July-August 1979): 65-75.
24. A. J. Grimes, "Authority, Power, Influence, and Social Control: A Theoretical Synthesis," *Academy of Management Review* 3 (1978): 724-35.
25. Russ Baker, "Edged Out," Inc., August 1998, 69-77.
26. Astley and Sachdeva, "Structural Sources of Intraorganizational Power."
27. Jeffrey Pfeffer, *Managing with Power: Politics and Influence in Organizations* (Boston: Harvard Business School Press, 1992).
28. Robert L. Peabody, "Perceptions of Organizational Authority," *Administrative Science Quarterly* 6 (1962): 479.
29. Richard S. Blackburn, "Lower Participant Power: Toward a Conceptual Integration," *Academy of Management Review* 6 (1981): 127-31.
30. Kanter, "Power Failure in Management Circuits," 70.
31. Astley and Sachdeva, "Structural Sources of Intraorganizational Power"; Noel M. Tichy and Charles Fombrun, "Network Analyis in Organizational Settings," *Human Relations* 32 (1979): 923-65.
32. Eryn Brown, "9 Ways to Win on the Web," *Fortune*, 24 May 1999, 112-25.
33. Charles Perrow, "Departmental Power and Perspective in Industrial Firms," in Mayer N. Zald, ed., *Power in Organizations* (Nashville, Tenn.: Vanderbilt University Press, 1970), 59-89.
34. D. J. Hickson, C. R. Hinings, C. A. Lee, R. E. Schneck, and J. M. Pennings, "A Strategic Contingencies Theory of Intraorganizational Power," *Administrative Science Quarterly* 16 (1971): 216-29; Gerald R. Salancik and Jeffiey Pfeffer, "Who Gets Power and How They Hold onto It: A Strategic-Contingency Model of Power," *Organizational Dynamics* (Winter 1977): 3-21.
35. Pfeffer, *Managing with Power*, Salancik and Pfeffer, "Who Gets Power"; C. R. Hinings, D. R. Hinings, D. J. Hickson, J. M.

Quarterly 27 (1982): 35-65.
4. Muzafer Sherif, "Experiments in Group Conflict," *Scientific American* 195 (1956): 54-58; Edgar H. Schein, *Organizational Psychology*, 3d ed. (Englewood Cliffs, N. J.: Prentice-Hall, 1980).
5. M. Ascalur Rahin, "A Strategy for Managing Conflict in Complex Organizations," *Human Relations* 38 (1985): 81-89; Kenneth Thomas, "Conflict and Conflict Management," in M. D. Dunnette, ed., Handbook of Industrial and Organizational Psychology (Chicago: Rand McNally, 1976); Stuart M. Schmidt and Thomas A. Kochan, "Conflict: Toward Conceptual Clarity," *Administrative Science Quarterly* 13 (1972): 359-70.
6. L. David Brown, "Managing Conflict among Groups," in David A. Kolb, Irwin M. Rubin, and James M. Mcintyre, eds., *Organizational Psychology: A Book of Readings* (Englewood Cliffs, N.J.: Prentice-Hall, 1979), 377-89; Robert W. Ruekert and Orville C. Walker, Jr., "Interactions between Marketing and R & D Departments in Implementing Different Business Strategies," *Strategic Management Journal* 8(1987): 233-48.
7. Amy Barrett, "Indigestion at Taco Bell," Business Week, 14 December 1994, 66-67; Greg Burns, "Fast-Food Fight," Business Week, 2 June 1997, 34-36; and Nicole Harris, "Flying into a Rage," *Business Week*, 27 April 1998; David Whitford, "Arthur, Arthur," *Fortune*, 10 November 1997, 1690-178; and Elizabeth MacDonald and Joseph B. White, "How Consulting Issue is Threatening to Rend Andersen Worldwide," *The Wall Street Journal*, 4 February 1998, A1, A10.
8. Thomas A. Kochan, George P. Huber, and L. L. Cummings, "Determinants of Intraorganizational Conflict in Collective Bargaining in the Public Sector," *Administrative Science Quarterly* 20 (1975): 10-23.
9. Eric H. Neilsen, "Understanding and Managing Intergroup Conflict," in Jay W. Lorsch and Paul R. Lawrence, eds., *Managing Group and Intergroup Relations* (Homewood, Ill.: Irwin and Dorsey, 1972), 329-43; Richad E. Walton and John M. Dutton, "The Management of Interdepartmental Conflict: A Model and Review," *Administrative Science Quarterly* 14(1969): 73-84.
10. Jay W. Lorsch, "Intoduction to the Structural Design of Organizations," in Gene W. Dalton, Paul R. Lawrence, and Jay W. Lorsch, eds., *Organization Structure and Design* (Homewood,Ill.: Irwin and Dorsey, 1970), 5.
11. Morty Lefkoe, "Why So Many Mergers Fail," Fortune, 20 June 1987, 113-14; Afaneh Nahavandi and Ali R. Malekzdeh, "Acculturation in Mergers and Acquisitions," *Academy of Management Review* (1988): 79-90.
12. James D. Thompson, *Organizations in Action* (New York: McGraw-Hill, 1967), 54-56.
13. Walton and Dutton, "Management of Interdepar-tmental Conflict."
14. Joseph McCann and Jay R. Galbraith, "Interdepart-mental Relationships," in Paul C. Nystrom and William H. Starbuck, eds., *Handbook of Organizaitonal Design*, vol. 2 (New York: Oxford University Press, 1981), 60-84.
15. Roderick M. Cramer, "Intergroup Relations and Organizational Dilemmas: The Role of Catgorization Processes," in L. L. Cummings and Barry M. Staw, eds., *Researh in Organizational Behavior*, vol. 13 (New York: JAI Press, 1991), 191-228; Neilsen, "Understanding and Managing Intergroup Conflict"; Louis R. Pondy,

38. Henry Mintzberg, Duru Raisinghani, and Andre Theoret, "The Structure of 'Unstructured' Decision Processes," *Administrative Science Quarterly* 21 (1976): 246-75に基づく。
39. Lawrence T. Pinfield, "A Field Evaluation of Perspectives on Organizational Decision Making," *Administrative Science Quarterly* 31 (1986): 365-88.
40. Mintzberg, et al., "The Structure of Unstructured' Decision Processes."
41. 同上, 270.
42. Michael D. Cohen, James G. March, and Johan P. Olsen, "A Garbage Can Model of Organizational Choice," *Administrative Science Quarterly* 17 (March 1972): 1-25; Michael D. Cohen and James G. March, *Leadership and Ambiguity: The American College President* (New York: McGraw-Hill, 1974).
43. Michael Masuch and Perry LaPotin, "Beyond Garbage Cans:An AI Model of Organizational Choice," *Administrative Science Quarterly* 34 (1989): 38-67.
44. L. J. Bourgeois III and Kathleen M. Eisenhardt, "Stratigic Decision Processes in High Velocity Environments: Four Cases in the Microcomputer Industry," *Management Science* 34 (1988): 816-35.
45. Kathleen M. Eisengardt, "Speed and Strategic Course: How Managers Accelerate Decision Making," *California Management Review* (Spring 1990): 39-54.
46. Anna Muoio, "Decisions, Decisions."
47. Karl Weick, *The Social Psychology of Organizing*, 2d ed. (Reading, Mass.: Addison-Wesley, 1979), 243.
48. Christopher Power with Kathleen Kerwin, Ronald Grover, Keith Alexander, and Robert D. Hof, "Flops," *Business Week*, 16 August 1993, 76-82.
49. Robert Townsend, *Up the Organization* (New York: Knopf, 1974), 115.
50. Helaga Drummond, "Too Little Too Late: A Case Study of Escalation in Decision Making," Organization Studies 15, no. 4 (1994): 591-607; Joel Brockner, "The Escalation of Commitment to a Failing Course of Action: Toward Theoretical Progress," *Academy of Management Review* 17 (1992): 39-61; Barry M. Staw and Jerry Ross, "Knowing When to Pull the Plug," *Harvard Business Review* 65 (March-April 1987): 68-74; Barry M. Staw, "The Escalation of Commitment to a Course of Action," *Academy of Management Review* 6 (1981): 577-87. ("Knowing When to Pull the Plug" の翻訳は、「見こみのないプロジェクト：いつプラグを抜くか」としてダイヤモンド・ハーバード・ビジネス1987年7月号に掲載)。
51. Elizabeth Lesly, "Why Things Are So Sour at Borden," *Business Week*, 22 November 1993, 78-85.
52. Jerry Ross and Barry M. Staw, "Organizational Escalation and Exit: Lessons from the Shoreham Nuclear Power Plant," *Academy of Management Journal* 36 (1993): 701-32.

第10章

1. Lee G. Bloman ant Terrence E. Deal, Reframing Organizations: *Artistry, Choice, and Leadership* (SanFrancisco: Jossey-Baww, 1991).
2. Paul M. Terry, "Conflict Management," *The Journal of Leadership Studies* 3, No. 2 (1996), 3-21; and Kathleen M. Eisenhardt, Jean L. Kahwajy, and L. J. Bourgeois III, "How Management Teams Can Have a Good Fight," *Harvard Business Review* (July-August 1997): 77-85.
3. Clayton T. Alderfer and Ken K. Smith, "Studying Intergroup Relations Imbedded in Organizations," *Administrative Science*

ping," Fortune, 27 September 1999, 207-10; and Suzanna Andrews, "Calling the Shots," Working Woman, November 1995, 30-35, 90.
23. Michael L. Ray and Rochelle Myers, *Creativity in Business* (Garden City, New Jersey: Doubleday, 1986).
24. Ann Langley, "Between 'Paralysis By Analysis'and 'Extinction By Instinct,'" Sloan Management Review (Spring 1995): 63-76.
25. Paul C. Nutt, "Types of Organizational Decision Processes," *Administrative Science Quarterly* 29 (1984): 414-50.
26. Nandini Rajagopalan, Abdul M. A. Rasheed, and Deepak K.Datta, "Strategic Decision Processes: Critical Review and Future Decisions," *Journal of Management* 19 (1993): 349-84; Paul J. H. Schoemaker, "Strategic Decisions in Organizations: Rational and Behavioral Views," *Journal of Management Studies* 30 (1993): 107-29; Charles J. McMillan, "Qualitative Models of Organizational Decision Making," *Journal of Management Studies* 5 (1980): 22-39; Paul C. Nutt, "Models for Decision Making in Organizations and Some Contextual Variables Which Stimulate Optimal Use," *Academy of Management Review* 1 (1976): 84-98.
27. Hugh J. Miser, "Operations Analysis in the Army Air Forces in World War II: Some Reminiscences," *Interfaces* 23 (September-October 1993): 47-49; Harold J. Leavitt, William R. Dill and Henry B. Eyring, *The Organizational World* (New York: Harcourt Brace Jovanovich, 1973), chap.6.
28. Stephen J. Huxley, "Finding the Right Spot for a Church Capo in Spain," Interfaces 12 (October 1982): 108-14; James E. Hodder and Henry E. Riggs, "Pitfalls in Evaluating Risky Projects," *Harvard Business Review* (January-February 1985): 128-35.
29. Edward Baker and Michael Fisher, "Computotional Results for Very Large Air Crew Scheduling Problems," Omega 9 (1981): 613-18; Jean Aubin, "Scheduling Ambulances," *Interfaces* 22 (March-April, 1992): 1-10.
30. Anna Muoio, " Decisions, Decisions," (Unit of One Column), *Fast Company*, October 1998, 93-101; また意思決定のソフトウエアについての情報は、以下も参照。Brian Palmer, "Chick Here for Decisions," Fortune, 10 May 1999, 153-56。
31. Harold J. Leavitt, " Beyond the Analytic Manager," *California Management Review* 17 (1975): 5-12; C. Jackson Grayson, Jr; "Management Science and Business Practice," *Harvard Business Review* 51 (July-August 1973): 41-48.
32. David Wessel, "A Man Who Governs Credit Is Denied a Toys 'R' Us Card," *The Wall Street Journal*, 14 December 1995, B1.
33. Richard L. Daft and John C. Wiginton, "Language and Organization," *Academy of Management Review* (1979): 179-91.
34. Richard M. Cyert and James G. March, A Behavioral Theory of the Firm (Englewood Cliffs, N. J.: Prentice-Hall,1963); および James G. March and Herbert A. Simon, *Organizations* (New York: Wiley, 1958) に基づく。
35. William B. Stevenson, Joan L. Pearce, and Lyman W. Porter, "The Concept of'in Organization Theory and Research," *Academy of Management Review* 10 (1985): 256-68.
36. Cyert and March, *Behavioral Theory of the Firm*, 120-22.
37. Ann Reilly Dewd, "How Bush Decided," Fortune, 11 February 1991, 45-46.

Milk?" Bussiness Week, 3 July 1995, 52-56.
8. Michael Pacanowsky," Team Tools for Wicked Problems," *Organizational Dynamics* 23, no.3 (Winter 1995): 36-51.
9. Karen Dillon, "The Perfect Decision," (an interview with John S. Hammond and Ralph L. Keeney), *Inc.* October 1998, 74-78; and John S. Hammond and Ralph L. Keeney, *Smart Choices: A Practical Guide to Making Better Decisions* (Boston, Mass.: Harvard Business School Press, 1988). (*Smart Choices: A Practical Guide to Making Better Decisions* の邦訳は『意思決定アプローチ』小林龍司訳、ダイヤモンド社刊)
10. Earnest R. Archer, "How to Make a Business Decision: An Analysis of Theory and Practice," Management Review 69 (February 1980): 54-61; Boris Blai, "Eight Steps to Successful Problem Solving," *Supervisory Management* (January 1986): 7-9.
11. Francine Schwadel, "Christmas Sales' Lack of Momentum Test Store Managers' Mettle," *The Wall Street Journal*, 16 December 1987, 1.
12. James W. Dean, Jr., and Mark P. Shafrman, "Procedural Rationality in the Strategic Decision Making Process," *Journal of Management Studies* 30 (1993): 587-610.
13. Paul A. Anderson, "Decision Making by Objection and the Cuban Missile Crisis," *Administrative Science Quarterly* 28 (1983): 201-22.
14. Irving L. Janis, Crucial, *Decisions: Leadership in Policymaking and Crisis Management* (New York: The Free Press, 1989); Paul C. Nutt, "Flexible Decision Styles and the Choices of Top Executives," *Journal of Management Studies* 30 (1993): 695-721.
15. Herbert A. Simon, "Making Management Decisions: The Role of Intuition and Emotion," *Academy of Management Executive* 1 (Febfuary 1987): 57-64; Daniel J. Eisenberg, "How Senior Managers Think," *Harvard Business Review* 62 (November-December 1984): 80-90. ("How Senior Managers Think," の邦訳は「成果をあげるシニア・マネジャーの思考と行動」としてダイヤモンド・ハーバード・ビジネス1985年3月号に掲載)
16. Sefan Wally and J. Robert Baum, "Personal and Structural Determinants of the Pace of Strategic Decision Making," *Academy of Management Journal* 37, no.4 (1994): 932-56; Orlando Behling and Norman L.Eckel, "Making Sense Out of Intuition," *Academy of Management Executive* 5, no. 1 (1991): 46-54.
17. Thomas F. Issack, "Intuition: An Ignored Dinension of Management," *Academy of Management Review* 3 (1978): 917-22.
18. Marjorie A. Lyles, "Defuning Strategic Problems: Subjective Criteria of Executives," *Organizational Studies* 8 (1987): 263-80; Marforie A. Lyles and Ian I. Mitroff, "Organizational Problem Formulation: An Empirical Study," *Adminiistrative Science Quarterly* 25 (1980): 102-19.
19. Marjorie A Lyles and Howard Thomas, "Strategic Problem Formulation: Biases and Assumptions Embedded in Alternative Decision-Making Models," *Journal of Management Studies* 25 (1988): 131-45.
20. Susan E. Jackson and Jane E. Dutton, "Discerning Threats and Opportunities," *Administrative Science Quarterly* 33 (1988): 370-87.
21. Ross Stagner, "Corporate Decision-Making: An Empirical Study," *Journal of Applied Psychology* 53 (1969): 1-13.
22. Lauren Goldstein, "Prada Goes Shop-

Development, 1950-2000," *Organizational Dynamics* (Autumn 1992): 57-69.
76. Carol A. Beatty and John R. M. Gordon, "Barriers to the Implementation of CAD/CAM Systems," *Sloan Management Review* (Summer 1988): 25-33に基づく。
77. Jim Cross, "Back to the Future," Management Review (February 1999): 50-54.
78. Richard L. Daft and Selwyn W. Becker, *Innovation in Organizations* (New York: Elsevier, 1978); John P. Kotter and Leonard A. Schlesinger, "Choosing Strategies for Change," *Harvard Business Review* 57 (1979): 106-14 (邦訳「人はなぜ組織変革に抵抗するのか」ダイヤモンド・ハーバード・ビジネス1979年10月号)
79. Everett M. Rogers and Floyd Shoemaker, *Communication of Innovations: A Cross Cultural Approach*, 2d ed. (New York: Free Press, 1971); Stratford P. Sherman, "Eight Big Masters of Innovation," Fortune, 15 October 1984, 66-84.
80. Peter Richardson and D. Keith Denton, "Communicating Change," *Human Resource Management* 35, no. 2 (Summer 1996): 203-16.
81. Philip H. Mirvis, Amy L. Sales, and Edward J. Hackett, "The Implementation and Adoption of New Technology in Organizations: The Impact on Work, People, and Culture," *Human Resource Management* 30 (Sprint 1991): 113-39; Arthur E. Wallach, "System Changes Begin in the Training Department," *Personnel Journal* 58(1979): 846-48, 872; Paul R. Lawrence, "How to Deal With Resistance to Change," *Havard Business Review* 47 (January-February 1969): 4-12, 166-76.
82. Dexter C. Dunphy and Doug A. Stace "Transformational and Coercive Strategies for Planned Organizational Change: Beyond the O. D. Model." Organizational Studies 9 (1988): 317-34; Kotter and Schlesinger, "Choosing Strategies for Change."
83. "How Chesebrough-Ponds Put Nail Polish in a Pen," *Business Week*, 8 October 1984: 196-200; Richard L. Daft and Patricea J. Bradshaw, "The Process of Horizontal Diggerentiation: Two Models," *Administrative Science Quarterly* 25 (1980): 441-56; Alok K. Chakfabrati, "The Role of Champion in Product Innovation," *California Management Review* 17 (1974): 58-62.

第9章

1. Robert D. Hof, "The Education of Andrew Grove," *Business Week*, 16 January 1995, 60-62.
2. Bruce Horovitz and Gary Strauss, "Fast-Fook Icon Wants Shine Restored to Golden Arches," *USA Today*, 1 May 1998, 1B, 2B; "Tickling a Child's Fancy," The Tennessean, 6 February 1997, 1E, 4E; and Katrina Brooker, "Toys Were Us," *Fortune*, 27 September 1999, 145-148.
3. Nina Munk, "Gap Gets It," *Fortune*, 3 August 1998, 68-82; and Linda Yates and Peter Skrzunski, "How Do Companies Get to the Future First?" *Management Review, January* 1999, 16-22.
4. Charles Lindblom, "The Science of 'Muddling Through,'" Public Administration Review 29 (1954): 79-88.
5. Herbert A. Simon, *The New Science of Management Decision* (Englewood Cliffs, N. J.: Prentice-Hall, 1960), 1-8. (邦訳『意思決定の科学』稲葉元吉，倉井武夫訳、産業能率大学出版部刊)
6. Paul J. H. Schoemaker and J. Edward Russo, "A Pyramid of Decision Approaches," *California Management Review* (Fall 1993): 9-31.
7. Wendy Zellner, "Back to Coffee, Tea, or

archy on a Gaggle of Techies," *New York Times*, 29 November 1992, F4.
60. David Ulm and James K. Hickel, "What Happens after Restructuring?" *Journal of Business Strategy* (July-August 1990): 37-41; John L. Sprague, "Restructuring and Corporate Renewal: A Manager's Guide," *Management Review* (March 1989): 34-36.
61. Benson L. Porter and Warrington S. Parker, Jr., "Culture Change," *Human Resource Management* 31 (Spring-Summer 1992): 45-67.
62. Donna B. Stoddard, Sirkka L. Jarvenpaa, and Michael Littlejohn, "The Reality of Business Reengineering: Pacefic Bell's Centrex Provisioning Process," *California Management Review* 38, No. 3 (Spring 1996): 57-76; and Michael Hammer with Steven Stanton, "The Art of Change," *Success* (April 1995): 44A-44H.
63. Thomas A. Stewart, " Reengineering: The Hot New Managint Tool," Fortune, 23 August 1993, 41-48; and Brian S. Moskal, "Reengineering without Downsizing," *IW*, 19 February 1996,23-28.
64. Anne B. Fisher, "Making Change Stick," *Fortune*, 17 April 1995, 122.
65. 同上。
66. Ron Winslow, "Healthcare Providers Try Industrial Tactics to Reduce Their Costs," *The Wall Street Journal*, 3 November 1993, A1, A16.
67. W. Warner Burke, "The New Agenda for Organization Development," in Wendell L. French, Cecil H. Bell, Jr., and Robert A. Zawacki, *Organization Development and Transformation: Managing Effective Change* (Burr Ridge, Ill.: Irwin McGraw-Hill, 2000), 523-35.
68. W. Warner Burke, *Organization Development: A Process of Learning and Changing*, 2nd ed. (Reading, Mass.: Addison-Wesley, 1994); Wendell L. French and Cecil H. Bell, Jr., "A History of Organizational Development," in Fewnxh, Bell, and Zaacki, *Organization Development and Transformation*, 20-42.
69. Michael Beer and Elisa Walton, "Developing the Competitive Organization: Interventions and Strategies," *American Psychologist* 45 (February 1990): 154-61.
70. Joseph Weber, "Letting Go Is Hard to Do," *Business Week/Enterprise*, 1993, 218-19.
71. French and Bell, "A History of Organization Development."
72. 大グループによる介入は次の情報に基づく。Kathleen D. Dannemiller and Robert W. Jacobs, " Changint the Way Organizations Change: A Revolution of Common Sense," *The Journal of Applied Behavioral Science* 28, No. 4 (December 1992): 48-498; Barbara B. Bunder and Billie T. Alban, "Conclusion: What Makes Large Group Interventions Effective?" *The Journal of Applied Behavioral Science* 28, No.4 (December 1992): 570-91; and Marvin R. Weisbord, "Inventing the Future: Search Strategies for Whole System Improvements," in French, Bell, and Zawacki, *Organization Development and Transformation*, 242-50.
73. J. Quinn, "What a Workout!" *Performance* (November 1994): 58-63; and Bunker and Alban, "Conclusion: What Makes Large Group Interventions Effective?"
74. Paul F. Buller, "For Successful Strategic Change: Blend OD Practices With Strategic Management," *Organizational Dynamics* (Winter 1988): 42-55.
75. Jyotsna Sanzgiri and Jonathan Z. Gottlieb, "Philosophic and Pragmatic Influences on the Practice of Organization

Necessary," *Business Week/Reinventing America*, 1992, 65; Karne Bronikowski, "Speeding New Products to Market," *Journal of Business Strategy* (September-October 1990): 34-37; Brian Dumaine, "How Managers Can Succeed through Speed," *Fortune*, 13 February 1989, 54-59; Otis Port, Zachary Schiller, and Resa W. King, "A Smarter Way to Manufacture," *Business Week*, 30 April 1990, 110-17; Tom Peters, "Time-Obsessed Competition," *Management Review* (September 1990): 16-20.

47. David Leonhardt, "It Was a Hit in Buenos Aires－So Why Not Boise?" *Business Week*, 7 September 1998, 56, 58.

48. Dan Dimancescu and Kemp Dwenger, "Smoothing the Product Development Path," *Management Review*, January 1996, 36-41.

49. Jeffrey A Trachtinberg, "How Philips Flubbed Its U. S. Introduction of Electronic Product," *The Wall Street Journal*, 28 June 1996, A1.

50. Raymond E. Miles, Henry J. Coleman, Jf., and W. E. Douglas Creed, "Keys to Success in Corporate Redesign," *California Management Review* 37, no. 3 (Spring 1995): 128-45.

51. Fariborz Damanpour and William M. Evan, "Organizational Innovation and Performance: The Problem of Organizational Lag," *Administrative Science Quarterly*, 29 (1984): 392-409;David J. Teece, "The Diffusion of an Administrative Innovation," *Management Science* 26 (1980): 464-70; John R. Kimberly and Michael J.Evaniski, "Organizational Innovation: The Influence of Individual, Organizational and Contextual Factors on Hospital Adoption of Technological and Administrative Innovation," *Academy of Management Journal* 24 (1981): 689-713; Michael K.Moch and Edward V. Morse, "Size, Centralization, and Organizational Adoption of Innovations," *American Sociological Review* 42 (1977): 716-25; Mary L. Fennell, "Synergy,Influence, and Information in the Adoption of Administrative Innovation," *Academy of Management Journal* 27 (1984): 113-29.

52. Richard L. Daft, "A Dual-Core Model of Organizational Innovation," *Academy of Management Journal* 21 (1978): 193-210.

53. Daft, "Bureaucratic versus Nonbureaucratic Structure"; Robert W. Zmud, "Diffusion of Modern Software Practices: Influence of Centralization and Formalization," *Management Science* 28 (1982): 1421-31.

54. Daft, "A Dual-Core Model of Organizational Innovation"; Zmud, "Diffusion of Modern Software Practices."

55. Fariborz Damanpour, "The Adoption of Technological, Administrative, and Ancillary Innovations: Impact of Organizational Factors," *Journal of Management* 13(1987): 675-88.

56. Steve Hamm, "Is Oracle Finally Seeing Clearly?" *Business Week*, 3 August 1998, 86-88.

57. Gregory H. Gaertner, Karen N. Gaertner, and David M. Akinnusi, "Enviton-ment Strategy, and the Implementation of Administrative Change: The Case of Civil Service Reform," *Academy of Management Journal* 27 (1984): 525-43.

58. Claudia Bird Schoongoven and Mariann Jelinek, "Dynamic Tension in Innovative, High Technology Firms: Managing Rapid Technology Change through Organization Structure," in Mary Ann Von Glinow and Susan Albers Mohrman, eds., *Managing Complexity in High Technology Organizations* (New York: Oxford University Press, 1999)., 90-118.

59. Lawrence M. Fisher, "Imposing a Hier-

Company Structure?" *Sloan Management Review* (Winter 1985): 57-62.
35. "Black & Decker Inventory Makes Money for Firm by Just Not 'Doint the Neat Stuff," *Houston Chronicle*, 25 December 1987, sec. 3, p. 2.
36. Chrustioger Power with Kathleen Kerwyn, Ronald Grover, Keith Alexander, and Robert D. Hof, "Flops," *Business Week*, 16 August 1993, 76-82; Modesto A. Maidique and Billie Jo Zirger, "A Study of Success and Failure in Product Innovation: The Case of the U. S. Electronics Industry," *IEEE Transactions in Engineering Management* 31 (November 1984): 192-203.
37. Deborah Dougherty and Cynthia Hardy, " Sustained Product Innovation in Large, Mature Organizations: Overcoming Innovation-to-Organization Problems," *Academy of Management Journal* 39, No. 5 (1996): 1120-1153.
38. Cliff Edwards, "Many Products Have Gone Way of the Edsel," *Johnson City Press*, 23 May 1999, 28, 30; Paul Lukas, "The Ghastliest Product Launches," Fortune, 16 March 1998, 44; and Robert McMath, *What Were They Thinking? Marketing Lessons I've Learned from Over 80,000 New-Product Innovations and Idiocies* (New York: Times Business, 1998); Edwin Mansfield, J. Schnee, S. Wagner, and M. Hamburger, Research and Innovation in Modern Corporations (New York: Norton,1971); Antonio J. Bailetti and Paul F. Litva, "Integrating Customer Requirements into Product Designs," *Journal of Product Innovation Management* (1995): 12: 3-15.
39. Shona L. Brown and Kathleen M. Eisenhardt, "Product Development: Past Research, Present Findings, and Future Directions," *Academy of Management Review* 20, no. 2 (1995): 343-78; F. Axel Johne and Patricia A. Snelson, "Success Factors in Product Innovation: A Selective Review of the Literature," *Jounal of Producer Innovation Management* 5 (1998): 114-28; Science Policy Research Unit, University of Sussex, *Success and Failure in Industrial Innovation* (London: Centre for the Study of Industrial Innovation, 1972).
40. Dorothy Leonard and Jeffrey F. Rayport, "Spark Innovation through Empathic Design," *Harvard Business Review* (November-December 1997): 102-13.
41. Amal Kumar Naj, "GE's Latest Invention: A Way to Move Ideas from Lab to Market," *The Wall Street Journal*, 14 June 1990, A1, A99.
42. Shona L. Brown and Kathleen M. Eisenhardt, "Product Development: Past Research, Present Findings, and Future Directions," *Academy of Management Review* 20, no. 2 (1995): 343-78; Dab Dimancescu and Kemp Dwenger, "Smoothing the Product Development Path," *Management Review* (January 1996): 36-41.
43. Alex Taylor III, "Kellogg Cranks Up Its Idea Machine," *Fortune*, 5 July 1999, 181-182.
44. Kathleen M. Eisenhardt and Behnam N. Tabrize, "Accelerating Adaptive Processes: Poduct Innovation in the Global Computer Industry," *Administrative Science Quarterly* 40 (1995): 84-110; and Dougheryt and Hardy, "Sustained Product Innovation in Large, Mature Organizations."
45. George Stalk, Jr., "Time and Innovation," *Canadian Business Review*, Autumn 1993, 15-18.
46. Robert D. Hof, " Form Dinosaur to Gazelle: HP's Evolution Was Painful but

vation," in Ralph H. Killman, Louis R. Pondy, and Dennis Slevin,eds., *The Management of Organization*, vol. 1 (New York: North-Holland, 1976), 167-88.
17. James B. Treece, "Improving the Soul of an Old Machine," *Business Week*, 25 October 1993, 134-36.
18. Edward F. McDonough III and Richard Leifer, "Using Simultaneous to Cope with Uncertainty," *Academy of Management Journal* 26 (1983): 727-35.
19. John McCormick and Bill Powell, "Management for the 1990s," *Newsweek*, 25 April 1988, 47-48.
20. Todd Datz, "Romper Ranch," *CIO Enterprise*, Section 2, 15 May 1999, 39-52.
21. Perry Glasser, "Revolutionary Soldiers," CIO Enterprise, Section 2, 15 May 1999, 54-60; and John Holusha, "The Case of Xerox PARC," *Strategy & Business, Issue* 10 (First Quarter 1998): 76-82.
22. Paul S. Adler, Barbara Goldoftas, and David I. Levine, "Flexibility Versus Efficiency? A Case Study of Model Changeovers in the Toyota Production System" (Working Paper, School of Business Administration, University of Southern California, Los Angeles, 1996).
23. Judith R. Blue and William McKinley, "Ideas, Complexity, and Innovation," *Administrative Science Quarterly* 24 (1979): 200-19.
24. Rosabeth Moss Kanter, Jeffrey North, Lisa Richardson, Cvnthis Ingols, and Joseph Zolner, "Engines of Progress: Designing and Running Entrepreneurial Vehicles in Estabished Companies: Raytheon's New Product Center, 1969-1989," *Journal of Business Venturing* 6 (March 1991): 145-63.
25. Russell Mitchell, "Masters of Innovation: How 3M Keeps Its New Products Coming," *Business Week*, 10 April 1989, 58-63.
26. Marcia Stepanek, "Closed, Gone to the Net," *Business Week*, 7 June 1999, 113-116.
27. Phaedra Hise, "New Recruitment Strategy: Ask Your Best Employees to Leave," *Inc.*, July 1997, 2.
28. Daniel F. Jennings and James R. Lumpkin, "Functioning Modeling Corporate Entrepreneurship: An Emporical Integrative Analysis," *Journal of Management* 15 (1989): 485-502.
29. Jane M. Howell and Christopher A. Higgins, "Champions of Technology Innovation," *Administrative Science Quarterly* 35 (1990): 317-41; Jane M. Howell and Christopher A. Higgins, "Champions of Change: Identifying, Understanding, and Supporting Champions of Technology Innovations," *Organizational Dynamics* (Summer 1990): 40-55.
30. Peter F. Drucker "Change Leaders," Inc., June 1999, 65-72, and Peter F. Drucker, *Management Challenges for the 21st Century* (New York: Harper Business, 1999)（邦訳『明日を支配するもの』上田惇生訳、ダイヤモンド社刊）
31. Crainer and Dearlove, "Water Works."
32. Thomas J. Peters and Robert H. Waterman, Jr., *In Searh of Excellence* (New York: Harper & Row, 1982).（邦訳『エクセレント・カンパニー』大前研一訳、講談社刊）
33. 同上 , p. 205.
34. Peter J. Frost and Carolyn P. Egri, "The Political Process of Innovation," in L. L. Cummings and Barry M. Staw, eds., *Research in Organizational Behavior*, vol. 13 (New York: JAI Press, 1991), 229-95; Jay R. Galbraith, "Designing the Innovating Organization," *Organizational Dynamics* (Winter 1982): 5-25; Marsha Sinatar, "Entrepreneurs, Chaos, and Creativity Can Creative People Really Survive Large

55. Susan J. Harrington, "What Corporate America Is Teaching about Ethics," *Academy of Management Executive* 5 (1991): 21-30.

第8章

1. Peter F. Drucker, *Management Challenges for the 21st Century* (New York: Harper Business, 1999). (邦訳『明日を支配するもの』上田惇生訳、ダイヤモンド社刊)
2. Joseph E. McCann, "Design Principles for an Innovating Company," *Academy of Management Executive* 5 (May 1991): 76-93.
3. Stuart Crainer and Des Dearlove, " Water Works," *Management Review* (May 1999): 39-43.
4. Anita Lienert, "Jedi Masters and Paradigm Busters," *Management Review* (March, 1998):11-14.
5. Bruce Rayner, "Trial-by-Fire Transformation: An Interview with Globe Metallurgical's Arden C. Sims," *Harvard Business Review* (May-June 1992): 117-29.
6. Richard A. Wolfe, "Organizational Innovation: Review, Critique and Suggested Research Directions," *Journal of Management Studies* 31, no. 3 (May.1994): 405-31.
7. John L. Pierce and Andre L. Delbecq, "Organization Structure, Individual Attitudes and Innovation," *Academy of Management Review* 2 (1977): 27-37; Michael Aiken and Jerald Hage, "The Organic Organization and Innovation," *Sociology* 5 (1971): 63-82.
8. Richard L. Daft, "Bureaucratic versus Nonbureaucratic Structure in the Process of Innovation and Change," in Samuel B. Bacharach, ed., Perspective in *Organizational Sociology: Theory and Research* (Greenwich, Conn.: JAI Press, 1982), 129-66.
9. Alan D. Meyer and James B. Goes, "Organizational Assimilation of Innovations: A Multilevel Contextual Analysis," *Academy of Management Journal* 31 (1988): 897-923.
10. Richard W. Woodman, John E. Sawyer, and Ricky W. Griffin, "Toward a Theory of Organizational Greativity," *Academy of Management Review* 18 (1993): 293-321; Alan Farnham, "How to Nurture Creative Sparks," *Fortune*, 10 January 1994,94-100.
11. Michael Barrier, "Managing Workers in Times of Change," *Nation's Business* (May 1998): 31-34.
12. John P. Kotter, *Leading Change* (Boston: Harvard University Press, 1996), 20-25, and "Leading Change," Haavard Business Review (March-April 1995): 59-67. (邦訳「企業変革　8つの落とし穴」ダイヤモンド・ハーバード・ビジネス1995年7月号)
13. Eric Matson, "Here, Innovation is No Fluke," *Fast Company* (August-September 1977): 42-44.
14. D. Bruce Merifield, "Intrapreneurial Corporate Renewal," *Journal of Business Venturing* 8 (September 1993): 383-89; Linsu Kim, "Organizational Innovation and Structure," *Journal of Business Research* 8 (1980): 225-45; Tom Burns and G. M. Stalker, *The Management of Innovation* (London: Tavistock Publications,1961).
15. James Q. Wilson, "Innovation in Organization: Notes toward a Theory," in James D. Thompson, ed., *Approaches to Organizational Design* (Pittsburgh: University of Pittsburgh Press,1966), 1923-218.
16. J. C. Spender and Eric H. Kessler, "Managing the Uncertainties of Innovation: Extending Thompson (1967)," *Human Relations* 48, no. 1 (1995): 35-56; Robert B.Duncan, "The Ambidextrous Organization: Designing Dual Structures for Inno-

Management Review (October 1996): 13-16; Margaret Kaeter, "The 5th Annual Business Ethics Awards for Excellence in Ethics," *Business Ethics*, November-December 1993, 26-29.
37. Jennifer Bresnahan, "For Goodness Sake," *CIO Enterprise*, Section 2, 15 June 1999, 54-62.
38. David M. Messick and Max H. Bazerman, "Ethical Leadership ant the Psychology of Decision Making," *Sloan Management Review* (Winter 1996): 9-22; Dawn-Marie Driscoll, "Don't Confuse Legal and Ethical Standards," *Business Ethics*, July-August 1996, 44.
39. Max B. E. Clarkson, "A Stakeholder Framework for Analyzing and Evaluating Corporate Social Performance," *Academy of Management Review* 20, no. 1 (1995): 92-117; and Linda Klebe Trevino and Katherine A. Nelson, *Managing Business Ethics*, 207.
40. Gwen Kinkead, "In the Future, People Like Me Will Go to Jail," *Fortune*, 24 May 1999, 190-200.
41. Howard Rothman, "A Growing Dilemma," *Business Ethics*, July-August 1996, 18-21.
42. Susan Gaines, "Growing Pains," *Business Ethics*, January-February 1996, 20-23.
43. *Corporate Ethics: A Prime Business Asset* (New York: The Business Round Table, February 1988).
44. Andrew W. Singer, "The Ultimate Ethics Test," *Across the Board*, March 1992, 19-22; Ronald B. Morgan, "Self and Co-Worker Perceptions of Ethics ant Their Relationships to Leadership and Salary," *Academy of Management Journal*, 36, no.1 (February 1993): 200-14; Joseph L. Badaracco, Jr. and Allen P. Webb," Business Ethics: "A View From the Trenches," *California Management Review* 37, no. 2 (Winter 1995):8-28.
45. Bresnahan, "For Goodness Sake."
46. Justin Martin, "New Tricks for an Old Trade," *Across the Board*, June 1992, 40-44.
47. Janet P. Near and Marcia P. Miceli, "Effective Whistle Blowing," *Academy of Management Review* 20, no. 3 (1995): 676-708.
48. Richard P. Nielsen, "Changing Unethical Organizational Behavior," *Academy of Management Executive* 3 (1989): 123-30.
49. Jene G. James, "Whistle-Blowing: Its Moral Justification," in Peter Madsen and Iay M. Shafritz, eds ., *Essentials of Business Ethics* (New York: Meridian Books, 1990), 160-90; Janet P.Near, Terry Morehead Dworkin, and Marcia P. Miceli, "Explaining the Whistle-Blowing Process: Suggistions from Power Theory and Justice Theory," *Organization Science* 4 (1993): 393-411.
50. "Tiny Screws Cause Woes for TVA Whistle-Blower," *The Tennessean*, 21 December 1998, 3B.
51. Carolyn Wiley, "The ABC's of Business Ethics: Defintions, Philosophies, and Implementation," *IM* (January-February 1995): 22-27.
52. Carl Anderson, "Values-Based Management," *Academy of Management Executive* 11, no.4 (1997): 25-46.
53. James Weber, "Institutionalizing Ethics into Business Organizations: A Model and Research Agenda," *Business Ethics Quarterly* 3 (1993): 419-36.
54. Mark Henricks, "Ethics in Action," *Management Review* (January 1995): 53-55; Dorothy Marcic, *Management and the Wisdom of Love* (San Francisco: Jossey-Bass, 1997); Beverly Geber, "The Right and Wrong of Ethics Offices," *Training*, October 1995, 102-18.

Demands of High Performance (San Francisco: Jossey-Bass, 1988).
18. Daintry Duffy, "Cultural Evolution," CIO *Enterprise*, Section 2, 15 January 1999, 44-50.
19. Brian Dumaine, "Those High Flying PepsiCo Managers," *Fortune*, 10 April 1989; L. Zinn, J. Berry, and G. Burns, "Will the Pepsi Brass Be Drinking Hemlock?" *Business Week*, 25 July 1994, 31; S. Lubove, "We Have a Big Pond to Play In," *Forbes*, 12 September 1993, 216-24; J. Wolfe, "PepsiCo and the Fast Food Industry," in M. A. Hitt, R. D. Ireland, and R. E. Hoskisson, eds., *Strategic Management: Competitiveness and Globalization* (St. Paul, Minn.: West Publishing, 1995), 856-79.
20. Kenneth F. Iverson with Tom Varian, "Plain Talk," *Inc.*, October 1997, 81-83.
21. Charles Fishman, "Sanity Inc.," *Fast Company* (January 1999): 85-96, and Sharon Overton, "And to All a Goodnight," *Sky* (October 1996): 37-40.
22. Carey Quan Jelernter, "Safeco: Success Depends Partly on Fitting the Mold," *Seattle Times*, 5 June 1986, D8.
23. Bernard Arogyaswamy and Charles M. Byles, "Organizational Culture: Internal and External Fits," *Journal of Management* 13 (1987): 647-59.
24. Paul R. Lawrence and Jay W. Lorsch, *Organization and Environment* (Homewood, Ill.: Irwin, 1969).
25. Gordon F. Shea, Practical Ethics (New York: American Management Association, 1988); Linda K. Trevino, "Ethical Decision Making in Organizations: A Person-Situation Interactionist Model," *Academy of Management Review* 11 (1986): 601-17; and Linda Klebe Trevino and Katherine A. Nelson, *Managing Business Ethics: Straight Talk About How to Do It Right*, 2nd ed. (New York: John Wiley & Sona, Inc.1999).
26. LaRre Tone Hosmer, *The Ethics of Management*, 2d ed., (Homewood, Ill.: Irwin,1991).
27. Geanne Rosenberg, "Truth and Consequences," *Working Woman*, July-August 1998, 79-80.
28. Dawn-Marie Driscoll, "Don't Confuse Legal and Ethical Standards," *Business Ethics*, July-August 1996, 44.
29. Eugene W.Szwajkowski, "The Myths and Realities of Research on Organizational Misconduct," in James E. Post, ed., *Research and Corporate Social Performance and Policy*, vol. 9 (Greenwich, Conn.: JAI Press, 1986), 103-22.
30. これらの指標は、Hosmer, *The Ethics of Management* より。
31. Linda Klebe Trevino, "A Cultural Perspective on Changing and Developing Organizational Ethics," in Richard Woodman and William Pasmore, eds., *Research and Organizational Change and Development*, vol. 4 (Greenwich, Conn.: JAI Press, 1990); Lynn Sharp Paine, "Managing for Organizational Integrity," *Harvard Business Review* (March/April 1994), 106-17.
32. James Weber, "Exploring the Relationship between Personal Values and Moral Reasoning," *Human Relations* 46 (1993): 435-63.
33. L. Kohoberg, "Moral Stages and Moralization: The Cognitive-Developmental Approach," in T. Likona, ed., *Moral Development and Behavior: Theory, Research, and Social Issues* (New York: Holt, Rinehart & Winston,1976).
34. Hosmer, The Ethics of Management.
35. Michael Barrier, "Doint the Right Thing," *Nation's Business*, March 1998, 33-38.
36. "Janes Burke: The Fine Art of Leadership," an interview with Barbara Ettorre,

3. Edgar H. Schein, "Organizational Culture," *American Psychologist* 45 (February 1990): 109-19.
4. Harrison M. Trice and Janice M. Beyer, "Studying Organizational Cultures through Rites and Ceremonials," *Academy of Management Review* 9 (1984): 653-69; Janice M. Beyer and Harrison M. Trice, "How an Organization's Rites Reveal Its Culture," *Organizational Dynamics* 15 (Spring 1987): 5-24; Steven P. Feldman, "Management in Context: An Essay on the Relevance of Culture to the Understanding of Organizational Change," *Journal of Management Studies* 23 (1986): 589-607; Mary Jo Hatch, "The Dynamics of Organizational Culture," *Academy of Management Review* 18 (1993): 657-93.
5. This discussion is based on Edgar H. Schein, *Organizational Culture and Leadership*, 2d ed. (Homewood, Ill.: Richard D. Irwin,1992); John P. Kotter and James L. Heskett, *Corporate Culture and Performance* (New York: Free Press, 1992).
6. Charlotte B. Sutton, "Richness Hierarchy of the Cultural Network: The Communication of Corporate Values" (Unpublished manuscript, Texas A & M University, 1985); Terrence E. Deal and Allan A. Kennedy, "Culture: A New Look through Old Lenses," *Journal of Applied Behavioral Science* 19 (1983): 498-505.
7. Thomas C. Dandridge, "Symbols at Work" (Working paper, School of Business, State University of New York at Albany,1978), 1.
8. Thomas J. Peters and Robert H. Waterman, Jr., *In Search of Excellence* (New York: Harper & Row, 1982) (邦訳『エクセレント・カンパニー』大前研一訳、講談社刊)
9. Don Hellriegel and John W. Slocum, Jr., *Management*, 7th ed. (Cincinnati, Ohio: South-Western, 1996), 537.
10. Trice and Beyer, "Studying Organizational Cultures through Rites and Ceremonials."
11. Sutton, "Richness Hierarchy of the Cultural Network"; Deal and Kennedy, *Corporate Cultures*.
12. Matt Siege, "The Perils of Culture Conflict," *Fortune*, 9 November 1998, 257-262; and *Blueprints for Service Quality: The Federal Express Approach, AMA Management Briefing* (New York: American Management Association Membership Publications Division,1991), 29-30.
13. "FYI" Inc., April 1991, 14.
14. Stevan Alburty, "The Ad Agency to End All Ad Agencies," Fast Company (December-January 1997); 116-24.
15. Quentin Hardy," "A Software Star Sees Its 'Family' Culture Turn Dysfunctional," *The Wall Street Journal*, 5 May 1999, A1, A12; and Paul Roberts, "We Are One Company, No Matter Where We Are," *Fast Company* (April-May 1998): 122-28.
16. Richard Ott, "Are Wild Ducks Really Wild: Symbolism and Behavior in the Corporate Environment" (Paper presented at the Northeastern Anthropological Association, March 1979).
17. 次の資料に基づく。Daniel R. Denison, *Corporate Culture and Organizational Effectiveness* (New York: Wiley,1990), 11-15; Daniel R. Denison and Aneil K. Mishra, "Toward a Theory of Organizational Culture and Effectiveness," *Organization Science* 6, no.2 (March-April 1995): 204-23; R. Hooijberg and F. Petrock, "On Cultural Change: Using the Competing Values Framework to Help Leaders Execute a Transformational Strategy," *Human Resource Management* 32 (1993), 29-50; R. E. Quinn, *Beyond Rational Management: Mastering the Paradoxes and Competing*

Strategic Change: The Contribution of Archtypes," *Academy of Management Journal* 36 (1993): 1052-81.
32. William G. Ouchi, "Markets, Bureaucracies, and Clans," *Administrative Science Quarterly* 25 (1980): 129-41; －idem, "A Conceptual Framework for the Design of Organizational Control Mechanisms," *Management Science* 25 (1979): 833-48.
33. Weber, Theory of Social and Econmic Organizations, 328-340.
34. Robert Simons, "Strategic Organizations and Top Management Attention to Control Systems," *Strategic Management Journal* 12 (1991): 491-62.
35. Stephen G. Green and M. Ann Welsh, "Cybernetics and Dependents: Reframing the Control Concept," *Academy of Management Review* 13 (1988): 287-301.
36. Richard L. Daft and Norman B. Macintosh, "The Nature and Use of Formal Control Systems for Management Control and Strategy Implementation," *Journal of Management* 10 (1984): 43-66.
37. 同上。Scott S.Cowen and J. Kendall Middaugh II, "Matching an Organization's Planning and Control System to Its Environment," *Journal of General Management* 16 (1990): 69-84.
38. Trevor Merriden, "Measured for Success," *Management Review* (April 1999): 27-32.
39. Oliver A. Williamson, *Markets and Hierarchies: Analyses and Antitrust Implications* (New York: Free Press, 1975).
40. David Wessel and John Harwood, "Capitalism is Giddy with Triumph: Is It Possible to Overdo It?" The Wall Street Journal, 14 May 1998, A1, A10.
41. Anita Micossi, "Creating Internal Markets," *Enterprise* (April 1994):43-44.
42. Raymond E. Miles, Henry J. Coleman, Ja., and W. E. Douglas Creed, "Keys to Success in Corporate Redesign," *California Management Review* 37, no. 3 (Spring 1995): 128-45.
43. Ouchi, "Markets, Bureaucracies, and Clans."
44. Anna Muoio, ed., "Growing Smart," *Fast Company*, August 1998, 73-83.
45. Stratford Sherman, "The New Computer Revolution," *Fortune*, 14 June 1993, 56-80.
46. Richard Leifer and Peter K. Mills, "An Information Processing Approach for Deciding Upon Control Strategies and Reducing Control Loss in Emerging Organizations," *Journal of Management* 22, no. 1 (1996): 113-37.
47. Leifer and Mills, "An Information Processing Approach for Deciding Upon Control Strategies"; Laurie J. Kirsch, "The Management of Complex Tasks in Organizations: Controlling the Systems Development Process," *Organization Science* 7, no. 1 (January- February 1996): 1-21.
48. James R. Barker, "Tighening the Iron Cage: Concertive Control in Self-Managing Teams," *Administrative Science Quarterly* 38(1993): 408-37.

第7章

1. Jeremy Kahn, "What Makes a Company Grest?" *Fortune*, 26 October 1998, 218.
2. W. Jack Duncan, "Organizational Culture: 'Getting a Fix'on an Elusive Concept," *Academy of Management Executive* 3 (1989): 229-36; Linda Smircich, "Concepts of Culture and Organizational Analysis," *Administrative Science Quarterly* 28 (1983): 339-58; Andrew D. Brown and Ken Starkey, "The Effect of Organizational Culture on Communication and Information," *Journal of Management Studies* 31 no.6 (November 1994): 807-28.

Reappraisal," *Administrative Science Quarterly* 18 (1973): 462-76; Richard H. Hall, "The Concept of Bureaucracy: An Empirical Assessment," *American Journal of Sociology* 69 (1963): 32-40; William A. Rushing, "Organizational Rules and Surveillance: A Proposition in Comparative Organizational Analysis," *Administrative Science Quarterly* 10 (1966): 423-43.
21. Jerald Hage and Michael Aiken, "Relationship of Centralization to Other Structural Properties," *Administrative Science Quarterly* 12 (1967): 72-91.
22. Peter Brimelow, "How Do You Cure Injelitance?" *Forbes*, 7 August 1989, 42-44; and Jeffrey D. Ford and John W. Slocum, Jr., "Size, Technology, Environment and the Structure of Organizations," *Academy of Management Review* 2 (1977): 561-75; John D. Kasarda, "The Structural Implications of Social System Size: A Three- Level Analysis," *American Sociological Review* 39 (1974): 19-28.
23. Graham Astley, "Organizational Size and Bureaucratic Structure," *Organization Studies* 6 (1985): 201-28; Spyros K. Lioukas and Demitris A. Xerokostas, "Size and Administrative Intrnisty in Orgnizational Divisions," *Management Science* 28 (1982): 854-68; Perer M. Blau, "Interdependence and Hierachy in Organizations," *Social Science Research* 1 (1972): 1-24; Peter M. Blau and R. A. Schoenherr, *The Stucture of Organizations* (New York: Basic Books, 1971); A. Hawley, W. Boland,and M. Boland, "Population Size and Administration in Institutions of Higher Education," *American Socilogical Review* 30 (1965): 252-55; Richard L. Daft, "System Influnce on Organization Decision-Making: The Case of Resource Allocation," *Academy of Management Journal* 21 (1978): 6-22; B. P. Indik, "The Relationship between Oraganization Size and the Supervisory Ratio," *Administrative Science Quarterly* 9 (1964): 301-12.
24. T. F. James, "The Administrative Component in Complex Organizations," *Sociological Quarterly* 13 (1972): 533-39; Daft, "System Influence on Organization Decision-Making"; E. A. Holdway and E. A. Blowers, "Administrative Ratios and Organization Size: A Longitudinal Examination," *American Sociological Review* 36 (1971): 278-86; John Child, "Parkinson's Progress: Accounting for the Number of Specialists in Organizations," *Administrative Science Quarterly* 18 (1973): 328-48.
25. Richard L. Daft and Selwvn Becker, "School District Size ant the Development of Personnel Resources," *Alberta Journal of Educational Research* 24 (1978): 173-87.
26. Thomas A. Stewart, "Yikes! Deadwood is Creeping Back," *Fortune*, 18 August 1997, 221-222.
27. Cathy Lazere, "Resisting Temptation: The Fourth Annual SG&A Survey," *CFO* (December 1997): 64-70.
28. Giggord and Elizabeth Pinchot, *The End of Bureaucracy and the Rise of the Intelligent Organization* (San Francisco: Berrett-Koehler Publishers, 1993), 21-29に基づく。
29. Lazere, "Resisting Temptation."
30. Philip M. Padsakoff, Larry J. Willians, and William D. Todor, "Effects of Organizational Formalization on Alienation among Professionals and Nonprofessionals," *Academy of Management Journal* 29 (1986): 820-31.
31. Royston Greenwood, C. R. Hinings,and Johe Brown, "'P2-Form'Strategic Management: Corporate Practices in Professional Partnerships," *Academy of Management Journal* 33 (1990): 725-55; Royston Greenwood and C. R. Hinings, "Understanding

Adices, "Organizational Passages-Diagnosing and Treating Lifecycle Problems of Organizations," *Organizational Dynamics* (Summer 1979): 3-25; Danny Miller and Peter H. Friesen, "A Longitudinal Study of the Corporate Life Cycle," *Management Science* 30 (October 1984): 1161-83; Neil C. Churchill and Virginia L. Lewis, "The Five Stages of Small Business Growh," *Harvard Business Review* 61(May-June 1983): 30-50.
10. Larry E. Greiner, "Evolution and Revolution as Orgniztions Grow," *Harvard Business Review* 50 (July-August 1972): 37-46; Robert E. Quinn and Kim Cameron, "Orgnizational Life Cycles and Shifting Criteria of Effectiveness: Some Preliminary Evidence," *Management Science* 29 (1983): 33-51.
11. George Land and Beth Jarman, "Moving beyond Breakpoint," in Michael Ray and Alan Rinzler,eds., *The New Paradigm* (New York: Jeremy P. Tarcher/Perigee Books, 1993), 250-66;Michael L. Tushman, William H. Newman, and Elaine Romanelli, "Convergence and Upheaval: Managing the Unsteady Pace of Organizational Evolution," *California Management Review* 29 (1987):1-16.
12. David A. Whetten, "Sources, Responses, and Effects of. Organizational Decline," in John R. Kimberly, Robert H. Miles, and Associates, *The Organizational Life Cycle* (San Francisco: Jossey-Bass,1980), 342-74.
13. David Kirkpatrick, "The Second Coming of Apple," *Fortune*, 9 November 1998, 86-92; Ira Sager and Peter Burrows with Andy Reinhardt, *Business Week*, 25 May 1998, 56-60; and Peter Burrows, "A Peek at Steve Jobs' Plan" *Business Week*, 17 November 1997, 144-46.
14. Land and Jarman, "Moving Beyond Breakpoint."
15. Richard Murphy, "Michael Dell," *Success*, January 1999. 50-53.
16. Max Weber, *The Theory of Social and Economic Organizations*, translated by A. M. Henderson and T. Parsons (New York: Free Press, 1947).
17. John Crewdson, "Corruption Viewed as a Way of Life," Bryan-College Station Eagle, 28 November 1982, 13A; Barry Kramer, "Chinese Officials Still Give Preference to Kin, Despite Peking Policies," *The Wall Street Journal*, 29 October 1985, 1, 21.
18. Allen C. Bluedorn, "Pilgrim's Progress: Trends and Convergence in Research on Organizational Size and Environment," *Journal of Management Studies* 19 (Summer 1993): 163-91; John R. Kimberly, "Organizational Size and the Structuralist Perspective: A Review, Critique, and Proposal," *Administrative Science Quarterly* (1976): 571-97; Richard L. Daft and Selwyn W. Becker, "Managerial, Institutional, and Techcical Influences on Administration: A Longitudinal Analysis," *Social Forces* 59 (1980): 392-413.
19. James P. Walsh and Robert D. Dewar, "Formalization and the Organizational Life Cycle," *Journal of Management Studies* 24 (May 1987): 215-31.
20. Nancy M. Carter and Thomas L. Keon, "Specialization as a Multidimensional Construct," *Journal of Management Studies* 26(1989): 11-28; Cheng-Kuang Hsu, Robert M. March, and Hiroshi Mannari, "An Examination of the Determinants of Organizational Structure," *American Journal of Sociology* 88 (1983): 975-96; Guy Geeraerts, "The Effect of Ownership on the Organization Structure in Small Firms," *Administrative Science Quarterly* 29 (1984): 232-37; Bernard Reimann, "On the Dimensions of Bureaucratic Structure: An Empirical

41 (1976): 322-38; Linda Argote, "Input Uncertainty and Organizational Coordination in Hospital Emergency Units"; Jack K. Ito and Richard B. Peterson, "Effects of Task Difficulty and Interdependence on Information Processing Systems," *Academy of Management Journal* 29 (1986): 139-49; Joseph L. C. Cheng, "Interdependence and Coordination in Organizations: A Role-System Analysis," *Academy of Management Journal* 26 (1983): 156-62.

55. Michele Liu, Helene Denis, Harvey Kolodny, and Benjt Stymne, "Organization Design for Technological Change," *Human Relations* 43 (January 1990): 7-2 2

56. Gerald I. Susman and Richard B. Chase, "A Sociotechnical Analysis of the Integrated Factory," Journal of Applied Behavioral Science 22 (1986): 257-70; Paul Adler, "New Technologies, New Skills," *California Management Review* 29 (Fall 1986): 9-28.

57. F. Emery, "Characteristics of Sociotechnical Systems," Tavistock Institute of Human Relations, Document 527, 1959; Passmore, Francis, and Haldeman, "Sociotechnical Systems"; and William M. Fox, "Sociotechnical System Principles and Guidelines: Past and Present," *Journal of Applied Behavioral Science* 31, no. 1 (March 1995): 91-105.

58. Eric Trist and Hugh Murray, eds., *The Social Engagement of Social Science: A Tavistock Anthology*, Vol. 11, (Philadelphia: University of Pennsylvania Press, 1993); and William A. Pasmore, "Social Science Transformed: The Socio-Technical Perspective," *Human Relations* 48, No. 1 (1995) 1-21.

59. R. E. Walton, "From Control to Commitment in the Workplace," *Harvard Business Review* 63, No. 2 (1985), 76-84; E. W. Lawler, Ⅲ, *High Involvement Management* (London: Jossey-Bass, 1986), 84; and Hellriegel, Slocum, and Woodman, *Organizational Behavior*, 491.

60. William A. Pasmore, "Social Science Transformed: The Socio-Technical Perspective," *Human Relations* 48, No. 1 (1995) 1-21.

61. David M. Upton, "What Really Makes Factories Flexible?" *Harvard Business Review* (July-August 1995): 74-84. (邦訳「工場をフレキシブルに稼動させる方法」ダイヤモンド・ハーバード・ビジネス1996年11月号)

第6章

1. James Q. Wilson, *Bureaucracy* (Basic Books: 1989); and Charles Perrow, *Complex Organizations: A Critical Essay* (Glenview, Ill.: Scott, Foresman, 1979), 4.

2. Tom Peters, "Rethinking Scale," *California Management Review* (Fall 1922): 7-29.

3. David Friedman, "Is Big Back? Or Is Small Still Beautiful?" *Inc.* (Aprill 1998): 23-28.

4. James B. Treece, "Sometimes, You've Still Gott a Have Size," *Business Week/Enterprise*, 1993, 200-01.

5. Friedman," Is Big Back?

6. Peter F. Drucker, "Toward the New Organization," Executive Excellence (February 1997):7.

7. Thomas Petzinger, Jr., *The New Pioneers: The Men and Women Who Are Transforming the Workplace and Marketplace* (New York: Simon & Schuster, 1999), 21.

8. Glenn R. Carroll, "Orgnizations. . . The Smaller They Get," *California Management Review* 37, no. 1(Fall 1994): 28-41.

9. John R. Kimberly, Robert H. Miles, and Associates, *The Orgnizational Life Cycle* (San Francisco: Jossey-Bass, 1980); Ichak

cality of Information Processing in Organizational Work Units," *Administrative Science Quarterly* 26 (1981): 207-24.
45. Paul D. Collins and Frank Hull, "Technology and Span of Control: Woodward Revisited," Journal of Management Studies 23 (1986): 143-64; Gerald D. Bell, "The Influence of Technological Components of Work upon Management Control," Academy of Management Journal 8 (1965): 127-32; Peter M. Blau and Richard A. Schoenherr, *The Structure of Organizations* (New York: Basic Books, 1971).
46. W. Alan Randolph, "Matching Technology and the Design of Organization Units," California Management Review 22-23 (1980-81): 39-48; Daft and Macintosh, "Tentative Exploration into Amount and Equivocality of Information Processing"; Michael L. Tushman, "Work Characteristics and Subunit Communication Structure: A Contingency Analysis," *Administrative Science Quarterly* 24 (1979): 82-98.
47. Andrew H. Van de Ven and Diane L. Ferry, *Measuring and Assessing Organizations* (New York: Wiley, 1980); Randolph, "Matching Technology and the Design of Organization Units."
48. Richard L. Daft and Robert H. Lengel, "Information Richness: A New Approach to Managerial Behavior and Organization Design," in Barry Staw and Larry L. Cummings, eds., *Research in Organizational Behavior*, vol. 6 (Greenwich, Conn.: JAI Press, 1984), 191-233; Richard L. Daft and Norman B. Macintosh, "A New Approach into Design and Use of Management Information," *California Management Review* 21 (1978): 82-92; Daft and Macintosh, "Tentative Exploration in Amount and Equivocality of Information Processing"; W. Alan Randolph, "Organizational Technology and the Media and Purpose Dimensions of Organizational Communication," *Journal of Business Research* 6 (1978): 237-59; Linda Argote, "Input Uncertainty and Organizational Coordination in Hospital Emergency Units," *Administrative Science Quarterly* 27 (1982): 420-34; Andrew H. Van de Ven and Andre Delbecq, "A Task Contingent Model of Work Unit Structure," Administrative Science Quarterly 19 (1974): 183-97.
49. Peggy Leatt and Rodney Schneck, "Criteria for Grouping Nursing Subunits in Hospitals," Academy of Management Journal 27 (1984): 150-65; Robert T. Keller, "Technology-Information Processing," *Academy of Management Journal* 37, no. 1 (1994): 167-79.
50. Gresov, "Exploring Fit and Misfit with Multiple Contingencies"; Michael L. Tushman, "Technological Communication in R&D Laboratories: The Impact of Project Work Characteristics," *Academy of Management Journal* 21 (1978): 624-45; Robert T. Keller, "Technology-Information Processing Fit and the Performance of R&D Project Groups: A Test of Contingency Theory," *Academy of Management Journal* 37, no. 1 (1994): 167-79.
51. James Thompson, *Organizations in Action* (New York: McGraw-Hill, 1967).
52. 同上 40。
53. Paul S. Adler, "Interdepartmental Interdependence and Coordination: The Case of the Design/Manufacturing Interface," *Organization Science* 6, no.2 (March-April 1995): 147-67.
54. Christopher Gresov, "Effects of Dependence and Tasks on Unit Design and Efficiency," Organization Studies 11 (1990): 503-29; Andrew H. Van de Ven, Andre Delbecq, and Richard Koening, "Determinants of Coordination Modes within Organizations," *American Sociological Review*

tune, 3 October 1994, 110-22.
31. Byron J. Finch and Richard L. Luebbe, *Operations Management: Competing in a Changing Environment* (Fort Worth, Tex.: The Dryden Press, 1995), 51.
32. David E. Bowen, Caren Siehl, and benjamin Schneider, "A Framework for Analyzing Customer Service Orientations in Manufacturing," *Academy of Management Review* 14 (1989): 79-95; Peter K. Mills and Newton Margulies, "Toward a Core Typology of Service Organizations," *Academy of Management Review* 5 (1980): 255-65; Peter K. Mills and Dennis J. Moberg, "Perspectives on the Technology of Service Operations," *Academy of Management Review* 7 (1982): 467-78; G. Lynn Shostack, "Breaking Free From Product Marketing," *Journal of Marketing* (April 1977): 73-80.
33. Ron Zemke, "The Service Revolution: Who Won?" *Management Review* (March 1997): 10-15; and Wayne Wilhelm and Bill Rossello, "The Care and Feeding of Customers," *Management Review* (March 1997): 19-23.
34. Schonfeld, "The Customized, Digitized, Have-It-Your-Way Economy."
35. Richard B. Chase and David A. Tansik, "The Customer Contact Model for Organization Design." *Management Science* 29 (1983): 1037-50.
36. 同上.
37. David E. Bowen and Edward E. Lawler Ⅲ, "The Empowerment of Service Workers: What, Why, How, and When," *Sloan Management Review* (Spring 1992): 31-39; Gregory B. Northcraft and Richard B. Chase, "Managing Service Demand at the Point of Delivery," *Academy of Management Review* 10 (1985): 66-75; Roger W. Schmenner, "How Can Service Businesses Survive and Prosper?" *Sloan Management Review* 27 (Spring 1986): 21-32.
38. Perrow, "Framework for Comparative Analysis" and Organizational Analysis.
39. Morrison, "Grand Tour."
40. Michael Withey, Tichard L. Daft, and William C. Cooper, "Measures of Perrow's Work Unit Technology: An Empirical Assessment and a New Scale," *Academy of Management Journal* 25 (1983): 45-63.
41. Christopher Gresov, "Exploring Fit and Misfit with Multiple Contingencies," *Administrative Science Quarterly* 34 (1989): 431-53; Dale L. Goodhue and Ronald L. Thompson, "Task-Technology Fit and Individual Performance," *MIS Quarterly* (June 1995): 213-36.
42. Gresov, "Exploring Fit and Misfit with Multiple Contingencies"; Charles A. Glisson, "Dependence of Technological Routinization on Structural Variables in Human Service Organizations," *Administrative Science Quarterly* 23 (1978): 383-95; Jerald Hage and Michael Aiken, "Routine Technology, Social Structure and Organizational Goals," *Administrative Science Quarterly* 14 (1969): 368-79.
43. Gresov, "Exploring Fit and Misfit with Multiple Contingencies"; A. J. Grimes and S. M. Kline, "The Technological Imperative: The Relative Impact of Task Unit, Modal Technology, and Hierarchy on Structure," *Academy of Management Journal* 16 (1973): 583-97; Lawrence G. Hrebiniak, "Job Technologies, Supervision and Work Group Structure," *Administrative Science Quarterly* 19 (1974): 395-410; Jeffrey Pfeffer, Organizational Design (Arlington Heights, Ⅲ.: AHM, 1978), ch. 1.
44. Patrick E. Connor, Organizations: Theory and Design (Chicago: Science Research Associates, 1980); Richard L. Daft and Norman B. Macintosh, "A Tentative Exploration into Amount and Equivo-

Competitive Strategy and Manufacturing Process Technology."
16. Jack R. Meredith, "The Strategic Advantage of the Factory of the Future," *California Management Review* 29 (Spring 1987): 27-41; Jack Meredith, "The Strategic Advantages of the New Manufacturing Technologies for Small Firms," *Strategic Management Journal* 8 (1987): 249-58; Althea Jones and Terry Webb, "Introducing Computer Integrated Manufacturing," *Journal of General Management* 12 (Summer 1987): 60-74.
17. Raymond F. Zammuto and Edward J. O'Connor, "Gaining Advanced Manufacturing Technologies' Benefits: The Roles of Organization Design and Culture," *Academy of Management Review* 17 (1992): 701-28.
18. John S. Demott, "Small Factories' Big Lessons," *Nation's Busuness* (April 1995): 29-30.
19. Paul S. Adler, "Managing Flexible Automation," *California Management Review* (Spring 1998): 34-56.
20. Bela Gold, "Computerization in Domestic and International Manufacturing," *California Management Review* (Winter 1989): 129-43.
21. Graham Dudley and John Hassard, "Design Issues in the Development of Computer Integrated Manufacturing (CIM)," *Journal of General Management* 16 (1990): 43-53.
22. John Holusha, "Can Boeing's New Baby Fly Financially?" *New York Times*, 27 March 1994, Section 3, 1, 6.
23. Joel D. Goldhar and David Lei, "Variety is Free: Manufacturing In the Twenty-First Century," *Academy of Management Executive* 9, no. 4 (1995): 73-86; and Justin Martin, "Give 'Em Exactly What They Want," *Fortune*, 10 October 1997, 283-285.
24. Erick Schonfeld, "The Customized, Digitized, Have-It-Your-Way Economy," *Fortune*, 28 September 1998, 115-124.
25. Len Estrin, "The Dawn of Manufacturing," *Enterprise* (April 1994): 31-35; Otis Port, "The Responsive Factory," Business *Week/Enterprise* (1993): 48-52.
26. Goldhar and Lei, "Variety is Free: Manufacturing In the Twenty-First Century."
27. Meredith, "Strategic Advantages of the Factory of the Future."
28. Patricia L. Nemetz and Louis W. Fry, "Flexible Manufacturing Organizations: Implementations for Strategy Formulation and Organization Design," *Academy of Management Review* 13 (1998): 627-38; Paul S. Adler, "Managing Flexible Automation," California Management Review (Apring 1998): 34-56; Jeremy Main, "Manufacturing the Right Way," *Fortune*, 21 May 1990, 54-64; Frank M. Hull and Paul D. Collins, "High-Technology Batch Production Systems: Woodward's Missing Type," *Academy of Management Journal* 30 (1987): 786-97.
29. Goldhar and Lei "Variety Is Free: Manufacturing In The Twenty-First Century"; P. Robert Duimering, Frank Safayeni, and Lyn Purdy, "Integrated Manufacturing: Redesign the Organization before Implementing Flexible Technology," *Sloan Management Review* (Summer 1993): 47-56; Zammuto and O'connor, "Gaining Advanced Manufacturing Technologies' Benefits."
30. "Manufacturing's Decline," Johnson City. Press, 17 July 1999, 9; Ronald Henkoff, "Service Is Everybody's Business," Fortune, 27 June 1994, 48-60; Ronald Henkoff, "Finding, Training, and Keeping the Best Service Workers," *For-*

jkowski, "The Scarcity-Munificence Component of Organizational Environments and the Commission of IllegaActs," *Administrative Science Quarterly* 20 (1975): 345-54.
71. Kimberly D. Elsback and Robert I. Sutton, "Acquiring Organizational Legitimacy through Illegitimate Actions: A Marriage of Instritutionl and Impression Management Theories," *Academy of Management Journal* 35 (1992): 699-738.

第5章

1. Charles Perrow, "A Framework for the Comparative Analysis of Organizations," *American Sociological Review* 32 (1967): 194-208; R. J. Schonberger, World Class Manufacturing: The Next Decade, (New York: The Free Press, 1996).
2. Linda Argote, "Input Uncertainty and Organizational Coordination in Hospital Emergency Units," *Administrative Science Quarterly* 27 (1982): 420-34; Charles Perrow, Organizational Analysis; A Sociological Approach (Belmont, Calif.: Wadsworth, 1970); William Rushing, "Hardness of Material as Related to the Division of Labor in Manufacturing Industries," *Administrative Science Quarterly* 13 (1968): 229-45.
3. Lawrence B. Mohr, "Organizational Technology and Organization Structure," *Administrative Science Quarterly* 16 (1971): 444-59; David Hickson, Derek Pugh, and Diana Pheysey, "Operations Technology and Organization Structure: An Empirical Reappraisal," *Administrative Science Quarterly* 14 (1969): 378-97.
4. Joan Woodward, Industrial Organization: Theory and Practice (London: Oxford University Press, 1965); Joan Woodward, *Management and Technology* (London: Her Majesty's Stationery Office, 1958).
5. Hickson, Pugh, and Pheysey, "Operations Technology and Organization Structure" ; James D. Thompson, *Organizations in Action* (New York: McGraw-Hill, 1967).
6. Edward Harvey, "Technology and the Structure of Organizations," *American Sociological Review* 33 (1968): 241-59.
7. Wanda J. Orlikowski, "The Duality of Technology: Rethinking the Concept of Technology in Organizations," *Organization Science 3* (1992): 398-427.
8. Woodward, *Industrial Organization and Management and Technology* に基づく。
9. Jim Morrison, "Grand Tour. Making Music: The Craft of the Steinway Piano," *Spirit*, February 1997, 42-49, 100.
10. Woodward, Industrial Organization, vi.
11. William L. Zwerman, *New Perspectives on Organizational Theory* (Westport, Conn.: Greenwood, 1970); Harvey, "Technology and the Structure of Organizations," 241-59.
12. Dean M. Schroeder, Steven W. Congden, and C. Gopinath, "Linking Competitive Strategy and Manufacturing Process Technology," *Journal of Management Studies* 32, no. 2 (March 1995): 163-89.
13. Alex Taylor Ⅲ, "It Worked for Toyota. Can It Work for Toys?" *Fortune*, 11 January 1999, 36.
14. Fernando F. Suarez, Michael A. Cusumano, and Charles H. Fine, "An Empirical Study of Flexibility in Manufacturing," *Sloan Management Review* (Fall 1995): 25-32.
15. Raymond F. Zammuto and Edward J. O'Connor, "Gaining Advanced Manufacturing Technologies'Benefits: The Roles of Organization Design and Culture," *Academy of Management Review* 17, no. 4 (1992): 701-28; Dean Schroeder, Steven W. Congdon, and C. Gopinath, "Linking

"Hybrid Arrangements as Strategic Alliances: Theoretical Issues in Organizational Combinations," *Academy of Management Review* 14 (1998): 234-49.
52. William R. Pape, "Little Giant," Inc. Tech (1999): No. 1, 27-28.
53. Julie Cohen Mason, "Strategic Alliances: Partnering for Success," *Management Review* (May 1993): 10-155.
54. John F. Love, *McDonald's: Behind the Arches* (New York: Banatam Books, 1986).
55. Zachary Schiller and Wendy Zellner with Ron Stodghill II and Mark Maremont, "Clout! More and More, Retail Giants Rule the Marketplace," *Business Week*, 21 December 1992, 66-73.
56. Borys and Jemison, "Hybrid Arrangements as Strategic Alliances."
57. Edward O. Welles, "Not Your Father's Industry," *Inc.* (January 1999): 25-28.
58. Donald Palmer, "Broken Ties: Interlocking Directorates and Intercorporate Coordination," *Administrative Science Quarterly* 28 (1983): 40-55; F. David Shoorman, Max H. Bazerman, and Robert S. Atkin, "Interlocking Directorates: A Strategy for Reducing Environmental Uncertainty," *Academy of Management Review* 6 (1981): 243-51; Ronald S. Burt, *Toward a Structural Theory of Action* (New York: Academic Press, 1982).
59. James R. Lang and Daniel E. Lockhart, "Increased Environmental Uncertainty and Changes in Board Linkage Patterns," *Academy of Management Journal* 33 (1990): 106-28; Mark S. Mizruchi and Linda Brewster Stearns, "A Longitudinal Study of the Formation of Interlocking Directorates," *Administrative Science Quarterly* 33 (1998): 194-210.
60. Neuborne with Kerwin, "Generation Y."
61. Kotter, "Managing External Dependence."
62. William C. Symonds, with Farah Nayeri, Geri Smith, and Ted Plafker, "Bombardier's Blitz," *Business Week*, 6 February 1995, 62-66; Joseph Weber, with Wendy Zellner and Geri Smith, "Loud Noises at Bombardier," *Business Week*, 26 January 1998, 94-95; and Anita Lienert, "Plowing Ahead in Uncertain Times," *Management Review*, December 1998, 16-21.
63. Daniel Pearl and Gabriella Stern, "How GM Managed to Wring Pickup Pact and Keep on Truckin'," *The Wall Street Journal*, 5 December 1994, A1.
64. Rick Wartzman and John Harwook, "For the Baby Bells, Government Lobbyin Is Hardly Child's Play," *The Wall Street Journal*, 15 March 1994, A1.
65. David B. Yoffie, "How an Industry Builds Political Advantage," *Harvard Business Review* (May-June 1998): 82-89; Jeffrey H. Birnbaum, "Chief Executives Head to Washington to Ply the Lobbyist's Trade," *The Wall Street Journal*, 19 March 1990, A1, A16.
66. David Whitford, "Built By Association," *Inc.* (July 1994): 71-75.
67. Anthony J. Daboub Abdul M. A. Rasheed, Richard L. Priem, and David A. Gray, "Top Management Team Characteristics and Corporate Illegal Activity," *Academy of Management Review* 20, no. 1 (1995): 138-70.
68. Bryan Burrough, "Oil-Field Investigators Say Fraud Flourishes from Wells to Offices," *The Wall Street Journal*, 15 January 1985. 1, 20: Irwin Ross, "How Lawless Are Big Companies?" *Fortune*, 1 December 1980, 57-64.
69. Stewart Toy, "The Defence Scandal," Business Week, 4 July 1988. 28-30.
70. Barry M. Staw and Eugene Szwa-

heads."
36. Jay W. Lorsch, "Introduction to the Structural Design of Organizations," in Gene W. Dalton, Paul R. Lawrence, and Jay W. Lorsch, eds., *Organizational Structure and Design* (Homewood, Ill.: Irwin and Dorsey, 1970), 5.
37. Paul R. Lawrence and Jay W. Lorsch, *Organization and Environment* (Homewood, Ill.: Irwin, 1969).
38. Lorsch, "Introduction to the Structural Design of Organizations," 7.
39. Jay W. Lorsch and Paul R. Lawrence, "Environmental Factors and Organizational Integration," in J. W. Lorsch and Paul R. Lawrence, eds., *Organizational Planning: Cases and Concepts* (Homewood, Ill.: Irwin and Dorsey, 1972), 45.
40. Tom Burns and G. M. Stalker, *The Management of Innovation* (London: Tavistock, 1961).
41. John A. Courtright, Gail T. Fairhurst, and L. Edna Rogers, "Interaction Patterns in Organic and Mechanistic Systems," *Academy of Management Journal* 32 (1989): 773-802.
42. Thomas C. Powell, "Organizational Alignment as Competitive Advantage," *Strategic Management Journal* 13 (1992): 119-34. Mansour Javidan, "The Impact of Environmental Uncertainty on Long-Range Planning Practices of the U.U. Savings and Loan Industry," *Strategic Management Journal* 5 (1984): 381-92; Tung, "Dimensions of Organizational Environments," 672-93; Thompson, *Organizations in Action.*
43. David Ulrich and Jay B. Barney, "Perspectives in Organizations: Resource Dependence, Efficiency, and Population," *Academy of Management Review* 9 (1984): 471-81; Jeffrey Pfeffer and Gerald Salancik, *The External Control of Organizations: A Resource Dependent Perspective* (New York: Harper & Row, 1978).
44. Lana J. Chandler, "Somethings to Sleep On," *Nation's Business*, February 1998, 57-58.
45. Andrew H. Van de Ven and Gordon Walker, "The Dynamics of Interorganizational Coordination," *Administrative Science Quarterly* (1984): 598-621; Huseyin Levlebici and Gerald R. Salancik, "Stability in Interorganizational Exchanges: Rulemaking Processes of the Chicago Board of Trade," *Administrative Science Quarterly* 27 (1982): 227-42.
46. Kevin Kelly and Zachary Schiller with James B. Treece, "Cut Costs or Else: Companies Lay Down the Law to Suppliers," *Business Week*, 22 March 1993, 28-29.
47. G. Pascal Zachary, "Many Journalists See a Growing Reluctance to Criticize Advertisers," *The Wall Street Journal*, 6 February 1992, A1, A9.
48. Richard Brandt, "Microsoft Is Like an Elephant Rolling around, Squashing Ants," *Business Week*, 30 October 1989, 148-52.
49. Judith A. Babcock, *Organizational Responses to Resource Scarcity and Munificence: Adaptation and Modification in Colleges within a University* (Ph. D. diss., Pennsylvania State University, 1981).
50. Peter Smith Ring and Andrew H. Van de Ven, "Developmental Processes of Corporative Interorganizational Relationships," *Academy of Management Review* 19 (1994): 90-118; Jeffrey Pfeffer, "Beyond Management and the Worker: The Institutional Function of Management," *Academy of Management Review* 1 (April 1976): 36-46; John P. Kotter, "Managing External Dependence," *Academy of Management Review* 4 (1979): 87-92.
51. Bryan Borys and David B. Jemison,

Journal of Management 19 (1993): 163-91; Howard E. Aldrick, *Organizations and Environments* (Englewood, Cliffs, N. J.: Prentice-Hall, 1979); Fred E. Emery and Eric L. Trist, "The Casual Texture of Organizational Environments," *Human Relations* 18 (1965): 21-32.
20. Christine S. Koberg and Gerardo R. Ungson, "The Effects of Environmental Uncertainty and Dependence on Organizational Structure and Performance: A Comparative Study," *Journal of Management* 13 (1987): 725-37; Frances J. Milliken, "Three Types of Perceived Uncertainty About the Environment: State, Effect, and Response Uncertainty," *Academy of Management Review* 12 (1987): 133-43.
21. Robert B. Duncan, "Characteristics of Organizational Environment and Perceived Environmental Uncertainty," *Administrative Science Quarterly* 17 (1972): 313-27; Gregory G. Dess and Donald W. Beard, "Dimensions of Organizational Task Environments," *Administrative Science Quarterly* 29 (1984): 52-73; Ray Jurkovick, "A Core Typology of Organizational Environments," *Administrative Science Quarterly* 19 (1974): 380-94.
22. Greising, "Cola Wars on the Mean Streets" ; and Mike Francre with Joann Muller, "A Site for Soreheads," *Business Week*, 12 April 1999, 86-90.
23. J. A. Litterer, *The Analysis of Organizations*, 2d ed. (New York: Wiley, 1973), 335.
24. Joseph Pereira, "Toy Industry Fiends It Harder and Harder to Pick the Winners," *The Wall Street Journal*, 21 December 1993, A1, A5.
25. Rosalie L. Tung, "Dimensions of Organizational Environments: An Exploratory Study of Their Impact on Organizational Structure," *Academy of Management Journal* 22 (1979): 672-93.
26. Joseph E. McCann and John Selsky, "Hyperturbulence and the Emergence of Type 5 Environments," *Academy of Management Review* 9 (1984): 460-70.
27. Judith Valente and Asra Q. Nomani, "Surge in Oil Price has Airlines Struggling, Some Just to Hang on," *The Wall Street Journal*, 10 August 1990, A1, A4.
28. James D. Thompson, Organizations in Action (New York: Mcgraw-Hill, 1967), 20-21.
29. Sally Solo, "Whirlpool: How to Listen to Consumers," *Fortune*, 11 January 1993, 77-79.
30. David B. Jemison, "The Importance of Boundary Spanning Roles in Strategic Decision-Making," *Journal of Management Studies* 21 (1984): 131-52; Mohamed Ibrahim Ahmad At-Twaijri and John R. Montanari, "The Impact of Context and Choice on the Boundary-Spanning Process: An Empirical Extension," Human Relations 40 (1987): 783-98.
31. Michelle cook, "The Intelligentsia," *Business 2.0* (July 1999): 135-136.
32. Robert C. Schwab, Gerardo R. Ungson, and Warren B. Brown, "Redefining the Boundary-Spanning Environment Relationship," *Journal of Management* 11 (1985): 75-86.
33. Ken Western, "Ethical Spying," *Business Ethics* (September/October 1995): 22-23; Stan Crock, Geoffrey Smith, Joseph Weber, Richard A. Melcher, and Linda Himelstein, "They Snoop to Conquer," *Business Week*, 28 October 1996, 172-176; Kenneth A. Sawka, "Demystifying Business Intelligence," *Management Review* (October 1996): 47-51.
34. Crock, et, al, "They Snoop to Conquer."
35. France with Muller, "A Site for Sore-

Review," *Research in Organizational Behavior* 17 (1995): 333-372.
32. Jo Ellen Davis, "Who's Afraid of IBM?" Business Week, 29 June 1987, 68-74.
33. Child, *Organization*, 第1章に基づく。

第4章

1. Warren St. John, "Barners & Noble's Epiphany," *Wired* (June 1999): 132-144.
2. Gary Hamel, "Turning Your Business Upside Down," *Fortune*, 23 June 1997, 87-88.
3. Tim Carvell, "These Prices Really Are Insane," *Fortune*, 4 August 1997, 109-116; and Trevor Merriden, "Europe's Privatized Stars," *Management Review* June 1999, 16-23.
4. David Greising, "Cola Wars on the Mean Streets," *Business Week*, 3 August 1998, 78-79.
5. Dana Milbank, "Aluminum Producers, Aggressive and Agile, Outfighs Steelmakers," *The Wall Street Journal*, 1 July 1992, A1.
6. Joseph Pereira and William M. Buckley, "Toy-Buying Patterns Are Changing and That Is Shaking the Industry," *The Wall Street Journal*, 16 June 1998, A1, A8.
7. Nina Munk, "The New Organization Man," *Fortune*, 16 March 1998, 63-74.
8. Bela L. Musits, "When Big Changes Happen to Small Companies," *Inc.* (August 1994): 27-28.
9. Michael Hickins, "Brand Names Losing Luster for Affluent Customers," *Management Review* (June 1999) 9; and Ellen Neuborne with Kathleen Kerwin, "Generation Y," *Business Week*, 15 February 1999, 80-88.
10. Lucinda Harper and Fred R. Bleakley, "An Era of Low Inflation Changers the Calculus for Buyers and Sellers," *The Wall Street Journal*, 14 January 1994, A1, A3.
11. Jodi Mardesich, "How the Internet Hits Big Music," *Fortune*, 10 May 1999, 96-102.
12. Eric Nee, "Meet Mister buy (everything). com," *Fortune*, 29 May 1999, 119-124.
13. Andrew Kupfer, "How American Industry Stacks Up," *Fortune*, 9 March 1992, 36-46.
14. Fred L. Steingraber, "How to Succeed in the Global Markerplace," *USA Today Magazine* (November 1997): 30-31.
15. Alan Farnham, "Global－or Just Globaloney?" *Fortune*, 27 June 1994, 97-100; William C. Symonds, Brian Bremner, Stewart Toy, and Karen Lowry Miller, "The Glovetrotters Take Over," *Business Week*, 8 July 1996, 46-48; Carla Rapoport, "Nestle's Brand Building Machinem," *Fortune*, 19 September 1994, 147-156; "Execs with Global Vision," *USA Today*, International Edition, 9 February 1996, 12B.
16. Tom Peters, "Prometheus Barely Unbound," *Academy of Management Executive* 4 (1990): 70-84; and Clifford C. Hebard, "Managing Effectively in Asia," *Training & Development* (April 1996): 35-39.
17. Marlene Piturro, "What Are You Doing About the New Global Realities?" *Management Review* (March 1999): 16-22.
18. Raju Narisetti and Jonathan Friedland, "Diaper Wars of P&G and Kimberly-Clark Now Heat Up in Brazil," *The Wall Street Journal*, 4 June 1997; and Stephen Baker, "The Bridges That Steel is Building," *Business Week*, 2 June 1997, 39.
19. Allen C. Bluedorn, "Pilgrim's Progress: Trends and Convergence in Research on Organizational Size and Environment,"

(May 1995): 28-34, 69-70.
14. Keith Naughton and Kathleen Kerwin, "At GM, Two Heads May Be Worse Than One," *Business Week*, 14 August 1995, 46.
15. Paul R. Lawrence and Jay W. Lorsch, "New Managerial Job: The Integrator," *Harvard Business Review* (November-December 1967): 142-51.
16. Jay R. Galbraith, *Competing with Flexible Lateral Organizations*, 2nd ed. (Reading, Mass.: Addison-Wesley, 1994), 17-18; Laurie P. O'Leary, "Curing the Monday Blues: A U.S. Navy Guide for Structuring Cross-Functional Teams," *National Productivity Review* (Spring 1996): 43-51.
17. Wendy Zellner, "Can EDS Catch Up with the Net?" *Business Week*, 17 May 1999, 46.
18. Henry Mintzberg, *The Structuring of Organizations* (Englewood Cliffs, N.J.: Prentice-Hall, 1979).
19. 以下に基づく。Robert Duncan, "What Is the Right Organization Structure?" *Organizational Dynamics* (Winter 1979): 59-80; W. Alan Randolph and Gregory G. Dess, "The Congruence Perspective of Organization Design: A Conceptual Model and Multivariate Research Approach," *Academy of Management Review* 9 (1984): 114-27.
20. Rahul Jacob, "The Struggle to Create an Organization for the 21st Century," *Fortune*, 3 April 1995, 90-99.
21. Joseph Weber, "A Big Company That Works," *Business Week*, 4 May 1992, 124-132; and Elyse Tanouye, "Johnson & Johnson Stays Fit by Shuffling Its Mix of Businesses," *The Wall Street Journal*, 22 December 1992, A1, A4.
22. Duncan, "What Is the Right Organization Structure?" に基づく。
23. Weber, "A Big Company That Works."
24. John Markoff, "Johon Sculley's Biggest Test," *New York Times*, 26 February 1989, sec. 3, 1, 26; and Shelly Branch, "What's Eating McDonald's?" Fortune, 13 October 1997, 122-125.
25. Stanley M. Davis and Paul R. Lawrence, *Matrix* (Reading, Mass.: Addison-Wesley, 1977): 11-24.
26. Eric W. Larson and David H. Gobeli, "Matrix Management: Contradictions and Insight," *California Management Review* 29 (Summer 1987): 126-138.
27. Davis and Lawrence, *Matrix*, 155-180.
28. Robert C. Ford and W. Alan Randolph, "Cross-Functional Structures: A Review and Integration of Matrix Organizations and Project Management," *Journal of Management* 18 (June 1992): 267-94; Duncan, "What Is the Right Organization Structure?"
29. Lawton R. Burns, "Matrix Management in Hospitals: Testing Theories of Matrix Structure and Development," *Administrative Science Quarterly* 34 (1989): 349-68.
30. Chistopher A. Bartlett and Sumantra Ghoshal, "Matrix Management: Not a Structure, a Frame of Mind," *Harvard Business Review* (July-August 1990): 138-45（邦訳「トップが育てるコア・コンピタンスと企業家精神」ダイヤモンド・ハーバード・ビジネス1995年5月号）
31. Jay R. Galbraith, *Competing with Flexible Lateral Organizations*, 2d ed. (Reading, Mass.: Addison-Wesley, 1994): ch. 2; Terry L. Amburgey and Tina Dacin, "As the Left Foot Follows the Right? The Dynamics of Strategic and Structural Change," *Academy of Management Journal* 37, No. 6 (1994): 427-452; and Raymond E. Miles and W. E. Douglas Creed, "Organizational Forms and Managerial Philosophies: A Descriptive and Analytical

1966); Rensis Likert, *The Human Organization* (New York: McGraw-Hill, 1967); Richard Beckhard, *Organization Development Strategies and Models* (Reading, Mass.: Addison-Wesley, 1969).
30. Cheri Ostroff and Neal Schmitt, "Configurations of Organizational Effectiveness and Efficiency," *Academy of Management Journal* 36 (1993): 1345-61; Peter J. Frost, Larry F. Moore, Meryl Reise Louis, Craig C. Lundburg,and Joanne Martin, *Organizational Culture* (Beverly Hills, Calif.: Sage 1985).
31. J. Barton Cunningham, "Approaches to the Evaluation of Organizational Effectiveness," *Academy of Management Review* 2 (1977): 463-74; Beckhard, Organization Development.
32. Frank Friedlander and Hal Pickle, "Components of Effectiveness in Small Organizations," Administrative Science Quarterly 13 (1968): 289-304.
33. Kim S. Cameron, "The Effectiveness of Ineffective-ness," in Barry M. Staw and L. L. Cummings, eds., *Research in Organizational Behavior* (Greenwich, Conn.: JAI Press,1984), 235-86; Rosabeth Moss Kanter and Derick Brinkerhoff, "Organizational Performance:Recent Developments in Measurement," *Annual Review of Sociology* 7 (1981): 321-49.
34. Tusi, "A Multiple-Constituency Model of Effectiveness."
35. Fombrun and Shanley, "What's in a Name?"

第3章

1. John Child, *Organization* (New York: Harper & Row, 1984).
2. Stuart Ranson, Bob Hinings, and Royston Greenwood, "The Structuring of Organizational Structures," *Administrative Science Quarterly* 25 (1980): 1-17; Hugh Willmott, "The Structuring of Organizational Structure: A Note," *Administrative Science Quarterly* 26 (1981): 470-74.
3. この部分は Frank Ostroff, *The Horizontal Organization: What the Organization of the Future Looks Like and How It Delivers Value to Customers* (New York: Oxford University Press, 1999) に基づく。
4. Stephen Salsbury, *The State, the Investor, and the Railroad: The Boston & Albany, 1825-1867* (Cambridge: Harvard University Press, 1967), 186-187.
5. David Nadler and Michael Tushman, *Strategic Organization Design* (Glenview, Ill.: Scott Foresman, 1988).
6. Based on Jay R. Galbraith, *Designing Complex Organizations* (Reading, Mass.: Addison-Wesley, 1973), and *Organization Design* (Reading, Mass.: Addison-Wesley, 1977), 81-127.
7. Eryn Brown, "9 Way to Win on the Web," *Fortune*, 24 May 1999, 112-125.
8. Lee Iacocca with William Novak, Iacocca: *An Autobiography* (New York: Phantom Books, 1984), 152-53.
9. Galbraith, *Designing Complex Organizations* に基づく。
10. Mary J. Cronin, "Intranets Reach the Factory Floor," *Fortune*, 18 August 1997, 208; and Brown, "9 Way to Win on the Web."
11. Timothy D. Schellhardt, "Monsanto Bets on 'Box Buddies'," *The Wall Street Journal*, 23 February 1999, B1, B10.
12. Walter Kiechel III, "The Art of the Corporate Task Force," *Fortune*, 28 January 1991, 104-5; William J. Altier, "Task Forces: An Effective Management Tool," *Management Review* (February 1987): 52-57.
13. Richard Koonce, "Reengineering the Travel Game," *Government Executive*

gy: Techniques for Analyzing Industries and Competitors (New York: Free Press,1980).（邦訳『競争の戦略』土岐坤、小野寺武夫、中辻萬治訳、ダイヤモンド社刊）
13. Lucy McCauley, ed., "Unit of One: Measure What Matters," *Fast Company*, May 1999, 97+.
14. Greg Burns, "It Only Hertz When Enterprise Laughs," *Business Week*, 12 Decemder 1994, 44; Richard Teitelbaum, "The Wal-Mart of Wall Street," *Fortune*, 13 October 1997, 128-130.
15. Etzioni, *Modern Organizations*, 8
16. Etzioni, *Modern Organizations*, 8; Gary D. Sandefur, "Efficiency in Social Service Organizations," *Administration and Society* 14 (1983): 449-68.
17. Richard M. Steers, *Organizational Effectiveness: A Behavioral View* (Santa Monica, Calif.: Goodyear, 1977), 51.
18. Karl E. Weick and Richard L. Daft, "The Effectiveness of Interpretation Systems," in Kim S. Cameron and David A. Whetten, eds., *Organizational Effectiveness,: A Comparison of Multiple Models* (New York: Academic Press, 1982).
19. David L. Blenkhorn and Brian Gaber, "The Use of 'Warm Fuzzies' to Assess Organizational Effectiveness," *Journal of General Management*, 21, no. 2 (Winter 1995): 40-51.
20. Steven Strasser, J. D. Eveland, Gaylord Cummins, O. Lynn Deniston, and John H. Romani, "Conceptualizing the Goal and Systems Models of Organizational Effectiveness－Implications for Comparative Evaluation Research," *Journal of Management Studies* 18 (1981): 321-40.
21. Anne S. Tusi, "A Multiple-Constituency Model of Effectiveness: An Empirical Examination at the Human Resource Subunit Level," *Administrative Science Quarterly* 35 (1990): 458, 483; Charles Fombrun and Mark Shanley, "What's in a Name? Reputation Building and Corporate Strategy," *Academy of Management Journal* 33 (1990): 233-58; Terry Connolly, Edward J. Conlon, and Stuart Jay Deutsch, "Organizational Effectiveness: A Multiple-Constituency Approach," *Academy of Management Review* 5 (1980): 211-17.
22. James L. Price, "The Study of Organizational Effectiveness," *Sociological Quarterly* 13 (1972): 3-15.
23. McCauley, "Measure What Matters."
24. Richard H. Hall and John P. Clark, "An Ineffective Effectiveness Study and Some Suggestions for Future Research," *Sociological Quarterly* 21 (1980): 119-34; Price, "Study of Organizational Effectiveness;" Perrow, "Analysis of Goals."
25. Y. K. Shetty, "New Look at Corporate Goals," *California Management Review* 22, no. 2 (1979), 71-79.
26. McCauley, "Measure What Matters."
27. 資源依存アプローチの議論については一部、次に基づく。 Michael V. Russo and Paul A. Fouts, "A Resource-Based Perspective on Corporate Environmental Performance and Profitability," *Academy of Management Journal* 40, No. 3 (June 1997): 534-559; and Jay B. Barney, J. L. "Larry" Stempert, Loren T. Gustafson, and Yolanda Sarason, "Organizational Identity Within the Strategic Management Conversation: Contributions and Assumptions," in *Identity in Organizations: Building Theory through Conversations*, David A. Whetten and Paul C. Godfrey, eds. (Thousand Oaks, CA:Sage Publications, 1998): 83-98.
28. Lucy McCauley , "Measure What Matters."
29. Chris Argyris, *Integrating the Indvidual and the Organization* (New York: Wiley,1964); Warren G. Bennis, Changing Organizations (New York: McGraw-Hill,

11. Robert Kanigel, *The One Best Way: Frederick Winslow Taylor and the Enigma of Efficiency* (New York: Viking, 1997); Alan Farnham, "The Man Who Changed Work Forever," *Fortune*, July 21, 1997, 114. アメリカ産業界、政府機関、非営利組織への科学的管理法の影響についての議論は、以下の資料も参照。Mauro F. Guille'n, "Scientific Management's Lost Aesthetic: Architecture, Organization, and the Taylorized Beauty of the Mechanical," *Administrative Science Quarterly* 42 (1997) 682-715.
12. Amanda Bennett, *The Death of the Organization Man* (New York: William Morrow, 1990).
13. Ian I. Mitroff, Richard O. Mason, and Christine M. Pearson, "Radical Surgery: What Will Tomorrow's Organizations Look Like?" *Academy of Management Executive* 8, no. 2 (1994): 11-21; Nichola Imparato and Oren Harari, "When New Worlds Stir," *Management Review* (October 1994): 22-28; William Bergquist, *The Postmodern Organization: Mastering the Art of Irreversible Change* (San Francisco: Jossey-Bass, 1993).
14. Johannes M. Pennings, "Structural Contingency Theory: A Reappraisal," *Research in Organizational Behavior* 14 (1992): 267-309.
15. Robert House, Denise M. Rousseau, and Melissa Thomas-Hunt, "The Meso Paradigm: A Framework for the Integration of Micro and Macro Organizational Behavior," *Research in Organizational Behavior* 17 (1995): 71-114.

第2章

1. Amitai Etzioni, *Modern Organizations* (Englewood Cliffs, N.J.: Prentice-Hall, 1964), 6.
2. Gail Edmondson, "Danone Hits Its Stride," *Business Week*, 1 February 1999, 52-53.
3. David L. Calfee, "Get Your Mission Statement Working!" *Management Review* (January 1993) 54-57;John A. Pearce and Fred David, "Corporate Mission Statements: The Bottom Line," *Academy of Management Executive* 1 (1987): 109-16; Christopher K. Bart, "Sex, Lies, and Mission Statements," Business Horizons, November-December, 1997, 23-28.
4. Charles Perrow, "The Analysis of Goals in Complex Organizations," *American Sociological Review* 26 (1961): 854-66.
5. Johannes U. Stoelwinder and Martin P. Charns, "The Task Field Model of Organization Analysis and Design," Human Relations 34 (1981): 743-62; Anthony Raia, *Managing by Objectives* (Glenview, Ill.: Scott, Foresman, 1974).
6. Peter Galuszka and Ellen Neuborne with Wendy Zellner, "P&G's Hottest New Product:P&G," *Business Week*, 5 October 1998, 92, 96.
7. Walid Mougayar, Michael Mattis, Kate McKinley, and Nissa Crawford, "Business 2.0 100: And the Winner is ...Cisco Systems," Business 2.0 (May 1999): 59-63; and Oren Harari, "The Concrete Intangibles," *Management Review*, May 1999, 30-33.
8. Miriam Schulman, "Winery with Mission," *Issues in Ethics* (Spring 1996): 14-15.
9. Rahul Jacob, "Corporate Reputations," *Fortune*, 6 March 1995, 54-67.
10. Alex Taylor Ⅲ, "Why the Bounce at Rubbermaid," Fortune, 13 April 1987, 77-78.
11. Michael E. Porter, "What is Strategy?" *Harvard business Review* (November-December 1996,): 61-78.（邦訳『戦略の本質』ダイヤモンド・ハーバード・ビジネス1997年３月号）
12. Michael E. Porter, *Competitive Strate-*

注・引用文献

第1章

1. Carol J. Loomis, "Dinosaurs?" *Fortune*, 3 May 1993, 36-42.

2. IBMの分析については以下の資料に基づく。Paul Carroll, Big Blues: The Unmaking of IBM (New York: Crown, 1993); Brent Schlender, "Big Blue Is Betting on Big Iron Again," *Fortune*, 29 April 1996, 102-112; Ira Sager, "The View from IBM," *Business Week*, 30 October 1995, 142-152; David Kirkpatrick, "First: With New PCs and a New Attitude, IBM Is Back," *Fortune*, 11 November 1996. 28-29; Judith H. Dobrzynski, "Rethinking IBM," *Business Week*, 4 October 1993, 86-97; Michael W. Miller and Laurence Hooper, "Akers Quits at IBM Under Heavy Pressure; Dividend Is Slashed," *The Wall Street Journal*, 27 January 1993, A1, A6; John W. Verity, "IBM: A Bull's-Eye and a Long Shot," *Business Week*, 13 December 1993, 88-89; G. Pascal Zachary and Stephen Kreider Yoder, "Computer Industry Divides into Camps of Winners and Losers," *The Wall Street Journal*, 27 January 1993, A1, A4; and David Kirkpatrick, "IBM: From Big Blue Dinosaur to E-Business Animal, "Fortune, 26 April 1999, 116+; D. Quinn Mills, "The Decline and Rise of IBM," *Sloan Management Review*, Summer 1996, 78-82; and Sara Nathan, "IBM Stock Surges 9%," USA Today, 1B.

3. John A. Byrne, "Management Meccas," *Business Week*, 18 September 1995, 122-134; Catherine Arnst, "Now HP Stands for Hot Proudcts," *Business Week*, 14 June 1993, 36; and Rachel Layne, "Xerox to Cut 9,000 Jobs," 7 April 1998, http://www.naplesnews.com/tobay/business/d191799a.htm (1999年5月17日にアクセス); "Competing through Constellations: The Case of Fuji Xerox," Strategy E Business, First Quarter, 1997, http://www.strategy-business.com/casestudy/97108/page5. html (1999年5月17日にアクセス)。.

4. Howard Aldrich, *Organizations and Environments* (Englewood Cliffs, N.J.: Prentice-Hall, 1979), 3.

5. Robert N. Stern and Stephen R. Barley, "Organizations and Social Systems: Organization Theory's Neglected Mandate," *Administrative Science Quarterly* 41 (1996): 146-162.

6. Anne Stuart, "Kid Stuff," *CIO Web Business*, Section 2, 1 April 1999, 20-21.

7. Michael A. Hitt, R. Duane Ireland, and Robert E. Hoskisson, *Strategic Management: Competitiveness and Globalization* (St. Paul, Minn.: West, 1995), 238.

8. James D. Thompson, *Organizations in Action* (New York: McGraw-Hill, 1967), 4-13.

9. Henry Mintzberg, *The Structuring of Organizations* (Englewood Cliffs, N.J.: Prentice-Hall, 1979), 215-297; and Henry Mintzberg, "Organization Design: Fashion or Fit?" *Harvard Business Review* 59 January-February 1981): 103-116. (邦訳「組織設計 流行を追うか 適合性を選ぶか」ダイヤモンド・ハーバード・ビジネス1981年6月号)

10. The following discussion was heavily influenced by Richard H. Hall, *Organizations: Structures, Processes, and Outcomes* (Englewood Cliffs, N.J.: Prentice-Hall, 1991); D.S. Pugh," The Measurement of Organization Structures: Does Context Deternine Form?" *Organizational Dynamics* 1 (Spring 1973): 19-34; and D.S. Pugh, D.J. Hickson, C.R. Hinings, and C. Turner, "Dimensions of Organization Structure," *Administrative Science Quarterly* 13 (1968): 65-91.

や

ら

わ

た

な

は

ま

[事項名]

ま

や

ら

わ

さ

た

な

は

索引

[人名]

[企業名]

［著者］
リチャードL.ダフト（Richard L. Daft）
ヴァンダービルド大学 教授。
専門は組織理論研究とリーダーシップ。
シカゴ大学で1971年にMBA、74年に博士号を得る。
教鞭を執る傍ら、リーダーシップや組織変革、組織行動などについて、企業や政府機関のコンサルティングも行っている。
The Leadership Experience、*Management*などの著書のほか、論文多数。

［訳者］
髙木晴夫（たかぎ・はるお）
法政大学経営大学院イノベーション・マネジメント専攻 教授。
慶應義塾大学 名誉教授。
1973年慶應義塾大学工学部卒業、75年同修士課程修了、78年同博士課程修了。1984年ハーバード大学経営大学院博士課程修了、同校より経営学博士号を取得。
1978年より慶應義塾大学大学院経営管理研究科（ビジネス・スクール）助手、助教授、教授を歴任。2014年より現職。
主な著書に『マネジメント入門』（訳、ダイヤモンド社、2014年）、『プロフェッショナルマネジャーの仕事はたった１つ』（著、かんき出版、2013年）、『組織能力のハイブリッド戦略』（著、ダイヤモンド社、2012年）、『ケースメソッド教授法入門』（監修、慶應義塾大学出版会、2010年）などがある。

組織の経営学――戦略と意思決定を支える

2002年11月28日　第１刷発行
2019年10月29日　第14刷発行

著　者――リチャードL.ダフト
訳　者――髙木晴夫
発行所――ダイヤモンド社
〒150-8409　東京都渋谷区神宮前6-12-17
http://www.dhbr.net.
電話／03･5778･7228（編集）　03･5778･7240（販売）
装丁――――竹内雄二
本文デザイン 工藤央
製作進行――ダイヤモンド・グラフィック社
印刷――――八光印刷（本文）・加藤文明社（カバー）
製本――――本間製本
編集担当――小暮晶子
翻訳協力――平野和子（第１章～第５章）、飯岡美紀（第６章～第10章）

ISBN 4-478-43020-9